# TEOLOGÍA BIZANTINA

TEOLOGÍA BIZANTINA
CORRIENTES HISTÓRICAS
Y TEMAS DOCTRINALES

JOHN MEYENDORFF

©Este libro fue publicado por
Fordham University Press
New York ²1983

Título original:
BYZANTINE THEOLOGY

Lo tradujo al español
DIONISIO MÍNGUEZ

Derechos para todos los países de lengua española en
EDICIONES CRISTIANDAD, S. A.
Madrid 2002

ISBN: 84-7057-468-X
Depósito legal: M. 7.040-2003

Printed in Spain

Anzos, S. L. - Fuenlabrada (Madrid)

CONTENIDO

Prólogo 9

Introducción 13

I. Corrientes históricas 37

1. Teología bizantina después de Calcedonia 39

2. El problema cristológico 63

3. La crisis iconoclasta 81

4. Monjes y humanistas 103

5. Teología monástica 125

6. Eclesiología: Fuentes canónicas 149

7. El cisma entre Oriente y Occidente 171

8. Encuentro con Occidente 193

9. *Lex Orandi* 217

II. Temas doctrinales 237

10. Creación 241

11. El hombre 257

12. Jesucristo 281

13. El Espíritu Santo 311

14. El Dios uno y trino 333

15. Teología sacramental: El ciclo de la vida 353

16. La Eucaristía 371

17. La Iglesia en el mundo 391

CONCLUSIÓN: Antinomias 413

Índice analítico 419

Índice general 429

PRÓLOGO A LA SEGUNDA EDICIÓN

La publicación de una nueva edición de esta obra ha brindado al autor la oportunidad de corregir ciertas inexactitudes y añadir algunas referencias bibliográficas. Sin embargo, es evidente que en un campo que se está enriqueciendo continuamente con nuevas publicaciones, una visión tan general como la que aquí se presenta no puede ser totalmente exhaustiva, aun cuando el autor se considere profundamente en deuda con las aportaciones de muchos colegas cuyos nombres no aparecen en la bibliografía.

La positiva aceptación que ha tenido esta *Teología bizantina* parece indicar que el intento de combinar método histórico y presentación sistemática está plenamente justificado. Sin embargo, se corre el riesgo de no entender correctamente el empleo del adjetivo «bizantina», para definir una «teología». Actualmente se utiliza ese adjetivo en los más diversos contextos, de modo que resulta difícil determinar con precisión el significado exacto de «bizantino». Por otra parte, los propios teólogos bizantinos no pensaron jamás que su tradición religiosa fuera limitada ni en el aspecto cultural ni en el campo de la doctrina. Éstos usaban como referencia la Sagrada Escritura, además de las obras de los primeros Padres de la Iglesia, al tiempo que pretendían ser los portavoces de la auténtica doctrina cristiana, en cuanto distinta no sólo de la corriente oriental que no seguía los dictados del Concilio de Calcedonia, sino también de la que imperaba en el Occidente latino. Más aún, la moderna Iglesia Ortodoxa se identifica de manera muy especial con la tradición «bizantina» (sin excluir la posibilidad de otras expresiones o desarrollos de la misma fe cristiana), porque está convencida de haber mantenido siempre una continuidad histórica con la fe de los apóstoles. En esas circunstancias, una visión histórica —y en particular, el intento de ofrecer una visión sistemática— de la teología bizantina se podría interpretar fácilmente como tendenciosa desde el punto de vista confesional o, por el contrario, como deliberadamente opuesta a las pretensiones de los propios bizantinos o de la moderna teología ortodoxa, en aras de una presunta objetividad histórica.

El autor comprende a los críticos que, al expresar su opinión sobre este libro, han sido fiel reflejo de alguna de esas interpretaciones mutuamente excluyentes. Pero está convencido de que es posible, y hasta necesario, el estudio de la trayectoria de Bizancio y de la teología bizantina no sólo como portadores de ortodoxia religiosa, sino también como fenómeno histórico de una mezcla de culturas. La ortodoxia teológica no se puede definir de manera exhaustiva ni expresar en categorías conceptuales sin una investigación histórica cuidadosa y crítica que sirva para destruir ídolos y evitar falsas interpretaciones. Por otra parte, esa misma investigación, si es verdaderamente objetiva, mostrará la existencia de una tradición importante y consistente desde el punto de vista teológico, que incluye los Padres de la Iglesia griega del siglo IV, la cristología de Cirilo de Alejandría y las síntesis de Máximo el Confesor y de Gregorio Palamás. En opinión del autor, esa tradición constante representa la *corriente fundamental* del pensamiento teológico de Bizancio y coincide con los contenidos esenciales de la experiencia religiosa ortodoxa.

Soy plenamente consciente de que hay historiadores que ponen en entredicho la existencia de esa «corriente fundamental». Por ejemplo, algunos pretenden que el grupo de teólogos anti-palamitas del siglo XIV era, de hecho, el auténtico representante del primitivo pensamiento patrístico, que fue traicionado por Gregorio Palamás. El debate sobre este punto surgió a principios del siglo XX por obra de Martin Jugie y se ha reabierto en fecha reciente por algunos investigadores, en particular por Gerhard Podskalsky. El tema no deja de tener implicaciones históricas, filosóficas y, desde luego, confesionales, de modo que habrá que desarrollarlo con nuevas investigaciones.

La existencia misma del debate muestra que la teología bizantina plantea una serie de cuestiones cruciales sobre el pensamiento y la existencia cristiana, que todavía hoy constituyen uno de los puntos más candentes de la reflexión teológica. De modo que un enfoque puramente histórico deberá conducir inevitablemente a un debate sobre la realidad sustancial.

Desearía repetir aquí mi reconocimiento ya expresado en la primera edición de esta obra. En particular, quiero manifestar mi agradecimiento al difunto Edwin A. Quain, S. J., antiguo Director editorial asociado de la Fordham University Press, que no escatimó su tiempo, sus energías y su extraordinaria competencia para mejorar el texto; igualmente, al Rev. Walter J. Burghardt, S. J., director de la revista «Theological Studies», por su lectura del manuscrito y por algunas sugerencias extremadamente útiles. Mi agradecimiento va también al Prof. Jaroslav Pelikan, Decano de la Graduate School de la universidad de Yale, que me permitió consultar su monumental estudio *The Christian Tradition* antes de su publicación.

J. M.

Introducción

CARÁCTER Y FUENTES
DE LA TEOLOGÍA EN BIZANCIO

Se necesitarán siglos de lucha y de esfuerzo sobrehumano para superar el helenismo, liberándolo de sus vínculos naturales y de sus limitaciones étnicas y culturales, hasta que termine por convertirse en una forma universal de verdad cristiana.
Vladimir Lossky, *Vision of God* 58.

La cultura antigua fue suficientemente dúctil para admitir una «transfiguración» interna. El cristianismo demostró que era posible reorientar el proceso de la cultura sin caer en una situación pre-cultural, y dotar a los logros culturales de un nuevo espíritu. El mismo proceso que se ha descrito como «helenización del cristianismo» se puede llevar a cabo transformándolo en «cristianización del helenismo».
Georges Florovsky, «Faith and Culture»: «St. Vladimir's Quarterly» 4 (1955/6) 40.

El reinado del emperador Constantino (324-337) marcó el fin del período de confrontación entre la cristiandad y el imperio romano. El propio emperador abandonó la antigua capital del imperio y trasladó el centro de la vida política y cultural de lo que por entonces se conocía como el «mundo civilizado» a una antigua ciudad griega situada a orillas del Bósforo, Bizancio. La ciudad sustituyó oficialmente su antiguo nombre por el de Constantinopla, la «nueva Roma», y se convirtió en la capital de un imperio que siguió llamándose «romano» durante más de diez siglos, hasta su conquista por los turcos en 1453.

Después de la desaparición de los antiguos centros cristianos diseminados por Egipto, Palestina y Siria, la ciudad de Constantinopla se convirtió en el centro incuestionable del cristianismo oriental. Su obispo asumió el título de «Patriarca ecuménico». En los Balcanes, en la gran llanura de la Europa oriental y hasta en las regiones del Cáucaso, sus misioneros convirtieron inmensos territorios a la fe cristiana. De hecho, la «nueva Roma» llegó a ser la cuna de la civilización del Medio Oriente y de la Europa oriental, como lo había sido la «antigua Roma» para el Occidente latino.

Este libro se propone describir las categorías de pensamiento teológico que tomaron forma en el ámbito de la civilización cristiana que irradiaba de Bizancio, su filosofía de la vida, su liturgia y su arte, como todavía hoy se conservan en el mundo de la Ortodoxia de Oriente. El tema central —o la gran intuición— de la teología bizantina consiste en el postulado de que la naturaleza humana no es una entidad estática, «cerrada», autónoma, sino una realidad dinámica, determinada hasta en las mismas raíces de su existencia por su relación con Dios. Esta relación se concibe como un proceso ascendente, como una comunión en la que el hombre, creado a imagen de Dios, está llamado a reproducir en plena libertad una «semejanza con la divinidad»; su relación con Dios es un don y, a la vez, una tarea, experiencia inmediata y expectativa de una visión más grandiosa que deberá hacerse realidad por el libre esfuerzo del amor. El dinamismo de la antropología bizantina se puede contraponer fácilmente a las categorías estáticas de «naturaleza» y «gracia» que dominaron el pensamiento cristiano occidental a partir de San Agustín; y se puede acreditar como el marco esencial de referencia en la búsqueda teológica actual de una nueva comprensión del hombre.

Hace tiempo que Bizancio desapareció como cultura y como civilización, pero su impacto sobre el desarrollo histórico de la sociedad humana aún permanece abierto a nuevas preguntas. Desde los tiempos de Gibbon, los historiadores han enumerado como defectos más importantes su inmovilismo social, su falta de creatividad en el campo de la ciencia y de la tecnología, y su concepción sacralizada del Estado. Pero la tesis fundamental de este libro es que Bizancio contribuyó de una manera real y *permanente* al desarrollo de la historia de la humanidad en el ámbito del pensamiento religioso. La perenne atracción del arte bizantino y el espléndido resurgir del cristianismo ortodoxo a través de las más dramáticas convulsiones sociales son los signos más fehacientes de que Bizancio descubrió algo esencialmente *auténtico* sobre la naturaleza humana y su relación con Dios.

Para expresar esa concepción «teocéntrica» del hombre —tan parecida a los intentos actuales de elaborar una «antropología teocéntrica»—, los teólogos bizantinos se sirvieron de los conceptos de la filosofía griega, en especial la noción de *theôsis* o «deificación». En el siglo XIX, Adolf Harnack criticó severamente el «cristianismo helenizado» de los Padres Griegos, pero esa postura tiene hoy muy pocos seguidores. La ineludible necesidad de pensar sobre nuevas bases y reformular la fe cristiana a la luz de modelos culturales cambiantes es un hecho ampliamente reconocido, de modo que el esfuerzo de los Padres Griegos por formular el cristianismo en categoría helénicas se puede considerar como perfectamente legítimo. En realidad, como reconoce Lossky, la teología bizantina no fue otra cosa que una continua lucha por expresar la tradición de la Iglesia en categorías del pensamiento griego, de modo que el helenismo se pudiera convertir a Cristo.

Es perfectamente legítimo preguntarse si ese esfuerzo dio resultados, pero no se puede negar que su intento fundamental estaba plenamente justificado. La finalidad de este libro es describir las principales corrientes históricas de la teología bizantina, relacionándolas constantemente con su tema central, y mostrar de forma sistemática, en la segunda parte, que los resultados del pensamiento teológico bizantino se pueden considerar como una síntesis. No se pretende describir simplemente la idea de «deificación» y su desarrollo en el pensamiento de los Padres Griegos (ya existen suficientes estudios técnicos sobre el tema), sino analizar en su conjunto el desarrollo histórico de las ideas teológicas que proliferaron en Bizancio sobre la relación entre Dios y el hombre. Tanto si se aborda el dogma de la Trinidad o la cristología, como si se examina la eclesiología o la doctrina sacramental, la línea maestra de la teología bizantina descubre la misma concepción del hombre, llamado a «conocer» a Dios, a «participar» en su vida, a ser «salvado», no simplemente por una acción extrínseca de Dios o por un conocimiento racional de proposiciones y verdades, sino por el hecho de« hacerse Dios». Y esa *theôsis* del hombre, según la teología bizantina, es completamente distinta del retorno neoplatónico a un Uno impersonal. Es una nueva expresión de lo que el Nuevo Testamento llama «vida en Cristo» y «comunión en el Espíritu Santo».

1. Límites cronológicos

Hay razones decisivas para considerar como específicamente «bizantino» el período que siguió al Concilio de Calcedonia (año 451) y la invasión de Italia por los bárbaros. El concilio desembocó en el cisma monofisita, que separó Constantinopla de Alejandría y Antioquía (los dos principales centros de creatividad teológica del Antiguo Oriente) y de todo el mundo oriental de cultura no griega. Mientras tanto, latinos y griegos, aunque aún formaban parte de la misma Iglesia católica imperial, empezaron a desarrollar un clima de recíproco distanciamiento, mientras surgían serias divergencias en cristología, eclesiología y pneumatología, en el contexto de la inigualable superioridad cultural e intelectual de Constantinopla.

De ese modo, las circunstancias históricas situaron a Bizancio en una posición exclusiva, destacada y, hasta cierto punto, autosuficiente, de la que habría de surgir una tradición teológica de carácter eminentemente sintético y creativo.

Durante varios siglos, Bizancio se vio vitalmente obligado a mantener unidas las partes de un mundo cristiano en galopante desintegración. A la vez que conservaba su fidelidad cristológica al Concilio de Calcedonia y al edicto de León Isáurico, mantenía intactos los vínculos con Occidente, a pesar de todas las tensiones; y por su rigurosa fidelidad a la cristología alejandrina de Atanasio y de Cirilo trataba de mantener abiertas —por desgracia, sin mucho éxito— las puertas a los monofisitas.

Estos compromisos y debates cristológicos implican una idea de la relación entre Dios y el hombre, una teología de la «participación» que, a través de la creativa síntesis de Máximo el Confesor, iba a servir como marco al entero desarrollo del pensamiento cristiano bizantino hasta la caída de Constantinopla en manos de los turcos. De ese modo, entre la teología patrística y la del bizantinismo posterior hay una continuidad esencial —como tratará de demostrar el presente estudio— que llena exactamente casi un milenio de historia cristiana en Oriente, desde el Concilio de Calcedonia hasta la toma de Constantinopla.

Sin embargo, esa continuidad no se expresa en una autoridad formal o en un modelo que hubiera podido ser aceptado durante todo ese período. Más bien radica en una línea coherente de pensamiento teológico y en una comprensión unitaria del destino del hombre en relación con Dios y con el mundo. «Dios se hizo hombre», escribe Atanasio, «para que el hombre pudiera hacerse Dios». Este principio fundamental de la teología alejandrina, que iba a dominar la entera discusión teológica sobre la «deificación», creó muchos problemas. Los peligros más obvios eran el panteísmo, la huida de la historia, y el espiritualismo platonizante. Por su parte, la teología ortodoxa de Calcedonia, a pesar de que suele tener presentes esos peligros, implica una concepción positiva del hombre como un ser llamado a superar en todo momento sus limitaciones de creatura. La auténtica naturaleza humana se considera no como «autónoma», sino como destinada a compartir la vida divina que se ha hecho accesible en Cristo. En esa concepción, el papel del hombre en el mundo creado sólo se puede realizar si éste mantiene intacta la «imagen» de Dios que, desde el principio, formaba parte de su condición humana.

Desde las controversias cristológicas del siglo V hasta los debates sobre la «esencia» y la «energía» de Dios en el siglo XIV, todas las grandes crisis del pensamiento teológico bizantino se pueden reducir a uno u otro aspecto de este problema fundamental del cristianismo. Es posible encontrar coincidencias de fondo entre pensadores tan distintos como Leoncio de Jerusalén y Gregorio Palamás, Máximo el Confesor y Simeón el Nuevo Teólogo, Focio y Nicolás Cabasilas. Ese consenso es lo que distingue la teología bizantina, en su conjunto, del Occidente postagustiniano y escolástico. Y eso es también lo que nos permite abordar en la segunda parte de nuestro estudio una presentación sistemática del cristianismo bizantino.

2. UNA TRADICIÓN VIVA

Con todo, esta presentación se ve dificultada por el propio carácter de la vida eclesiástica bizantina, tal como se refleja en su producción teológica. Durante el período bizantino, igual que en la época patrística, ni los concilios ni los teólogos muestran especial interés por los sistemas teológicos positivos. Salvo raras excepciones, como la definición del Concilio de Calcedonia, las afirmaciones conciliares revisten una formulación negativa; lo que hacen es condenar las distorsiones de la verdad cristiana, más que elaborar sus contenidos positivos, que se presuponen como pertenecientes a la tradición viva y como verdad unitaria que no se puede someter a fórmulas doctrinales. En su mayor parte, la literatura teológica es de carácter exegético o polémico; y en ambos casos, la fe cristiana se considera como una realidad que se comenta o se defiende, pero que no se intenta formular de manera exhaustiva. Incluso Juan de Damasco, llamado a veces «el Santo Tomás de Oriente» porque escribió una sistemática *Exposición de la fe ortodoxa* (=*De fide ortodoxa*), compuso realmente un breve libro de texto, pero no un verdadero sistema teológico. Si su pensamiento tiene alguna carencia, es precisamente esa creatividad filosófica original que cualquier nuevo sistema debería presuponer.

Sin embargo, la falta de interés por la sistematización no equivale a desprecio del contenido auténtico de la fe o a falta de habilidad para ofrecer definiciones teológicas bien precisas. Al contrario. Ninguna civilización ha pasado por tantas discusiones sobre la adecuación o inadecuación de los términos que reflejan las verdades religiosas. Por ejemplo, *homoousion* como distinto de *homoiousion*, «*de* dos naturalezas» o «*en* dos naturalezas», dos voluntades o una voluntad, *latreia* a los iconos o *proskynesis* ante las imágenes, carácter creado o increado de las «energías» divinas, proceder «del Hijo» o «a través del Hijo», han sido temas de debate entre los cristianos bizantinos por siglos y siglos. Podría dar la impresión de que el espíritu cristiano de los griegos consistía, precisamente, en creer de modo optimista que el lenguaje humano es fundamentalmente adecuado para expresar la verdad religiosa, y que la salvación depende de la expresión exacta que se emplee para transmitir el correcto significado del Evangelio. Con todo, esos mismos cristianos griegos estaban firmemente convencidos de la incapacidad del lenguaje conceptual para expresar *toda* la verdad, y de la incapacidad de la mente humana para comprender la esencia de Dios. Por eso, existía en Bizancio una antinomia con respecto a la teología: Dios se ha revelado realmente en Jesucristo y el conocimiento de su verdad es esencial para la salvación, pero Dios está también por encima del entendimiento humano y no se puede expresar plenamente en palabras humanas.

En Bizancio, la teología no fue jamás monopolio de profesionales o de una «Iglesia docente». Durante todo el período bizantino, no hubo un solo concilio que no fuera sometido a crítica, y los intentos de algunos emperadores de regular por decreto las conciencias de sus súbditos chocaron no tanto con una jerarquía independiente cuanto con la tácita oposición del entero cuerpo de la Iglesia. Esa falta de un criterio de ortodoxia claramente definido desde el punto de vista jurídico significaba que todos se sentían responsables de la verdad. Desde luego, la mayoría de los laicos se atenía al dictado de los obispos, cuya responsabilidad magisterial jamás se puso en duda, o al liderazgo de los monjes, que con frecuencia desempeñaron un papel central en las disputas doctrinales. Pero también los simples fieles sabían decidir por sí mismos, especialmente si entre los obispos había división de opiniones. Baste recordar aquí el testimonio de Gregorio de Nacianzo, que se quejaba de que simples pescadores estuvieran discutiendo en el mercado sobre el concepto de «consustancialidad».

A pesar de todo, la intervención imperial en los debates teológicos, que hoy parecería una intolerable intrusión del poder civil en el sagrado reducto de la Iglesia, se consideraba perfectamente normal en una época en que la ley exigía al emperador que «cifrara su gloria en el celo por la causa de Dios, y que conociera bien la doctrina de la Santísima Trinidad»[1]. Aunque

---

[1] *Epanagôgê tou nomou*, 9, III, 8, en J. Zepos, *Jus graeco-romanum* 2 (ed. C. E. Zachariae von Lingenthal, Atenas 1931) 242.

nadie estaba dispuesto a atribuir al emperador el privilegio de la infalibilidad, tampoco ponía objeciones al principio de que expresara sus opiniones teológicas que, de hecho, adquirían mayor peso e incluso resultaban decisivas porque habían sido pronunciadas por el *Autokrator*.

No obstante, el cesaropapismo jamás fue un principio aceptado en Bizancio. Innumerables héroes de la fe fueron aclamados como tales precisamente por haberse opuesto a emperadores herejes. En las iglesias se entonaban himnos de alabanza a Basilio por haber desobedecido a Valente, a Máximo por haber sufrido el martirio bajo Constancio, y a un gran número de monjes por haberse opuesto a los emperadores iconoclastas del siglo VIII. Ese tipo de alabanza litúrgica bastaba para salvaguardar el principio de que el emperador debía preservar, pero no definir, la fe cristiana.

A lo largo de la historia bizantina, los verdaderos testigos de la independencia interna de la Iglesia fueron los monjes. La estructura primariamente monástica de la Iglesia bizantina queda reflejada en el carácter de la teología griega. Nada tiene de extraño que los emperadores que se esforzaron por imponer o reforzar la iconoclastia tuvieran que fomentar previamente movimientos antimonásticos en el seno de la Iglesia. Porque el monacato era, por necesidad, hostil al sistema cesaropapista, hacia el que algunos emperadores mostraban una clara predisposición.

Tanto en la propia Constantinopla como en las grandes ciudades y, prácticamente, en todo el mundo bizantino, los monjes se oponían férreamente a cualquier compromiso doctrinal; defendían una rigurosa ortodoxia, pero en ocasiones llegaron también a poner su celo al servicio del monofisismo o del origenismo. A partir del siglo VI, los candidatos al episcopado se elegían casi exclusivamente de entre las filas de los monjes; de suerte que la espiritualidad bizantina y gran parte de la liturgia fueron obra de monjes. El hecho de que el cristianismo bizantino careciera de lo que hoy podríamos llamar una «teología del laicado» se debió en buena parte a la posición dominante de la vida monástica. Pero precisamente ese dominio impidió que la Iglesia cristiana se identificara totalmente con el imperio, que tendía incansablemente a sacralizarse y a acomodar el plan divino de salvación a sus intereses temporales. La dimensión numérica y la fuerza espiritual e intelectual del monacato bizantino fue un factor determinante para preservar en la Iglesia oriental la dimensión fundamentalmente escatológica de la fe cristiana.

La última observación importante de carácter preliminar que habrá que hacer sobre el carácter específico de la teología bizantina respecta a la relevancia de la vida litúrgica en el desarrollo de la vida religiosa. En el cristianismo oriental, la liturgia eucarística se identifica con la realidad de la Iglesia más que ningún otro rasgo, porque en ella se revelan tanto la humillación de Dios al asumir carne mortal como la misteriosa presencia del Reino escatológico en el mundo. La eucaristía se orienta hacia esas realidades centrales de la fe no por medio de conceptos, sino por símbolos y señales plenamente inteligibles para la entera comunidad cúltica. Ese puesto central de la eucaristía constituye la verdadera clave de cómo comprendía Bizancio la Iglesia tanto jerárquica como corporativa. La Iglesia es universal, pero sólo se realiza verdaderamente en la asamblea eucarística de cada una de las comunidades, en las que un grupo de hombres y mujeres pecadores se convierte en auténtico «pueblo de Dios». Esa concepción de la Iglesia, centrada en la eucaristía, llevó a los bizantinos a embellecer y adornar la celebración de los sacramentos con un ceremonial trabajosamente elaborado y en ocasiones hasta asfixiante, y con una colección de himnos extremadamente rica que servía para los ciclos diario, semanal, pascual y anual. Además de la eclesiología sacramental que implicaba la eucaristía, esos ciclos de himnos constituían una fuente inagotable para la reflexión teológica. Durante muchos siglos, los cristianos bizantinos no sólo escucharon exposiciones teológicas y escribieron y leyeron tratados de auténtica teología, sino que, además, cantaron y contemplaron diariamente el misterio de Cristo en sus celebraciones litúrgicas, cuya riqueza expresiva no tiene paralelo en cualquier otra parte del universo cristiano. Aun después de la caída de Bizancio, cuando los cristianos orientales se vieron privados de escuelas, de libros y de liderazgo intelectual, la liturgia siguió siendo la guía principal de la ortodoxia. Traducida a las diversas lenguas vernáculas del mundo bizantino —eslavo, georgiano, árabe, y docenas de otras lenguas y dialectos— la liturgia se convirtió en una poderosa expresión de unidad en la fe y en la vida en torno a los sacramentos.

3. Escritura, exégesis, criterios

El Oriente cristiano tardó más tiempo que Occidente en fijar un canon de la Sagrada Escritura. Las dudas se centraban en los libros del Antiguo Testamento no incluidos en el canon hebreo («canon breve») y, por lo que se refiere al Nuevo Testamento, en el libro del Apocalipsis. En Oriente, los representantes conciliares y patrísticos del siglo IV mantenían actitudes distintas con respecto a la autoridad del libro de la Sabiduría, el Eclesiástico, y los libros de Ester, Judit y Tobías. Atanasio, en su conocida *Carta pascual* 39, los excluye de la Escritura propiamente dicha, aunque los considera útiles para la catequesis, una opinión que comparte con Cirilo de Jerusalén. El canon 60 del Concilio de Laodicea —sea o no auténtico— refleja también la tradición del «canon breve». Pero el Concilio Quinisexto (año 692) ratifica la autoridad del Canon Apostólico 85, que admite algunos libros del «canon largo», incluyendo 3 Macabeos, aunque omite Sabiduría, Tobías y Judit. Por su parte, Juan de Damasco († hacia el año 753) considera «admirables» el libro de la Sabiduría y el Eclesiástico, pero no los incluye en el canon[2]. Por consiguiente, a pesar de que la tradición patrística y eclesiástica bizantina usa casi exclusivamente la traducción de los LXX como texto bíblico aceptado, y aunque partes del «canon largo» —especialmente, del libro de la Sabiduría— son de uso frecuente en la liturgia, los teólogos bizantinos permanecen fieles al criterio «hebreo» sobre los libros del Antiguo Testamento, que excluye los textos escritos originalmente en griego. La moderna teología ortodoxa mantiene esa polaridad, aún no zanjada definitivamente, cuando distingue entre literatura «canónica» y «deuterocanónica» del Antiguo Testamento, y aplica la primera calificación sólo a los libros que aparecen en el «canon breve».

Entre los escritos del Nuevo Testamento, el libro del Apocalipsis fue aceptado como «canónico» sólo a regañadientes. De hecho, lo omiten las listas del Concilio de Laodicea (canon 60), el Canon Apostólico 85, y Cirilo de Jerusalén[3]. También lo ignoran los comentaristas de la Escuela de Antioquía, que reflejan la opinión que prevalecía en la Iglesia de Siria. En el ritual litúrgico bizantino que dependía de Siria y de Palestina, el Apocalipsis es el único libro del Nuevo Testamento que no se emplea jamás para la lectura litúrgica. No obstante, la postura de la Escuela de Alejandría, expresada en particular por Atanasio y aceptada en el siglo VIII por Juan de Damasco, fue ratificada finalmente por la Iglesia de Bizancio. A partir del siglo VI, nadie dudaba de la condición «canónica» del libro del Apocalipsis.

---

[2] Juan de Damasco, *De fide orthodoxa*, IV, 17; PG 94, 1180 BC.
[3] Cirilo de Jerusalén, *Hom. cat.*, 4, 36; PG 33, 500 BC.

Los bizantinos siempre entendieron la forma escrita del mensaje apostólico en el marco de la «tradición apostólica», es decir, dentro de la más amplia, vital e ininterrumpida continuidad con la Iglesia de los apóstoles. El consenso de los posteriores teólogos bizantinos se refleja en la famosa expresión de Basilio de Cesarea († en 379) sobre Escritura y Tradición: «No nos contentamos con lo escrito en los *Hechos* y en las *Cartas* [el término *ho apóstolos*, traducido aquí como «Hechos y Cartas», se refiere al libro litúrgico que contenía todos los escritos del Nuevo Testamento, a excepción de los cuatro Evangelios y el Apocalipsis] y en los Evangelios, sino que, antes y después de leerlos, añadimos otras doctrinas recibidas de la enseñanza oral y que son de gran importancia para [entender] el misterio [de la fe]»[4]. Esas «otras doctrinas» a las que se refiere Basilio son, esencialmente, las tradiciones litúrgicas y sacramentales que, junto al consenso de carácter más conceptual sobre la continuidad de la teología patrística griega, sirvió siempre en Bizancio como marco vivo para la comprensión de la Sagrada Escritura.

En sus métodos exegéticos, igual que en su teoría del conocimiento, los bizantinos aceptaron el criterio patrístico establecido en los siglos IV y V. Mediante una armonización de las ideas esenciales de los Padres Capadocios sobre la Trinidad con el pensamiento cristológico de los siglos V, VI y VII, Juan de Damasco compuso su obra *De fide ortodoxa*, que serviría como libro de texto para el estudio de la teología durante todo el período siguiente. Otros escritores menos imaginativos compusieron simples florilegios de citas patrísticas, o «panoplias» para refutar las

---

[4] Basilio de Cesarea, *Sobre el Espíritu Santo*, 27 (ed. B. Pruche, SC 17; Paris 1945) 234.

herejías. De hecho, gran parte de la literatura teológica bizantina es de naturaleza estrictamente antológica. Sin embargo, también se desarrolló una teología viva, especialmente en círculos monásticos.

Cualquier intento de presentar los temas doctrinales más importantes de la teología bizantina no puede evitar una continua referencia a los Padres del período clásico, porque ellos constituían para los bizantinos la máxima autoridad de la tradición. Sin embargo, al reconocer que, en la Iglesia, cualquier cristiano, y en particular un santo, tiene el privilegio y la oportunidad de ver y experimentar la verdad, los propios bizantinos presuponían una idea de revelación que era sustancialmente distinta de la que reinaba en el mundo occidental. Puesto que en Bizancio, igual que en los Padres Capadocios, la idea de *theología* era inseparable de *theoría* (= «contemplación»), la teología no podía consistir, como en Occidente, en una mera deducción racional de premisas «reveladas», es decir, de la Escritura o de las afirmaciones de un magisterio eclesiástico. Más bien se trataba de una visión experimentada por los santos, cuya autenticidad debía, naturalmente, ser compulsada por el testimonio de la Escritura y de la tradición. Eso no quiere decir que el proceso racional deductivo quedara totalmente eliminado de la reflexión teológica, sino que representaba para el mundo bizantino el nivel más bajo y menos fiable de la teología. Verdadero teólogo era el que había entendido y experimentado los principios de su propia visión teológica; y se pensaba que esa experiencia pertenecía no sólo al intelecto (que no quedaba totalmente excluido de la percepción), sino también a «los ojos del Espíritu», que situaba al hombre completo —intelecto, emociones, e incluso sentidos— en contacto con la esencia divina. Ése fue el punto de partida del debate entre Gregorio Palamás y Barlaán de Calabria, que inició las controversias teológicas del siglo XIV (1337-1340).

De ese modo, la revelación no estaba limitada a los documentos escritos de la Sagrada Escritura o a las definiciones conciliares, sino que era directamente accesible, en cuanto verdad vital, a la experiencia humana de la cercanía de Dios en su Iglesia. Para algunos historiadores del pensamiento cristiano oriental, esa posibilidad de un contacto inmediato con Dios es una forma de «mesalianismo», una denominación que, desde el siglo IV, hace referencia a una secta monástica antijerárquica y antisacramental, condenada repetidas veces por diferentes concilios. Pero el caso es que la corriente más importante de la gnoseología cristiana oriental, que afirma la posibilidad de una experiencia directa de Dios, se funda precisamente en una eclesiología sacramental (y por tanto, jerárquicamente estructurada), que constituye el fundamento cristológico y pneumatológico de la experiencia personal y presupone que la teología cristiana tiene que ser siempre coherente con el testimonio apostólico y patrístico.

Ese carácter experiencial de la revelación tiene una incidencia directa sobre la noción de «desarrollo». Por lo general, los teólogos bizantinos daban por supuesto que no se pueden añadir nuevas revelaciones al testimonio único de los apóstoles. Precisamente porque su comprensión de la verdad no era de carácter conceptual, los teólogos no podían admitir que la verdad se expresara en los escritos del Nuevo Testamento de manera exclusivamente verbal y conceptual, o que la experiencia de los Padres y de los santos pudiera enriquecer *el contenido* de la fe apostólica. No se podía aprender nada nuevo sobre Cristo y la salvación, que no fuera lo que los apóstoles «habían oído, habían visto con sus propios ojos y habían contemplado y tocado con sus propias manos sobre la Palabra de vida» (1 Jn 1,1). La experiencia de los santos debería ser sustancialmente idéntica a la de los apóstoles, de modo que nociones como «desarrollo» o «crecimiento» sólo se podían aplicar a la apropiación humana de la verdad divina, no a la Verdad en sí misma; y desde luego, a la elaboración conceptual de la doctrina de la Iglesia, o a la refutación de las herejías.

Por tanto, la plenitud de la verdad se reveló de una vez por todas en Jesucristo. El mensaje apostólico da testimonio de esa revelación por medio de la palabra escrita y por la tradición oral; pero los hombres, a causa de la libertad que Dios les ha concedido, pueden experimentarla de diversas maneras y en grados diferentes. El mundo al que va dirigido ese testimonio no deja de suscitar nuevos problemas y plantear nuevos retos. La innata complejidad del ser humano; la renuncia de la mente cristiana bizantina a reducir la teología a una forma específica de apropiación (la intelectual); el carácter del mensaje del Nuevo Testamento, que no se refiere a verdades abstractas, sino a una Persona; la ausencia en la Iglesia bizantina de un permanente e infalible criterio de verdad: todos estos elementos contribuyeron, en Bizancio, a una comprensión del cristianismo como experiencia viva, de cuya integridad y autenticidad es responsable la estructura sacramental de la Iglesia, pero cuyos contenidos vitales se transmiten de generación en generación por la entera comunidad eclesial.

Esos mismos elementos determinaron también que la evolución de la teología en la Iglesia bizantina no pudiera ser más que un proceso orgánico muy lento, que requería el consenso tácito de todo el cuerpo eclesial, es decir, de la jerarquía y de los fieles. La sola autoridad de la Iglesia no pudo imponer jamás algún cambio significativo en la teología o en el gobierno eclesiástico; y si alguna vez se intentó, el resultado fue un estrepitoso fracaso, una prolongada resistencia, o incluso un cisma.

Así fue cómo la naturaleza experiencial de la teología derivó en conservadurismo teológico (no en subjetivismo, como cabría esperar si se confunde experiencia con misticismo individualista), porque la experiencia de los santos —y todos los cristianos están llamados a ser santos— se entendió siempre como necesariamente idéntica a la de los apóstoles y los Santos Padres. De hecho, la unidad de la Iglesia en el espacio y en el tiempo se concibió como unidad experiencial en el único Cristo, del que los apóstoles dieron testimonio en el pasado, y al que todas las generaciones contemplarán cuando vuelva en plenitud de poder el último día.

Ahora bien, si no hay desarrollo en *los contenidos* de la fe —es decir, en la persona de Cristo, que es siempre igual a sí mismo—, sino sólo en sus formulaciones y en su relación con un mundo cambiante, ¿qué significaban para los bizantinos las precisiones doctrinales y las definiciones de los concilios? Los textos mismos dan la respuesta. Todos los concilios ecuménicos, empezando por el de Éfeso (año 431) —el primero del que se conservan apuntes— insisten de manera explícita en que las definiciones doctrinales no son un fin en sí mismas, y que los padres conciliares proceden —contra su voluntad— a definir ciertos temas doctrinales con la única intención de excluir las interpretaciones torcidas que proponen los herejes. La más famosa de todas las definiciones conciliares, la del Concilio de Calcedonia, es de lo más explícito en este punto. El decreto conciliar empieza con una reafirmación solemne de los credos de Nicea y del Niceno-Constantinopolitano; y a continuación, y en referencia a ese último, declara:

> Esa fórmula tan sabia y saludable de la divina gracia *bastaba para el perfecto conocimiento y confirmación de la religión*; porque enseña la sana doctrina con respecto al Padre, al Hijo y al Espíritu Santo, y propone la doctrina de la Encarnación del Señor a los que la aceptan con fe. Pero, *como ciertas personas que pretenden anular la predicación de la verdad* han dado ocasión a frívolas habladurías [...], este santo Concilio ecuménico universal, deseoso de excluir

cualquier tergiversación de la verdad, y *fiel a la enseñanza inmutable transmitida desde el principio*, ha decretado en su primera sesión que la fe de los trescientos dieciocho padres [del Concilio de Nicea] debe preservarse intacta[5].

La definición de las dos naturalezas de Cristo, que sigue a este preámbulo, se considera simplemente como un medio para proteger lo que ya se había declarado en el Concilio de Nicea. De hecho, empieza con la fórmula habitual: «Siguiendo a los santos Padres...» Las mismas fórmulas se emplean en todos los concilios bizantinos subsiguientes.

La implicación más importante de esa actitud se refiere a la noción de verdad, que los bizantinos conciben no como un concepto que se puede expresar adecuadamente en palabras o mediante una reflexión racional, sino como la realidad misma de Dios, presente en la Iglesia en su propia identidad personal. Ni la Sagrada Escritura, ni las definiciones conciliares, ni la teología son capaces de expresar adecuadamente la esencia de Dios; lo único que pueden hacer es señalar algunos aspectos de su existencia, o excluir falsas interpretaciones de su ser o de su acción. No hay lenguaje humano que pueda explicar *adecuadamente* la verdad ni agotar su auténtico significado. Por tanto, ni la Sagrada Escritura ni el magisterio de la Iglesia se pueden considerar como las únicas «fuentes» de la reflexión teológica. Evidentemente, la teología ortodoxa no puede menos que verificar su consonancia con esas fuentes, pero el verdadero teólogo es libre de expresar su propio encuentro inmediato con la verdad. Ése es el verdadero mensaje que mantiene explícitamente la tradición «mís-

---

[5] Concilio de Calcedonia, *Definitio fidei*, *Conciliorum oecumenicorum decreta* (Istituto per le Scienze Religiose; Bologna 1973) 84.

tica» bizantina representada por Máximo el Confesor, Simeón el Nuevo Teólogo y Gregorio Palamás.

4. Teología: positiva y negativa

Se falsearía radicalmente la teología bizantina —sobre todo, su carácter «experiencial»— si se pasara por alto el otro polo de referencia, la teología «apofática», o teología negativa. Aunque por lo general va asociada al nombre del misterioso escritor del siglo VI que compuso *Areopagítica*, la forma de «apofatismo» que va a dominar la reflexión teológica de Bizancio aparece ya plenamente desarrollada en el siglo IV, en los escritos de los Padres Capadocios contra Eunomio. A la vez que se rechaza la postura de Eunomio, que la mente humana es capaz de conocer la esencia misma de Dios, se afirma la trascendencia absoluta de lo divino y se excluye cualquier posibilidad de reducirlo a un concepto puramente humano. Cuando un teólogo proclama lo que Dios *no es*, está diciendo la verdad, porque ningún concepto, ninguna palabra humana es capaz de comprender lo que Dios realmente *es*. Gregorio de Nisa describe la ascensión del alma humana hacia Dios como un proceso de eliminación que nunca llega, realmente, a un desenlace positivo:

> [El alma] emprende su viaje celeste y atraviesa en espíritu el mundo inteligible e hipercósmico...; y atraviesa la asamblea de los seres celestes, para ver si su Amado está entre ellos. En su búsqueda, atraviesa también el mundo de los ángeles y, al no encontrar entre ellos al que está buscando, se dice a sí misma: «¿Es posible que alguno de estos seres sepa, al menos, quién es mi Amado?» Pero nadie le da respuesta; de modo que su silencio le hace comprender que Aquél al que busca es inaccesible hasta para ellos. Entonces, después de

haber atravesado, por acción del Espíritu, la entera ciudad hipercósmica, sin encontrar entre los seres inteligibles e incorpóreos al que ella desea, desecha todo lo que ha encontrado hasta el momento, y reconoce a Aquél a quien busca como el Único, que se sustrae a toda comprensión [6].

Por tanto, el proceso de eliminación es una etapa necesaria en el conocimiento de Dios. Se trata de un proceso intelectual, pero también de una purificación (*kátharsis*) espiritual que descarta toda forma de identificar a Dios con lo que no es Dios, es decir, toda forma de idolatría. Pero la paradoja está en que el proceso, por sí mismo, no permite al hombre conocer a Dios, a no ser como el Irreconocible, el Incomprensible, a pesar de que la experiencia de esa trascendencia es, en sí misma, una experiencia cristiana positiva. En este punto, la tradición patrística ortodoxa es claramente distinta de la tradición gnóstica y de la neoplatónica, representadas en el cristianismo por Clemente de Alejandría y por Orígenes. El pensamiento neoplatónico afirmaba que Dios es inaccesible a la mente humana, pero concebía esa inaccesibilidad como resultado de la naturaleza caída del alma y, en particular, de su unión con un cuerpo material. Cuando la mente regresa a su condición natural originaria —que es donde Dios quiere que esté— vive unida, según Orígenes, con la propia esencia de Dios, y su ascensión alcanza un término definido en perfección, conocimiento y bienaventuranza. Pero en ese punto, el Dios de Orígenes deja de ser el absolutamente Otro, el Dios de Abrahán, de Isaac y de Jacob, y se convierte en el dios de los filósofos. Por eso, Gregorio de Nisa que, por otra parte, había sucumbido a los encantos del origenismo, afirma que Dios es inaccesible incluso a los seres celestes.

---

[6] Gregorio de Nisa, *In Cant. Or. VI* (ed. W. Jaeger; Leiden 1960) 6.182; PG 44, 893.

En su teología apofática, los Padres Griegos afirman no sólo que Dios está por encima del lenguaje y de la razón humana, debido a la radical inadecuación de su naturaleza caída, sino también que es inaccesible *en sí mismo*. El conocimiento humano sólo alcanza «cosas», es decir, se mueve en el nivel de la existencia creada. De ahí que, a ese nivel, se pueda decir que «Dios no existe». Para el Pseudo-Dionisio, Dios es «no existente» (*mê ôn*). Ése es el tema del famoso capítulo 5 de la *Teología mística* de Dionisio [7]. Las ideas de Plotino sobre la «mónada», que Orígenes había aplicado a Dios [8], son para el Pseudo-Dionisio totalmente irrelevantes para describir la existencia de Dios, hasta el punto de que escribe: «Dios no es el Uno, ni la Unidad» [9].

Los teólogos bizantinos sabían perfectamente que, en el pensamiento neoplatónico, la teología «negativa» era un método intelectual para acercarse al misterio de Dios, y que no implicaba necesariamente que Dios fuera absolutamente incognoscible en sí mismo. Barlaán de Calabria deja bien claro este punto cuando escribe:

> Si quieres saber si los griegos entendieron que el Bien supraesencial y sin nombre trasciende la inteligencia, la ciencia, y los demás logros [de la razón humana], lee las obras de los pitagóricos —Panteneto, Brotino, Filolao, Cármides y Filoxeno— dedicadas a ese tema; en ellas encontrarás las mismas expresiones que emplea el excelso Dionisio en su *Teología mística*... También Platón entendió la trascendencia divina [10].

---

[7] PG 3, 1045D-1048B.
[8] Orígenes, *De principiis* I, 1,6 (ed. B. Koetschau, CGS 22).
[9] Pseudo-Dionisio, *Teología mística*, PG 3, 1048A.
[10] Barlaán de Calabria, *Segunda carta a Palamás* (ed. G. Schiro, *Barlaam Calabro: Epistole*; Palermo 1954) 298-299.

De hecho, Gregorio Palamás coincide con Barlaán cuando reconoce que los paganos aceptaron el monoteísmo y la concepción de Dios como «un absoluto filosófico», y que «de ahí brota necesariamente una teología apofática»[11]. Pero el «apofatismo» formal e intelectual de los filósofos griegos es distinto de la noción bíblica de trascendencia, porque la trascendencia conduce a un encuentro con ese Desconocido, que es el Dios viviente, y a una «contemplación más elevada que el mero conocimiento»[12]. Pues bien, la teología cristiana se funda en ese principio.

La concepción de la fe y de la teología cristiana, según los Padres Griegos, abre una posibilidad de experimentar a Dios por caminos distintos del conocimiento intelectual, de la emoción, o de los sentidos. Eso significa, simplemente, una apertura de Dios, su existencia fuera de su propia naturaleza, su acción o «energía», por la que él se revela *voluntariamente* al ser humano. Al mismo tiempo, eso implica una propiedad peculiar del hombre, que le permite rebasar los límites del universo creado. La percepción del amor y de la «energía» de Dios y de la capacidad que tiene el hombre de trascenderse a sí mismo es lo que hace posible un encuentro, una «contemplación más elevada que el mero conocimiento», que los Padres Griegos definen como los «ojos de la fe», «el Espíritu» o, finalmente, la «deificación».

Por tanto, la teología debe y tiene que estar fundada en la Escritura, en las decisiones doctrinales del magisterio de la Iglesia, o en el testimonio de los santos. Pero para ser auténtica teología, tiene que ser capaz de ir más allá de la letra de la Escritura, más allá de las fórmulas usadas en las definicio-

---

[11] Gregorio Palamás, *Tríadas* II, 3, 67 (ed. J. Meyendorff; Louvain 1959) 527.
[12] *Ibíd.*, 53, 493.

nes, más allá del lenguaje que emplean los santos para comunicar su experiencia. Porque sólo así podrá comprender la unidad de la revelación, una unidad que no consiste simplemente en una coherencia intelectual, sino en una realidad viva experimentada en la continuidad de la Iglesia, que es una a lo largo de los siglos. El único garante y guardián de esa continuidad es el Espíritu Santo; ningún criterio externo que fuera necesario para la percepción o la comprensión humana, en cuanto patrimonio de un ser creado, sería suficiente.

Desde esa perspectiva, Bizancio jamás experimentó un conflicto, y ni siquiera una polarización, entre «teología» y lo que en Occidente se conoce como «misticismo». De hecho, la teología cristiana oriental en su conjunto se ha denominado frecuentemente como «mística». Esa denominación es apropiada, si se recuerda que, en Bizancio, el conocimiento «místico» no implica un individualismo emocional, sino exactamente lo contrario, es decir, una comunión con el Espíritu que habita en la totalidad de la Iglesia. Lo que sí se implica es un continuo reconocimiento de la inadecuación de la mente y del lenguaje humano para expresar la verdad en plenitud, y un constante equilibrio entre las positivas afirmaciones teológicas sobre Dios y el correctivo que proporciona la teología apofática. Esta orientación presupone, finalmente, una relación personal con Dios del orden de «yo-tú», es decir, no sólo conocimiento, sino también amor.

En su comentario a Ecl 3,7: «tiempo de callar, tiempo de hablar», Gregorio de Nisa ofrece al teólogo esta sugerencia:

> Al hablar de Dios, si se trata de comprender su esencia, es *tiempo de callar*. Pero si se trata de su acción, cuyo conocimiento es accesible a nuestra capacidad, es *tiempo de hablar* de su omnipotencia, enumerando sus obras y explicando sus acciones con palabras adecuadas. Pero en materias que superan este objeto, la creatura no debe

sobrepasar los límites de su naturaleza, sino que debe contentarse con conocerse a sí misma. Porque, en mi opinión, si la creatura no llega a conocerse a sí misma, si no comprende la esencia del alma o la naturaleza del cuerpo, las causas del ser, etc., en una palabra, si la creatura no se conoce a sí misma, ¿cómo podrá explicar realidades que superan su propia esencia? Sobre esas realidades, es *tiempo de callar*. Aquí, lo mejor es el silencio. Pero también hay *tiempo de hablar* de ciertas cosas por las que nuestra vida es capaz de progresar en la virtud[13].

Por consiguiente, el carácter y el método de la teología bizantina están determinados por la relación entre Dios y el mundo, entre el creador y su creación, e incluyen una antropología cuya clave suprema es la cristología. Esta secuencia ineludible determina los temas que se desarrollarán en los capítulos siguientes.

---

[13] Gregorio de Nisa, *Comentario sobre Ec.*, sermón 7; PG 44, 732D (ed. W. Jaeger; Leiden 1962) 5, 415-416; traducido (al inglés) por H. Musurillo en *From Glory to Glory: Texts from Gregory of Nyssa's Mystical Writings* (New York 1961) 129.

I
CORRIENTES HISTÓRICAS

I

TEOLOGÍA BIZANTINA
DESPUÉS DE CALCEDONIA

Constantinopla, el gran crisol de culturas, la «Nueva Roma» y capital del Imperio de Oriente, no dio a luz a ningún teólogo verdaderamente egregio durante los siglos V y VI. Pero la ciudad fue testigo de los grandes debates teológicos del momento, porque sus conclusiones dependían con frecuencia del visto bueno del emperador. Obispos, monjes, exegetas y filósofos que acudían a la capital en busca de favor y de apoyo crearon en torno a la sede episcopal de la capital del imperio —que era la fuente habitual de asesores del gobierno en materia de teología— una amplia convergencia de ideas y una enorme predisposición a aceptar soluciones de carácter sincrético o de compromiso. Sin embargo, los obispos de Constantinopla y su corte todavía se sentían capaces de defender postulados teológicos explícitos, incluso contra la voluntad del emperador, de lo que da testimonio la solitaria postura a favor de los decretos de Calcedonia adoptada por los patriarcas Eufemio (489-495) y Macedonio II (495-511) durante el reinado del emperador monofisita Anastasio. Así se explica que en el período posterior al Concilio de Calcedonia surgiera en Bizancio una teología que se puede denominar específicamente «bizantina», en contraste con las anteriores corrientes del pensamiento cristiano oriental centradas principalmente en Egipto y en Siria. Esa visión teológica recibió el reconocimiento oficial en tiempos de Justiniano (527-565) y su expresión más completa es la equilibrada síntesis de Máximo el Confesor († 662).

Al parecer, no hubo ninguna figura individual que jugara un papel decisivo en la formación de esa teología, y resulta difícil encontrar en la capital una escuela u otro centro intelectual en el que se cultivara de manera creativa la reflexión teológica. Aunque es razonable suponer que el patriarcado regentara alguna escuela de teología para la formación del personal eclesiástico de alto rango, carecemos de datos concretos sobre su carácter y el nivel académico de su enseñanza. Hay testimonios de un centro de enseñanza teológica en el famoso monasterio de los *Akoimetai* (= «los que no duermen»); y desde luego, debieron de existir también otros centros, aunque se sabe muy poco sobre su actividad específica. Durante los siglos V y VI era frecuente que los teólogos recibieran su formación en otras regiones del imperio, como Siria o Palestina. Por ejemplo, la Laura de San Sabas, cercana a Jerusalén, fue escenario de violentos debates teológicos entre diversos bandos origenistas enfrentados entre sí.

La universidad estatal de Constantinopla, fundada por Constantino y reorganizada después por un decreto de Teodosio (408-450), no incluía la teología en su plan de estudios, aunque sin duda sirvió de canal para perpetuar las ideas filosóficas de la antigua Grecia. La universidad fue bilingüe (griego y latín) hasta el siglo VII y, hasta el reinado de Justiniano, incluía profesores paganos. Pero las drásticas medidas tomadas por el emperador, que excluyó de la actividad docente a los paganos y a los cristianos no ortodoxos y clausuró la universidad pagana de Atenas, no hacen más que subrayar que, en el Bizancio cristiano, el papel de los estudios humanísticos y técnicos era sencillamente secundario. A pesar de que un pequeño círculo de intelectuales se esforzó por perpetuar las tradiciones filosóficas de los antiguos griegos, a lo más que llegó la postura oficial tanto de la Iglesia como del Estado fue a considerar la filosofía como una herramienta para expresar la revelación, pero nunca admitió que la filosofía tuviera derecho a modelar incluso el contenido de las ideas teológicas. En la práctica, se podía aceptar que se enseñara en las escuelas la lógica de Aristóteles; pero había que sospechar de Platón, a causa de sus implicaciones metafísicas. Con todo, el platonismo no dejaría de existir, sobre todo a través de la literatura patrística y, de manera especial, por la tradición origenista; pero nunca sería aceptado formalmente como expresión válida de ideas religiosas.

En tiempos de Justiniano, la teología bizantina, conservadora en su forma y en su finalidad, jamás dejó de referirse a la tradición como su fuente primaria. En particular, los debates cristológicos de ese período consistían principalmente en una batalla entre intérpretes de la Escritura sobre los conceptos filosóficos adoptados por la teología cristiana durante los siglos III y IV, y sobre los textos patrísticos que empleaban esa terminología. Las colecciones de himnos litúrgicos, que empezaron a proliferar en esa época, solían incorporar los resultados de los debates teológicos y muchas veces se convirtieron en una forma de profesión de fe. Los diversos elementos del tradicionalismo teológico bizantino que dominó durante los siglos V y VI constituyeron la base de una ulterior creatividad en los siglos siguientes, y merecen especial atención.

1. Tradiciones exegéticas

> Es necesario que los presidentes de las iglesias (…) enseñen al clero y al pueblo (…) tomando de la Sagrada Escritura las ideas y apreciaciones sobre la verdad, pero sin exceder los límites fijados ni apartarse de la tradición de los Santos Padres. Pero si surge un tema relacionado con la Escritura, deberá interpretarse únicamente según lo exponen en sus escritos los más ilustres maestros de la Iglesia (…) Que ellos [los obispos] destaquen por su familiaridad con los escritos patrísticos, más bien que por escribir tratados teológicos por su propia cuenta.

Este párrafo del canon 19 del Concilio *in Trullo* (629) refleja el carácter tradicionalista y conservador de la teología y, sobre todo, de la exégesis bizantina y explica el hecho de que en los monasterios y en bibliotecas privadas de Bizancio se conservaran innumerables ejemplares de *catenae* (= «cadenas») patrísticas, es decir, series de interpretaciones oficiales de textos bíblicos que expresaban, o pretendían expresar, la continuidad de la tradición exegética.

Aunque en ciertos temas el *consensus patrum* que se alcanzaba con ese método fuera parcial o artificioso, la enseñanza ordinaria de la Iglesia llegó a aceptarlo, especialmente si estaba consagrado por la práctica litúrgica o el empleo de himnos religiosos. La Biblia se consideró siempre no como un simple acervo de proposiciones doctrinales reveladas, o como una descripción de hechos históricos, sino como auténtico testimonio de la verdad viva, presente con todo su dinamismo en la comunidad eclesial del Nuevo Testamento. Por ejemplo, la veneración de la Virgen María, Madre de Dios, quedó definitivamente asociada a una interpretación tipológica del culto veterotestamentario que tenía lugar en el templo: la que llevó a Dios en su vientre era el verdadero «templo», el auténtico «tabernáculo», el «candelabro» portador de luz, la «morada» de Dios por excelencia. De modo que el bizantino que, en vísperas de una fiesta mariana, escuchaba en la iglesia la lectura del libro de los Proverbios sobre la Sabiduría que se construye una casa (cf. Prov 9,1ss), pensaba automáticamente en «la Palabra se hizo carne», es decir, fijó su morada en el seno de la Virgen. La identificación de la Sabiduría del Antiguo Testamento con el Logos del evangelio según Juan se había dado por supuesta desde los tiempos de Orígenes, y nadie se había atrevido a ponerla en duda. Ya en época tan temprana como el siglo IV, cuando buena parte del debate con los arrianos se centraba en el famoso texto: «El Señor me creó al principio de sus tareas» (Prov 8,22), los arrianos lo interpretaban como prueba de su postura. Atanasio y otros partidarios del Concilio de Nicea no quisieron cuestionar esa identificación del Logos con la Sabiduría, pero optaron por buscar otras referencias textuales en apoyo de la naturaleza increada del Logos-Sabiduría. Sin embargo, nadie puso en duda el aceptado consenso exegético sobre la identificación de ambas realidades.

El método exegético practicado en Bizancio procedía de la tradición alejandrina marcada por su alegorismo. Ya el propio Pablo, en su presentación de la historia de los dos hijos de Abrahán como alegoría de las dos alianzas (Gál 4,23), había consagrado el método de interpretación no literal de la Sagrada Escritura conocido como *midrás* y desarrollado por los rabinos de Palestina en época precristiana. De ahí que el mundo helenístico de Alejandría, representado por Filón, Clemente y Orígenes, al llevar hasta el extremo el método de interpretación alegórica de la Escritura, pudiera acogerse al testimonio de un predecesor tan ilustre como Pablo. En primer lugar, la alegoría estaba en consonancia con el interés helénico y, especialmente, platónico por las realidades eternas, en contraposición a los hechos históricos. La gran dificultad del intelectual griego para aceptar el cristianismo residía, por lo común, en la imposibilidad de especulación directa sobre lo inmutable, ya que su formación filosófica lo había llevado a asociar la posibilidad de cambio con lo irreal. Sin embargo, el método alegórico abría la posibilidad de interpretar los hechos concretos, susceptibles de cambio, como símbolos de realidades inmutables. Eso hizo que la historia fuera perdiendo poco a poco su posición central, hasta el punto de que en casos extremos se llegó sencillamente a negarla.

Pero la coherencia con el helenismo no fue el único elemento que contribuyó a la difusión del método alegórico en la exégesis bíblica. La alegoría se convirtió en un arma que se podía esgrimir fácilmente contra el gnosticismo, un fenómeno que en el siglo II había representado el mayor desafío a la fe cristiana. Los principales sistemas gnósticos, especialmente los de Valentín y Marción, oponían el Demiurgo, el Yahvé del judaísmo, al verdadero Dios manifestado en el Nuevo Testamento. Los apologistas cristianos se sirvieron de la alegoría para «redimir» al Antiguo Testamento y atacar el dualismo gnóstico con la idea de que el Antiguo y el Nuevo Testamento tienen el mismo y único sentido «espiritual» y transmiten una revelación continuada del mismo único y verdadero Dios.

También Orígenes empleó el concepto de «sentido espiritual» para exponer su idea de tradición. El Espíritu que había inspirado a los escritores bíblicos estaba también presente en los «hombres espirituales» de la Iglesia cristiana. Por consiguiente, sólo los santos podían descifrar el auténtico significado de la Escritura. Orígenes lo expresa así:

> Las Escrituras, que se compusieron por inspiración del Espíritu de Dios, no tienen sólo el significado más obvio, sino también otro [más profundo], que la mayoría de los lectores no pueden captar. De hecho, los contenidos de la Escritura son la forma externa que revisten ciertos misterios y, a la vez, son imagen de las realidades divinas. La Iglesia entera cree unánimemente que la Ley es espiritual, pero no todos son capaces de reconocer su sentido inspirado, sino sólo aquéllos que han recibido del Espíritu Santo el don de la palabra de sabiduría y el de conocimiento [1].

---

[1] Orígenes, *De principiis*, *Praefatio* 8 (ed. B. Koetschau, CGS 22, 1913,14.6-13; traducción inglesa de G. W. Butterworth, *On the First Principles*, London 1936) 5.

Este pasaje, aunque suscita el agudo problema de la autoridad en la exégesis, expresa una opinión ampliamente aceptada en el cristianismo bizantino medieval, y explica el interés por el *consensus patrum*, explícitamente formulado por el Concilio *in Trullo* en el canon citado al comienzo de esta sección.

Además del alegorismo alejandrino, la tradición exegética bizantina incorporó la influencia mucho más sobria de la Escuela de Antioquía. El enfrentamiento entre Alejandría y Antioquía, que encontró su más famosa y violenta expresión en los debates cristológicos del siglo V, no se debe exagerar en materia de exégesis. Las mentes más lúcidas de la Escuela de Antioquía, como Diodoro de Tarso (hacia 330-390), Teodoro de Mopsuestia (hacia 350-428) y Teodoreto de Ciro (hacia 393-466), no negaron la posibilidad de que los textos bíblicos posean un sentido espiritual; sino que reaccionaron vivamente contra la eliminación del sentido literal e histórico, y contra un alegorismo arbitrario basado en los presupuestos filosóficos de Platón, ajenos a la Biblia. No es que rechazaran el concepto de *theoría* (= «contemplación»), que implica la posibilidad de descubrir un sentido espiritual más allá de la pura letra del texto, sino que pusieron el mayor énfasis en lo que sucedió realmente y en lo que se dijo históricamente, así como en las implicaciones morales y teológicas del texto.

La autoridad teológica de la Escuela de Antioquía se vio sacudida por la condena de Nestorio (alumno de Teodoro de Mopsuestia) pronunciada en el Concilio de Éfeso el año 431, y por los anatemas contra los Tres Capítulos (Teodoro de Mopsuestia, y los escritos anticirílicos de Teodoreto de Ciro e Ibas de Edesa) pronunciados por el segundo Concilio de Constantinopla el año 553. Después de ese año, los comentarios espirituales de Teodoro, uno de los exegetas más relevantes del cristianismo primitivo, sólo se pudieron preservar clandestinamente en traducción siríaca o armenia, mientras que el original griego sobrevivió en pequeños fragmentos diseminados por diversas *catenae*.

Pero la tradición de la exégesis antioquena logró sobrevivir en la obra exegética de Teodoreto, que nunca estuvo prohibida, y especialmente en los escritos de Juan Crisóstomo, amigo de Teodoro y, sin duda, el más popular de todos los escritores eclesiásticos griegos. Su definición de «tipología», en cuanto opuesta a alegoría, como «profecía expresada en términos fácticos»[2], y su interés por la historia sirvieron de salvaguarda contra los excesos espiritualizantes de la tradición alejandrina en la posterior literatura exegética de Bizancio, mientras que aún quedaba sitio para la *theoría*, es decir, para una interpretación tipológica del Antiguo Testamento esencialmente orientada a Cristo.

2. Corrientes filosóficas

Las corrientes filosóficas que proliferaron en Bizancio después del Concilio de Calcedonia obedecían a tres factores principales: (1) la tradición patrística y sus implicaciones, por ejemplo, la transposición de la terminología trinitaria de los Padres Capadocios al problema de la unión hipostática de las dos naturalezas en la persona de Cristo; (2) el renovado origenismo, con todo lo que implicaba de desafío a la doctrina bíblica de la creación y a su antropología; (3) la persistente influencia del neoplatonismo no cristiano sobre los intelectuales de la época (el cierre de la universidad de Atenas por Justiniano puso fin a un centro de reflexión y de enseñanza que acababa de tener en Proclo [410-485] el más egregio representante de la filosofía griega pagana). En los tres casos, el problema fundamental consistía en la relación entre el antiguo pensamiento griego y la revelación cristiana.

---

[2] Juan Crisóstomo, *De poenitentia*, hom. 6,4; PG 49, 320.

Algunos historiadores modernos emiten juicios muy diferentes sobre la filosofía de los Padres Griegos. En su conocida obra *Histoire de la philosophie*, Émile Bréhier escribe: «Durante los cinco primeros siglos del cristianismo no hubo nada que pudiera llamarse propiamente filosofía cristiana y que implicara una escala original de valores intelectuales diferentes de los que propugnaban los pensadores paganos»[3]. Según Bréhier, cristianismo y filosofía helénica no se oponen mutuamente como sistemas intelectuales, pues el cristianismo se basa en hechos revelados, no en ideas filosóficas. Al aceptar esos hechos, los Padres Griegos adoptaron todo lo que en la filosofía griega era compatible con la revelación cristiana. Pero de esa yuxtaposición artificial no podía surgir una nueva filosofía. Una opinión aparentemente distinta, y más en línea con la interpretación clásica de Adolf Harnack, es la que ofrece H. A. Wolfson en su obra *The Philosophy of the Church Fathers*, donde presenta el pensamiento de los Padres Griegos como «una elaboración de las creencias del cristianismo en forma de una filosofía que produjo una versión cristiana de la filosofía griega»[4]. Finalmente, la monumental obra de Claude Tresmontant *La Métaphysique du Christianisme et la naissance de la philosophie chrétienne* (París 1961) sostiene enérgicamente la existencia de una filosofía cristiana que los Padres defendieron contra la síntesis helénica. Esa filosofía, fundamentalmente bíblica, implicaba una serie de afirmaciones básicas sobre temas como creación, unidad y multiplicidad, conocimiento, libertad, etc., incompatibles con el helenismo. «Desde el punto de vista de la metafísica», escribe el autor, «la ortodoxia cristia-

---

[3] É. Bréhier, *Histoire de la philosophie* II (Paris 1931) 494.
[4] H. A. Wolfson, *The Philosophy of the Church Fathers* I (Cambridge 1956) VI.

na se define por su fidelidad a los principios metafísicos propuestos por la teología bíblica»[5]. Por tanto, si los Padres Griegos fueron ortodoxos, dejaron de ser propiamente «griegos». De hecho, en la moderna producción histórica y teológica no hay término más ambiguo que «helenismo». Por eso, Georges Florovsky aboga por la denominación «helenismo cristiano», entendiendo ese término como la tradición de los Padres Orientales, opuesta al pensamiento occidental del Medievo[6], aunque está esencialmente de acuerdo con Tresmontant sobre la incompatibilidad absoluta del pensamiento filosófico griego con la Biblia, especialmente en temas tan centrales como creación y libertad[7].

Por tanto, las conclusiones de Tresmontant y de Florovsky parecen ser globalmente correctas; y en consecuencia, habrá que evitar los habituales tópicos que con demasiada frecuencia se emplean para caracterizar el pensamiento patrístico y la filosofía bizantina como «helenismo cristiano», como «helenización del cristianismo», o como «platonismo» oriental, opuesto al «aristotelismo» occidental.

Un método más constructivo para enfocar el tema y poder emitir un juicio equilibrado consiste en establecer una distinción preliminar entre los *sistemas* de la antigua filosofía griega —platónico, aristotélico, neoplatónico— y los conceptos o términos concretos. El uso de conceptos y terminología griega era un medio inevitable de comunicación y un instrumento necesario para que el Evangelio tuviera alguna relevancia para el

---

[5] C. Tresmontant, *La Métaphysique du christianisme et la naissance de la philosophie chrétienne* (Paris 1961) 23.
[6] G. Florovsky, «The Eastern Orthodox Church and the Ecumenical Movement»: «Theology Today» 7 (1950) 74-76.
[7] G. Florovsky, «The Idea of Creation in Christian Philosophy»: «Eastern Church Quarterly» 8 (1949) 53-77.

mundo en el que surgió y en el que habría de extenderse. Pero la terminología trinitaria de los Padres Capadocios y su posterior aplicación a la cristología en la época del Concilio de Calcedonia y en el período subsiguiente es una muestra bien clara de que ciertos conceptos como *ousía, hypóstasis* o *physis* adquieren un significado totalmente nuevo cuando se usan en otro contexto que no sea el de los sistemas platónico o aristotélico donde nacieron. El hecho de que se hable de tres *hypostaseis* unidas en una *ousía* (= «esencia»), o de dos *physeis* (= «naturalezas») unidas en una sola *hypóstasis* no encaja en el sistema lógico de Platón o de Aristóteles, aparte de que implica nuevos presupuestos metafísicos y personalísticos y, por tanto, no helénicos. Por otra parte, la síntesis trinitaria o cristológica de los Padres Capadocios habría abordado problemas diferentes y habría elaborado otros conceptos, si tanto la herencia de los Capadocios como sus destinatarios no hubieran sido griegos. De ese modo, el pensamiento de los Padres Griegos permaneció abierto a los problemas filosóficos de la antigua Grecia, pero evitó quedar prisionero de los *sistemas* filosóficos helénicos. Desde Gregorio de Nacianzo en el siglo IV hasta Gregorio Palamás en el siglo XIV, todos los representantes de la tradición ortodoxa expresan su convicción de que las herejías se basan en una ingenua absorción de la filosofía pagana griega por el pensamiento cristiano.

Entre las figuras más relevantes de la primitiva literatura cristiana sólo Orígenes, Nemesio de Emesa y el Pseudo-Dionisio ofrecen sistemas de pensamiento que se pueden definir, realmente, como versiones cristianas de la filosofía griega. Otros, en los que hay que incluir a ciertos creadores como Gregorio de Nisa y Máximo el Confesor, a pesar de su clara mentalidad filosófica, se oponen tan radicalmente al helenismo pagano en cuestiones fundamentales como la creación y la libertad, que no se pueden calificar como filósofos griegos. A su muerte, Orígenes y el Pseudo-Dionisio corrieron suertes distintas, como diremos más adelante, pero la influencia de Nemesio y de su «sistema» antropológico basado en Platón fue tan limitada en Bizancio, en contraste con su poderoso impacto en el pensamiento occidental del Medioevo, que la traducción latina de su obra *Perí phýseôs anthrôpou* (*De natura hominis*) se atribuyó a Gregorio de Nisa[8].

Por consiguiente, como admitirán muchos historiadores de la teología bizantina, el problema de la relación entre la filosofía y los hechos de la experiencia cristiana siguió siendo el centro de la reflexión teológica de Bizancio, sin que se llegara a encontrar un equilibrio permanente entre los dos términos de la cuestión. Pero, ¿será realmente posible ese equilibrio, si «este mundo» y su «sabiduría» están en continua tensión con las realidades del Reino de Dios?

3. El problema del origenismo

Investigaciones recientes han arrojado una luz completamente nueva sobre la historia del origenismo en los siglos V y VI. En particular, la publicación de las obras de Evagrio Póntico ha clarificado los temas que causaron la división entre partidos monásticos rivales en Egipto, en Palestina y en otras regiones de la cristiandad oriental.

Mientras que el problema de Orígenes con respecto a la Trinidad sirvió como uno de los puntos de partida para las controversias arrianas del siglo IV, sus ideas sobre la creación, la caída, el hombre y las relaciones entre el hombre y Dios fascinaron a los primeros intelectuales griegos hasta el punto de

---

[8] É. Gilson, *La philosophie au Moyen-Âge* (Paris ²1952) 72-77.

inducirlos a abrazar la vida monástica. Dentro de su sistema, la ascética y la espiritualidad monástica encuentran una justificación, pero contradicen los presupuestos básicos del cristianismo bíblico. Orígenes y su discípulo Evagrio fueron condenados el año 400 por Teófilo de Alejandría y el año 553 por el segundo Concilio de Constantinopla. Pero ni siquiera esas condenas fueron obstáculo para una duradera influencia de sus sistemas, que sirvió de base para la filosofía cristiana integrada de Máximo el Confesor. De ese modo, el origenismo siguió siendo central para el pensamiento teológico del cristianismo oriental posterior al Concilio de Calcedonia, y su influencia sobre la espiritualidad y la terminología teológica no se extinguió con la condena del *sistema* de Orígenes el año 553, sino que continuó, por lo menos, hasta la crisis iconoclasta del siglo VIII.

No cabe duda que Orígenes fue el apologista de mayor éxito entre los primeros defensores del cristianismo. Su sistema hizo que la religión cristiana resultara aceptable a los neoplatónicos; pero la aceptación del cristianismo en términos origenistas no implicaba necesariamente rechazar conceptos básicos neoplatónicos como Dios o mundo. Si, por ejemplo, los Padres Capadocios, después de haber leído a Orígenes durante sus años de formación, terminaron por aceptar el cristianismo ortodoxo, otros, como Evagrio Póntico, contemporáneo y amigo de Orígenes, desarrollaron el origenismo en una dirección completamente distinta.

En su famosa obra *De principiis*, Orígenes empieza por postular la creación como un acto *eterno* de Dios. Dios ha sido desde siempre el creador todopoderoso, de modo que «no podríamos llamarlo omnipotente, si no hubiera nadie sobre el que él pudiera ejercer su poderío»[9]. Pero como Orí-

---

[9] Orígenes, *De principiis* I, 2, 10 (ed. B. Koetschau, 42).

genes tiene sumo cuidado en refutar la doctrina aristotélica de la eternidad de la materia, sostiene que el mundo creado desde toda la eternidad es un mundo de «intelectos», no de materia. El espiritualismo básicamente platonizante que aquí se postula se refiere a los círculos monásticos que buscaban una justificación metafísica de la vida ascética. El paso siguiente en la concepción de Orígenes consiste en la consideración de que el mundo «intelectual», que incluye «todas las naturalezas racionales, es decir, el Padre, el Hijo, el Espíritu Santo, los ángeles, las potencias, las dominaciones, y otros poderes, así como al hombre en la dignidad de su alma, son una única sustancia»[10]. La tradición patrística posterior opondrá a esa idea la noción de la absoluta trascendencia de Dios, como se expresa en la teología apofática; en cambio, para Orígenes, la estructura monástica, que engloba a Dios y a los «intelectos» en una única sustancia, sólo se rompe por la caída. Abusando de su «libertad», los intelectos cometieron el pecado de rebelarse contra Dios. Algunos pecaron gravemente, y se convirtieron en demonios; otros cometieron un pecado más leve, y se convirtieron en ángeles; y el pecado aún más leve de otros los convirtió en arcángeles. Así, cada uno recibió una condición proporcionada a la gravedad de su culpa. Las demás almas también pecaron, pero no con tal grado de gravedad que las convirtiera en demonios, ni tan ligeramente como para llegar a ser ángeles. Y así fue como Dios creó el mundo presente, uniendo el alma a un cuerpo como castigo[11]. Nuestro mundo visible, que incluye al hombre, entendido como un intelecto transformado en cuerpo por el

---

[10] Citado por Jerónimo en *Ep.* 124 *ad Avit.* 15.
[11] Véanse los anatemas del Concilio de Constantinopla (553) en F. Diekamp, *Die origenistischen Streitigkeiten im sechsten Jahrhundert und das fünfte allgemeine Concil* (Münster 1898) 90-96.

pecado, es consecuencia de la caída. El destino definitivo del hombre es su liberación de la materia y el retorno a la unión con la naturaleza divina.

Evagrio Póntico desarrolló de manera significativa este sistema de Orígenes, aplicándolo a la cristología. Según Evagrio, Jesucristo no era el Logos hecho carne, sino sólo un «intelecto» que no había cometido pecado original y, por consiguiente, no estaba condenado a la catástrofe de convertirse en materia. Si asumió un cuerpo fue para mostrar el camino hacia la restauración de la primigenia unión con Dios [12]. Esta doctrina de Evagrio suscitó graves conflictos entre partidos monásticos contendientes, que se prolongaron hasta el reinado de Justiniano. En el centro de esas controversias, la Laura de San Sabas, en Palestina, albergó monjes que pretendieron ser «iguales a Cristo» (*isóchristoi*), porque en ellos se había restablecido, mediante la oración y la contemplación, la originaria relación con Dios que existía en Cristo. Esta forma extrema —y obviamente herética— de origenismo fue condenada, en primer lugar, por un decreto del emperador y, luego, por el concilio ecuménico del año 553. En consecuencia, los escritos de Orígenes y de Evagrio fueron destruidos, y sólo se conservaron parcialmente en traducciones latinas o siríacas, o protegidas por seudónimos. Una vez más, el antiguo helenismo tuvo que dejar paso a los principios básicos del cristianismo bíblico.

---

[12] Los textos fundamentales se pueden encontrar en A. Guillaumont, *Les "Kephalaia Gnostica" d'Évagre le Pontique et l'histoire de l'origénisme chez les Grecs et les Syriens* (Paris 1962)156-160.

4. Pseudo-Dionisio

La condena de Orígenes y de Evagrio no significó, sin embargo, la desaparición total de la concepción platónica del mundo en el ámbito del cristianismo bizantino. La concepción helénica del mundo como «orden» y «jerarquía», la estricta división platónica entre «mundo inteligible» y «mundo sensible», y el agrupamiento neoplatónico de los seres en «tríadas» reaparecieron en los escritos de un misterioso personaje de principios del siglo VI, que escribió bajo el seudónimo de Dionisio Areopagita. La autoridad casi apostólica de ese autor desconocido gozó de una aceptación casi unánime tanto en Oriente como en Occidente durante toda la Edad Media.

Los historiadores del pensamiento cristiano oriental suelen dar una enorme importancia a la contribución de Dionisio, junto con Gregorio de Nisa y Máximo el Confesor, al desarrollo de la teología apofática. Para Vladimir Lossky, Dionisio, lejos de ser «un platónico teñido de cristianismo», es todo lo contrario: «un pensador cristiano disfrazado de neoplatónico, un teólogo perfectamente consciente de su tarea, que consistió en conquistar el terreno ocupado por el neoplatonismo, mediante el dominio de su propia metodología filosófica»[13]. De hecho, bastantes elementos de la reflexión filosófica de Dionisio se presentan como fiel trasunto —cristianizado— de posturas neoplatónicas y origenistas. En concreto, Dionisio rechaza la teoría de Orígenes sobre el conocimiento de Dios «por esencia», porque no puede existir un verdadero «conocimiento» de Dios. El conocimiento sólo se puede aplicar a «seres», pero Dios está por encima del

---

[13] Vladimir Lossky, *Vision of God* (London 1963) 99-100.

ser y trasciende toda oposición entre ser y no-ser. Con respecto a Dios, sólo puede haber «unión», que es la finalidad suprema de la existencia humana; pero esa unión es «ignorancia» más bien que conocimiento, porque presupone renuncia a toda actividad de los sentidos o del intelecto, y el intelecto sólo se puede aplicar a la existencia creada. Dios, por tanto, es absolutamente trascendente, es decir, está por encima de la existencia y, mientras se permanezca en categorías de existencia, sólo se lo puede describir en términos negativos [14]. No obstante, Dios se hace cognoscible en realidades que están fuera de su naturaleza trascendente: «Dios se manifiesta en todos los seres por su "poder", y se presenta como múltiple sin abandonar por ello su unidad»[15]. Conceptos como belleza, ser, bondad, etc., reflejan a Dios, pero no su esencia, sino sólo sus «poderes» y sus «energías»[16] que, a pesar de todo, no son una forma inferior de divinidad o meras emanaciones, sino la totalidad absoluta de Dios, en la que los seres creados pueden participar según la proporción y la analogía propia de cada uno. De ese modo, el Dios de Dionisio es el mismo Dios vivo de la Biblia y no el Uno postulado por Plotino. En este aspecto, Dionisio ofrece una base para nuevos desarrollos positivos del pensamiento cristiano.

Con todo, habrá que recordar que la teología específica de Dionisio, es decir, su doctrina sobre Dios y la relación entre Dios y el mundo, no es totalmente original, pues de hecho, sus elementos esenciales aparecen ya en los escritos de los Padres Capadocios; y habrá que recordar también que su concepción jerárquica del universo ejerció una influencia

---

[11] Pseudo-Dionisio, *Teología mística* V; PG 3, 1045D-1048ª.
[15] Lossky, *Vision*,102.
[16] Véase, especialmente, Pseudo-Dionisio, *Sobre los nombres divinos* II; PG 3,636ss.

muy ambigua, sobre todo en el campo de la eclesiología y de la teología sacramental.

Si, en la concepción de Orígenes, la jerarquía de los seres creados —ángeles, hombres y demonios— es resultado de la caída, para Dionisio se trata de un orden divino inamovible por el que se llega a la «asimilación y unión con Dios»[17]. Las tres «tríadas» —o nueve órdenes— de la jerarquía celeste y las dos «tríadas» de la jerarquía eclesiástica son esencialmente un sistema de mediaciones. Cada uno de los órdenes participa de Dios «según su capacidad», pero esa participación se concede por medio del orden inmediatamente superior[18]. Las consecuencias más obvias de ese sistema afectan al campo de la eclesiología. Para Dionisio, la jerarquía eclesiástica, que incluye las tríadas «obispos (jerarcas), sacerdotes, diáconos» y «monjes, laicos, catecúmenos (pecadores)», no es más que un reflejo terrestre de los órdenes celestes. Por tanto, cada orden eclesiástico es un *estado personal*, no una función en el seno de la comunidad. Dionisio escribe: «El jerarca es un hombre deificado y divino, instruido en el conocimiento sagrado»[19]. Y como el jerarca es primariamente un «gnóstico», o un «iniciador», no hay diferencia fundamental entre su función y la de un carismático. Y eso mismo vale, naturalmente, para los demás órdenes[20].

Por otra parte, como Dionisio sigue estrictamente la división platónica entre el orden intelectual y el orden material, siendo este último un mero reflejo y un símbolo del intelectual, su doctrina sobre los sacramentos es puramente simbó-

---

[17] Pseudo-Dionisio, *Sobre la jerarquía celeste* III, 2; PG 3, 165ª.
[18] Véase R. Roques, *L'univers dionysien: Structure hiérarchique du monde selon le pseudo-Denys* (Paris 1954) 98ss.
[19] Pseudo-Dionisio, *Sobre la jerarquía eclesiástica* I, 3; PG 3, 373C.
[20] Véase el análisis de Roques, *L'univers dionysien*, 172ss.

lica e individualista. Por ejemplo, la función de la eucaristía consiste exclusivamente en simbolizar la unión del intelecto con Dios y con Cristo[21].

Como conclusión de este breve comentario a las ideas de Dionisio habrá que decir que en las áreas en las que trasciende el neoplatonismo —el campo de la *theología*— se presenta como auténtico cristiano, pero sin ser realmente original; en cambio, su doctrina sobre las jerarquías, aunque supone un serio intento de integrar la concepción neoplatónica del mundo en el marco del cristianismo, es un innegable fracaso, cuyas consecuencias crearon una gran confusión, sobre todo en el campo de las formulaciones litúrgicas y eclesiológicas. Podríamos preguntarnos si la doctrina escolástica occidental sobre el «carácter» que imprime el sacerdocio y, en menor grado, la confusión que reina en el Oriente bizantino entre el papel de la jerarquía eclesiástica y el de los «santos» no habrá de atribuirse en última instancia a Dionisio.

5. Liturgia

La publicación de los escritos de Dionisio coincide cronológicamente con un momento crucial en la historia de la liturgia cristiana. Cuando Justiniano cerró los últimos templos y centros de enseñanza paganos, el cristianismo se convirtió en la religión indiscutible de las masas de todo el imperio. La liturgia cristiana, concebida originalmente como el culto que se celebraba en pequeñas comunidades sometidas a persecución, empezó a celebrarse en inmensas catedrales —como la magnífica «Iglesia Mayor» Hagía Sophía (Santa

---

[21] *Ibíd.*, 267.269.

Sofía) de Constantinopla, una de las glorias del reinado de Justiniano— donde se congregaban miles de fieles. Esta situación completamente nueva no pudo menos de influir en la práctica e incluso en la teología de la liturgia. Por ejemplo, la eucaristía perdió su carácter externo de comida comunitaria. La inmensa mayoría de la gente que se reunía en la catedral eran cristianos de puro nombre, que difícilmente cumplían los requisitos para participar regularmente en la eucaristía. Desde la época de Juan Crisóstomo, el clero empezó a predicar que para acercarse a la comunión se requería una preparación adecuada, estar en ayunas y haber hecho previamente examen de conciencia; al mismo tiempo, se exponía con gran énfasis el significado mistérico y escatológico del sacramento. Durante los siglos VIII y IX se introdujeron ciertas prácticas, como la cortina iconostática de separación entre el santuario y los asistentes al rito, y el empleo de una cucharilla para la comunión, con el fin de evitar que las especies sacramentales se pusieran en la mano a los laicos. Esas medidas estaban encaminadas a proteger el misterio, pero el resultado fue una separación entre clero y fieles, y una configuración de la liturgia como «representación», más que como acción comunitaria del entero pueblo de Dios.

Los escritos del Pseudo-Dionisio contribuyeron en gran manera a consolidar esa tendencia. Sus ideas sobre la gracia de Dios, que se derramaba sobre los estratos inferiores de la jerarquía por la mediación personal de los jerarcas, colaboraron a la creación de nuevas formas litúrgicas que Dionisio consideraba como meros símbolos en los que el misterio se abría a los ojos de los fieles. Apariciones y desapariciones del celebrante, ocultación y exposición de las especies sagradas, apertura y cierre de puertas, y una gran variedad de gestos relacionados con los sacramentos dieron lugar frecuentemente a un sistema rígido de actividad jerárquica, tal como la describía Dionisio, que encontró la ingenua aceptación de una Iglesia que, por otra parte, cuidaba de preservar de cualquier profanación masiva el carácter mistérico del culto.

Por suerte, la teología de Dionisio no tuvo prácticamente ningún influjo sobre unos textos tan centrales como la oración bautismal o el canon eucarístico. Su principal función consistió en desarrollar y explicar la extremada riqueza ornamental con la que Bizancio embellecía las acciones sacramentales más importantes de la fe cristiana, pero sin modificar su sentido profundo, de modo que se dejaba la puerta abierta a una teología de los sacramentos que aún podría inspirar el desarrollo de la espiritualidad bizantina.

Otro aspecto litúrgico importante que se desarrolló en los siglos V y VI fue la masiva adopción de himnos de corte helenístico. En las primeras comunidades cristianas, el cantoral de uso litúrgico estaba formado por el libro de los Salmos y algunos textos poéticos de la Sagrada Escritura, con relativamente pocos himnos de nueva creación. Sin embargo, en los siglos V y VI, con la insistencia en una mayor solemnidad litúrgica —copiada frecuentemente del ceremonial de la corte— y debido a la ineludible helenización de la Iglesia, el influjo de un nuevo arte poético resultaba inevitable, sobre todo, en las suntuosas iglesias urbanas.

Ese influjo encontró una fuerte oposición en diversos círculos monásticos, que consideraban indecoroso reemplazar los textos bíblicos de la liturgia por composiciones poéticas humanas. Pero esa resistencia no duró mucho tiempo. De hecho, en los siglos VIII y IX fueron los propios monjes los que lideraron la creatividad himnográfica.

Sin embargo, ya en época tan temprana como el siglo VI, la poesía religiosa de Romanos el Melódico fue considerada en Constantinopla como revolucionaria. Los modelos de su poesía y de su música se localizan, por lo general, en Siria, donde la poesía religiosa ya se había hecho popular por obra de Efrén († 373).

Nacido en Émeso de Siria, Romanos llegó a Constantinopla durante el reinado de Anastasio (491-518) y en seguida alcanzó gran fama con su composición *Kontakia*. Basado normalmente en un tema bíblico, o como exaltación de alguna personalidad de la Biblia, el *kontakion* era esencialmente una homilía en verso, que se recitaba o cantaba por un cantor al que respondía la entera comunidad con un estribillo muy simple. El poema seguía un modelo uniforme, que empezaba con un breve preludio y continuaba con una serie más o menos larga de estrofas.

Los poemas de Romanos se basan, por lo general, en imágenes de acusado dramatismo, pero contienen muy poco o nada de teología; por ejemplo, sus *Kontakia* no reflejan en absoluto los debates cristológicos del momento. Escritos en un griego muy simple, debieron de desempeñar un papel importante en la transmisión de historias bíblicas a las masas populares. No cabe duda que sus poemas colaboraron profundamente a la comprensión de un cristianismo centrado en la celebración litúrgica, tan característico de los bizantinos.

Algunos *kontakia* de Romanos se conservaron en forma abreviada en cantorales litúrgicos, y el modelo establecido por él se reprodujo, casi a la letra, en el famoso *Akáthistos hymnos*, una de las colecciones más populares de la himnografía bizantina. Aunque, como se verá más adelante, los modelos hímnicos subsiguientes, compuestos en los monasterios, eran completamente distintos de los de Romanos, la obra poética del gran «melodioso» del siglo VI desempeñó un papel fundamental en la formación del cristianismo bizantino, en cuanto diferente no sólo del cristianismo latino, sino también del sirio, del egipcio y del armenio.

* * *

El ámbito cultural de la teología bizantina posterior al Concilio de Calcedonia se fue limitando cada vez más al mundo de lengua griega. Los teólogos de la capital imperial prescindieron progresivamente de la inmensa riqueza de tradiciones del cristianismo primitivo de origen no griego, especialmente el sirio y el latino. Pero no hay que olvidar que, hasta la resurrección teológica de Occidente en el siglo XII, Constantinopla siguió siendo el centro intelectual incuestionable del cristianismo, sin apenas competidores. Por tanto, es perfectamente comprensible que desarrollara un sentimiento de creciente, aunque deplorable, autosuficiencia.

6. BIBLIOGRAFÍA

Beck, Hans-Georg, *Kirche und theologische Literatur im byzantinischen Reich* (Beck, München 1959). (El libro de referencia más completo sobre el pensamiento e instituciones eclesiásticas de Bizancio; muy completo desde el punto de vista bibliográfico, excepto en lo referente a lenguas eslavas).

Boulard, E., «L'eucharistie d'après le pseudo-Denys l'Aréopagite»: «Bulletin de littérature ecclésiastique» 58 (1957) 193-217; 59 (1958) 129-169.

Florovsky, Georges, *Vizantiyskie Ottsy V-VIII vekov* (Los Padres Bizantinos de los siglos V a VIII) (YMCA Press, Paris 1933). (Lleno de brillantes intuiciones).

Gouillard, Jean, «Le Synodikon de l'Orthodoxie. Édition et commentaire», *Travaux et mémoires* II (Centre français d'études byzantines, Paris 1967). Fuente esencial de la historia y de la teología en Bizancio después del año 843.

El comentario estudia todos los principales temas teológicos.

Jugie, Martin, *Theologia dogmatica Christianorum orientalium ab Ecclesia Catholica dissidentium*, I-IV, (Letouzey, Paris 1926-1935). (Estudio monumental que recoge infinidad de citas directas e inestimables referencias bibliográficas, a la vez que critica a los autores bizantinos desde un enfoque estrictamente escolástico de los problemas teológicos).

Lossky, Vladimir, *The Mystical Theology of the Eastern Church* (Clarke, London 1957). (Libro clásico para entender cómo se concibe en el Oriente cristiano la relación entre Dios y el hombre).

—, *Vision of God* (Faith Press, London 1963). (Estudio histórico sobre el tema en el pensamientos de los Padres Griegos).

Meyendorff, John, *Living Tradition* (St. Vladimir's Seminary Press, Creswood, New York 1978).

Pelikan, Jaroslav, *The Christian Tradition. A History of the Development of Doctrine. I. The Emergence of the Catholic Tradition. II. The Spirit of Eastern Christendon (600-1700)* (University of Chicago Press, Chicago 1971, 1974). (La más completa historia de las ideas en el Oriente cristiano. Muy intuitivo y estimulante).

II

EL PROBLEMA CRISTOLÓGICO

A lo largo del milenio que transcurrió entre el Concilio de Calcedonia y la caída de Constantinopla, la reflexión teológica bizantina estuvo dominada por el problema cristológico, tal como se formuló en la disputa entre Cirilo y Nestorio, en los debates subsiguientes, y en los respectivos decretos conciliares. No obstante, habrá que recordar que el tema central de esas confrontaciones era el destino último del *ser humano*.

Desde principios de la Edad Media, el pensamiento cristológico occidental estuvo dominado por la idea anselmiana de redención de naturaleza «satisfactoria». La idea de que Jesús ofreció al Padre un sacrificio perfecto y suficiente, un sacrificio expiatorio de los pecados de la humanidad, ha sido uno de los temas centrales de la especulación cristológica y ha desempeñado un papel relevante en la moderna investigación histórica de la época patrística. El resultado es que la cristología se ha entendido como un problema autónomo, claramente distinto de la pneumatología o de la antropología. Pero si se tiene en cuenta la concepción de los Padres Griegos, de que la auténtica naturaleza del hombre consiste en una vida en Dios, que se realiza de una vez por todas, y por acción del Espíritu Santo, en la unión hipostática del hombre Jesús con el Logos eterno, y que por ese mismo Espíritu se ha hecho accesible a todos los hombres en la humanidad de Cristo y en su cuerpo, que es la Iglesia, la cristología adquiere una nueva dimensión de carácter universal. La cristología ya no se puede aislar de la doctrina sobre el Espíritu Santo o sobre el hombre, convirtiéndose así en la verdadera clave para entender el Evangelio en su conjunto.

El problema de la «participación en la vida divina» y la «deificación» es el contexto necesario para comprender el conflicto que estalló en el siglo V entre la cristología alejandrina y la antioquena. Cuando los grandes exegetas de Antioquía —Diodoro de Tarso, Teodoro de Mopsuestia, Nestorio, e incluso Teodoreto de Ciro— subrayan la plena humanidad del Jesús histórico, entienden esa humanidad no simplemente como distinta de la divinidad, sino como una realidad «autónoma» y personalizada. Si Jesús estaba «deificado», no podría ser verdadero hombre; si era ignorante, si tuvo que sufrir, e incluso morir, tendría que ser, sencillamente, «el hijo de María». Precisamente esa comprensión de la humanidad de Jesús como realidad autónoma es lo que más ha atraído las simpatías de los modernos teólogos occidentales hacia los antioquenos, a pesar de que en su tiempo provocó la aparición del nestorianismo y el conflicto con Alejandría. De hecho, la idea de «deificación» fue el argumento más fuerte de Atanasio contra Arrio: «Dios se hizo hombre para que el hombre se hiciera Dios». También los Padres Capadocios compartían ese mismo argumento, y en virtud de él estaban convencidos —como la inmensa mayoría del episcopado oriental— de la autenticidad de la fe proclamada en el Concilio de Nicea, a pesar de sus dudas iniciales sobre el verdadero significado del término «consustancial».

La «buena noticia» sobre la irrupción de una vida nueva —humana, porque también es divina— fue expuesta por Cirilo de Alejandría y no por la fórmula más racional que defendía Nestorio. Sin embargo, Cirilo no poseía el vocabulario y la flexibilidad suficientes para satisfacer a los que temían la tentación monofisita de contemplar en la figura de Jesús a un Dios que había dejado de ser también un hombre. La formulación de Cirilo: «una naturaleza [o hipóstasis] encarnada», que dejaba abierta la puerta a la distinción ortodoxa entre «naturaleza divina *per se*» y «naturaleza divina encarnada», y que, por tanto, reconocía la realidad de la «carne», era una formulación polémica, antinestoriana, pero no una definición equilibrada y positiva de lo que Cristo es realmente. Por eso, la definición del Concilio de Calcedonia, en el año 451: «dos naturalezas unidas en una hipóstasis, pero conservando plenamente sus respectivas características», era una corrección necesaria al vocabulario de Cirilo. Habrá que agradecer a los antioquenos —especialmente, a Teodoreto— y a León de Roma el hecho de haber mostrado la necesidad de esa corrección, sin la cual la cristología de Cirilo se podría interpretar fácilmente en sentido monofisita, como de hecho lo hicieron Eutiques y sus seguidores.

Con todo, la definición del Concilio de Calcedonia, aunque equilibrada y positiva, careció del impacto soteriológico y carismático que había hecho tan atractiva la postura de Atanasio y de Cirilo. Por un lado, rivalidades políticas y eclesiásticas, ambiciones personales, y la presión imperial trataban de imponer por la fuerza el decreto de Calcedonia, y por otro, interpretaciones abusivas de Cirilo en la línea monofisita, e interpretaciones erróneas del concilio por parte de algunos antioquenos afines a los postulados de Nestorio, que veían en el decreto una desautorización de las tesis de Cirilo, terminaron por provocar el primer y más prolongado cisma en el seno de la cristiandad.

Se comprende que los emperadores de Bizancio intentaran restablecer la unidad religiosa del imperio. Durante la segunda mitad del siglo V se hicieron varios intentos —todos ellos frustrados— de curar las heridas del cisma, tratando de escamotear el problema. Pero la dificultad era real, y las pasiones estaban muy enconadas. De ahí que Justiniano I (527-565), el último gran emperador romano, después de varios intentos de restablecer la unidad por decreto, volviera al procedimiento habitual de convocar un concilio.

En la época de Justiniano se pueden distinguir fácilmente cuatro grandes posturas teológicas:

1. LOS MONOFISITAS

Aunque la mayoría de los monofisitas estaban dispuestos a condenar a Eutiques y reprobar la idea de que la humanidad de Cristo estaba «mezclada» o «confundida» con su divinidad, siguieron fieles a la teología y terminología de Cirilo de Alejandría. Igual que, en el siglo IV, los «antiguos partidarios de Nicea» habían rechazado la fórmula de las tres hipóstasis introducida por los Padres Capadocios, por el hecho de que no había sido empleada por Atanasio, así los abanderados del monofisismo en los siglos V y VI —Dióscoro de Alejandría, Filoxeno de Mabbugh y el ilustre Severo de Antioquía— rechazaron el Concilio de Calcedonia y su fórmula de «una hipóstasis en dos naturalezas», porque no había sido empleada por Cirilo y porque la interpretaron como un regreso al nestorianismo. Según ellos, las teorías de Eutiques no eran lo suficientemente peligrosas como para justificar el hecho de que Calcedonia se hubiera apartado de la terminología de Cirilo. Por eso, se opusieron violentamente —y esa objeción pudo encerrar la diferencia más seria entre su propia cristología y la ortodoxia de Calcedonia— a la idea de que las dos naturalezas, después de la unión, «conservaban en pleno sus propias características».

2. LOS ESTRICTOS DUOFISITAS

Los duofisitas estrictos, que aceptaban los decretos de Calcedonia, mantenían rigurosamente la cristología antioquena y rechazaban algunas proposiciones de Cirilo, como la fórmula teopasiana: «Uno de la Santísima Trinidad sufrió en la carne». Para ellos, el que sufrió fue Jesús, hijo de María, no el Logos divino. Pero se podría preguntar si en ese caso no habría en Jesús una dualidad de sujetos.

La existencia de ese grupo en el ámbito calcedonense y la influencia que ejercieron sus representantes —Teodoreto de Ciro (hasta su muerte hacia el año 466), Genadio de Constantinopla (458-471), su sucesor Macedonio (495-511) y otros— ofreció a los monofisitas sus argumentos más importantes para rechazar Calcedonia como concilio nestoriano y como desautorización de Cirilo.

3. LOS CALCEDONENSES CIRÍLICOS

Los calcedonenses cirílicos, que obviamente eran mayoría en el concilio, jamás admitieron que hubiera contradicción entre Cirilo y Calcedonia. Ninguna de las dos terminologías se consideraba como un fin en sí misma, sino sólo como el modo más apropiado para oponerse, respectivamente, al nestorianismo y al eutiquianismo. La postura de los calcedonenses cirílicos, en cuanto distinta de la que mantenían los estrictos duofisitas, quedaba simbolizada por la aceptación de la fórmula cirílica teopasiana. Los representantes de esa tendencia —el «monje escita» Juan Majencio, Juan el Gramático, Efrén de Antioquía, Leoncio de Jerusalén, Anastasio de Antioquía, Eulogio de Alejandría, Teodoro de Raithu— dominaron en la teología bizantina durante el siglo VI y se ganaron el favor de Justiniano I. Los historiadores modernos (entre ellos, Joseph Lebon y Charles Moeller) suelen designar esa tendencia como «neocalcedonense», lo cual implica que la interpretación de Calcedonia por los estrictos duofisitas es la única correcta, y que hay que preferir la cristología antioquena a la cirílica. Las implicaciones del debate sobre este punto son incalculables tanto en cristología como en antropología, porque se pone en tela de juicio el concepto mismo de «deificación».

4. LOS ORIGENISTAS

Los origenistas, que se habían visto implicados en violentos conflictos, aunque gozaban de enorme influencia en la corte a comienzos del reinado de Justiniano, ofrecieron su propia solución basada en la cristología —decididamente herética— de Evagrio Póntico. Para ellos, Jesús no es el Logos, sino un «intelecto» no implicado en la caída original y, en consecuencia, unido esencial e hipostáticamente al Logos. Los escritos de Leoncio de Bizancio, principal representante de la cristología origenista en Constantinopla, quedaron incluidos en la lista de escritos polémicos favorables a Calcedonia, y su acuñación del término *enhypóstaton* fue adoptada por Máximo el Confesor y Juan de Damasco que, desde luego, rechazaban el contexto cripto-origenista en el que originalmente había aparecido.

***

El quinto concilio ecuménico (553), convocado por Justiniano para aprobar oficialmente sus repetidos intentos de llevar a los monofisitas a una aceptación de los decretos de Calcedonia, fue un triunfo del calcedonianismo cirílico. El concilio aprobó la condena de los Tres Capítulos emitida anteriormente por Justiniano a título póstumo; y aunque Teodoro fue condenado individualmente como hereje y como maestro de Nestorio, se perdonó a Ibas y también a Teodoreto, al que el Concilio de Calcedonia había aceptado oficialmente como ortodoxo, aunque sus escritos contra Cirilo fueron objeto de los anatemas del año 553. Así quedó preservada formalmente la autoridad de Calcedonia, a la vez que se emitía una condena expresa de la interpretación que de sus decisiones hacían los estrictos duofisitas. El concilio ratificó solemnemente la unidad de *sujeto* en Cristo (anatemas 2, 3, 4 y 5), legitimando así formalmente la fórmula teopasiana (anatema 10). Desde entonces, esa fórmula se solía cantar en cada celebración litúrgica como parte del himno «El Hijo unigénito de Dios», cuya composición se atribuía al propio Justiniano. A pesar de que en el anatema 13 se daba aprobación formal a los Doce Capítulos de Cirilo contra Nestorio, el anatema 8 especificaba que, si alguien usaba la fórmula de Cirilo: «una naturaleza encarnada», el término «naturaleza» debía entenderse en el sentido de «hipóstasis». De ese modo, a los monofisitas que se incorporaban a la Iglesia ortodoxa no se les exigía que rechazaran expresamente la teología de Cirilo, sino sólo que aceptaran que el Concilio de Calcedonia no había sido un concilio nestoriano.

Por desgracia, en el año 553, el cisma ya había echado raíces muy profundas en Egipto y en Siria, de modo que la decisión conciliar apenas tuvo efectos prácticos. Pero esa decisión representaba un requisito previo para cualquier intento futuro de reunificación, y sentaba un precedente importante para posibles reformulaciones de un artículo de fe ya definido en un concilio, a causa de los hermanos «separados» que no interpretaban correctamente la formulación anterior.

El concilio del año 553 pronunció, además, una serie de anatemas contra Orígenes y Evagrio Póntico. La obra de Evagrio *Capítulos gnósticos* es de gran ayuda para entender el significado de esas decisiones, que iban dirigidas no contra posturas heréticas inexistentes atribuidas a Orígenes, como se pensó en un principio, sino contra un grupo de activistas evagrianos directamente implicados en los debates cristológicos del momento. Pero a pesar de esas condenas, algunos aspectos de la reflexión teológica de Orígenes, Evagrio y Leoncio de Bizancio siguieron ejerciendo una gran influencia en el ulterior desarrollo de la teología y de la espiritualidad.

Por eso, la condena de Orígenes en 553 fue un paso decisivo para la consolidación de la teología cristiana oriental que, desde entonces, se centró en la concepción bíblica de temas como la creación, el carácter antropocéntrico del universo, el hombre como compuesto psico-somático, la historia como magnitud lineal orientada al *éschaton* definitivo, Dios como ser vivo y personal, independiente de cualquier necesidad metafísica.

Sin embargo, la decisión tomada en el año 553 no zanjó definitivamente el debate cristológico. De hecho, cada definición doctrinal —en los concilios de Éfeso, Calcedonia y segundo de Constantinopla— a la vez que resolvía algunas cuestiones, suscitaba otras nuevas. El cisma de los monofisitas seguía siendo un estorbo político para el imperio y una amenaza para la Iglesia oriental, que pronto iba a enfrentarse con el zoroastrismo procedente de Persia y con los cambios que suponía el nacimiento del Islam. La ratificación de la ortodoxia cirílica en 553 suscitó el eterno problema de las dos épocas en la actitud personal de Cirilo: su proclamación de la unidad de Cristo, en contra de Nestorio (especialmente los Doce Anatemas), y su actitud posterior, en la que mostró mayor aprecio por los temores de los antioquenos. El año 430 Cirilo se negó a aceptar que en las acciones de Cristo hubiera que distinguir entre acciones divinas y acciones meramente humanas, pero en su famosa carta del año 433 a Juan de Antioquía admite que esa distinción es inevitable.

Después del Concilio de Calcedonia, los monofisitas mostraron claramente sus preferencias por el «primer Cirilo» más que por el «segundo». Su principal teólogo, Severo, admitía una dualidad en el ser de Cristo, pero esa dualidad era «imaginaria», pues en «la realidad» sólo había una naturaleza, o un único ser. Ahora bien, esa postura conducía directamente al monoenergismo. El propio Severo escribe: «Uno es el agente, y una es la actividad»[1]. No obstante, por motivos terminológicos, los monofisitas eran, por lo general, reacios a hablar de «una voluntad» en Cristo, a fin de evitar posibles resonancias nestorianas. En la cristología antioquena se podía decir que las dos naturalezas estaban unidas por una «voluntad» común.

Las guerras del emperador Heraclio contra Persia (610-641) implicaron seriamente al gobierno de Bizancio en una serie de medidas unionistas con los monofisitas, especialmente con los armenios. El patriarca Sergio (610-638), asesor teológico y amigo personal de Heraclio, ideó una fórmula de unión, según la cual los monofisitas aceptarían la formulación de Calcedonia: «dos naturalezas», con la especificación de que estaban unidas en una sola «energía» y una voluntad. La medida tuvo cierto éxito en Armenia y en Egipto, y se alcanzaron algunas uniones a nivel local. Pero el monoenergismo y el monoteletismo encontraron una fuerte oposición por parte de algunos calcedonenses, capitaneados por Sofronio, patriarca de Jerusalén, y Máximo el Confesor. Pero, a pesar del apoyo del emperador Heraclio y sus sucesores, el monoteletismo acabó por ser condenado el año 680, en el sexto concilio ecuménico, que ratificó la afirmación de Calcedonia de que, en Cristo, cada naturaleza conserva la totalidad de sus propias características y, por consiguiente, en Cristo hay dos «energías», o voluntades, la divina y la humana.

---

[1] Citado por J. Lebon, *Le Monophysitisme sévérien. Étude historique, littéraire et théologique sur la résistance monophysite au Concile de Chalcédoine jusqu'à la constitution de l'Église jacobite* (Louvain 1909) 445-446.

Máximo el Confesor (hacia 580-662) domina el panorama intelectual del período y, en muchos aspectos, se le puede considerar como el auténtico padre de la teología bizantina. De hecho, en su sistema se puede ver un trasunto filosófico cristiano del mito de Orígenes sobre la creación y, como fundamento de la vida espiritual cristiana, una doctrina sobre la «deificación», basada en la soteriología de Cirilo y en la cristología de Calcedonia. Máximo jamás hizo un intento —o no tuvo la oportunidad— de elaborar un análisis preciso de su propio sistema. Sus escritos no incluyen más que una amplia colección de *Ambigua*, una compilación más bien caótica de comentarios sobre pasajes oscuros de Gregorio de Nacianzo o del Pseudo-Dionisio, una colección de «Respuestas a preguntas» de Talasio, unas cuantas series de «Capítulos» (breves reflexiones sobre temas teológicos o espirituales) y un par de tratados polémicos contra los monoteletas. Sin embargo, en esos *membra disiecta* se puede detectar una visión plenamente coherente de la fe cristiana en su conjunto, elaborada con total independencia de la controversia monoteleta. De ese modo, su postura contra el monoteletismo cobra mayor fuerza, precisamente porque sus raíces son mucho más profundas que las meras circunstancias históricas en las que tuvo que expresarse, y que llevaron a Máximo a la tortura y al martirio.

En el sistema de Orígenes, la inmovilidad es una de las características esenciales del ser; en realidad, pertenece a Dios, pero también a las creaturas mientras permanecen en conformidad con la voluntad de Dios. Diversidad y movimiento son consecuencia de la caída. En cambio, para Máximo, el «movimiento» —o la «acción»— es una cualidad fundamental de la naturaleza. Cada creatura posee su propio significado y su propia finalidad, como reflejo del Logos divino y eterno «por el que todo fue creado». A cada creatura se le concede el *logos* no sólo como elemento estático, sino también como meta, como finalidad eterna, a cuya plena realización está llamada.

En este punto, la reflexión de Máximo acude a la doctrina aristotélica de que cada naturaleza posee su propia «energía», o manifestación existencial. Los Padres Capadocios habían aplicado ese mismo principio a su doctrina sobre las «tres hipóstasis» en Dios. En particular, Gregorio de Nisa tuvo que defenderse contra la acusación de «triteísmo»; las tres hipóstasis no son tres dioses, porque tienen la misma naturaleza, como se deduce evidentemente del hecho de que en Dios no hay más que una «energía». Ya en la reflexión teológica de los Capadocios, el concepto de «energía» iba unido al de naturaleza. Por eso, Máximo pudo referirse a la tradición, al oponerse a la tesis monoteleta de que la «energía» refleja la única hipóstasis, la única persona, el único actor; y por consiguiente, Cristo no puede tener más que una sola «energía».

En el pensamiento teológico de Máximo, el hombre ocupa un puesto excepcional entre las demás creaturas. No sólo es portador de un *logos*, sino que es *imagen* del Logos divino, y la finalidad de su naturaleza consiste en llegar a una *semejanza* con Dios. En el conjunto de la creación, el papel del hombre es el de unificar todas las cosas en Dios, y así vencer a los poderes malignos de separación, división, desintegración y muerte. Por eso, el «movimiento natural» del hombre, decretado por Dios, su «energía» o voluntad, está dirigido a la comunión con Dios, o «deificación», y no aislado del conjunto de la creación, sino en un movimiento regresivo hacia su estado original.

Ahora se entiende por qué Máximo estaba tan profundamente persuadido de que tanto el monoenergismo como el monoteletismo implicaban una traición al decreto de Calcedonia sobre el hecho de que Cristo era total y verdaderamente hombre. No puede haber auténtica humanidad donde no hay «movimiento» o voluntad natural y realmente humana.

Pero si la voluntad humana no es más que movimiento natural, ¿hay sitio para la libertad del hombre? ¿Cómo se puede explicar la caída y la rebelión del hombre contra Dios? Estas preguntas, tan importantes para Orígenes, adquieren una nueva respuesta en la concepción de Máximo. Ya según Gregorio de Nisa, la auténtica libertad del hombre no consiste en una vida humana autónoma, sino en la situación que es connatural con la comunión entre el hombre y Dios. Cuando el hombre se aparta de Dios, se encuentra a sí mismo como esclavo de sus pasiones, de sí mismo y, en última instancia, de Satanás. Por eso, según Máximo, cuando el hombre obedece a su voluntad natural, que presupone una vida en Dios, una cooperación y una comunión con Dios, es verdaderamente libre. Pero el hombre posee también otro potencial, determinado no precisamente por su naturaleza, sino por cada persona (o hipóstasis) humana, a saber, la libertad de elegir, de rebelarse, de moverse contra su propia naturaleza, en una palabra, de autodestruirse. Esta libertad personal es la que usaron Adán y Eva cuando, después de la caída, se separaron de Dios, del verdadero conocimiento, del sistema de seguridades que les proporcionaba su existencia «natural». Y eso implica dudar, andar errante, sufrir; eso es una voluntad «gnómica» (de γνώμη, *gnomê* = «opinión»), una función de la vida hipostática, o personal, y no de la «naturaleza».

Ahora bien, en Cristo, la naturaleza humana está unida a la hipóstasis del Logos, de manera que, sin dejar de ser él mismo, está libre de pecado, la fuente de donde procede la voluntad «gnómica». Por el hecho de estar «hipostatizada» en el Logos mismo, la humanidad de Cristo es humanidad perfecta. En el misterioso proceso que empezó con su concepción en el seno de la Virgen, Jesús pasó por todos los estadios del crecimiento «natural»: ignorancia, sufrimiento, e incluso muerte (todos ellos, experiencias de la humanidad caída que él había venido a salvar), y en su resurrección llevó a pleno cumplimiento el destino último del hombre. Así es como Cristo pudo ser, realmente, el Salvador de la humanidad, porque en él no pudo haber jamás contradicción entre voluntad natural y voluntad gnómica. Por medio de la unión hipostática, su voluntad humana, precisamente porque siempre está en conformidad con la divina, lleva a cabo el «movimiento natural» de la naturaleza humana.

En la teología de Máximo, la doctrina sobre la «deificación» se basa en el postulado patrístico fundamental de que la comunión con Dios no empequeñece o destruye la humanidad, sino que la hace plenamente humana. En Cristo, la unión hipostática implica «comunicación de idiomas» (*perichôresis tôn idiômatôn*). Las características de la divinidad y de la humanidad se expresan «en comunión mutua» (definición de Calcedonia), y las acciones humanas, o «energías», tienen al propio Dios como su agente personal. Se puede decir, por tanto, que «Dios nació», que María es la *Theotokos* (= «Madre de Dios»), y que «el Logos fue crucificado», mientras que nacimiento y muerte son realidades puramente *humanas*. Pero también se puede —y se debe— decir que un hombre resurgió de la muerte y está sentado a la derecha del Padre, habiendo adquirido unas características que «por naturaleza» son exclusivas de Dios, como inmortalidad y gloria. A través de la humanidad de Cristo, deificado por su unión hipostática con el Logos, todo miembro del Cuerpo de Cristo tiene acceso a la «deificación» por gracia, mediante la actuación del Espíritu en la Iglesia de Cristo.

Los elementos esenciales de la cristología de Máximo ofrecieron su marco terminológico y filosófico al pensamiento bizantino y a su espiritualidad. Y fueron adoptados, junto con la doctrina trinitaria de los grandes Padres Capadocios, en la obra de Juan de Damasco *Exposición exacta de la fe ortodoxa* (primera mitad del siglo VIII), que sirvió de libro de texto oficial para la enseñanza religiosa en Bizancio. Al mismo tiempo, sirvieron como marco autorizado de referencia en la mayor parte de las controversias que se produjeron en Oriente durante la Edad Media.

El próximo capítulo, que trata de la iconoclastia, mostrará que el problema cristológico también se suscitó, aunque indirectamente, durante los siglos VIII y IX. Pero incluso más tarde se volvió a abrir específicamente el debate cristológico, sobre todo en la época de los Comnenos, y las decisiones conciliares sobre el tema se incluyeron en el *Synódikon*.

Hacia el año 1087, un monje de Constantinopla llamado Nilo, que había estado implicado en discusiones teológicas con los armenios, fue condenado por sostener que la humanidad de Cristo estaba unida con Dios sólo «por adopción» (*thesei*)[2]. Naturalmente, los monofisitas armenios mantenían la idea de una unión «por naturaleza» (*physei*). Al oponerse a ellos, Nilo dio la impresión de que debilitaba la doctrina ortodoxa sobre la unión «hipostática», hasta el punto de hacerla sonar como nestoriana. El año 1117, el Sínodo de Constantinopla se ocupó de un caso semejante, el de Eustracio, metropolita de Nicea que, igual que Nilo, se había embarcado en una polémica con los armenios y había expresado la cristología ortodoxa en términos muy parecidos a los de Teodoro de Mopsuestia. La humanidad asumida por Cristo no sólo era distinta de su divinidad, sino que se encontraba en una posición de «servicio», es decir, en posición de «servir a Dios», de ser «purificada», y sólo a ella se le puede aplicar el título humano de «sumo sacerdote», un término

---

[2] Anna Comnena, *Alexiad*, X, 1 (ed. B. Leib, II; Paris 1943) 187-188; *Synodikon* (ed. J. Gouillard, *Travaux et mémoires* 2; Paris 1967) 202-206. Sobre posibles conexiones entre algunas corrientes teológicas bizantinas y el dualismo paulino, véase N. G. Gersoyan, «Byzantine Heresy: A Reinterpretation»: «Dumbarton Oaks Papers» 25 (1971) 87-113.

inadecuado para referirse a Dios. Al condenar las opiniones de Eustracio, el Sínodo reiteraba las decisiones del quinto concilio contra la cristología de los Tres Capítulos [3].

La conclusión del Sínodo contra Eustracio, con su terminología decididamente cirílica, condujo a nuevos debates cristológicos, centrados ahora en el significado del sacrificio eucarístico. El diácono Sotérico Panteugeno, patriarca electo de Antioquía, afirmaba que el sacrificio no se podía ofrecer a la Santísima Trinidad, porque eso implicaría que el único Cristo realiza dos acciones opuestas: la acción humana de ofrecer, y la acción divina de recibir; y eso equivaldría a una separación y personalización de las dos naturalezas, como decía Nestorio. Nicolás, obispo de Metone en el Peloponeso, renombrado teólogo bizantino del siglo XII, contestó a Sotérico con una elaboración del concepto de hipóstasis, basada en las ideas de Leoncio de Bizancio y de Máximo el Confesor. La unión hipostática es, precisamente, lo que permite considerar a Dios como realizador de un acto humano de ofrecimiento, mientras permanece Dios por naturaleza y, por tanto, receptor del sacrificio. Nicolás esgrimía contra Sotérico la conclusión de una plegaria del *Cheroubikón,* cuyo autor —como ha demostrado la investigación moderna— no es otro que el propio Cirilo de Alejandría, pero que forma parte de las dos liturgias bizantinas atribuidas, respectivamente, a Basilio y a Juan Crisóstomo: «Porque tú eres el que ofreces y lo que es ofrecido, el que recibes y lo que es recibido». Nicolás, cuyas opiniones fueron ratificadas por el concilio de los años 1156-1157, demuestra que ni la eucaristía ni la obra de Cristo, en general, se puede reducir a una noción pura-

---

[3] Véase P. Joannou, «Der Nominalismus und die menschliche Psychologie Christi: das Semeioma gegen Eustratios von Nikaia (1117)»: «Byzantinische Zeitschrift» 47 (1954) 374-378.

mente jurídica de sacrificio, entendido como un intercambio. Dios no necesita recibir nada de nosotros: «No nos acercamos a él [para hacerle una ofrenda]; más bien, es él el que descendió hasta nosotros y asumió nuestra naturaleza, no como una condición para reconciliarnos, sino para encontrarse con nosotros abiertamente en la carne»[4].

Este «encuentro abierto en la carne» recibió nuevo énfasis el año 1170 en conexión con la condena de Constantino de Corfú y de su protector Juan Irénico, en calidad de cripto-monofisitas. Éstos se negaban a aplicar el texto de Jn 14,28 («El Padre es más [o mayor] que yo») a la distinción entre la humanidad y la divinidad de Cristo. Ese texto —afirmaban— se refiere a las características hipostáticas en la Santísima Trinidad, pues por definición, la paternidad es «más» que la filiación, mientras que la humanidad de Cristo que, según el concilio del año 553, se distingue de la divinidad sólo «en nuestra mente», está deificada y es totalmente «una» con la divinidad. Por tanto, en ningún sentido puede ser «menos» que la divinidad. Al rechazar esa interpretación, el concilio de 1170 reafirmaba una vez más la decisión de los concilios de Calcedonia y segundo de Constantinopla sobre la divinidad de Cristo, unida hipostáticamente a una humanidad real y activa, «creada, descriptible y mortal». En ese sentido, la divinidad es ciertamente más, o mayor, que una tal humanidad.

Las discusiones cristológicas del siglo XII, extremadamente técnicas, reconsideraron todos los grandes temas que se habían debatido durante los siglos V, VI y VII. La Iglesia bizantina permaneció esencialmente fiel a la idea de lo que Georges Florovsky llamó en su día una «unión asimétrica» de

---

[4] Nicolás de Metone, *Tratado contra Sotéricos* (ed. A. Demetrakopoulos, *Bibliotheke Ekklesiastike*; Hildesheim 1965) 337-338.

Dios y el hombre en Cristo: mientras que la fuente hipostática de vida —la finalidad y el modelo— sigue siendo divina, la humanidad no se ve disminuida ni absorbida por la unión, sino que sigue siendo plenamente humana. Esa idea se expresa también en el sacrificio eucarístico, un acto único en el que ninguna acción de Cristo se representa aisladamente o reducida a conceptos puramente humanos como «intercambio» o «satisfacción». Eso mismo es lo que cada año proclama el *Synódikon* en el Domingo de la Ortodoxia: Cristo «nos reconcilió consigo por medio del *misterio total de la economía*, y por sí y en sí mismo nos reconcilió con su Dios y Padre y, por supuesto, con el Espíritu Santo dador de vida»[5].

5. BIBLIOGRAFÍA

Chesnut, Roberta C., *Three Monophysite Christologies: Severus of Antioch, Philoxenus of Mabbug, and Jacob of Sarug* (Oxford University Press, Oxford 1976).

Elert, Werner, *Der Ausgang der altkirchlichen Christologia: Eine Untersuchung über Theodor von Pharan und seine Zeit als Einführung in die alte Dogmengeschichte* (Lutherisches Verlagshaus, Berlin 1957). (Obra importante para la comprensión del «teopasianismo» y de los desarrollos llamados neo-calcedonenses del siglo VI.)

Grillmeier, Aloys, *Christ in Christian Tradition from the Apostolic Age to Chalcedon (451)* (Sheed & Ward, New York 1965).

Lebon, Joseph, *Le Monophysitisme Sévérien. Étude historique, littéraire et théologique sur la résistance monophysite au*

---

[5] *Quinto anatema contra Sotéricos*, en *Synodikon* (ed. J. Gouillard) 75.

concile de Chalcédonie jusqu'à la constitution de l'Église jacobite, Universitas Catholica Lovaniensis, Diss. II, 4 (Louvain 1909). Monografía fundamental que demuestra que la cristología «monofisita» de Severo de Antioquía era, en realidad, la cristología de San Cirilo de Alejandría.

Meyendorff, John, *Christ in Eastern Christian Thought*, (Corpus, Washington 1969). Traducción de *Le Christ dans la théologie byzantine*, (Cerf, Paris 1969). (Presentación global de conceptos cristológicos posteriores al Concilio de Calcedonia).

Moeller, Charles, «Le chalcédonisme et le néo-chalcédonisme en orient de 451 à la fin du VIe siècle», *Das Konzil von Chalkedon: Geschichte und Gegenwart*, I (ed. A. Grillmeier y H. Bacht, 3 vols., Echter, Würzburg 1951-52) 637-720. (Importante contribución, que interpreta la corriente principal de la cristología bizantina como una traición «monofisita» a las tesis de Calcedonia).

Oksiuk, M., *Teopaskhitskie spory* (La controversias sobre el «teopasianismo») (Dukhovnaia Akademia, «Trudy» 1 [Kiev 1913]) 529-559. Réplica a la interpretación de Moeller.

Rozemond, Keetie, *La Christologie de Saint Jean Damascène* (Buchkunstverlag, Ettal 1959). (Resumen de la cristología de los Padres Griegos).

III

LA CRISIS ICONOCLASTA

El prolongado conflicto iconoclasta que con tanta frecuencia se produjo en la teología bizantina estaba íntimamente relacionado con el problema cristológico que había dividido al cristianismo oriental durante los siglos V, VI y VII.

1. Origen del movimiento

Los emperadores de los siglos VIII y IX iniciaron y fomentaron el movimiento iconoclasta; y desde sus mismos comienzos, esa actitud imperial estuvo inseparablemente unida a ciertos temas de carácter teológico e incluso profano.

Por los datos de fuentes contemporáneas y los resultados de la moderna investigación histórica, se pueden detectar tres rasgos característicos del movimiento iconoclasta:

1.1. *Un problema de cultura religiosa*

Los cristianos de lengua griega habían heredado de su paganismo originario una acusada pasión por la imaginería religiosa. Cuando la Iglesia primitiva condenó la reproducción artística como idolátrica, la forma tridimensional desapareció prácticamente por completo, para reaparecer en una nueva versión cristiana como forma bidimensional. Otros cristianos orientales, especialmente sirios y armenios, eran mucho menos proclives al uso de imágenes, a consecuencia de su pasado cultural. Por eso, no deja de ser significativo que los emperadores que patrocinaron la iconoclastia fueran de origen armenio o isáurico. Por otra parte, en el siglo VIII, el Oriente de lengua no griega era, casi por entero, de confesión monofisita y, como se verá más adelante, el monofisismo fue el que proporcionó expresa o tácitamente a los iconoclastas la esencia de sus argumentos teológicos.

1.2. *Confrontación con el Islam*

A raíz de la conquista árabe de Palestina, de Siria y de Egipto, el imperio bizantino se encontró en una continua confrontación militar e ideológica con el Islam. Tanto el cristianismo como el Islam abrigaban la pretensión de ser religiones universales, cuyas cabezas visibles eran, respectivamente, el emperador bizantino y el califa árabe. Pero en la guerra psicológica que acompañaba a esa pretensión, el Islam reivindicaba constantemente su condición de ser la definitiva y, por tanto, la suprema y más pura revelación del Dios de Abrahán, a la vez que acusaba de politeísmo y de idolatría a la doctrina cristiana de la Trinidad y al uso de iconos religiosos. A esa acusación de idolatría respondieron los emperadores orientales del siglo VIII, que decidieron purificar el cristianismo para poder combatir con más firmeza los retos del Islam. De ese modo, el movimiento iconoclasta fue, en cierta medida, tributario de la influencia del Islam; pero eso formaba parte de la guerra fría contra la religión islámica, y no era, en absoluto, una imitación consciente de sus postulados.

1.3. *La herencia del espiritualismo helénico*

La controversia iniciada por los emperadores León III (717-741) y Constantino V (741-775) surgió, al parecer, por los factores de carácter profano que acabamos de señalar.

Pero para los iconoclastas fue muy fácil encontrar en la tradición greco-cristiana nuevos argumentos no directamente vinculados con el monofisismo o con influencias culturales extranjeras. Una tradición iconoclasta que podría remontarse al cristianismo primitivo se relacionó posteriormente con el origenismo. Los primeros apologistas cristianos interpretaron las prohibiciones veterotestamentarias de representar la figura de Dios tan literalmente como lo habían hecho los judíos. Pero algunos escritores neoplatónicos, en su polémica contra el cristianismo, minimizaron la importancia de las imágenes en el paganismo griego y desarrollaron una doctrina bastante *relativa* sobre la imagen como medio de acceso al prototipo divino y no como habitáculo de la divinidad, y esgrimieron ese argumento para demostrar la inferioridad del cristianismo. Por ejemplo, Porfirio escribe:

> Si algunos griegos son tan ingenuos como para creer que los dioses viven en el interior de sus ídolos, su convicción es mucho más pura que la de los [cristianos] que creen que la divinidad entró en el seno de la Virgen María y se formó como feto, fue engendrado y luego envuelto en pañales, como ser de carne y sangre, con membranas, vejiga, e incluso miembros menos nobles [1].

Es obvio que Porfirio pensaba que la creencia en una encarnación histórica de Dios era incompatible con una iconoclastia radical, porque un Cristo histórico tenía que ser necesariamente visible y sujeto a representaciones plásticas. De hecho, la iconografía cristiana empezó a florecer ya en el siglo III. Sin

---

[1] Porfirio, *Contra los cristianos*, fragmento 77 (ed. A. Harnack) «AbhBerlAk» (1916) 93.

embargo, en círculos origenistas sobrevivieron ciertas tendencias iconoclastas por influencia del espiritualismo platónico, que negaba a la materia una existencia permanente creada por Dios y para el que la realidad verdadera era la «intelectual». Cuando Constancia, hermana del emperador Constantino, visitó Jerusalén y pidió a Eusebio de Cesarea una imagen de Cristo, recibió como respuesta que «la forma de esclavo», asumida por el Logos en la persona de Jesucristo, no pertenecía al mundo real, de modo que su interés por una imagen material de Jesús no era digno de una auténtica religiosidad; a Cristo, después de su glorificación, sólo se lo podía contemplar «con los ojos de la mente»[2]. Hay multitud de datos sobre el hecho de que los asesores teológicos de León III, primer emperador iconoclasta, eran también origenistas, con opiniones ciertamente idénticas a las de Eusebio. De ese modo, una iconoclastia puramente «griega», filosóficamente distinta de la oriental y de la islámica, contribuyó de manera decisiva al éxito del movimiento.

2. TEOLOGÍA ICONOCLASTA

Se cree que la articulación de una teología iconoclasta no se desarrolló por escrito antes del reinado de Constantino V Coprónimo (741-775). El propio emperador publicó algunos tratados teológicos contra la veneración de iconos y convocó en Hieria un concilio, que pretendió ser reconocido como ecuménico (754). Las actas de la asamblea se conservan en las notas del séptimo concilio ecuménico, segundo de Nicea, que rechazó oficialmente la iconoclastia (787).

---

[2] Texto de la carta de Eusebio, en Nicéforo, *Contra Eusebium* (ed. J. B. Pitra, *Spicilegium Solesmense* I (Paris 1852; Graz 1962) 383-386.

Hay que observar que Constantino, para justificar su postura, invocó formalmente la autoridad de los seis primeros concilios. Para él, la iconoclastia no era una nueva doctrina, sino la consecuencia lógica de los debates cristológicos de los siglos precedentes. Según el concilio de Hieria, el pintor, cuando dibuja una imagen de Cristo, puede pintar sólo su humanidad, separándola así de la divinidad, o ambas, su humanidad y su divinidad. En el primer caso, el pintor es un nestoriano; en el segundo, el artista asume una de dos posturas: o que la divinidad está circunscrita por la humanidad, lo que es absurdo, o que ambas están mezcladas, en cuyo caso se trata de un monofisita[3].

No cabe duda que la argumentación tiene su fuerza y bien pudo haber impresionado a los contemporáneos, pero no respeta la afirmación del Concilio de Calcedonia: «cada naturaleza conserva su propio modo de ser». Es obvio que los iconoclastas, aun cuando rechazaban formalmente el monofisismo, suponían que la deificación de la humanidad de Cristo suprimía su carácter individual propiamente humano. Al parecer, también ignoraban el verdadero significado de la unión hipostática, que implica una distinción real entre naturaleza e hipóstasis. Al ser asumida por la hipóstasis del Logos, la naturaleza humana no se diluye en la divina, sino que conserva su plena identidad.

Otro aspecto de la postura de los iconoclastas era su concepto de imagen, que ellos consideraban como idéntica o «consustancial» con el prototipo. Consecuencia de ese enfoque era la convicción de que una imagen material jamás puede lograr esa identidad, sino que siempre será inadecuada. La única verdadera «imagen» de Cristo que ellos podían admitir es la

---

[3] Mansi, XIII, 252AB, 256AB.

imagen sacramental en la eucaristía como «imagen» y «símbolo» de Cristo, una idea tomada del Pseudo-Dionisio [4].

3. Teología ortodoxa de las imágenes: Juan de Damasco y el séptimo concilio

En Bizancio tuvo que haberse producido alguna controversia sobre las imágenes hacia finales del siglo VII, como refleja el canon 82 del Concilio *in Trullo*. La importancia de esa declaración reside en el hecho de que coloca el tema de la representación religiosa en un contexto cristológico:

> En algunas reproducciones de imágenes sagradas, se pinta al Precursor señalando con su dedo a un cordero. Esa representación se adoptó como símbolo de la gracia. Se trata de una figuración del verdadero cordero, que es Cristo, nuestro Dios, que se nos muestra según la Ley. Aunque hemos aceptado esas figuras y sombras antiguas como símbolos de la verdad transmitida a la Iglesia, *hoy día preferimos la gracia y la virtud en sí mismas*, como cumplimiento pleno de esa ley. Por tanto, para exponer a los ojos de todo el mundo, al menos con ayuda de la pintura, lo que es perfecto, decretamos que de ahora en adelante se represente a Cristo, nuestro Dios, *en su figura humana*, y no bajo la forma del antiguo cordero [5].

De ese modo, para los padres del Concilio *in Trullo*, la imagen de Cristo implicaba ya una profesión de fe en la

---

[4] *Ibíd.*, 261D, 264C. Véase Pseudo-Dionisio, *Jerarquía celeste*, PG 3, 124A.
[5] Mansi, XI, 977-980.

encarnación histórica, que no se podía expresar de manera apropiada en la figura simbólica de un cordero, sino que necesitaba una imagen de Jesús «en su forma humana». Antes de que León III hubiera promulgado sus decretos oficiales contra las imágenes, el patriarca de Constantinopla Germano I (715-730) había empleado el mismo argumento cristológico contra la incipiente iconoclastia de la corte:

> En eterna conmemoración de la vida encarnada de nuestro Señor Jesucristo, de su pasión, de su muerte salvadora y de la redención del mundo que brota de ellas, hemos recibido la tradición de representarlo en su figura humana, es decir, en su teofanía visible, convencidos de que así ensalzamos la humillación de Dios, la Palabra eterna[6].

Así, en Bizancio, Germano fue el primer testigo de la ortodoxia contra la iconoclastia. Después de su dimisión, por presiones de la corona, la defensa de las imágenes continuó en la voz solitaria y geográficamente remota de Juan de Damasco. Desde la relativa seguridad que los conquistadores árabes ofrecían a las comunidades cristianas de Oriente Medio, la vida y los escritos de este humilde monje del monasterio de San Sabas, en Palestina, y especialmente sus tres famosos tratados sobre la defensa de las imágenes, lograron unificar la opinión ortodoxa en el mundo bizantino. Su primer tratado empieza con la reafirmación del argumento cristológico: «Yo represento a Dios, el invisible, no como invisible, sino en cuanto se nos ha hecho visible por su participación en la carne y en la sangre»[7]. Juan subraya especial-

---

[6] Germanus I, *De haeresibus el synodis*, PG 98, 80A.
[7] Juan de Damasco, *Or.* I, PG 94, 1236C.

mente el *cambio* que se produjo en la relación entre Dios y el mundo visible cuando él se hizo hombre. Por propia voluntad, Dios se hizo visible al asumir una existencia material, dando así a la materia una nueva función y una dignidad trascendente.

> En tiempos pasados, Dios, que no tenía cuerpo ni forma, no podía ser representado. Pero hoy, como Dios se ha manifestado en la carne y ha vivido entre los hombres, yo puedo representar el aspecto visible de Dios [*to hóraton tou theou*]. No es que yo dé culto a la materia, sino que doy culto al creador de la materia, que se hizo materia por causa mía, que asumió una vida en la carne y que, a través de la materia, realizó mi salvación[8].

Además de este argumento central, Juan insiste en otros aspectos secundarios y no tan decisivos. Por ejemplo, el Antiguo Testamento no es totalmente iconoclasta, sino que emplea imágenes, sobre todo en el culto del templo, que los cristianos tienen derecho a interpretar como prefiguraciones de Cristo. Juan denuncia, igualmente, la postura iconoclasta que identifica la imagen con el prototipo, es decir, la idea de que un icono «es Dios». En este punto, la tradición neoplatónica y la origenista, a las que también apelaban los iconoclastas, apoyaban la postura ortodoxa; sólo el Hijo y el Espíritu Santo son «imágenes naturales» del Padre y, por tanto, consustanciales con él; en consecuencia, no son «ídolos». En cambio, las demás imágenes de Dios son esencialmente distintas del modelo.

Esta discusión sobre la naturaleza de la imagen fue la base de la decisiva definición del culto a las imágenes adoptada

---

[8] *Ibíd.*, PG 94, 1245A.

por el séptimo concilio ecuménico en el año 787. La imagen, o icono, al ser diferente del modelo divino, puede ser sólo relativamente objeto de veneración o de honor, pero no de culto propiamente dicho, que está reservado exclusivamente a Dios[9]. Esta afirmación tajante y autorizada de un concilio ecuménico excluye claramente ese culto a las imágenes que con frecuencia se atribuye al cristianismo bizantino.

La interpretación equívoca de este aspecto es muy antigua y, al menos en parte, resultado de una dificultad de traducción. El término griego *proskynêsis* (προσκύνησις= «veneración») ya se había traducido por *adoratio* en la versión latina de las Actas Conciliares usada por Carlomagno en sus famosos *Libri Carolini*, donde se rechazaba el concilio. Más tarde, incluso Tomás de Aquino —que, por supuesto, aceptaba el segundo Concilio de Nicea— admitió una «adoración relativa» (*latría*) de las imágenes, una postura que dio a los griegos la oportunidad de acusar de idolatría a los latinos en el Concilio de Hagía Sophía, el año 1450[10].

A pesar de su escrupulosa exactitud terminológica para describir la veneración de las imágenes, el segundo Concilio de Nicea no elaboró los aspectos técnicos de la cristología suscitados por el concilio iconoclasta de Hieria. La tarea de refutar ese concilio y desarrollar las afirmaciones cristológicas, más bien genéricas, de Germano y de Juan de Damasco fue obra de dos figuras señeras de la teología durante el segundo período iconoclasta (los reinados de León V [813-820], Miguel II [820-829], y Teófilo [829-842]), Teodoro Estudita y el patriarca Nicéforo.

---

[9] Mansi, XIII, 377D.
[10] *Ibíd.*, XXXII, 103.

4. Teología ortodoxa de las imágenes: Teodoro Estudita y Nicéforo

Teodoro Estudita (759-826) fue uno de los principales reformadores del movimiento monástico en el cristianismo oriental. El año 798 fue elegido abad del monasterio constantinopolitano de Studios (así llamado por el nombre del fundador), que por entonces había decaído notablemente. Bajo el liderazgo de Teodoro, la comunidad creció rápidamente hasta alcanzar varios cientos de monjes y se convirtió en el principal centro monástico de la metrópoli. La Regla estudita (*Hypotypôsis*), en su forma definitiva, es obra de los discípulos de Teodoro, pero aplicó sus mismos principios de vida monástica y llegó a ser el modelo para las grandes comunidades cenobíticas del mundo bizantino y del ámbito eslavo. El propio Teodoro escribió dos manuales de instrucciones para sus monjes (*Catecheses*, en versión «reducida» y en versión «ampliada»), en los que desarrolla su concepción de la vida monástica, basada en la obediencia al abad, la vida litúrgica, el trabajo constante y la pobreza personal. Estos principios eran completamente distintos de los que regían en la tradición eremítica o «hesicasta», y estaban tomados de la Regla de Pacomio y de la de Basilio. La influencia de Teodoro en el ulterior desarrollo del cristianismo bizantino se puede ver también en su contribución a la himnografía; muchas de las secciones ascéticas del *Tríodon* (pensado para la Cuaresma) y del *Paraklêtikê* u *Oktoechos* (libro de los «ocho tonos»), son obra suya, o de sus discípulos más cercanos. El papel que desempeñó Teodoro en los conflictos entre la Iglesia y el Estado se tratará en el próximo capítulo.

Teodoro participó también activamente en defensa de las imágenes por medio de numerosas cartas a contemporáneos, con sus tres *Antirrhéticas* contra los iconoclastas, y en algunos tratados menores sobre el tema.

Como ya ha quedado claro, el principal argumento de los ortodoxos contra los iconoclastas fue la humanidad real de Cristo. El debate dio a los teólogos bizantinos la oportunidad de reafirmar la contribución de Antioquía a la cristología de Calcedonia, y significó un feliz retorno a los hechos históricos del Nuevo Testamento. Desde los tiempos de Justiniano, la humanidad de Cristo se había expresado frecuentemente en términos de «naturaleza humana», plenamente asumida por el Nuevo Adán. Es obvio que la concepción platonizante de la humanidad, en general, era insuficiente para justificar una imagen de Jesucristo como individuo específico, histórico, humano. El temor a la herejía nestoriana hizo que muchos teólogos bizantinos no vieran en Cristo a un verdadero hombre, porque «un hombre», que implica una conciencia humana individual, les parecía que podría significar una hipóstasis humana autónoma. En los escritos anti-iconoclastas de Teodoro se supera ese problema por un retorno parcial a las categorías de Aristóteles.

> Cristo no fue, ciertamente, un mero hombre; pero no es ortodoxo afirmar que asumió la personalidad de *un individuo entre los hombres* [*ton tina anthrôpôn*], sino el todo, es decir, la totalidad de la naturaleza. Sin embargo, hay que decir que esa naturaleza total se *veía* de una manera individual —porque si no, ¿cómo se la podría haber *visto*?—, de una manera que la hacía visible y descriptible..., que le permitía comer y beber...[11].

Para Teodoro, la naturaleza humana «sólo existe en Pedro, en Pablo, etc.», es decir, en seres humanos concretos;

---

[11] Teodoro Estudita, *Antirrhetica I*, PG 99, 332D, 333A.

pues bien, eso era Jesús. Si no hubiera sido así, la experiencia de Tomás, de meter su dedo en las llagas de Jesús, habría sido imposible[12]. Los iconoclastas pretendían que a Cristo, en virtud de la unión entre divinidad y humanidad, no se lo podía describir, de modo que no era posible una imagen suya. Pero, para Teodoro, «un Cristo que no se pudiera describir sería un Cristo incorpóreo (...) Isaías (8,3) lo describió como varón; y sólo las formas del cuerpo pueden hacernos distinguir a un varón de una mujer»[13].

La firme aceptación de la individualidad de Cristo como hombre volvió a suscitar el problema de la unión hipostática porque, según la cristología de Calcedonia, la única *hipóstasis* (o persona) de Cristo es la del Logos. Por tanto, es obvio que la noción de hipóstasis no se puede identificar con las características divinas ni con las humanas, como tampoco puede identificarse con la noción de conciencia humana. La hipóstasis es la fuente última de la existencia individual y personal que, en Cristo, es divina y humana.

Para Teodoro, una imagen sólo puede ser la imagen de una hipóstasis, porque la imagen de una naturaleza es inconcebible[14]. En los iconos de Cristo, la única inscripción pertinente es la del Dios *personal*: «El que es», equivalente griego del sagrado tetragrama YHWH (Yahvé) del Antiguo Testamento, y de ninguna manera ciertos términos impersonales como «divinidad» o «realeza», que pertenecen a la Trinidad en cuanto tal y que, por consiguiente, no se pueden representar[15]. Este principio, rígidamente aplicado por la iconografía clási-

---

[12] *Ibíd.*, III, PG 99, 396C, 397A.
[13] *Ibíd.*, 409C.
[14] *Ibíd.*, 405A.
[15] Teodoro Estudita, *Carta a Naucracio* II, 67; PG 99, 1296AB; véase igualmente *Antirrh.* III, PG 99, 420D.

ca bizantina, muestra que, para Teodoro, el icono de Cristo no sólo es una imagen del «hombre Jesús», sino también del Logos hecho carne. El sentido más profundo del Evangelio reside en el hecho de que el Logos asumió todas las características del ser humano, incluida la posibilidad de descripción, y su icono es testigo permanente de esa realidad.

La humanidad de Cristo, que hace posibles los iconos, es una «nueva humanidad» totalmente recuperada para la comunión con Dios, deificada en virtud de la *comunicación de idiomas,* y portadora de una perfecta y consumada imagen de Dios. Esa realidad tiene que reflejarse en la iconografía como una forma de arte; y así, el artista desempeña una función casi sacramental. Teodoro compara al artista cristiano con el propio Dios, que hizo al hombre a su imagen: «El hecho de que Dios formara al hombre a su imagen y semejanza demuestra que la iconografía es una acción divina»[16]. Al principio, Dios creó al hombre a su imagen. Al hacer un icono de Cristo, el iconógrafo hace también una «imagen de Dios», porque eso es lo que es realmente la humanidad deificada de Jesús.

***

Por postura, temperamento y estilo, Nicéforo, patriarca de Constantinopla (806-815), era el polo opuesto de Teodoro. Nicéforo perteneció a la serie de patriarcas bizantinos, entre Tarasio y Focio, que fueron elevados a la suprema posición eclesiástica después de una brillante carrera civil. Como patriarca, siguió una política de *oikonomía* y suspendió las sanciones canónicas precedentemente impuestas al sacerdote José, que había bendecido el matrimonio «adúltero» de

---

[16] *Antirrh.* III; PG 99, 420A.

Constantino VI. Esa acción lo llevó a un violento conflicto con Teodoro y con los monjes más fanáticos. Depuesto en el año 815 por León V, a causa de su defensa del culto a las imágenes, murió el 822, después de haber escrito una *Refutación* del concilio iconoclasta del año 815, tres *Antirrhéticas*, una *Larga Apología* y un interesante tratado *Contra Eusebio y Epifanio*, las referencias patrísticas más importantes de los iconoclastas.

El pensamiento de Nicéforo se dirige especialmente contra la noción origenista que aparece en la carta de Eusebio a Constancia, de que la deificación de la humanidad implica una destrucción de la materia y la inmersión en un modo de existencia puramente intelectual. El patriarca no se cansa de insistir en los datos del Nuevo Testamento, de los que se deduce que Jesús experimentó cansancio, hambre y sed como cualquier otro hombre [17]. Al tratar el tema de la ignorancia de Jesús, Nicéforo intenta reconciliar ciertos pasajes relevantes de la Escritura con la doctrina de la unión hipostática de una manera que, por diversas razones, no era corriente en la teología oriental. En el origenismo de Evagrio, la ignorancia se consideraba como coextensiva, si no idéntica, con la pecaminosidad. El estado original de los «intelectos» creados, antes de la caída, era el de detentores de una gnosis divina. Jesús era, precisamente, el intelecto que no había experimentado la caída y que, por tanto, poseía de manera eminente y necesaria el «conocimiento de Dios» y, por supuesto, cualquiera otra forma inferior de gnosis. Los escritores de la época de Justiniano, a los que siguieron Máximo el Confesor y Juan de Damasco, negaban cualquier ignorancia en Cristo en vir-

---

[17] Nicéforo, *Antirrh.* I; PG 100, 272B.

tud de la unión hipostática, pero probablemente también por influjo de un latente evagrianismo interpretaban los pasajes evangélicos que hablan de una ignorancia por parte de Jesús como ejemplos de su *oikonomía*, es decir, de su deseo pastoral de pasar como mero hombre, y no como expresiones de verdadera ignorancia. A este aspecto de la tradición se opone Nicéforo, aunque admite que la unión hipostática *podría* suprimir en Jesús toda humana ignorancia por medio de la «comunicación de idiomas», comunicando a la naturaleza humana el conocimiento divino. Nicéforo sostiene que la economía divina requería, de hecho, que Cristo asumiera todos los aspectos de la existencia humana, incluida la ignorancia: «Él, por su propia voluntad, actuó, deseó, fue ignorante y sufrió como verdadero hombre»[18]. Al hacerse carne, el Logos no asumió una humanidad abstracta o ideal, sino la humanidad concreta que existía en la historia después de la caída original, para así poder salvarla. «Su carne no fue distinta de la nuestra, decrépita a consecuencia del pecado; no transformó esa carne [al asumirla] ... Su naturaleza era la misma que la nuestra, pero sin pecado; y fue por medio de esa naturaleza como destruyó el pecado y la muerte»[19].

Esa plenitud de humanidad implicaba, sin duda, la posibilidad de ser representada, porque si no se pudiera representar a Cristo, tampoco se podría representar a su madre, con la que compartió la misma naturaleza humana. Nicéforo escribe: «Excederse en honrar a la madre equivale a deshonrarla, pues si todo lo que por naturaleza pertenece al Logos debiera atribuirse por gracia a la que le dio

---

[18] *Ibíd.*, 328BD.
[19] Nicéforo, *Contra Eusebium* (ed. J. B. Pitra I, 401).

el ser, habría que atribuirle también a ella la incorruptibilidad, la inmortalidad y la impasibilidad»[20].

La misma lógica se puede aplicar a la eucaristía que, como ya hemos visto, los iconoclastas consideraban como la única imagen o símbolo de Cristo que se podía admitir. Pero Nicéforo y los demás ortodoxos defensores de las imágenes no podían aceptar esa idea, porque interpretaban la eucaristía como auténtica realidad del cuerpo y sangre de Cristo, y no como pura «imagen»; la imagen se fabrica para que *se vea*, mientras que la eucaristía *es* fundamentalmente *alimento*. Al ser asumidas en la persona de Cristo, las especies eucarísticas no pierden su conexión con este mundo, igual que la Virgen María, al convertirse en Madre de Dios, no dejó de formar parte de la humanidad. «Profesamos —escribe Nicéforo— que, por la invocación del sacerdote y la venida del Espíritu Santo, el cuerpo y la sangre de Cristo se hacen mística e indivisiblemente presentes...»; y si se convierten para nosotros en alimento salvífico, «no es porque el cuerpo de Cristo deje de ser cuerpo, sino precisamente porque permanece como tal»[21].

La insistencia de Nicéforo en la autenticidad de la humanidad de Cristo lo lleva en ocasiones a desviarse de la cristología clásica de Cirilo. Para evitar la concepción teopasiana, renuncia a admitir que «el Logos sufrió la pasión, o que la carne hizo milagros ...», y afirma que «a cada naturaleza hay que atribuirle lo que es propio de ella»[22]. Pero por otra parte, minimiza el valor de la comunicación de idiomas que, según él, es «una manipulación de las palabras»[23].

---

[20] *Antirrh.*; PG 100, 268B.
[21] *Ibíd.*, 440, 447.
[22] *Ibid.*, 252B.
[23] *Ibíd.*, 317B.

Es claro que Teodoro Estudita estaba menos expuesto que Nicéforo al riesgo de nestorianismo. De todos modos, la necesidad de reafirmar la humanidad de Cristo para así defender la posibilidad de representarla llevó a los teólogos bizantinos a reactivar algunos elementos de la tradición antioquena y, consecuentemente, a dar prueba de su fidelidad a Calcedonia.

5. INCIDENCIA HISTÓRICA DEL PROBLEMA

La controversia iconoclasta dejó una profunda huella en la vida intelectual de Bizancio, especialmente en cuatro aspectos que, al parecer, fueron de especial relevancia en el desarrollo teológico.

a) Durante las guerras del emperador Heraclio contra Persia en el siglo VII, Bizancio se fue alejando culturalmente de su pasado romano y acercándose cada vez más a Oriente. La violenta confrontación con el Islam, reflejada en el origen y carácter de la iconoclastia, agudizó aún más esa tendencia. Los papas, privados de la protección política de los emperadores de Bizancio por sus mutuos conflictos doctrinales, volvieron sus ojos a los Francos y entraron de lleno en la insurgente Edad Media del Occidente latino. Como consecuencia, se hizo más evidente el contexto social, cultural y político de la separación. Las dos mitades del mundo cristiano empezaron a hablar lenguajes distintos, y su marco de referencia en temas teológicos se fue distanciando cada vez con más nitidez.

La inclinación de Bizancio hacia Oriente, aunque se expresaba en una cierta ósmosis cultural con el mundo árabe, sobre todo durante el reinado de Teófilo, no significó un mayor entendimiento entre cristianismo bizantino e Islam. La confrontación siguió siendo fundamentalmente hostil, y esa hostilidad impedía un verdadero diálogo. Por ejemplo, Juan de Damasco, que vivió en Palestina bajo dominación árabe, hablaba de Mahoma como «el precursor del Anticristo» [24]. Y aunque citaba el Corán —siempre de segunda mano—, presentaba la nueva religión como una auténtica superstición y una tremenda inmoralidad. Por su parte, la posterior literatura bizantina sobre el Islam rara vez trascendió ese nivel de pura polémica.

Sin embargo, aun cuando esa inclinación a Oriente no suponía, en sí misma, un enriquecimiento, Bizancio continuó durante varios siglos como indiscutible capital del mundo cristiano. Superior en cultura al Occidente carolingio, y militarmente indómito en su resistencia al Islam, el cristianismo bizantino conservó su visión misionera universalista, que se manifestó de modo especial en la fecunda evangelización del mundo eslavo y demás territorios orientales. Pero su posterior desarrollo teológico tuvo lugar en un ámbito exclusivamente griego. A pesar de que conservó el título de «Gran Iglesia de Constantinopla, la Nueva Roma», siguió siendo tanto para sus competidores latinos como para sus discípulos eslavos «la Iglesia griega» por excelencia.

b) Prescindiendo de la función que altos dignatarios eclesiásticos y algunos teólogos como el patriarca Nicéforo desempeñaron en la victoria ortodoxa sobre los iconoclastas, los auténticos acreedores de ese triunfo fueron los monjes bizantinos, que en número abrumador se opusieron decididamente a la ambición de los emperadores. De entre éstos, León III y Constantino V expresaron con más claridad que cualquiera otro de sus predecesores la pretensión de cesaropapismo. De ese modo, la controversia iconoclasta fue, en

---

[24] Juan de Damasco, *De Haer.*; PG 94, 764A.

gran medida, una abierta confrontación entre el Estado y un monacato libre y anticonformista que asumió la función profética de defender la independencia del Evangelio frente a las demandas del «mundo». El hecho de que esa función fuera asumida por los monjes, y no por la suprema autoridad eclesiástica, subraya la convicción de que lo que realmente estaba en juego era la defensa no de la Iglesia como institución, sino de la fe cristiana como camino de salvación eterna.

Desde luego, los monjes desempeñaron su papel con la mayor seriedad y mantuvieron, incluso después de la victoria, un especial sentido de responsabilidad por la ortodoxia de la fe, como en el caso de Teodoro Estudita. Desde el punto de vista teológico, preservaron una tradición de fidelidad al pasado, a la vez que una convicción de la relevancia existencial de la teología como ciencia. Su influjo en el posterior desarrollo de la teología bizantina permaneció inalterado durante siglos.

c) El principal problema teológico entre ortodoxos e iconoclastas giraba esencialmente alrededor del icono de Cristo, porque la fe en la divinidad de Jesús implicaba una postura sobre el tema crucial de la absoluta imposibilidad de representar a Dios, así como sobre la realidad de la encarnación que lo hacía visible. Por eso, la imagen de Cristo era el *icono por excelencia* y comportaba una explícita profesión de fe en la encarnación.

Por su parte, los iconoclastas ponían objeciones teológicas no sólo a ese icono, sino también al uso de cualquier imagen religiosa, a excepción de la cruz, porque se oponían a «toda manifestación de paganismo», como había proclamado su concilio del año 754. Cualquier veneración de imágenes era pura idolatría. Si la intención de Constantino V de «purificar» el cristianismo oriental hubiera tenido éxito, la entera religiosidad cristiana de Oriente, con todos sus sentimientos, habría evolucionado de manera completamente distinta. El triunfo de la ortodoxia significó, por ejemplo, que la fe religiosa se podía expresar no sólo en proposiciones escritas o en experiencias personales, sino también por medio del dominio humano sobre la materia, por experiencias estéticas, y por gestos y actitudes ante las imágenes sagradas. Y todo eso implicaba una filosofía de la religión y una antropología. El culto, la liturgia, la conciencia religiosa invadían la totalidad de la persona humana, sin despreciar ninguna función del alma o del cuerpo, y sin relegar ninguno de esos elementos al ámbito de lo mundano.

d) De entre todas las ramas culturales del cristianismo —latina, siria, egipcia, o armenia— la bizantina fue la única en la que el arte llegó a ser inseparable de la teología. Las controversias de los siglos VIII y IX demostraron que, a la luz de la encarnación, el arte no puede mantenerse «neutral», es decir, puede e incluso debe expresar la fe. De modo que, por su estilo, por su composición simbólica, por las elaboradas representaciones artísticas que adornan los muros de las iglesias bizantinas y por el inalterable sistema que preside la composición de las iconóstasis, los iconos se convirtieron en expresión y fuente del conocimiento divino. La buena noticia de Dios hecho hombre, de la presencia entre los hombres de una humanidad glorificada y deificada, primero en Cristo, pero también, por su medio y por la acción del Espíritu, en la Virgen María y en los santos, todo ese «ornamento de la Iglesia» tuvo expresión en el arte cristiano bizantino. Un filósofo ruso de principios del siglo XX, Eugène Trubetskoi, pudo calificar ese modo de expresión como «contemplación en colores»[25].

---

[25] E. Trubetskoi, *Umozrenie v Kraskakh* (Moskva 1915-1916; reed. Paris 1965; traducción inglesa: *Icons: Theology in Color*, New York 1973).

6. Bibliografía

Alexander, P., *The Patriarch Nicephorus* (Oxford 1958). (Obra de uno de los teólogos ortodoxos más relevantes).
Anastos, Milton V., «The Argument for Iconoclasm as Presented by the Iconoclastic Council of 754», *Late Classical and Medieval Studies in Honor of A. A. Friend, Jr.*, (Princeton 1955) 177-188.
Bryer, A.-Herrin, J. (eds.), *Iconoclasm* (Birmingham 1976). (Actualización de los temas con nueva bibliografía recopilada por diferentes autores).
Florovsky, Georges, «Origen, Eusebius and the Iconoclastic Controversy»: «Church History» 19 (1950) 77-96. (Establece las raíces origenistas de algunos temas de teología iconoclasta).
Grabar, André, *L'iconoclasme byzantin: Dossier archéologique* (Paris 1957). (Obra importante para entender el culto de las imágenes, especialmente en el siglo VII. Los datos arqueológicos aportados por el autor abren grandes perspectivas al teólogo).
—, *Christian Iconography: A Study of Its Origins*. The A. W. Mellon Lectures in the Fine Arts, 1961. Bollingen Series XXXV, 10 (Princeton, Princeton University Press 1980). (Presentación de los monumentos, interpretados por un eminente historiador del arte).
Juan de Damasco, San, *Sobre las imágenes divinas* (St. Vladimir's Seminary Press, Crestwood, New York 1980). (Junto a las obras de Teodoro Estudita, citadas más adelante, éste es el texto patrístico más clásico en defensa de la veneración de las imágenes y contra la iconoclastia. Traducción popular, fácilmente accesible).
Kitzinger, Ernst, «The Cult of Images in the Age Before Iconoclasm»: «Dumbarton Oaks Papers» 8 (1954) 83-150.
Meyendorff, John, *Christ in Eastern Christian Thought*, (Cor-

pus, Washington 1969) 132-148, 203-207. (Vínculos con la cristología; posibilidad de «representar» la figura de Dios).

Ostrogorsky, George, *Studien zur Geschichte des byzantinischen Bilderstreites* (Breslau 1929; repr. Hakkert, Amsterdam 1964). (Estudio fundamentalmente histórico).

Ouspensky, Leonide, *Theology of the Icon*, I-II (St. Vladimir's Seminary Press, Crestwood, New York 1978-1983). (Presentación de los iconos desde una perspectiva estrictamente ortodoxa).

Schönborn, Christoph von, *L'icône du Christ: fondements théologiques élaborés entre le Ier et le IIe Concile de Nicée (325-787)*, (Freiburg 1976).

Teodoro Estudita, San, *On the Holy Icons* (St. Vladimir's Seminary Press, Crestwood, New York 1981).

IV

MONJES Y HUMANISTAS

El año 843, la Iglesia bizantina celebró «el triunfo de la ortodoxia» sobre la iconoclastia, un triunfo que se interpretó como una victoria sobre todas las herejías que hasta entonces habían dividido a la cristiandad. El documento compuesto para la ocasión, el famoso *Synódikon*, recuerda a los campeones de la verdadera fe, condena a los herejes, y presupone implícitamente que la sociedad bizantina ha alcanzado ya una estabilidad interna que no permitirá nuevas divisiones. Pero, en realidad, estallaron nuevos conflictos y se produjeron nuevas crisis; de modo que hubo que ampliar el *Synódikon*. Pero la tendencia a congelar su historia y a considerar su imperio y su Iglesia como expresión indeleble de la eterna e inmutable revelación de Dios es un rasgo permanente —e incluso mítico— de la civilización bizantina, a pesar de que continuamente ha tenido que afrontar el reto de las realidades históricas. De hecho, aun en el mismo siglo IX, la sociedad bizantina era una sociedad dividida no sólo en el aspecto político, sino también en el ámbito intelectual y en el teológico.

Durante todo el período iconoclasta, Bizancio había estado separada culturalmente del mundo occidental y fascinada por el desafío militar e intelectual que encarnaba el fenómeno del Islam. Cuando en los años 787 y 843 se restableció finalmente la comunión con la Iglesia de Roma, la emergencia más bien hostil del imperio carolingio impidió la restauración del antiguo *orbis Christianorum*. Por otra parte, la vuelta a la veneración de las imágenes había sido una victoria de las tradiciones *griegas*, en cuanto distintas de la iconoclastia cultural del Oriente no griego de los isáuricos. Fruto de esos avatares históricos fue la resurrección de la Iglesia bizantina, que surgió de la crisis iconoclasta como más que nunca «Iglesia griega». Incluso habría podido reducirse a una Iglesia puramente nacional, si el imperio no hubiera vuelto a expandirse en los siglos IX y X por obra de los grandes emperadores de la dinastía macedónica, y si no se hubiera producido la evangelización de los pueblos eslavos y la subsiguiente expansión del cristianismo bizantino por la Europa oriental, uno de los acontecimientos más decisivos de la historia cristiana. Sin embargo, al revés que en Occidente, donde el papado «pasó a manos de los bárbaros» a raíz de su conversión al cristianismo, Constantinopla, la «nueva Roma», continuó como el indiscutible y único centro intelectual del cristianismo en Oriente hasta 1453. Esa «Roma» era cultural e intelectualmente *griega*, tanto que el emperador Miguel III, en una carta al papa Nicolás I, se atrevió a calificar el latín como lengua «bárbara» y «escita».

El carácter helénico de la civilización bizantina introdujo en la reflexión teológica el eterno problema de la relación entre la antigua «mentalidad» griega y el Evangelio cristiano. Aunque el problema estaba latente en buena parte de la producción teológica de los siglos VI, VII y VIII, no se había planteado de manera explícita desde el cierre de las universidades paganas por Justiniano. En el siglo IX, y a consecuencia de la renovación intelectual que se produjo durante el reinado de Teófilo (829-842), último emperador iconoclasta, los intelectuales bizantinos recuperaron, si cabe con mayor entusiasmo, el estudio de los antiguos autores paganos. La Universidad de Constantinopla, fundada y patrocinada por Bardas el César y distinguida por la enseñanza del eminente Focio, se convirtió en el centro de ese primer renacimiento. Intelectuales como Focio, Aretas y Miguel Psellos promovieron una curiosidad enciclopédica y estimularon la copia de antiguos manuscritos. Gran parte de nuestros conocimientos sobre la Antigüedad griega es consecuencia directa de sus trabajos. Pero en conjunto, su interés por la filosofía antigua se quedó a un nivel puramente academicista, de modo que coexistió fácilmente con la teología —igualmente academicista y conservadora— que predominaba en los círculos oficiales de la Iglesia. Cuando, en el siglo XI, Juan Italos intentó una nueva síntesis entre platonismo y cristianismo, incurrió inmediatamente en una sanción canónica. Y es que al humanismo bizantino le faltó siempre la coherencia y el dinamismo creativo del escolasticismo y del renacimiento occidental, hasta el punto de que resultó imposible eliminar la convicción de muchos bizantinos de que Atenas y Jerusalén eran incompatibles. En este aspecto, los guardianes de la ortodoxia fueron los representantes más autorizados de un monacato que se mantuvo pertinazmente en abierta oposición a una «sabiduría puramente profana».

Esa polaridad entre humanistas y monjes se manifestó no sólo a nivel intelectual, sino también en el terreno de la administración eclesiástica. Los monjes se opusieron tenazmente a los eclesiásticos «realistas», que estaban dispuestos a mostrar una cierta tolerancia no sólo con antiguos iconoclastas y emperadores recalcitrantes, sino también con los ineludibles compromisos administrativos y, más tarde, hasta con ciertas componendas doctrinales con el Occidente latino, patrocinadas por el Estado. Ese tipo de conflicto se presentó, por ejemplo, cuando los patriarcas Tarasio (784-806) y Metodio (843-847) admitieron como obispos a antiguos defensores de la iconoclastia oficial; cuando el propio Tarasio y, a continuación, Nicéforo I (806-815) reconocieron el nuevo matrimonio del emperador Constantino VI, que se había divorciado de su primera esposa; y cuando en el año 857 el patriarca Ignacio fue obligado a dimitir y fue sustituido por Focio. Esos conflictos, aunque no estrictamente teológicos, rozaban el tema del testimonio cristiano en el mundo y, como tales, ejercieron una enorme influencia en la eclesiología bizantina y en la ética social.

1. TEODORO ESTUDITA

En el siglo IX, Teodoro fue no sólo el modelo, sino también el ideólogo de la facción monástica más rígida, que desempeñó un papel determinante en la vida del cristianismo bizantino.

En el capítulo anterior se ha presentado ya la espléndida contribución de Teodoro a la teología de las imágenes, como un aspecto de la ortodoxia cristológica de Calcedonia. Pero su impacto sobre la historia del monacato no fue menos importante. Severamente cuestionado por el reto de la persecución iconoclasta, el monacato bizantino había adquirido un aura de martirio, y su autoridad en los círculos ortodoxos llegó a ser muchas veces superior a la de la jerarquía eclesiástica tarada por una mentalidad de compromiso. Bajo el liderazgo de Teodoro, el monacato se convirtió en un organizado y articulado bastión del rigorismo canónico y moral.

Para Teodoro, la vida monástica era, de hecho, sinónimo de auténtico cristianismo:

> Hay gente que pregunta por el origen de la tradición de renunciar al mundo y abrazar la vida monástica. Pero esa cuestión equivale a preguntar de dónde viene la tradición de hacerse cristiano. Porque Aquél que dio inicio a la tradición apostólica estableció igualmente seis misterios: primero, la iluminación; segundo, la asamblea o comunión; tercero, la perfección de la unción; cuarto, las perfecciones del sacerdocio; quinto, la perfección de la vida monástica; y sexto, el servicio a los que duermen en santidad[1].

---

[1] Teodoro Estudita, *Ep.* II, 165 (a Gregorio); PG 99, 1524B.

Este pasaje es importante no sólo porque el monacato se enumera entre los sacramentos de la Iglesia —en una lista bastante diferente de los «siete sacramentos» fijados por el Concilio de Trento— sino también, y sobre todo, porque el estado monástico se considera como una de las formas esenciales de perfección y testimonio cristiano. Por el desprendimiento, por los votos de pobreza, castidad y obediencia, por una vida proyectada hacia la realidad ya presente del Reino de Dios, la vida monástica se convierte en una «vida angélica». Los monjes, según Teodoro, forman una comunidad escatológica que realiza con mayor perfección, e incluso en plenitud, lo que se supone que ha de ser la totalidad de la Iglesia. Los monjes estuditas daban ese testimonio escatológico en el centro mismo de la capital imperial, el centro del «mundo», y consideraban normal su conflicto casi constante con el «mundo» y con todo lo que éste representaba. Eran un grupo perfectamente organizado. Su abad detestaba el individualismo espiritual de los primitivos eremitas cristianos, y convirtió el monasterio de Studa en una comunidad organizada, litúrgica y activa, según las más apreciadas tradiciones cenobíticas establecidas por Basilio y Pacomio.

Para Teodoro y sus discípulos, la actitud de «no ser del mundo» no quería decir que la acción cristiana no fuera necesaria en el mundo, sino todo lo contrario. Los monjes practicaban y predicaban el compromiso activo con los problemas de la ciudad, para que fuera lo más conforme posible a los rigurosos criterios del Reino de Dios, tal como ellos lo entendían. Los emperadores iconoclastas persiguieron a los monjes, lógicamente, por su defensa de las imágenes, pero también por sus intentos de someter el imperio terrenal cristiano a los dictados y requisitos de un Evangelio que trascendía sus competencias. Sus sucesores ortodoxos, obligados a reconocer la victoria moral de los monjes y a solicitar su ayuda, también encontraron difícil acceder a todas sus demandas. El conflicto originado por el segundo matrimonio de Constantino VI (795), tolerado por los patriarcas Tarasio y Nicéforo, pero considerado «adúltero» («cisma de adulterio») por Teodoro y los estuditas, provocó décadas de controversia sobre la naturaleza de la *oikonomía*, es decir, la posibilidad de emplear artimañas para aprovecharse astutamente de la letra de la ley para el bien último de la Iglesia y la salvación del individuo. Este principio, invocado por el concilio del año 809 —que se analizará por extenso en el próximo capítulo— fue puesto en entredicho por Teodoro no tanto en su formulación teórica cuanto en el caso concreto del emperador Constantino VI: «O el emperador es Dios, porque sólo la divinidad no está sujeta a la ley, o todo es anarquía y revolución. Porque, ¿cómo puede haber paz, si no hay una ley válida para todos, si el emperador puede cumplir sus deseos —por ejemplo, cometer adulterio o aceptar herejías— mientras que a sus súbditos se les prohibe tener comunicación con el adúltero o el hereje?»[2].

Teodoro no fue, ciertamente, un innovador en su actitud con respecto al Estado. En realidad, ésa había sido ya la actitud de Atanasio, Juan Crisóstomo, Máximo el Confesor y Juan de Damasco, y habría de ser en los siglos siguientes la de un amplio espectro de eclesiásticos bizantinos. Su función aquí consiste en ilustrar el hecho de que la sociedad bizantina estaba muy lejos de haber encontrado la «armonía» entre los dos poderes de los que habló Justiniano en su *Novella* 6. La actuación y el testimonio de los monjes siempre estuvo presente en Bizancio para demostrar que la verdadera armonía entre el Reino de Dios y el «mundo» sólo sería posible en la *parousía*.

---

[2] Teodoro Estudita, *Ep.* I, 36 (a Euprepiano); PG 99, 1032CD.

La ideología y los compromisos de Teodoro lo llevaron, lógicamente, lejos del paralelismo constantiniano entre la estructura política del imperio y la estructura espiritual de la Iglesia, un paralelismo ya sancionado en Nicea y ejemplificado en la elevación del obispo de Constantinopla al rango de «patriarca ecuménico». Desde luego, Teodoro no rechazó jamás formalmente los textos canónicos que reflejaban ese paralelismo, pero en la práctica acudía con frecuencia al principio de apostolicidad como criterio de autoridad en la Iglesia, más que a la preeminencia política de ciertas ciudades. El apoyo que la Iglesia de Roma prestó al partido ortodoxo durante el período iconoclasta, y la amistosa correspondencia que Teodoro mantuvo con los papas León III (795-816) y Pascual I (817-824), contrastan con los conflictos internos que mantenía con sus propios patriarcas, tanto iconoclastas como ortodoxos. Esos factores explican la enorme consideración que expresó en repetidas ocasiones hacia la «sede apostólica» de la antigua Roma. Por ejemplo, se dirigió al papa Pascual como «la roca de fe sobre la que descansa la Iglesia universal». En una carta le escribe: «Tú eres Pedro, ornamento del trono de Pedro»[3]. Con todo, los numerosos pasajes de ese tipo recogidos con tanto esmero por los modernos apologistas del papado[4] no bastan para probar

---

[3] Teodoro Estudita, *Ep.* II, 12; PG 99, 1152CD.

[4] Véase, por ejemplo, S. Salaville, «La primauté de Saint Pierre et du pape d'après Saint Théodore Studite (759-826)»: «Échos d'Orient» 17 (1914) 23-42; y A. Marin, *Saint Théodore* (París 1906) 1, donde llama a Teodoro «el último católico de Bizancio». Igualmente, en su carta a León Sacellario (PG 99, 1417C) escribe: «Y, ¿quiénes son sus sucesores [de los apóstoles]? El que ocupa el trono de Roma, que es el primero; el que se sienta en el trono de Constantinopla, que es el segundo; después de éstos, los de Alejandría, Antioquía y Jerusalén. Ésa es la autoridad pentárquica en la Iglesia. Ellos son los encargados de tomar todas las decisiones con respecto a los dogmas divinos» (citado por F. Dvornik, *Byzantium and the Roman Primacy* [New York 1966] 101).

que la concepción que Teodoro tenía de Roma fuera idéntica a la del Concilio Vaticano I. En sus cartas, junto a las referencias a Pedro y al papa como jefes de la Iglesia, también se pueden encontrar alusiones a las «cinco cabezas del cuerpo de la Iglesia»[5], que recogen la concepción bizantina de la «pentarquía» de patriarcas. Del mismo modo, al dirigirse al patriarca de Jerusalén, lo designa como «el primero entre los patriarcas», porque el sitio en el que sufrió y murió el Señor exige y presupone «la dignidad más grande de todas»[6].

El verdadero y único interés del egregio estudita se centraba en mantenerse independiente de las categorías de «este mundo» y, por tanto, del Estado. La pretensión apostólica de Roma, pero también las reivindicaciones no menos reales, aunque bastante menos efectivas, de los demás patriarcas de Oriente, le proporcionaban argumentos válidos para su lucha contra las jerarquías del Estado y de la Iglesia en Bizancio. A pesar de todo, no hay motivos para dudar que su concepción de la unidad de la Iglesia, que nunca llegó a desarrollar de manera sistemática, fuera radicalmente distinta de la de sus contemporáneos. Entre éstos hay que incluir al patriarca Focio que, como se verá más adelante, estaba siempre dispuesto a reconocer la posición prominente de Pedro entre los apóstoles, pero al mismo tiempo consideraba que la autoridad de los sucesores romanos de Pedro no era el fundamento de la ortodoxia, sino que dependía de ésta. Teodoro Estudita vio en Roma el apoyo más importante de la verdadera fe, y expresó esa concepción y esa esperanza en línea con la mejor tradición del estilo superlativo de Bizancio.

---

[5] Teodoro Estudita, *Ep.* II, 63 (a Naucacio); PG 99, 1281B.
[6] Teodoro Estudita, *Ep.* II, 15; PG 99, 1161AB.

La vieja oposición monástica a la filosofía profana no aparece en los escritos de Teodoro. Hasta da la impresión de que él mismo se sintió atraído por ejercicios dialécticos, como parece deducirse de su correspondencia con Juan el Gramático, notable humanista y posterior patriarca iconoclasta. Donde sí se puede apreciar una clara tendencia antihumanista es en sus inmediatos discípulos, enemigos de Focio en el siglo IX.

2. FOCIO (HACIA 820-891)

Figura dominante en la vida religiosa, social y política de Bizancio durante el siglo IX, Focio es también el padre de lo que generalmente se conoce como «humanismo» bizantino. En su famosa obra *Biblioteca*, una importante y original compilación crítica de diferentes escritos, están presentes no sólo los escritores cristianos de los primeros siglos, sino también un buen número de autores profanos. De manera semejante, en sus *Respuestas* a Anfiloquio, una colección de ensayos filosóficos y teológicos, despliega un vasto conocimiento de la literatura profana y una excelente familiaridad con la teología patrística.

En todos sus escritos, Focio es, esencialmente, un profesor universitario. En el campo de la filosofía, su interés se centra principalmente en la lógica y en la dialéctica, de donde se deduce una clara predisposición por Aristóteles, más que por Platón. En teología permanece fiel a las decisiones de los primeros concilios y a las posturas de los Padres de la Iglesia. Su predilección por la filosofía antigua no lo induce a tolerar la doctrina de personajes como Orígenes —cuya condena por el quinto concilio acepta sin reservas [7]— o Clemen-

---

[7] Focio, *Biblioteca*, códice 8, 18, etc.

te de Alejandría, en cuyo principal escrito, las *Hypotypôseis*, encuentra los «mitos impíos» del platonismo[8].

Su extensa erudición nos proporciona frecuentemente detallados análisis críticos y citas literales de autores sobre los que, sin sus notas, no tendríamos ninguna noticia. La atención de Focio se centra de manera especial en las controversias cristológicas de los siglos V y VI. A pesar de su predilección por la exégesis y por los teólogos de la escuela antioquena[9], permanece rigurosamente fiel a la interpretación cirílica del Concilio de Calcedonia, que fue la más aceptada en Bizancio en la época de Justiniano, y presta especial atención —de incalculable valor para nosotros— a algunos de sus portavoces más cualificados[10].

Sobre otros aspectos teológicos, Focio está fundamentalmente de acuerdo con la tradición de los Santos Padres y las decisiones conciliares. Pero parece que no llegó a aceptar, o que no entendió plenamente, las implicaciones de la teología apofática, por ejemplo, la de Gregorio de Nisa, sino que su doctrina sobre la relación de Dios con la creación se acerca más al concepto escolástico latino del *actus purus*[11]. Se necesitaría un análisis más pormenorizado del pensamiento de Focio para fijar exactamente su postura en este punto. En cualquier caso, los anti-palamitas bizantinos del siglo XIV invocaron su autoridad contra la distinción real entre «esencia» y «energía» en Dios, sostenida por Palamás

---

[8] *Ibíd.*, códice 109.
[9] Véase el extenso artículo sobre Diodoro de Tarso, *Biblioteca*, códice 223, y su parecer sobre Teodoreto de Ciro, *ibíd.*, códice 46.
[10] Véanse los códices sobre Eulogio de Alejandría: 182, 208, 225-227 que, en realidad, son verdaderas monografías sobre este autor. Sobre Efrén de Antioquía, véase *Biblioteca*, códice 228.
[11] «Lo divino está en el universo tanto por esencia como por energía», *Amphil.*, 75; PG 101, 465 BC.

y ratificada por los concilios de la época[12]. Por otra parte, su aprecio del aprendizaje profano y su interpretación liberal del término *oikonomía* lo hicieron más bien impopular para los círculos monásticos, tanto durante su vida como en tiempos posteriores.

Pero hay un aspecto en el que Focio dominó completamente no sólo entre sus contemporáneos, sino también en toda la Edad Media: su concepto de historia, de desarrollo histórico, y de tradición. Esa línea interpretativa se puede ver en cada capítulo (*codex*) de su obra *Biblioteca*. Por ejemplo, en su análisis del libro de un sacerdote llamado Teodoro, que defendía la autenticidad de los escritos de Dionisio, Focio enumera y estudia cuidadosamente los argumentos contra su autenticidad y termina con la simple conclusión de que el autor «intenta refutar esas objeciones y afirma que, *en su opinión*, el libro del eminente Dionisio es auténtico»[13]. Aunque en otras ocasiones Focio da por supuesta la autenticidad de la obra de Dionisio, el pasaje que se acaba de citar demuestra su honestidad intelectual al reconocer que es imposible explicar el modo en que Dionisio llega a predecir «tradiciones que sólo paulatinamente se fueron haciendo obsoletas en la Iglesia, después de haber necesitado largo tiempo para desarrollarse»[14].

Ese reconocimiento del desarrollo de tradiciones y también de una posible y legítima variedad de prácticas y normas eclesiásticas desempeñó un papel importante en la actitud de Focio con respecto al papa Nicolás I y a la Iglesia de Roma. A la acusación del papa, de que de simple seglar había sido

---

[12] Véase Akíndinos, *Contra Palamás*, en *Codex Monacensis graecus* 223, fol. 283ᵛ, 293ᵛ, 298ᵛ, 305, 311ᵛ, etc.
[13] *Biblioteca*, códice 1.
[14] *Ibíd.*

elevado a la dignidad de patriarca en sólo seis días, una práctica prohibida en la tradición de Occidente pero jamás formalmente contestada en Oriente, Focio responde: «Las decisiones de un concilio ecuménico deberán ser aceptadas por todos los fieles, pero la opinión particular de un Padre de la Iglesia, o cualquier definición de un concilio local, puede ser aceptada o ignorada por otros...». A continuación enumera algunos temas como el afeitado, el ayuno en sábado y el celibato sacerdotal, y añade: «Si no se vulneran los principios de la fe, las decisiones comunes y universales están al seguro; cualquier individuo sensible deberá respetar las prácticas y las leyes de otros, porque cree que no es erróneo observarlas, ni es ilegítimo vulnerarlas»[15].

La controversia sobre el *Filioque* ilustra la preocupación de Focio por la «fe común» y las «decisiones ecuménicas». La moderna investigación histórica ha demostrado con toda claridad que Focio no fue sistemáticamente anti-latino. Por eso, su postura en la controversia sólo puede explicarse por el hecho de que se tomó muy en serio el aspecto teológico de la cuestión. No sólo insistió en el tema del *Filioque* en su encíclica del año 866, sino que, una vez restablecida la paz eclesiástica con el papa Juan VIII en los años 879-880, e incluso después de haberse retirado como patriarca, Focio dedicó buena parte de sus últimos días a escribir su *Mistagogia del Espíritu Santo*, primera exhaustiva refutación griega de la interpolación latina del *Filioque* en el credo.

Como muestra claramente la *Mistagogia*, Focio estaba preocupado no sólo por esa interpolación unilateral en un texto que había sido universalmente aprobado, sino también por el contenido mismo de la interpolación. Sin distinguir

---

[15] *Ep. 2 al papa Nicolás*, PG 102, 604D-605D.

entre los aspectos canónico y teológico del problema, se refiere a los papas, especialmente a León III y Juan VIII, que habían criticado la interpolación, como detractores de la *doctrina* de la «doble procesión». Pero la debilidad del método de Focio radicaba en el hecho de que no había tenido acceso a las fuentes de la teología latina. Sabía que los Padres Latinos estaban a favor del *Filioque*, y hace explícita referencia a Ambrosio, Agustín y Jerónimo (aunque el primero y el último difícilmente se pueden considerar como proponentes del *Filioque*), pero es obvio que no había leído sus escritos. Por tanto, se puede deducir que su refutación de la postura latina se basaba únicamente en información oral.

A pesar de sus defectos y de su estilo difícil y marcadamente dialéctico, la *Mistagogia* presenta con toda claridad la principal objeción de los bizantinos a la concepción latina de la Trinidad, que concibe a Dios como una esencia única y filosóficamente simple, en la que la existencia personal o hipostática se reduce al mero concepto de las relaciones mutuas entre las tres personas. Si la idea de consustancialidad requiere que el Padre y el Hijo, juntos, sean el origen único del Espíritu Santo, la esencia en Dios precede necesariamente a su existencia personal en tres hipóstasis. En cambio, para Focio, «el Padre es el origen [del Hijo y del Espíritu Santo] no por naturaleza, sino en virtud de su carácter hipostático»[16]. Mezclar y confundir los caracteres hipostáticos del Padre y del Hijo atribuyéndoles la procesión del Espíritu Santo es caer en sabelianismo, herejía modalista del siglo III, o mejor dicho, en un semi-sabelianismo, porque Sabelio había mezclado las tres personas en una sola, mientras que los latinos se limitaban a mezclar la persona del Padre con la del Hijo,

---

[16] *Mistagogia del Espíritu Santo*, 15; PG 102, 293A.

con lo que corrían el riesgo de excluir al Espíritu Santo del ámbito de la divinidad[17].

De ese modo, Focio demuestra claramente que en la controversia sobre el *Filioque* laten dos concepciones de la Trinidad: la concepción griega personalista, que considera la revelación personal del Padre, del Hijo y del Espíritu Santo como el origen de la teología trinitaria; y la concepción latina —o más bien, el enfoque agustiniano— que concibe a Dios como una esencia simple, en cuyo interior una trinidad de personas sólo se puede entender en términos de relaciones internas.

Pero por el hecho de oponerse a la concepción latina de la Trinidad, Focio no niega el *envío* del Espíritu Santo al mundo por medio del Hijo, según la «economía» de salvación, como vínculo entre la humanidad deificada de Jesús y el cuerpo entero de la Iglesia, e incluso de toda la creación[18]. Por tanto, no se opone a que se hable de una procesión del Espíritu Santo a través, o por parte, del Hijo en ese último sentido. Y tampoco se opone a Occidente, en cuanto tal. Repetidamente reconoce la autoridad de los Padres Latinos y de la Iglesia de Roma en los lugares en los que todavía no se usaba la fórmula interpolada del credo. Lo único que le importa a Focio —y no hay motivos para dudar de su sinceridad— es la unidad de Oriente y Occidente en la única fe católica (es decir, universal) definida en los primeros concilios. Por desgracia, la historia subsiguiente dividiría aún más las dos mitades del cristianismo, y la apertura mental de Focio y su sentido de la historia se echaría tristemente de menos en ambas partes.

---

[17] *Ibíd.*, 9, 23; PG 102, 289B, 313BC.
[18] *Ibíd.*, 94.

3. MIGUEL PSELLOS (1018-1078)

Después de la época de Focio, los intelectuales bizantinos tuvieron libre y total acceso a las fuentes de la antigua filosofía griega. En Miguel Psellos descubrimos una personalidad que fue, en gran medida, el producto de ese renacimiento bizantino en plena Edad Media. La contribución de Psellos a la teología fue, en realidad, más bien escasa y sólo indirecta. Pero como, según la concepción bizantina del mundo, religión y filosofía eran magnitudes inseparables, se puede y se debe presentar a este personaje como un fenómeno importante en la historia del cristianismo bizantino.

«Quiero que sepas» —escribe Psellos— «que la sabiduría helénica, aunque no glorifica lo divino y no carece de defectos en teología, *conoce la naturaleza tal como la hizo el creador*»[19]. Este expreso reconocimiento de la competencia de los antiguos griegos para entender la naturaleza es la base de una teología natural, es decir, del conocimiento del creador a través de sus creaturas. Elementos de ese enfoque existían ya, desde luego, en los apologistas de los siglos II y III, y fueron desarrollados por Orígenes y por los Padres Capadocios. Pero como éstos eran, primera y principalmente, eclesiásticos responsables, cargaron el acento sobre la quiebra religiosa entre cristianismo y antiguo helenismo. Para ellos, la sabiduría helénica era sólo una herramienta para la apologética, no un fin en sí misma. En ocasiones, el propio Psellos reconoce esa incompatibilidad; por ejemplo, rechaza la concepción platónica de un mundo de ideas subsistentes en sí mismas y no sólo en el intelecto divino[20]. Pero estas reservas le vienen a la

---

[19] Miguel Psellos, *Homilía a sus discípulos negligentes* (ed. J. F. Boissonade, Nürnberg 1838; Amsterdam 1964) 151.
[20] Ed. C. Sathas, *Bibliotheca graeca medii aevi* V (Venetiae 1872) 442.

mente por las definiciones formales y explícitas de la Iglesia, más que por una profunda convicción personal. La expresión más acertada de su auténtica mentalidad se refleja en estas palabras: «Estoy satisfecho de que los dolores de parto que me hicieron nacer al conocimiento fueran los de Platón y Aristóteles; los dos me dieron el ser y me han formado»[21].

El conservadurismo teológico, más bien formal, que reinaba en los círculos oficiales de la Iglesia hizo posible que en figuras como Psellos resurgiera un neoplatonismo prácticamente idéntico al que había existido en el siglo VI. De hecho, tanto él como la mayoría de sus contemporáneos no son exponentes de un verdadero encuentro entre filosofía y teología. No cabe duda de que Miguel Psellos fue un auténtico cristiano; pero si su pensamiento posee alguna carga emocional, está en su esfuerzo por encontrar coincidencia, y no oposición, entre platonismo y cristianismo; y le importa muy poco que la coincidencia sea puramente artificial. Por ejemplo, Psellos se siente feliz por haber descubierto la Trinidad, así como el mundo bíblico de los ángeles y los santos, precisamente en Homero[22].

Este caso de adaptación formal y artificial del helenismo a los parámetros del Evangelio muestra claramente las limitaciones de lo que se ha dado en llamar humanismo bizantino. Obviamente, lo que le faltó fue la garra vital que hizo posible la Escolástica occidental, a raíz del redescubrimiento de Aristóteles, y el Renacimiento italiano, después del declive de la civilización de la Edad Media. Aun cuando conocía a Platón y a Aristóteles mejor que cual-

---

[21] *Homilía a sus discípulos negligentes*, 146.
[22] Véase B. Tatakis, *La philosophie byzantine* (Paris 1949) 199.

quier occidental, Psellos no dejó de ser un personaje medieval bizantino, es decir, un hombre devoto de la tradición y fiel, al menos formalmente, a las rígidas normas de la teología oficial. No fue un gran teólogo, pero su lealtad a la teología de su tiempo le impidió llegar a ser un filósofo importante. Su pensamiento es fundamentalmente ecléctico. Los principios del neoplatonismo —fidelidad a Aristóteles en lógica y en filosofía natural, unidas a la metafísica platónica— eran perfectamente apropiados a su mentalidad. «En cuanto a mí» —confiesa— «me quedo con las virtudes y el potencial de cualquiera; mi razonamiento es variado, una especie de síntesis unitaria de diferentes ideas. Yo mismo no soy más que uno entre tantos. El que lea mis libros descubrirá que, aunque son muchos, proceden de una sola fuente»[23].

Sin embargo, la falta de expresión brillante y de exquisita sofisticación de estilo fue suficiente para transformar su eclecticismo en un sistema filosófico original y creativo. La auténtica creatividad y el pensamiento vibrante continuaron en los círculos que Psellos consideraba infestados de un misticismo insalubre e irracional. A pesar de todo, es dudoso que Psellos llegara a leer alguna de las obras de los más auténticos representantes de la espiritualidad monástica contemporánea, o se encontrara personalmente con algunos de ellos, por ejemplo, con Simeón el Nuevo Teólogo. Si sucedió así, resulta difícil imaginar que hubieran llegado a entenderse mutuamente.

---

[23] Miguel Psellos, *Sobre la naturaleza de algunos escritos* (ed. J. F. Boissonade) 52.

4. LOS PROCESOS DE JUAN ITALOS (1076-1077, 1082)

Un discípulo de Psellos y sucesor suyo como *hýpatos tôn philosophôn*, es decir, rector de universidad, Juan Italos («el Italiano», probablemente un italo-griego), fue llevado a juicio bajo la acusación de herejía y condenado por su excesivo uso de la filosofía antigua, en general, y en particular por sostener ideas platónicas sobre el origen y naturaleza del mundo. La importancia de los dos procesos sucesivos que tuvo que afrontar cobra fuerza por el hecho de que, por primera vez desde el año 843, se añadieran nuevos y extensos pasajes doctrinales al *Synódikon*, que se leía cada año el Domingo de la Ortodoxia. Al condenar a Italos, la Iglesia bizantina creó un modelo que podría ser válido —y así lo fue realmente— para épocas posteriores.

Los escritos de Juan Italos que han visto la luz no contienen todas las doctrinas por las que fue llevado a los tribunales, pero no se puede excluir *a priori* que él las propagara en su enseñanza oral. En cualquier caso, las decisiones sinodales contra el personaje van más allá de la propia personalidad del acusado, por cuanto reflejan la postura oficial de la Iglesia.

De las once condenas referentes al caso de Juan Italos, tal como se recogen en el *Synódikon*, las diez primeras son puramente doctrinales y se hicieron públicas en los años 1076-1077; la última es una condena formal del personaje, hecha pública el año 1082 [24]. La postura doctrinal adoptada por el sínodo se refiere a dos cuestiones decisivas:

1) Los antiguos filósofos griegos fueron los primeros heresiarcas. En otros términos, todas las más importantes herejías cristianas fueron fruto de la influencia de dichos filósofos, de modo que los siete concilios, al condenar a los here-

---

[21] Véase J. Gouillard, *Synodikon*, 56-60, 188-202.

jes, condenaron implícitamente a los filósofos griegos (Anatema 5). De hecho, después de Tertuliano, la literatura patrística atribuye frecuentemente a la filosofía la responsabilidad por las desviaciones heréticas. Por tanto, la postura del sínodo no era totalmente nueva, aunque el hecho de ratificarla precisamente en el siglo XI fue de gran importancia para la vida de Bizancio en la Edad Media. Con todo, se admitió una distinción entre los que aceptan las «absurdas opiniones» de los filósofos, y los que cultivan los «estudios helénicos» por pura instrucción (Anatema 7). Esa segunda actitud no se consideraba automáticamente equivocada. La decisión del sínodo corresponde, en cierto modo, a la actitud positiva —aceptada en círculos conservadores, y presente incluso en las obras de Psellos— con respecto al estudio del *Órganon* de Aristóteles, como opuesto al estudio de Platón. Aunque, por lo general, se consideraba a Aristóteles como maestro de lógica y de física disciplinas útiles «para la instrucción personal», las obras de Platón implicaban una postura metafísica incompatible con el cristianismo.

2) Los anatemas del sínodo condenan una serie de posturas platonizantes atribuidas a Italos y casi idénticas a las tesis origenistas rechazadas por Justiniano y por el concilio del año 553: por ejemplo, la preexistencia y la transmigración de las almas, el rechazo de la resurrección corporal, la eternidad de la materia, el mundo de las ideas subsistentes, etc.

Incluso después de la condena de Italos, algunos intelectuales bizantinos continuaron leyendo, copiando y estudiando a los antiguos autores griegos, pero cualquier intento de aceptar las «absurdas opiniones» de esos filósofos se consideraba automáticamente como un delito contra la verdadera fe. No cabe duda que las decisiones de los años 1076-1077, a la vez que estimularon la tradicional aversión monástica hacia el «helenismo», constituyeron un nuevo y serio obstáculo para el desarrollo del humanismo.

De ese modo, Bizancio, aunque griego por lengua y por cultura, adoptó frente a la filosofía griega una postura mucho más negativa que Occidente. La víspera del período en el que Occidente iba a imbuirse de la filosofía de los antiguos griegos y entrar en la época dorada de la Escolástica, la Iglesia bizantina rechazó solemnemente la elaboración de una nueva síntesis entre la mentalidad griega y la cristiana, y se quedó anclada en la síntesis del período patrístico. Y así, dejó en manos de Occidente la tarea de llegar a ser más griego que ella. Obviamente, ésa fue una opción de capital importancia para el futuro de la teología y de las relaciones entre Oriente y Occidente.

5. Bibliografía

Dobroklonsky, A., *Prepodobny Theodor, igumen Studiisky* (San Teodoro, abad de Studios) 2 vols. (Odessa 1913-1914). (Monografía básica sobre el gran reformador monástico).

Dvornik, F., *The Photian Schism: History and Legend* (Harvard University Press, Cambridge 1948). (Rehabilitación histórica de Focio por un investigador romano-católico).

Gardner, A., *Theodore of Studium, His Life and Times* (London 1905).

Gouillard, J., «L'hérésie dans l'Empire byzantin des origines au XIIe siècle», *Travaux et Mémoires* I (Paris 1965), 299-324; repr. en Gouillard, J., *La vie religieuse à Byzance* (Variorum, London 1981).

Grossu, Nicholai, *Prepodobny Theodor Studit* (San Teodoro Estudita) (Kiev 1907).

Hergenröther, J. *Photius, Patriarch von Konstantinopel: Sein Leben, seine Schriften und das griechische Schisma*, 3 vols. (Ratisbona 1867-1869; repr. Wissenschaftliche

Buchgeselschaft, Darmstadt 1960). (Todavía la única presentación sistemática de la teología de Focio; muy crítica con los «cismáticos» griegos).

Joannou, P., *Christliche Mataphysik in Byzanz. I. Die Illuminationslehre des Michael Psellos und Joannes Italos*. Studia patristica et Byzantina, n° 3 (Ettal 1956).

Lemerle, P., *Le premier humanisme byzantin* (Presses Universitaires de France, Paris 1971). (Estudio de la civilización bizantina a principios del Medievo).

Stephanou, P. E., *Jean Italos, philosophe et humaniste*, Orientalia Christiana Analecta 134 (Roma 1949).

Uspensky, Theodor, *Ocherki po istorii Vizantiiskoy obrazovannosti* (Notas sobre la historia de la sabiduría bizantina) (San Petersburg 1891). (Especialmente importante para la comprensión del desarrollo intelectual en el siglo XI).

Zervos, Chr., *Un philosophe néoplatonicien du XIe siècle: Michel Psellos* (Paris 1920).

V

TEOLOGÍA MONÁSTICA

La función desempeñada por los monjes en el triunfo de la ortodoxia sobre la iconoclastia ilustra su tradicional participación en los debates teológicos que tanto proliferaron en Bizancio. El monacato bizantino aparece, así, no sólo como escuela de perfección espiritual, sino también como cuerpo que se siente responsable de los contenidos de la fe y del futuro de la Iglesia en su totalidad. Al mismo tiempo, la particularidad de la vida y de la ideología monástica, su fundamento en la idea de que «el Reino de Dios no es de este mundo», y su oposición a cualquier compromiso con las exigencias de «este mundo», dieron lugar, en Bizancio, a una teología que bien se puede denominar «monástica». En contraste con el conservadurismo formal de los círculos eclesiásticos oficiales, y en oposición a las tradiciones del helenismo profano, esa teología se convirtió en la corriente más dinámica y creativa de todo el pensamiento bizantino.

Se sabe perfectamente que, desde los mismos comienzos de su desarrollo, el monacato fue un movimiento bien diversificado. Entre el extremo eremitismo de Antonio de Egipto y el absoluto y bien organizado cenobitismo de Pacomio, proliferó toda una escala intermedia de formas de vida monástica que se practicaban en todos los territorios del cristianismo oriental y que gradualmente se fue difundiendo por Occidente. Entre los eremitas —denominados frecuentemente «hesicastas»— y los cenobitas se llegó con cierta frecuencia no sólo a una oposición competitiva, sino, a veces, incluso a verdaderos conflictos; pero el conjunto del movimiento monástico oriental permaneció básicamente unido por su principio clave de «no ser de este mundo» y por el convencimiento de que la oración, en sus diversas formas, constituía el contenido esencial y permanente de la vida monástica. Es verdad que algunos monasterios —por ejemplo, el de Studios— pudieron ser relativamente «activos» en su desarrollo de un trabajo social, del aprendizaje y erudición personal, de la copia de manuscritos, y de otros intereses prácticos; pero, aun en medio de esos menesteres, el ciclo litúrgico de la recitación del oficio divino siguió siendo el centro insustituible de la vida comunitaria, que abarcaba, al menos, la mitad de la ocupación diaria de los monjes.

En síntesis, la comunidad monástica bizantina enseñó a los fieles a orar. Los monjes cenobitas desarrollaron un sistema litúrgico (que fue gradualmente adoptado por toda la Iglesia, de modo que, hasta el día de hoy, la Iglesia oriental no conoce otro *ordo* que no sea el monástico), mientras que los hesicastas crearon una tradición de oración personal y continua contemplación. En ambos casos, la oración se entendía como camino para alcanzar la meta de la vida cristiana, es decir, la participación en la vida de Dios, y la deificación (*theôsis*) mediante la comunión con la humanidad deificada de Cristo, por la acción del Espíritu Santo. En general, los cenobitas subrayaban el carácter sacramental o litúrgico de esa comunión, mientras que los hesicastas enseñaban que la experiencia sólo se podía alcanzar mediante el esfuerzo personal. En el Bizancio posterior a la confrontación iconoclasta, las dos tradiciones se mantuvieron por lo general mezcladas, como en el caso del profeta del misticismo personal, Simeón el Nuevo Teólogo, que pasó la mayor parte de su vida en comunidades cenobíticas situadas en la propia ciudad de Constantinopla. Como no había oposición teológica ni espiritual entre eremitas y cenobitas, es legítimo hablar de un única teología monástica.

1. Orígenes del pensamiento monástico: Evagrio y Macario

El papel de Evagrio Póntico († 399) en la configuración de la primitiva espiritualidad monástica no fue reconocido por los historiadores hasta principios del siglo XX. El texto auténtico de su obra *Siglos gnósticos*, con su cristología decididamente herética, da razón de su condena por el concilio del año 553. Entendida como expresión de su sistema metafísico —un origenismo desarrollado—, la doctrina espiritual de Evagrio pareció, hasta cierto punto, sospechosa. Sin embargo, en la tradición bizantina en su conjunto, estuvo vigente durante siglos, aunque purificada de su contexto original herético, y se explotó plenamente su extraordinaria relevancia psicológica. Mencionaremos aquí dos aspectos importantes del pensamiento de Evagrio, debido a su permanencia en la tradición posterior: la doctrina sobre las pasiones, y la enseñanza sobre la oración.

Según Evagrio, la auténtica naturaleza de la «mente» consiste en mantenerse fija en Dios, de manera que todo lo que la aparte de Dios es malo. De ahí que, desde la caída original, la mente humana esté cautiva del amor propio, que engendra «pensamientos». El término «pensamiento», que tiene para Evagrio un significado decididamente peyorativo, implica interés por las realidades sensibles y alejamiento de la realidad de Dios. Al actuar sobre la parte pasible del alma, puede llevarla a las *pasiones*. Esas pasiones están organizadas jerárquicamente; empiezan por el apego a la más ineludible de todas las necesidades humanas, el alimento, y terminan en una posesión demoníaca, que se encarna en el amor propio. Los ocho grados que constituyen esa jerarquía son: glotonería, fornicación, avaricia, pesadumbre, ira, cansancio, vanagloria, y orgullo [1].

---

[1] Evagrio Póntico, *Praktikos*, PG 40, 1272-1276.

Con muy ligeras variantes, esa clasificación de las pasiones, y la estructura psicológica de la mente humana que eso presupone, fue aceptada por Juan Casiano, Juan Clímaco, Máximo el Confesor, y casi todos los escritores ascéticos orientales. La meta principal de la «práctica» monástica consiste en someter esas pasiones y alcanzar un estado de «impasibilidad» —desasimiento de los sentidos y de los «pensamientos»— que creará la posibilidad de restaurar la auténtica relación original entre la mente y Dios. Empezando por las virtudes monásticas más elementales, ayuno y celibato, la vida del monje es capaz de dominar gradualmente las demás pasiones y alcanzar el auténtico desasimiento.

Entonces, la unión es posible mediante la oración. Evagrio fue el primero en acuñar el término «oración mental», que iba a ser la denominación más común entre los hesicastas bizantinos. Orar es «la actividad más propia de la mente»[2], «un estado de impasibilidad»[3], la «más elevada intelección posible»[4]. En ese «estado» de oración, la mente se libera por completo de cualquier «multiplicidad», y se hace «sorda y muda» para cualquier percepción de los sentidos[5]. Según Evagrio, como ahora sabemos, la oración también significa que la mente se encuentra en una «unión esencial» con la divinidad; de ahí que los monjes evagrianos del siglo VI se gloriaran de ser «iguales a Cristo». Pero la doctrina de Evagrio sobre la oración se iba a entender de manera más ortodoxa por generaciones de monjes bizantinos; y los responsables de esa reinterpretación de la espiritualidad de Evagrio fueron, en gran medida, los escritos atribuidos a Macario de Egipto.

---

[2] Pseudo-Nilo (Evagrio), *De oratione*, 84; PG 79, 1185B.
[3] *Ibíd.*, 52
[4] *Ibíd.*, 34A.
[5] *Ibíd.*, 11.

Macario de Egipto fue contemporáneo y maestro de Evagrio en el desierto de Scete. A Macario se le atribuyen cincuenta *Homilías* y algunos escritos anónimos de principios del siglo V, pero ahora sabemos que Macario no escribió ni una sola línea en toda su vida. Sin embargo, la influencia de ese escritor anónimo, llamado convencionalmente «Macario», fue enorme.

Mientras que Evagrio identifica al hombre con el «intelecto» y concibe la espiritualidad cristiana como un proceso de «desmaterialización», Macario lo entiende como un todo psico-somático, destinado esencialmente a la «deificación». A la antropología origenista y platónica de Evagrio, Macario opone la concepción bíblica del hombre, para la que es inconcebible que el destino final de la «mente» o del «alma» sea su separación del cuerpo. Lo que se sigue de esa antropología es una espiritualidad basada en las realidades del bautismo y de la eucaristía como caminos de unión con Cristo y de «deificación» de la entera existencia humana en todos sus aspectos, incluido el corporal. «El fuego que bulle en el interior, en el corazón, aparecerá entonces [en el último día] abiertamente y realizará la resurrección de los cuerpos»[6].

En la perspectiva de Macario, la «oración de la mente» propuesta por Evagrio se convierte en «oración del corazón». El centro de la vida psico-somática del hombre, el corazón, es la «tabla en la que la gracia de Dios graba las leyes del Espíritu»[7]; pero también puede convertirse en «sepulcro», donde «encuentran refugio el príncipe del mal y sus ángeles»[8]. De ese modo, el corazón humano es el campo de batalla en el que Dios lucha contra Satanás, y la vida contra la muerte. Por

---

[6] Macario de Egipto, *Hom.*, 11, 1 (ed. Dörries, 96-97).
[7] *Ibíd.*, 15, 20; p. 139.
[8] *Ibíd.*, 11,11; p. 103.

su parte, el monje que consagra toda su existencia a la oración escoge, directa y conscientemente, combatir en primera línea. De hecho, la presencia de Dios es una realidad que el «hombre interior» percibe «como experiencia y como seguridad»[9]. En Macario, igual que en algunos libros del Antiguo Testamento, especialmente en los Salmos, la función del corazón está innegablemente unida a la fisiología, que ve en este órgano concreto el centro de la vida psico-somática del hombre. Esto significa en la práctica que, cuando se menciona el «corazón», el autor se refiere simplemente a la personalidad interior del hombre, al «yo» en su más profunda consistencia. Pero, en cualquier caso, el «corazón» *jamás* hace referencia sólo al aspecto emocional del hombre, como a veces sucede en Occidente.

La idea de una coexistencia de Dios y Satanás en el corazón del hombre, y la llamada a una experiencia consciente de la gracia, han llevado a algunos historiadores modernos a identificar las *Homilías* de Macario con los escritos de un jefe de la secta mesaliana. Si la acusación respondiera a la verdad, involucraría no sólo a Macario, sino también a buena parte de la espiritualidad monástica de Bizancio, en la que Macario gozaba de incuestionable autoridad y donde sus ideas, especialmente la noción de una experiencia consciente de Dios, habían adquirido una posición dominante. Pero ante la carencia de una definición exacta de lo que realmente significa mesalianismo, y la ausencia en la obra de Macario de algunas posturas fundamentales de la secta, como el anti-sacramentalismo, parece que esa hipótesis es altamente improbable. Aun en el caso de que el autor anónimo de las *Homilías* atribuidas a Macario perteneciera a una tradición

---

[9] *Ibíd.*, 1, 12; p. 12.

que terminó por bifurcarse en espiritualidad sectaria y espiritualidad ortodoxa, la antropología de la obra y su concepción del destino del hombre están más cerca del Antiguo Testamento que las ideas del origenismo evagriano. Por otra parte, la influencia que ejerció en su tiempo, parangonable a la de la Biblia, contribuyó indirectamente a salvaguardar para la posteridad la más pura tradición de la oración que, en Evagrio, aparece en un contexto más bien dudoso.

2. Los grandes padres de la espiritualidad

Un espiritualismo origenista y un pseudo-profetismo mesaliano —en los que se supone que la oración y las visiones pueden reemplazar a los sacramentos— fueron las dos grandes tentaciones del monacato cristiano en Oriente. Los ejemplos de Evagrio y Macario atestiguan que, en los siglos IV y V, no debió de ser fácil para el monacato trazar una línea divisoria entre ortodoxia y sectarismo. Después de varios decretos conciliares contra el mesalianismo (en Side, el año 390; en Constantinopla, el 426; y en Éfeso, el 431) y la condena de Evagrio el año 553, cualquier confusión era imposible. Pero, a la vez que los concilios legislaban sobre el tema, un esfuerzo de clarificación había empezado a emerger en ciertos medios monásticos. Mencionaremos brevemente tres autores de gran importancia que, después de haber asimilado la preciosa contribución de las tradiciones de Evagrio y de Macario, dieron su forma clásica a la espiritualidad del Oriente cristiano.

1) Diadoco, obispo de Fótice, en el Epiro, durante el siglo V, que participó en el Concilio de Calcedonia (451), escribió la obra *Capítulos gnósticos* y unos cuantos tratados menores de espiritualidad. El título de su obra principal atestigua su relación con Evagrio, pero la tonalidad inspirada de la doc-

trina de Diadoco sobre la oración lo acerca más a Macario, aunque a mayor distancia del mesalianismo que el autor de las *Homilías espirituales*.

Para Diadoco, el bautismo es el único fundamento de una vida espiritual: «La gracia está oculta en las profundidades de nuestra mente desde el momento en que fuimos bautizados, y purifica tanto nuestra alma como nuestro cuerpo»[10]. Esa preocupación por la totalidad del hombre se expresa por un misticismo del «corazón», opuesto a la insistencia de Evagrio en la «mente». De hecho, Diadoco, igual que Macario, sitúa la mente, o el alma, «en el corazón»:

> La gracia oculta su presencia en el bautizado, a la espera de que el alma tome una iniciativa; pero cuando la totalidad del hombre se vuelve hacia el Señor, la gracia se revela al corazón mediante una experiencia inefable... Y si el hombre empieza a progresar cumpliendo los mandamientos e invocando incesantemente al Señor Jesús, el fuego de la divina gracia penetra, e invade incluso las sensaciones más externas del corazón del hombre...[11].

En ciertos pasajes de sus *Capítulos*, Diadoco clarifica la ambigüedad de la tradición de Macario sobre la coexistencia de Dios y Satanás en el corazón del hombre; pero coincide plenamente con Macario al afirmar que los cristianos experimentan y tienen que experimentar de manera consciente, incluso en el «exterior» (es decir, no sólo «intelectualmente», en el sentido de Evagrio), la presencia del Espíritu en sus corazones. Simeón el Nuevo Teólogo y otros autores espiri-

---

[10] Diadoco, *Cap.* 77, 78 (ed. E. Des Places, SC, 5 bis; Paris 1955) 135-136.
[11] *Ibíd.*, 85; p. 144-145.

tuales bizantinos se apropiarían más tarde de su definición de la fe cristiana como experiencia personal. En los escritos de Diadoco, la doctrina de la oración incesante, tomada de Evagrio y de Macario, presupone la continua invocación del nombre de Jesús [12]. En la obra de Diadoco, la orientación esencial de la espiritualidad hacia la persona del Logos hecho carne, con el resurgimiento de la función que desempeña en la teología bíblica el concepto del «nombre» de Dios, sustituye a un concepto de oración más abstracto y espiritualista que en Evagrio.

2) Más conocida en Occidente desde la Edad Media y más glorificada en Oriente (donde existe una fiesta especial en su honor, que se celebra el quinto domingo de Cuaresma), la personalidad de Juan Clímaco, autor de la obra *Escala del paraíso* y abad del monasterio del monte Sinaí, es otro de los grandes testigos de la espiritualidad monástica, basada en la invocación del «nombre» de Jesús. Se sabe muy poco sobre su vida, e incluso su fecha de nacimiento no se ha llegado a establecer con seguridad (por lo general, se piensa que debió de nacer hacia el año 649).

Su famosa obra, *Escala del paraíso*, tiene una tendencia hacia el evagrianismo más marcada que los *Capítulos* de Diadoco, como se puede ver por su detallada clasificación de las pasiones y por el extremado ascetismo que Juan exigía a sus monjes, y que denota ciertamente una espiritualidad de corte origenista. Ese extremismo encantó a los jansenistas franceses del siglo XVII, que contribuyeron a popularizar la *Escala* en Occidente. Pero la doctrina positiva de Juan sobre la oración, lo mismo que la de Macario y la de Diadoco, está centrada en la persona y en el nombre de Jesús, de modo que

---

[12] *Ibíd.*, 31, 32, 61,88.

manifiesta un fundamento «encarnacional» puramente cristiano, que implica al hombre entero, y no sólo a la «mente».

«Que el recuerdo de Jesús vaya unido a vuestra respiración; de ese modo comprenderéis la utilidad de la *hesychía*»[13]. En Juan Clímaco, los términos «hesychía» (ἡσυχία = «silencio», «quietud») y «hesicasta» designan de modo específico la vida eremítica y contemplativa del monje solitario, que practica la «oración de Jesús». «El hesicasta es el que dice "Mi corazón está firme" [Sal 57,8] y "Yo duermo, pero mi corazón está en vela" [Cant 5,2]. Hesychía es un continuo culto y servicio a Dios. El hesicasta es el que aspira a englobar lo incorpóreo en un habitáculo carnal...»[14].

La terminología de Juan Clímaco alcanzará especial popularidad entre los hesicastas bizantinos de los siglos XIII y XIV con su práctica de unir la oración mental con la respiración. *A priori*, no es imposible que esa práctica se conociera ya en el monte Sinaí en la época de Juan. De todos modos, él entiende la «deificación» como una comunión de la totalidad del hombre con Cristo transfigurado. El «recuerdo» de Jesús significa precisamente eso, y no una simple «meditación» sobre el Jesús histórico o sobre algún episodio concreto de su vida. La advertencia sobre el peligro que encierra la evocación imaginativa de figuras externas al «corazón» es constante en la tradición espiritual del cristianismo de Oriente. El monje está llamado a realizar en sí mismo, es decir, en su «corazón», la realidad objetiva de Cristo transfigurado, que no es una imagen o un símbolo, sino la realidad misma de la presencia de Dios por medio de los sacramentos, independientemente de cualquier forma imaginativa.

---

[13] Juan Clímaco, *La escala del paraíso*, grado 28; PG 88, 1112C.
[14] *Ibíd.*, grado 27; PG 88, 1097AB.

Y ahora, más que nunca, habrá que tratar de entender la necesaria e ineludible vinculación que existe en la tradición oriental entre espiritualidad y teología. Porque si hubo alguien que logró formular esa vinculación del modo más convincente, fue Máximo el Confesor.

3) Ya se ha visto en un capítulo precedente el papel de héroe solitario que Máximo desempeñó en la controversia cristológica, así como su habilidad para integrar de manera coherente en un sistema cristológico y antropológico las cuestiones más acuciantes que por entonces debatían ortodoxos y monoteletas. Igualmente notable fue su capacidad de enfocar a la luz de la herencia de Evagrio y de Macario, y también de la cristología ortodoxa, los problemas que la vida espiritual planteaba en aquellos tiempos.

No cabe duda de que Orígenes y Evagrio ocuparon un lugar preferente en la lectura y formación intelectual de Máximo. En su enseñanza sobre la vida espiritual adopta la doctrina de Evagrio sobre la jerarquía de las pasiones y su concepto de «impasibilidad», como objetivo de la *praxis* ascética. Según Evagrio, el desasimiento de las «pasiones» es una conquista *negativa*, por la que se supone que se logra un total desprendimiento de las sensaciones tanto anímicas como corporales, para que la mente comprenda su naturaleza divina y recupere su esencial unión con Dios por medio del conocimiento. Esa concepción implica obviamente una antropología origenista, en la que cualquier conexión entre la «mente» y el «alma», o el «cuerpo», es consecuencia de la caída original. De ahí que, según Evagrio, el verdadero desprendimiento implique una renuncia a las virtudes, e incluso el amor activo se vea reemplazado por el conocimiento. En cambio, para Máximo, el amor no es sólo la virtud suprema, sino el único resultado auténtico del desasimiento. A causa de la «impasibilidad», el amor puede ser perfectamente igual para todos, pues las preferencias humanas son fruto de la imperfección [15]. En una palabra, el amor humano, que incluye necesariamente un componente de «deseo» (*erôs*), deberá transformarse, por un don de Dios, para convertirse en *agapê* [16].

Esa transformación de la espiritualidad evagriana coincide, en Máximo, con una modificación fundamental de la doctrina origenista de la creación e implica una concepción *positiva* del hombre, cuyo destino último no consiste en ser absorbido en la esencia de Dios, sino en una «actividad natural» que es posible por un amor activo como don de Dios. La absoluta trascendencia e inaccesibilidad de la esencia de Dios es, en Máximo —igual que, antes, en Gregorio de Nisa, y después, en la posterior teología bizantina—, una cuestión de fe cristiana, imprescindible para la vida espiritual [17]. Si el amor, y no un «gnosis esencial» es la meta definitiva de la vida espiritual, el hombre, mientras está unido a Cristo, conserva plenamente su propia naturaleza y su actividad personal; pero no sólo eso, sino que también goza de una comunión con la actividad de Dios, que es lo único que puede garantizar su completa liberación de las «pasiones» y transformar su *erôs* en *agapê*. Por tanto, en la espiritualidad monástica bizantina, «seguir los mandamientos», es decir, el amor activo, se contempla como una condición y, a la vez, como un aspecto necesario de la visión de Dios.

Para adquirir su comprensión unitaria de la vida espiritual, Máximo no se basó exclusivamente en la tradición espiritual del monacato. Ante todo, era un fiel seguidor del

---

[15] Sobre Evagrio y Máximo, véase Lars Thunberg, *Microcosm and Mediator: The Theological Anthropology of Maximus the Confessor* (Lund 1965) 317-325.

[16] Véase P. Sherwood, Máximo el Confesor, *The Ascetic Life*, ACW 21 (Westminster 1955) 83.

[17] Véase Lossky, *Vision of God*, 9-10.

Concilio de Calcedonia, por lo que había estudiado el problema desde la convicción fundamental de que, en Cristo, cada una de sus dos naturalezas conserva, en cuanto naturaleza, sus propias características y su actividad concreta. La «deificación» no suprime la humanidad, sino que la hace más auténticamente humana.

3. Oposición a la filosofía profana

La tradicional impopularidad de Bizancio en el mundo occidental de la Edad Media, y que hasta cierto punto aún perdura en la época moderna, se ha suavizado un tanto, debido al reciente reconocimiento de que fueron los intelectuales bizantinos los que preservaron los tesoros de la Antigüedad helénica y los transmitieron al Renacimiento italiano. Pero, aunque la transmisión es un hecho innegable —todos los manuscritos de la Antigüedad clásica que tenemos a nuestra disposición son de origen bizantino, y a menudo de procedencia monástica—, sigue siendo verdad que, a lo largo de la historia intelectual de Bizancio, el positivo interés por la filosofía pagana, que reapareció regularmente en algunos círculos intelectuales, contó indefectiblemente con la frontal oposición, a veces, de la Iglesia oficial, y siempre de los monjes.

Las solemnes definiciones conciliares contra los llamados «mitos helénicos» —la denominación se refiere principalmente a la metafísica platónica— se produjeron el año 553, durante el reinado de Justiniano, y posteriormente, con motivo de la condena de Juan Italos, en los concilios palamitas del siglo XIV. De modo más sutil, aunque no menos decisivo, el gradual abandono de las tesis origenistas se consideró también como una victoria de la Biblia sobre la Academia.

A pesar de la tan difundida opinión de que el pensamiento cristiano oriental es de inspiración platónica, en contraste con el aristotelismo occidental, se puede encontrar un importante correctivo de esa teoría en el hecho de que las mencionadas condenas de las diversas formas de platonismo se solían repetir anualmente en todas las iglesias el primer domingo de Cuaresma, como parte del *Synódikon* de la Ortodoxia. En las universidades se enseñaba la Lógica de Aristóteles como parte del «programa» que se exigía a los estudiantes menores de dieciocho años; pero las familias piadosas solían impedir que sus hijos continuaran su educación a nivel más alto, porque en él se exigía a los alumnos la lectura de Platón. Eso explica la frecuente observación de los hagiógrafos de que los santos, especialmente los monjes, terminaban sus estudios a los dieciocho años, para ingresar en los monasterios.

En círculos monásticos se denunciaba constantemente la «filosofía profana»; y la polarización que se produjo en el siglo IX entre el partido de los «zelotas» (fanáticos) monásticos —por lo general afines a las tesis de Teodoro Estudita— y el del alto clero secular, obedecía a motivos de carácter intelectual, y no sólo político. Los monjes se oponían a cualquier compromiso con el Estado, pero a la vez rechazaban un renacimiento del humanismo profano. Se sabe que el gran competidor de Focio, el patriarca Ignacio, apoyado por el partido monástico, reprendió severamente a los promotores de la filosofía profana[18]. En esa misma línea, Simeón el Nuevo Teólogo escribió virulentos versos contra ellos[19]; y Gregorio Palamás († 1359) cimentó su polémica con Barlaán de Calabria sobre el tema de la «sabiduría helénica», que él consideraba como la fuente principal de los errores de su adversario.

---

[18] Anastasio Bibliotecario, *Prefacio al octavo concilio*, Mansi XVI, 6.
[19] I. Hausherr (ed.), OrientChr 12 (1928) 45.

Quizá, precisamente porque Bizancio era de lengua y mentalidad griega, la polémica sobre la filosofía profana, en su relación con el cristianismo, continuó viva entre los bizantinos. En cualquier caso, el pensamiento monástico siguió recordándoles su pertenencia a la fe predicada por un Mesías judío, y su destino a convertirse en una «nueva Jerusalén».

4. LA FE CRISTIANA COMO EXPERIENCIA: SIMEÓN EL NUEVO TEÓLOGO

En las obras de Macario y de Diadoco hemos observado una identificación de la fe cristiana con *una experiencia consciente* de la realidad de Dios. En el Bizancio medieval, el profeta de esa concepción fue Simeón el Nuevo Teólogo (949-1022). Discípulo de un monje estudita, el «Nuevo Teólogo» —un título que le dieron sus admiradores para compararlo con Juan el Evangelista y Gregorio de Nacianzo, a los que se reconoce como «los teólogos» en la literatura bizantina— inició su vida monástica como novicio en el monasterio de Studios. Pero la estricta reglamentación que regía en el monasterio era, obviamente, contraria a su temperamento, de modo que se retiró a la pequeña comunidad de San Mamás, en Constantinopla, donde pronto fue ordenado sacerdote y elegido abad del monasterio. Su liderazgo en San Mamás duró más de veinticinco años, pero desembocó en un grave conflicto cuando un grupo de su comunidad se quejó a las autoridades eclesiásticas de las exigencias que el abad imponía a sus monjes. Primero exiliado, y luego rehabilitado, Simeón pasó sus últimos días dedicado a escribir tratados espirituales que son únicos por su originalidad mística, por su calidad poética, y por su posterior influjo en el pensamiento teológico bizantino. Su producción espiritual incluye *Discursos catequéticos* dirigidos a los monjes de

San Mamás, *Tratados teológicos y éticos*, cincuenta y ocho himnos, y algunos escritos menores.

Con frecuencia se clasifica a Simeón como un egregio representante de la tradición hesicasta de Bizancio, en línea con Evagrio y Macario, y precursor de Gregorio Palamás. Pero esa clasificación sólo se puede aceptar con ciertas reservas, porque Simeón jamás hace referencia a la «oración mental» ni insiste en una clara distinción teológica entre «esencia» y «energía» en Dios. Con todo, es evidente que Simeón se decanta por una comprensión del cristianismo como comunión personal con la divinidad, una postura que comparte con los hesicastas y con la entera tradición patrística. Como cualquier profeta, Simeón describe la experiencia cristiana sin cuidar la precisión terminológica, por lo que resulta fácil verlo fluctuar entre diversas tradiciones aceptadas o diferentes sistemas teológicos. En una sociedad tradicionalista como la bizantina, Simeón fue el único representante del misticismo personal; pero al mismo tiempo fue testigo cualificado de las inevitables tensiones entre «institución», en cualquiera de sus formas, y libertad de espíritu.

Los escritos de Simeón, de carácter frecuentemente autobiográfico, se centran en la realidad de un encuentro consciente con Cristo, en lo que obviamente sigue a Macario. En una alocución a sus monjes escribe: «Os ruego encarecidamente que en esta vida os esforcéis por contemplar a Cristo. Porque si se nos considera dignos de verlo *sensiblemente*, no experimentaremos la muerte; la muerte no tendrá dominio sobre nosotros [Rom 6,9]»[20]. La idea de visión «sensible» sitúa a Simeón, igual que a Macario, al borde del mesalianismo; pero hoy día se reconoce, por lo general[21], que la inten-

---

[20] Simeón el Nuevo Teólogo, *Cat.*, II (ed. B. Krivochéine, *Syméon le Nouveau Théologien, Catéchèses*, SC 96 (París 1963) 421-424.
[21] Véase J. Darrouzès, SC 122, Introducción, 26.

ción del Teólogo difiere esencialmente de la pretensión de algunos sectarios que definían la «experiencia» como contraria a la estructura sacramental de la Iglesia. Lo que Simeón quiere dejar bien claro es que el Reino de Dios es una realidad que está a nuestro alcance porque no pertenece exclusivamente a la «vida futura», y en esta vida no está restringido al componente «espiritual» o «intelectual» del hombre, sino que abarca la totalidad de la existencia. Por eso escribe: «La resurrección universal se produce por la acción del Espíritu Santo. Y no me refiero sólo a la resurrección final de los cuerpos...; por la acción de su Espíritu, [Cristo] nos concede, incluso ahora, el acceso al Reino de los cielos»[22]. Y para subrayar que la experiencia del Reino no se debe, en ningún sentido, a «mérito» humano, es decir, que no se trata de una simple recompensa por haber llevado una vida ascética, Simeón insiste en el carácter «imprevisto» e inesperado de dicha experiencia. En algunos pasajes en los que recuerda su propia conversión, da especial relieve al hecho de que él no sabía *quién* lo había sacado del «lodazal» del mundo para mostrarle la bienaventuranza del Reino[23].

La insistencia profética de Simeón en el hecho de que la fe cristiana consiste en «experimentar» personalmente la realidad viva de Cristo encontró cierta resistencia. Tanto los propios monjes como los laicos pensaban que era mucho más práctica una concepción legalista y minimalista de la vida cristiana, que limitaba la fe al cumplimiento de ciertas «obligaciones». Para Simeón, esos minimalistas eran los verdaderos herejes de su tiempo. En una homilía dirigida a su comunidad proclama:

---

[22] Simeón el Nuevo Teólogo, *Cat.*, VI (ed. B. Krivochéine) 358-368.
[23] Simeón el Nuevo Teólogo, *Euch.*, 2 (ed. B. Krivochéine) 47-73.

> Éstos son los que yo considero herejes: los que afirman que en nuestro tiempo y en nuestro ambiente no hay nadie que, por cumplir los mandamientos del evangelio, pueda llegar a ser como los santos Padrees... [y] los que pretenden que eso es imposible. Esa gente no es que haya caído en una herejía específica, sino que, más bien, ha caído en todas las herejías a la vez, porque esa actitud impía es la peor de todas... El que se expresa de ese modo destruye las Escrituras divinas. Esos verdaderos anticristos se contentan con afirmar: «¡Es imposible, totalmente imposible!»[24].

Hacia el final de su vida, Simeón se vio involucrado en un violento conflicto con Esteban, antiguo metropolita de Nicomedia, que había sido nombrado *syncellus*, o administrador oficial del patriarcado. El motivo fue la iniciativa personal de Simeón que, sin contar con el reconocimiento oficial de la jerarquía, había procedido, en el seno de su comunidad, a la canonización de su padre espiritual, Simeón el Piadoso. El hecho dio al Nuevo Teólogo la oportunidad de suscitar el tema de la autoridad en la Iglesia, oponiendo la personalidad carismática del santo a las normas de la institución. Sus afirmaciones a raíz de este problema se pueden interpretar fácilmente como anti-jerárquicas, al menos en principio. Según Simeón, si uno acepta el episcopado sin haber recibido la misión, no es más que un intruso[25]. En este aspecto, Simeón refleja una mentalidad que ya se había manifestado tanto en el cristianismo primitivo como en el bizantino, en las obras del Pseudo-Dionisio, y en la tradición monástica de Macario. Con todo, el subjetivismo que pudiera implicar esa interpretación es, en sí mismo, un problema eclesiológico.

---

[24] *Cat.*, 29 (ed. B. Krivochéine) 166-190.
[25] *Cap. Eth.*, 6 (ed. J. Darrouzès) 406-454.

Aquí, como de ordinario, Simeón no está interesado en el proceso racional; lo que pretende es formular la tensión entre el Reino y «este mundo», y afirmar que la tensión entre «acontecimiento» e «institución» es inherente a la propia existencia histórica de la Iglesia. El sacramentalismo realista del Nuevo Teólogo muestra claramente que su verdadero interés residía en esa tensión, y no en el rechazo de la naturaleza sacramental de la Iglesia.

La Iglesia bizantina canonizó a Simeón el Nuevo Teólogo, y muchas generaciones de cristianos orientales han visto en él al místico más importante de la Edad Media. Con esa acción, el cristianismo bizantino reconoció que, en la Iglesia, el criterio definitivo de la verdad y la única autoridad realmente decisiva es el Espíritu.

5. Teología hesicasta: Gregorio Palamás

Los debates que se produjeron en Bizancio en el siglo XIV abordaron toda una serie de temas en los que se incluían las diferentes formas de espiritualidad monástica. Sin embargo, la discusión giró esencialmente en torno a un problema teológico específico: el método hesicasta de oración, que se debatió a la luz de la tradición primitiva sobre el conocimiento de Dios, sobre la cristología y sobre la antropología. El refrendo de la Iglesia bizantina a los teólogos hesicastas implicaba una postura sobre esos problemas fundamentales de la fe cristiana. El debate se originó por una confrontación entre un monje de Atos, Gregorio Palamás (1296-1359) y Barlaán, «filósofo» italo-griego oriundo de Calabria. Al principio, el tema de discusión fue la doctrina sobre el conocimiento de Dios que puede tener el hombre y sobre la naturaleza de la teología. Para Gregorio, todo bautizado puede tener conocimiento inmediato de Dios, en Cristo, por lo que ése es el criterio y la base de una verdadera teología; por su parte, Barlaán insistía en la imposibilidad de conocer a Dios, a no ser indirectamente, por medio de realidades creadas, como la revelación de la Escritura, el método inductivo a partir de la creación, o una revelación excepcional de carácter místico. En realidad, el tema no era radicalmente distinto del que Simeón el Nuevo Teólogo había debatido con algunos de sus monjes que negaban la posibilidad de una visión directa de Dios. En una segunda etapa del debate, Barlaán dirigió sus invectivas contra el método psico-somático de oración practicado por los hesicastas bizantinos, considerándolo como una forma de materialismo mesaliano.

Aunque algunos piensan que ese método es una vuelta a los orígenes mismos del monacato, sólo aparece explícitamente en algunos documentos escritos de finales del siglo XIII y principios del XIV. Su descripción se debe, concretamente, a Nicéforo el Hesicasta, autor desconocido, cuya obra *Método de sagrada oración y atención*, que se extendió considerablemente en los países eslavos, se atribuye en algunos manuscritos a Simeón el Nuevo Teólogo y a Gregorio de Sinaí (1255-1346). No cabe duda que el método se conocía perfectamente, pues Gregorio Palamás cita entre sus adeptos a figuras tan relevantes de la Iglesia como el patriarca Atanasio I (1289-1293, 1303-1310) y Teolepto, metropolita de Filadelfia (1250-1321/26)[26]. El método consistía en fijar la «atención» (*prosochê*) —el primer requisito para una oración auténtica— concentrando la mente «en el corazón», mientras se contiene cada una de las respiraciones, y recitando mentalmente una breve plegaria: «Señor Jesucristo, Hijo de Dios,

---

[26] Gregorio Palamás, *Tríadas* I, 2, ed. J. Meyendorff, *Défense des saints hésychastes*, Spicilegium Sacrum Lovaniense 30 (Louvain 1959) 99.

ten piedad de mí». No es difícil encontrar paralelos en ciertas prácticas espirituales del Oriente no cristiano, y hasta cabe la posibilidad de que se produjeran algunos abusos de carácter «materialista» entre los monjes bizantinos. Pero los más cualificados representantes de la corriente hesicasta afirman de manera unánime que el método psico-somático no es un fin en sí mismo, sino sólo un instrumento útil para poner al individuo en actitud de «atención» y dispuesto a recibir la gracia de Dios; pero siempre, naturalmente, a condición de que se haga merecedor de esa gracia por la «observancia de los mandamientos». Barlaán se oponía a ese método desde la perspectiva de la concepción platónica del hombre: cualquier participación somática en la oración sólo puede ser un obstáculo para el verdadero encuentro «intelectual». El concilio del año 1341 condenó a Barlaán por sus ataques a los monjes. Sin embargo, algunos teólogos bizantinos —Gregorio Akíndinos, Nicéforo Grégoras y, más tarde, el tomista Prócoro Cidones— continuaron la protesta contra las posiciones teológicas de Palamás. Éste, sin embargo, recibió el definitivo respaldo conciliar a su teología en 1347, y sucesivamente en 1351 y, a título póstumo, en 1368, cuando fue canonizado.

Las posiciones teológicas de Gregorio Palamás se pueden sintetizar en estos tres puntos:

1) El conocimiento de Dios es una experiencia que se concede a todos los cristianos por medio del bautismo y por su continua participación en la vida del cuerpo de Cristo en la eucaristía. Eso requiere que la totalidad del hombre se implique en la oración y en el servicio, por medio del amor a Dios y al prójimo. Así es como se podrá reconocer que ese conocimiento no es sólo una experiencia «intelectual» de la mente, sino también un «sentido espiritual» que provoca una percepción que no es exclusivamente «intelectual» ni puramente material. En Cristo, Dios asumió la totalidad del hombre, cuerpo y alma; y de ese modo, el hombre queda

deificado. Tanto en la oración —por ejemplo, en el «método»—, como en los sacramentos, y en la entera vida de la Iglesia como comunidad, el hombre está llamado a *participar* en la vida divina. Esa participación es, por tanto, el verdadero conocimiento de Dios.

2) Dios es totalmente inaccesible en su esencia, tanto en esta vida como en la futura; porque sólo las tres hipóstasis divinas son «Dios por esencia». En su «deificación», el hombre puede hacerse Dios sólo «por gracia», o «por energía». La inaccesibilidad de la esencia de Dios es una de las afirmaciones básicas de los Padres Capadocios contra Eunomio y, en un contexto diferente, contra Orígenes. Afirmar la absoluta trascendencia de Dios es sólo otra manera de decir que él es el creador *ex nihilo*; de modo que todo lo que existe fuera de Dios existe por su «voluntad», o por su «energía», y sólo puede participar en su vida como resultado de su voluntad o de su «gracia».

3) La extraordinaria fuerza con la que Palamás afirma, por una parte, la inaccesibilidad de Dios, y por otra, su afirmación igualmente enérgica de la deificación y de la participación en la vida de Dios, como finalidad originaria y, a la vez, meta de la existencia humana, hacen extremadamente realista su distinción entre «esencia» y «energía» en Dios. Palamás no pretende justificar esa distinción por medios filosóficos; su Dios es un Dios vivo, trascendente e inmanente al mismo tiempo, y que no se puede encerrar en categorías filosóficas preconcebidas. Con todo, Palamás está convencido de que su doctrina es un desarrollo de las decisiones del Sexto Concilio Ecuménico sobre el hecho de que Cristo posee dos naturalezas o «esencias», y dos voluntades naturales o «energías»[27]. Porque la

---

[27] Tomo sinodal de 1351; PG 151, 722B.

propia humanidad de Cristo, hipostatizada como estaba en el Logos y siendo, por tanto, verdadera humanidad de Dios, no llegó a convertirse en «Dios por esencia». La humanidad de Cristo estaba penetrada de energía divina —por la *circumincessio idiomatum*— y en ella, y por sus energías, nuestra propia humanidad encuentra el acceso a Dios. Por consiguiente, las energías no se consideran jamás como emanaciones divinas, o como pequeños dioses, sino que son la propia vida divina en cuanto dada por Dios a sus creaturas; y son Dios, porque él, en su Hijo, se entregó por nuestra salvación.

La victoria de las tesis de Palamás en el siglo XIV fue, por tanto, la victoria de un humanismo específicamente cristiano y centrado en Dios, siempre coherente con la tradición patrística, y en oposición a cualquier concepción del hombre que lo considerara como un ser autónomo o «profano». Su intuición fundamental, de que la «deificación» no suprime la humanidad, sino que hace al hombre realmente humano, tiene una gran relevancia para nuestras inquietudes contemporáneas. El hombre sólo puede ser plenamente «humano», si logra restablecer la comunión con Dios que había perdido.

6. BIBLIOGRAFÍA

Chitty, Derwas J., *The Desert a City: An Introduction to the Study of Egyptian and Palestinian Monasticism under the Christian Empire* (Oxford 1966; repr. St Vladimir's Seminary Press, Crestwood, New York 1977).

Dörries, Hermann, *Symeon von Mesopotamien: Die Überlieferung der messalianischen «Makarios» Schriften*, Texte und Untersuchungen 55, 1 (Leipzig 1941). (La presentación más importante de la teoría «mesaliana» sobre los escritos del Pseudo-Macario).

—, *Die Theologie des Makarios/Symeon*, Abhandlungen der

Akademie der Wissenschaften in Göttingen, philosophisch-historische Klasse 103 (Göttingen 1978).

Guillaumont, Antoine, *Les «Kephalaia Gnostica» d'Evagre le Pontique et l'histoire de l'Origénisme chez les Grecs et les Syriens* (Seuil, Paris 1962). (Estudio decisivo sobre Evagrio y su tradición).

Krivocheine, Basil, *St. Symeon the New Theologian: Life, Spirituality, Doctrine* (St. Vladimir's Seminary Press, Crestwood, Nueva York 1983; Edición francesa, Chevetogne 1980). (El estudio más amplio y equilibrado sobre la profunda mística de Bizancio).

Meyendorff, J., «Messalianism or Anti-Messalianism? A Fresh Look at the «Macarian» Problem», *Kyriakon: Festchrift Johannes Quasten* II (ed. P. Granfield y J. A. Jungmann; Aschendorff, Münster 1970) 585-590. (Presentación de los argumentos contra la teoría «mesaliana»).

—, *A Study of Gregory Palamas* (Faith Press, London 1962). (La edición original francesa (*Introduction à l'étude de Grégoire Palamas* [Seuil, Paris 1959]) contiene un análisis completo de los escritos publicados e inéditos de Palamás).

Minin, P., «Glavnyia napravleniia drevne-tserkovnoi mistiki» (Principales orientaciones del misticismo en la Iglesia antigua), *Bogoslovsky Vestnik* (Diciembre 1911) 823-838; (Mayo 1913) 151-172; (Junio 1914) 304-326; (Septiembre 1914) 42-68. (Breve, pero muy agudo estudio de las tradiciones sobre Evagrio y Macario).

Völker, W., *Maximus Confessor als Meister des geistlichen Lebens* (Steiner, Wiesbaden 1965). (Estudio sobre Máximo y la tradición de Orígenes y de Gregorio de Nisa).

Zarin, S., *Asketizm po pravoslavno-khristianskomu ucheniu* (Ascetismo en la enseñanza cristiana ortodoxa) (San Petersburg 1907). (Colección completa de textos patrísticos y su interpretación).

VI

ECLESIOLOGÍA: FUENTES CANÓNICAS

En la literatura de los Padres Griegos, aceptada durante el entero período bizantino como la expresión definitiva de la tradición de la Iglesia, no hay, en términos generales, ningún tratado sistemático de «eclesiología». Pero eso no significa que determinados elementos de la vida cristiana, como orden eclesiástico, sacramentos, o tradición, no fueran esenciales en el cristianismo bizantino. Una fuente imprescindible para nuestro conocimiento de la concepción eclesiológica bizantina es la colección de antiguos textos canónicos, como decretos conciliares, comentarios, y la posterior legislación sinodal. Incluso algunas leyes imperiales relativas a la vida de la Iglesia, por cuanto fueron aceptadas como principios rectores de la administración eclesiástica, atestiguan una conciencia eclesial esencialmente idéntica a la de los cánones de los diferentes concilios.

Desde el punto de vista jurídico, la colección de fuentes canónicas bizantinas no se puede considerar como un todo perfectamente coherente. Los intentos de codificación, a los que se hará referencia más adelante, están lejos de ser exhaustivos y no eliminan importantes contradicciones. Pero es que nunca se pensó que sirvieran como completo *corpus iuris* para la Iglesia bizantina. Muchos polemistas occidentales han señalado ese aspecto como una de las debilidades básicas del cristianismo oriental, que no logró dotarse de un derecho canónico estructurado e independiente, por lo que sucumbió al poder del Estado. Pero, en general, esos juicios dan por supuesto que la Iglesia es una «institución» divina, cuya existencia interna se puede definir adecuadamente en términos jurídicos, una presunción que los cristianos bizantinos ni siquiera contemplaban. Para ellos, la Iglesia era, ante todo y sobre todo, una comunión sacramental con Dios en Cristo y en el Espíritu, cuyos miembros —el entero Cuerpo de Cristo— no constituyen un todo limitado a la *oikoumenê* terrestre, en la que la sociedad se rige por un sistema de leyes, sino que se extiende y abarca el mundo de los ángeles y de los santos, e incluso su divina Cabeza, Cristo glorificado. Desde luego, se reconocía que la administración de la Iglesia terrestre era una tarea necesaria, que exigía ineludiblemente el uso de conceptos y términos jurídicos; pero todos esos mecanismos no agotaban la realidad esencial y definitiva de la Iglesia de Dios, que se podía determinar ocasionalmente por los concilios, o dejarse al arbitrio —benévolo y, en principio, cristiano— de los emperadores.

Esa actitud no significaba, sin embargo, que los bizantinos fueran indiferentes con respecto a los códigos, o incompetentes a nivel jurídico. Todo lo contrario. Por lo general, se daban cuenta de que algunos cánones reflejaban fielmente la eterna y divina naturaleza de la Iglesia, y que era un deber cristiano prestarles obediencia. Por otra parte, es un hecho que, en Bizancio, las tradiciones romanas siempre tuvieron suficiente fuerza para mantener casi permanentemente un cuerpo de competentes juristas eclesiásticos que aconsejaban a los emperadores en materia de decretos concernientes a la Iglesia, y que incluso introdujeron en la legislación y en la jurisprudencia eclesiástica determinados principios del derecho romano. Pero también es verdad que siempre entendieron su función como subordinada a los principios más fundamentales de la naturaleza divina de la Iglesia, expresada en una comunión sacramental y doctrinal que unía el cielo y la tierra. Al mismo tiempo, reconocían que en el cielo no existía ninguna legislación canónica —porque «si la justificación viene por la Ley, en vano murió Cristo» (Gál 2,21)— y que su tarea era, por tanto, limitada.

1. LOS CONCILIOS Y LOS SANTOS PADRES

La colección canónica aceptada generalmente en Bizancio —que iba a constituir la base del derecho canónico en los países eslavos y en la moderna Iglesia Ortodoxa—, la conocida como *Nomocanon en XIV Títulos* (más adelante se hablará sobre su origen y desarrollo) contiene los siguientes textos canónicos de origen puramente eclesiástico:

1.1. *Cánones Apostólicos*

Colección primitiva de ochenta y cinco reglas disciplinares que en la primera mitad del siglo IV sirvieron de texto canónico generalmente aceptado en Siria. Su contenido refleja en muchos aspectos las prácticas del período preniceno, aunque ciertamente no es de origen apostólico. Hacia finales del siglo V, Dionisio el Exiguo tradujo al latín una colección más reducida (sólo cincuenta cánones), que gozó de amplia aceptación en Occidente. La introducción de toda la serie de ochenta y cinco cánones en el derecho de la Iglesia de Constantinopla fue obra del patriarca Juan III Escolástico (565-577), ratificada por el Concilio Quinisexto (692). La diferencia entre la colección completa y la reducida desempeñará un papel importante en la polémica grecolatina.

1.2. *Cánones de los Concilios Ecuménicos*

1. Nicea (325): 20 cánones.
2. Constantinopla (381): 7 cánones.
3. Éfeso (431): 8 cánones.
4. Calcedonia (451): 30 cánones.
5. Concilio Quinisexto (o «quinto-sexto»), conocido como

Concilio in Trullo y mencionado con frecuencia en los textos bizantinos como «Sexto Concilio» (692), porque su entero corpus canónico recibió post factum la categoría de «ecuménico», al ser atribuido a los procedimientos de los concilios ecuménicos de los años 553 y 680: 102 cánones.
6. Nicea II (787): 22 cánones.

1.3. *Cánones de concilios locales*

1. Ancira (314): 25 cánones.
2. Neocesarea (314-325): 15 cánones.
3. Antioquía (341): 25 cánones.
4. Sárdica (343): 20 cánones.
5. Gangra (primera mitad del siglo IV): 21 cánones.
6. Laodicea (¿siglo IV?): 60 cánones.
7. Constantinopla (394): 1 canon.
8. Cartago (419): 133 (en algunos registros, 147) cánones; también conocido como Codex canonum Ecclesiae Africanae, esta colección de cánones fue fruto de la legislación continua de los concilios africanos, compilada en el año 419.
9. Constantinopla (859-861); también conocido como «primero-segundo» porque los dos concilios de los años 859 y 861 se consideraron, por razones de conveniencia, como una sola asamblea: 17 cánones.
10. Constantinopla (879-880), mencionado a veces como «Octavo Ecuménico»: 3 cánones.

1.4. *Cánones de los Santos Padres*

Los textos patrísticos que se recogen en esta categoría fueron, en su mayor parte, cartas ocasionales o respuestas autorizadas dirigidas a individuos concretos. En algunas colecciones se suelen dividir o clasificar en «cánones». En el *Nomocanon* aparecen los siguientes autores:

1. Dionisio de Alejandría († 265).
2. Gregorio de Neocesarea († 270).
3. Pedro de Alejandría († 311).
4. Atanasio de Alejandría († 373).
5. Basilio de Cesarea († 379) [colección especialmente autorizada de 92 cánones].
6. Gregorio de Nisa († 395).
7. Gregorio de Nacianzo († 389).
8. Anfiloquio de Iconio († 395).
9. Timoteo de Alejandría († 355).
10. Teófilo de Alejandría († 412).
11. Cirilo de Alejandría († 444).
12. Genadio I de Constantinopla († 471).

Otras colecciones bizantinas de época posterior incluyen también textos de los patriarcas de Constantinopla Tarasio († 809), Juan el Ayunante († 595), Nicéforo († 818), y Nicolás III (1084-1111), que se recogieron en la colección eslava *Kormchaya Kniga*. Obviamente, toda esta serie de textos canónicos oficiales se concibe, ante todo, como un marco de referencias y disposiciones comunes de diversa especie e importancia. La colección de cánones más relevante es, sin duda, la del Concilio *in Trullo* (692), concebida por el responsable de su convocatoria, el emperador Justiniano II, como un primer intento de codificar la legislación de los anteriores concilios. De hecho, la mayor parte de esos textos —incluidos los Cánones Apostólicos y los Cánones de los Santos Padres— recibieron su autoridad del Concilio *in Trullo*. Pero hay que observar que, aunque el Quinisexto está investido de autoridad «ecuménica» en la tradición de la Iglesia bizantina, jamás ha sido reconocido como tal en Occidente.

El hecho de que en él se condenen explícitamente algunas prácticas litúrgicas y canónicas latinas supone una concepción de la autoridad y de la tradición eclesiástica diferente de la que rige en la Iglesia latina.

2. LEGISLACIÓN IMPERIAL

El principio establecido anteriormente sobre el significado más bien relativo y transitorio de la ley en la administración eclesiástica puede ser una clave para entender la facilidad, e incluso conformismo, con que se aceptó en Oriente la legislación imperial sobre los asuntos administrativos de la Iglesia, ya que el propio emperador era miembro de la comunidad y había accedido a proteger y tutelar los principios sacramentales y doctrinales que constituían el fundamento de la Iglesia cristiana. Desde luego, no había ningún decreto que confiriera al emperador una autoridad para definir o formular esos principios; pero su responsabilidad para aplicarlos a las realidades empíricas de la historia y, si era preciso, dirigir los asuntos prácticos de la Iglesia visible, era un hecho universalmente aceptado. Eso significan las famosas palabras atribuidas a Constantino: «Dios me ha elegido como supervisor de los asuntos externos de la Iglesia»[1], que Justiniano, consecuentemente, incorporó a su legislación. El *Codex* y las *Novellae* contienen una serie de leyes con respecto a la Iglesia que abarcan más funciones y actividades eclesiásticas que toda la legislación conciliar anterior y posterior a Justiniano. Un buen ejemplo del estilo de Justiniano es su edicto de 528 sobre el modo de seleccionar los candidatos al episcopado:

---

[1] *De Vita Constantini* 4, 24; PG 20, 1172A.

Con nuestro mayor desvelo por las sagradas iglesias, para honor y gloria de la santísima inmaculada y consustancial Trinidad, por la que creemos que tanto nosotros mismos como la común administración serán salvados, y siguiendo la doctrina de los santos apóstoles (…), ordenamos por el presente decreto que, cuando en cualquier ciudad resulte que se encuentra vacante la sede episcopal, los habitantes de dicha ciudad voten a tres personas de reconocida fe y santidad de vida y adornados de otras virtudes, para que de entre ellas se elija a la más apta para desempeñar el ministerio episcopal...[2].

Por su parte, la famosa *Novella* 6 contiene toda una serie de ordenanzas sobre la existencia de la Iglesia en el marco del sistema vigente en el imperio romano.

Es evidente que, en principio, no podía haber contradicción entre cánones eclesiásticos y leyes del emperador. El propio Justiniano ordenó que los cánones tuvieran «fuerza de ley»[3] (*legum vicem*, Nov. 131,1); pero los posteriores comentaristas bizantinos admitieron la posibilidad de contradicción, en cuyo caso tenían preferencia los cánones[4]. De hecho, siempre es importante recordar que, a pesar de todo el poder que se les atribuía en los asuntos eclesiásticos, los emperadores no estaban por encima de los dogmas o de los cánones de la Iglesia. Entre los muchos ejemplos que se podrían citar, tenemos la denegación explícita de autoridad doctrinal al emperador por escritores anti-iconoclastas como Juan de Damasco y Teodoro Estudita, y la oposición del patriarca Nicolás I el Místico (901-907, 912-925) al cuarto matrimonio civil del emperador León VI (886-912). Pero las

---

[2] *Codex Justinianus* I, 3, 41.
[3] *Novella* 131, 1.
[4] Balsamón, *Comentario al Nomocanon* I, 2; PG 104, 981C.

mencionadas reservas no excluyen en absoluto el hecho de que es imposible entender el régimen y la conciencia eclesiástica bizantina sin tener en cuenta la legislación imperial. Después del *Código* de Justiniano, el cuerpo más amplio de documentos jurídicos importantes se encuentra en las *Leges Novellae*, promulgadas por el propio Justiniano y por sus sucesores, especialmente León VI (886-912), como anexos al *Código*.

Otras colecciones legislativas importantes para la vida de la Iglesia son las *Ecloga* de los emperadores isáuricos, promulgadas entre los años 739 y 741, que incluyen modificaciones de la legislación de Justiniano, especialmente con respecto al matrimonio y al divorcio. Basilio I (867-886) promulgó varios decretos que, en parte, codificaban y, en parte, modificaban la legislación anterior. El *Prócheiron*, que se publicó entre 870 y 878, era un manual para juristas que, igual que las *Ecloga*, contiene disposiciones sobre el matrimonio y sobre otros asuntos eclesiásticos: el Título VII sobre matrimonios prohibidos, el Título XI sobre el divorcio, el Título XXVIII sobre las cualidades de los clérigos y las normas para su nombramiento. El denominado *Basilicum*, cuya primera parte se publicó en tiempos de Basilio I, y la segunda durante el reinado de su sucesor León VI, reproducía algunas leyes de Justiniano, a la vez que omitía otras, con lo que practicaba una selección que no dejó de tener incidencia en la administración eclesiástica del Medievo bizantino y eslavo. No está muy claro el verdadero carácter de otro texto que se publicó durante la dinastía de emperadores macedonios y que probablemente fue redactado por el patriarca Focio: la *Epanagogê* (= «Recapitulación de la ley»), bien conocida por su descripción del emperador y del patriarca de Constantinopla como «los más nobles y más necesarios miembros de la sociedad»; también contiene reglas sobre la disciplina eclesiástica (Títulos VIII y IX), sobre el estatuto legal de las propiedades de la Iglesia (Título X), y sobre temas relativos al matrimonio (Títulos XVII y XXI). No se sabe exactamente si la *Epanagogê* llegó a promulgarse oficialmente y adquirir fuerza de ley, pero el caso es que se cita con frecuencia y se reproduce en posteriores colecciones de textos legales. Su modelo de «diarquía» establecida por Dios, cuyas cabezas son el emperador y el patriarca —en línea con la idea de Justiniano sobre una «sinfonía» entre Iglesia y Estado, pero que exaltaba de una manera especial la posición del «patriarca ecuménico» de Constantinopla como alto oficial del imperio—, está muy cerca de la ideología que prevaleció en Bizancio durante el siglo IX, después de la victoria sobre la iconoclastia imperial. Desde entonces, ese modelo sirvió como patrón en los territorios eslavos, donde los «patriarcas» nacionales compartieron la «diarquía» con algunos gobernadores civiles.

3. CODIFICACIONES DE LA LEGISLACIÓN ECLESIÁSTICA

Es natural que la época de Justiniano fuera testigo de la aparición, no sólo de su famoso *Codex*, sino también de otras codificaciones de la legislación eclesiástica, a pesar de que en épocas precedentes ya habían existido diversas colecciones de carácter sistemático y en orden cronológico. No sólo durante el reinado de Justiniano, sino también después de su muerte, Juan III Escolástico, patriarca de Constantinopla (565-577) y de formación jurídica, contribuyó notablemente a esa codificación. Se le atribuye la composición no sólo de una *Colección de cincuenta títulos* en la que divide los cánones conciliares por orden temático, sino también una colección paralela de edictos imperiales dividida en ochenta y siete capítulos (*Collectio LXXXVII capitulorum*). El final del siglo VI se distinguió por la aparición de otra colección anónima, semejante a la de Juan Escolástico, pero dividida en sólo catorce títulos, con una recopilación paralela de diferentes edictos imperiales encuadrados en las mismas divisiones. El autor anónimo estaba familiarizado con la obra de un colega occidental contemporáneo, el monje Dionisio el Exiguo († 555), autor de la primera colección latina de cánones conciliares, del que adoptó el «Código Canónico Africano» que, igual que los «Cánones del Concilio de Cartago», llegó a ser extraordinariamente apreciado en Bizancio. La entera obra de Juan Escolástico y la del autor anónimo se reeditaron y completaron en los siglos siguientes en forma de *Nomocánones*. El principio que guió la presentación de esta nueva forma de manual canónico refleja la necesidad que tenían los juristas y oficiales eclesiásticos bizantinos de un compendio sistemático de la legislación vigente sobre los problemas que surgían en la vida diaria de la Iglesia.

El *Nomocanon en catorce títulos*, que adquirió su forma definitiva en 883, probablemente bajo la supervisión de Focio, comprendía un número mucho mayor de textos, y por lo general fue aceptado satisfactoriamente por varias generaciones de canonistas. Por otra parte, sirvió muchas veces como base de nuevos comentarios canónicos. Los dos *Nomocánones* se tradujeron al eslavo. El *Nomocanon en catorce títulos* fue la base de la llamada *Kormchaya Kniga*, la colección canónica comúnmente aceptada en el mundo eslavo en sus diversas versiones. Además de los *Nomocánones*, circulaban en Bizancio otros libros canónicos de referencia. Por ejemplo, la *Sinopsis canónica* de Esteban de Éfeso, compuesta probablemente en el siglo VI y revisada y completada en fechas posteriores, incluía un comentario de Aristenos. En el siglo XIV, dos renombrados juristas de Tesalónica publicaron diversas colecciones sistemáticas en las que los cánones estaban claramente separados de los edictos de los emperadores. Uno de esos juristas, Constantino Harmenópulos, bien conocido entre los historiadores del derecho romano por su *Hexabiblon*, compuso también un *Epítome* como apéndice a su compendio de la legislación civil; el otro, Mateo Blastares, sacerdote y monje, publicó una «colección» canónica acompañada de disposiciones más recientes y de comentarios críticos sobre temas canónicos.

4. COMENTARIOS Y CRÍTICAS INFLUYENTES

Durante el reinado del emperador Juan II Comneno (1118-1143), Juan Zonaras, un intelectual enciclopédico e historiador bizantino, escribió un comentario al anónimo *Nomocanon en catorce títulos*. De mentalidad sistemática, Zonaras explica los textos canónicos en orden de importancia y según un esquema coherente desde el punto de vista lógico, pero artificial en el aspecto histórico. Para Zonaras, los llamados Cánones Apostólicos gozan de más autoridad que los textos conciliares, y las decisiones de los concilios ecuménicos tienen más peso que las de los concilios locales, mientras que los menos válidos son los cánones de Padres particulares.

Un contemporáneo de Zonaras, Alexios Aristenos, autor de un breve comentario más literal, basado en una colección abreviada (*epítome*) de cánones, no tardó en darse cuenta de la dificultad que encerraba una aplicación sistemática del principio lógico, porque los concilios ecuménicos descendían a veces a detalles prácticamente sin importancia, mientras que algunos textos que Zonaras consideraba «secundarios» contenían aspectos doctrinales y eclesiológicos verdaderamente importantes. El propósito de Aristenos consistía en explicar el sentido de los textos en su ambiente histórico, más que en determinar el conjunto de sus relaciones mutuas y su respectiva importancia.

El tercer gran comentarista del siglo XII, Teodoro Balsamón, en su obra más importante dedicada a comentar el *Nomocanon* de Focio en su integridad, abordó con gran entusiasmo la tarea específica que le habían encomendado el emperador Manuel I Comneno (1143-1180) y el patriarca ecuménico Miguel de Anquíalo (1170-1178), de coordinar sistemáticamente la legislación imperial con los cánones eclesiásticos. La tarea implicaba, de hecho, una codificación de los diferentes edictos promulgados por los emperadores, cuyas estipulaciones con respecto a la Iglesia contenían a veces una cierta contradicción con la normativa eclesiástica. La tarea específica de Balsamón se refería a las instancias concretas en las que una ley de Justiniano incluida en el *Nomocanon* se había omitido o estaba en abierta contradicción con otra recogida en el *Basilicum*. En principio, Balsamón da preferencia al *Basilicum* sobre Justiniano y, por consiguiente, en determinadas ocasiones, sobre el *Nomocanon* de Focio. Su entusiasmo por la legislación imperial más reciente no le impide afirmar de modo explícito la supremacía de los cánones eclesiásticos sobre los edictos imperiales[5], a pesar de que a veces se salta alguna clara definición conciliar al referirse a las leyes del imperio[6]. El énfasis en la función del emperador lleva también a Balsamón a subrayar en ciertas ocasiones la autoridad del patriarca ecuménico en los asuntos generales de la Iglesia. De hecho, Balsamón concibe la Iglesia como una magnitud centralizada en el marco ideal de un imperio cristiano universal.

---

[5] *Ibíd.*
[6] Véase su comentario a Laodicea 58 y al Quinisexto 59, en el que se prohíbe la celebración de los sacramentos en domicilios particulares, pero revocado por *Novella* 4 de León VI, II, 440. Véanse *Les novelles de Léon VI*, ed. P. Noailles y A. Dain (Paris 1944) 20-21.

Una abundante literatura canónica, cuyos autores no cabrían en una simple enumeración, dedicó sus esfuerzos a analizar los problemas planteados por los cánones, por la legislación imperial, y por los propios comentarios sobre la materia. Esa literatura, casi siempre de carácter polémico, es una de las fuentes más importantes para nuestra comprensión de la eclesiología bizantina medieval que, en otros terrenos, no encontró una exposición verdaderamente sistemática.

Uno de los problemas más acuciantes que plantea esa literatura es la relación canónica entre el patriarca y los primados provinciales, o metropolitas. En realidad, los debates sobre ese tema afectaban implícitamente al papel del emperador en los asuntos de la Iglesia, pues todo el mundo coincidía en aceptar que el patriarca ecuménico no era sólo una figura eclesiástica, sino también un funcionario del Estado. Su función profana se expresaba en su derecho a coronar al emperador (un privilegio que databa del siglo X) y en la costumbre de que, en caso de necesidad, el patriarca debía asumir la regencia del imperio. El nombramiento del patriarca como funcionario imperial dependía formalmente de su «investidura» por el emperador, una ceremonia que seguía a la elección de tres candidatos por el sínodo[7]. Pero los textos no contemplan una intervención oficial del emperador en la elección de los metropolitas locales; incluso hay cánones que condenan severamente esa posible intrusión. De modo que la dependencia o independencia de los metropolitas con respecto al patriarca, en calidad de servidores del Estado, implicaba también una relación con el emperador.

---

[7] Constantino Porphyrogenetos, *De ceremoniis* II, 14; PG 112, 1044A; Simeón de Tesalónica, *De sacris ordinibus*, PG 155, 440D.

En el siglo X surgió una discusión entre Eutimio, metropolita de Sardes, que defendía el derecho del patriarca a escoger al metropolita entre los tres candidatos presentados por el sínodo, y un autor anónimo que sostenía que los cánones atribuían al patriarca el derecho de ordenar a los metropolitas, pero no el de elegirlos. A resultas de la discusión, Nicetas, metropolita de Amasía, escribió un tratado que reivindicaba los derechos del patriarca[8].

Parece que el debate acabó decantándose a favor de una centralización imperial y patriarcal, una idea que también se puede encontrar en los escritos de Balsamón, especialmente en su comentario al canon 28 del Concilio de Calcedonia. Pero en los siglos XIII y XIV, con el declive del poder imperial, el patriarcado adquirió más prestigio y más independencia frente al poder civil. Una serie de patriarcas del período de los Paleólogos defendieron simultáneamente una mayor independencia con respecto al Estado y una autoridad más amplia sobre los metropolitas. El patriarca Atanasio I (1289-1293, 1303-1310) llegó incluso a disolver un sínodo. Su correspondencia y sus encíclicas inéditas son de gran interés desde el punto de vista canónico y eclesiológico[9]. El ejemplo de Atanasio fue imitado por los patriarcas del siglo XIV, especialmente por Calixto y Filoteo, con su idea de un «liderazgo universal» (*kêdemonía pantôn*) desempeñado por el patriarca de Constantinopla, tal como se refleja en las *Actas* patriarcales de su tiempo.

---

[8] Véanse los textos y su traducción al francés en J. Darrouzès, *Documents inédits d'écclesiologie byzantine* (París 1966).
[9] R. Guilland, *Correspondance inédite d'Athanase, patriarche de Constantinople*, en *Mélanges Diehl* 1 (París 1930) 131-140; M. Banescu, «Le patriarche Athanase I et Andronic II»: «Académie romaine, Bulletin de la section historique» 23 (1942) 1-28.

5. Decretos sinodales y patriarcales

Durante todo el período bizantino, el patriarca de Constantinopla fue, *de facto*, la cabeza de la Iglesia oriental. Al principio, su autoridad se consideró como un «privilegio de honor, después del obispo de Roma» (Segundo Concilio Ecuménico, canon 3). Posteriormente, el Cuarto Concilio, en su famoso canon 28, habló de privilegios «iguales» a los de Roma, y otorgó al obispo de la capital una extensa jurisdicción patriarcal, así como el derecho a recibir apelaciones contra las sentencias de los primados regionales. Esos privilegios y derechos se basaban únicamente en el prestigio de la «ciudad imperial», y nunca desembocaron en la idea de una infalibilidad del patriarca. Con todo, era inevitable que los temas doctrinales de mayor relevancia se resolvieran en Constantinopla por el patriarca y los obispos que, con él, constituían el sínodo permanente. En ocasiones excepcionales, y para resolver los problemas más delicados, se solía convocar la reunión de otras asambleas más representativas que, a veces, estaban presididas por el emperador e incluían a los demás patriarcas orientales o a sus delegados. Las decisiones más relevantes de ese magisterio permanente se recogen en el *Synódikon* de la Ortodoxia, un texto litúrgico bastante largo que, desde el año 843, se lee en todas las iglesias de Oriente el primer domingo de Cuaresma, en conmemoración del final de la iconoclastia. El *Synódikon*, en sus diferentes versiones, y los documentos emanados del sínodo patriarcal son las fuentes más fidedignas para conocer la comprensión que la Iglesia bizantina tenía de sí misma desde el punto de vista eclesiológico.

El texto del *Synódikon*, que empieza con una solemne acción de gracias por el triunfo de la ortodoxia sobre «todas las herejías», contiene una conmemoración específica de los defensores de la verdadera fe durante el período iconoclasta; a eso se añade una serie de alabanzas a los patriarcas del período siguiente, y se termina con la anatematización de diversos herejes. Desde finales del siglo IX, el documento ha recibido algunas adiciones como resultado de posteriores disputas doctrinales que se resolvieron mediante decretos de diversos sínodos celebrados en Constantinopla.

El listado de patriarcas del período comprendido entre los años 751 y 1416 es, en sí mismo, un testimonio de capital importancia para conocer el modo en que se resolvieron algunos problemas tanto de carácter interno como de repercusión externa. La sucesiva mención de Ignacio, Focio, Esteban, Antonio, Nicolás y Eutimio como «patriarcas ortodoxos de eterna memoria»[10] demuestra que los famosos cismas que se produjeron durante los siglos IX y X entre Ignacio y Focio, y entre Nicolás y Eutimio, con las consiguientes excomuniones mutuas, se consideraron como inexistentes. Pero la omisión en el catálogo de patriarcas de finales del siglo XIII de ciertos nombres como Nicéforo II (1260-1261), Germano III (1265-1267), Juan XI Beccos (1175-1282), Gregorio II de Chipre (1283-1289) y Juan XII Cosmas (1294-1303) refleja el rechazo de la Unión de Lyon (1274) y los términos de la reconciliación de los «arsenitas» con la Iglesia oficial el año 1310. Los arsenitas, que se habían negado a reconocer la destitución del patriarca Arsenio Autoreiano el año 1260, obtuvieron en 1310 su completa rehabilitación y una parcial *damnatio memoriae* para algunos de sus sucesores[11].

---

[10] *Synodikon* II (ed. por J. Gouillard) 103.
[11] Sobre los arsenitas, véase I. Troitsky, *Arseny i Arsenity* (San Peterburg 1874; London 1973 [con introducción y bibliografía actualizada por J. Meyendorff]).

El *Synódikon* también describe el magisterio bizantino en acción contra el platonismo de Juan Italos (1076-1077, 1082) y contra las desviaciones cristológicas de su contemporáneo Nilo de Calabria, así como las de Eustracio de Nicea (1117), Sotérico Panteugeno (1155-1156), Constantino de Corfú, y Juan Irénico (1169-1170), y finalmente, la solución que se dio en el siglo XIV a las grandes disputas doctrinales sobre la «deificación» y las «energías». Desgraciadamente, no se conservan las *Actas* de los sínodos patriarcales de ese período, sino sólo las de los dos últimos siglos del imperio bizantino. Esas *Actas* constituyen una inagotable fuente de información sobre las relaciones entre la Iglesia y el Estado, los procedimientos canónicos, y la práctica de la *oikonomía*; de hecho, son una de las más importantes ilustraciones del modo en que los bizantinos entendieron la relación entre ley y gracia en el seno de la Iglesia cristiana.

6. Oikonomía

En la literatura tanto histórica como teológica se suele hacer referencia al principio de *oikonomía* para ilustrar la peculiar habilidad bizantina para interpretar la ley arbitrariamente, de modo que sirviera a los intereses políticos y personales. Ese empleo revela, obviamente, una interpretación errónea del término, que implica un deterioro no sólo del principio mismo, sino también de su justa aplicación.

En origen, el término *oikonomía* no pertenece al vocabulario legal. En el Nuevo Testamento, y en el sentido de «administración doméstica», designa el *plan divino de salvación*: «Revelándonos su designio secreto, conforme al querer y *proyecto* que él tenía para llevar la historia a su plenitud: hacer por medio del Mesías la unidad del universo, de lo terrestre y de lo celeste» (Ef 1,9-10; cf. 3,2-3). Pero ese plan divino de recapitulación de la historia y del universo se ha confiado a hombres. Para Pablo, proclamar la palabra es una *oikonomía* que Dios le ha confiado (1 Cor 9,17); por eso, habrá que considerar a los predicadores como «servidores de Cristo y encargados [*oikónomoi*] de anunciar los secretos de Dios» (1 Cor 4,1). Específicamente, ese «encargo» pertenece a los que desempeñan la función de dirigir la Iglesia: «Por la Iglesia, a cuyo servicio fui destinado cuando Dios me confió este encargo [*oikonomía*] con respecto a vosotros» (Col 1,24-25). En las Cartas pastorales, la *oikonomía* está confiada especialmente a los *epískopoi*: «Porque el obispo, como administrador [*oikónomos*] de Dios, tiene que ser intachable» (Tit 1,7).

En los Padres Griegos, *oikonomía* significa comúnmente «historia encarnada», sobre todo en las controversias cristológicas del siglo V. De manera subsidiaria se emplea también en textos canónicos, en los que obviamente se sitúa el «ministerio» pastoral confiado a la Iglesia en el contexto del plan divino de salvación de la humanidad. Por ejemplo, en su famosa *Carta a Anfiloquio*, que llegó a ser un texto normativo en las colecciones canónicas bizantinas, Basilio de Cesarea, después de ratificar el principio de Cipriano sobre la nulidad de un bautismo administrado por herejes, continúa: «Con todo, si eso supone un obstáculo para la *oikonomía* general [de Dios], habrá que acogerse a la costumbre y seguir la opinión de los Santos Padres que dirigieron la Iglesia». La «costumbre» a la que Basilio hace referencia era habitual «en Asia [Menor]», donde «el servicio a la multitud» había conferido validez a la práctica de aceptar el bautismo administrado por herejes. En cualquier caso, Basilio justifica la «economía» por el temor a que una austeridad excesiva se convierta en un obstáculo para la salvación de un individuo [12].

---

[12] Basilio de Cesarea, *Ep. ad Amphylochium*, PG 32, 669B.

En las versiones latinas del Nuevo Testamento y en el vocabulario eclesiástico posterior, el término *oikonomía* se traduce regularmente por *dispensatio*. Sin embargo, en el derecho canónico occidental, *dispensatio* adquirió el significado específico de «dispensa», es decir, «excepción a la ley, establecida por la autoridad competente». El texto citado de Basilio, igual que otras innumerables referencias a *oikonomía* en la literatura canónica bizantina, interpreta el término en un sentido mucho más amplio. De lo que ahí se trata no es sólo de una excepción a la ley, sino también de la obligación de decidir, en casos individuales, lo más razonable en el contexto del plan divino de salvación del mundo. En ocasiones, las rigideces canónicas pueden resultar inadecuadas para llevar a cumplimiento la realidad universal del Evangelio, porque, en sí mismas, no dan ninguna seguridad de que en su aplicación se obedece realmente a la voluntad de Dios. Para la Iglesia bizantina —por usar una expresión del patriarca Nicolás el Místico (901-907, 912-925)— *oikonomía* es «una imitación del amor de Dios al hombre»[13], y no simplemente una «excepción a la regla».

En ciertas ocasiones, *oikonomía* —se emplee o no la palabra— se convierte en un elemento de la propia regla. Por ejemplo, el canon 8 del Concilio de Nicea especifica que los obispos novacianos deberán ser aceptados como obispos cuando la sede episcopal del lugar esté vacante, pero si la sede está ocupada por un obispo católico, sólo podrán ser aceptados como simples sacerdotes. En este caso, la unidad y el bienestar de la Iglesia son realidades que superan cualquier posible interpretación de la «validez» de una ordenación ministerial no ajustada a los cánones. Igualmente,

---

[13] Nicolás Mystikos, *Ep. 32* (al papa); ed. A. Mai, *Spicilegium romanum* 10 (1844) 300; PG 111, 213A.

oikonomía —es decir, el designio de Dios sobre la Iglesia— encierra una flexibilidad vital que va más allá de una interpretación puramente legalista de la validez sacramental.

Por otro lado, la *oikonomía* desempeña un papel importante en la legislación bizantina sobre el matrimonio. Como se verá más adelante, el propósito esencial de esa legislación consiste en expresar y proteger la idea de que el único matrimonio cristiano, o sea, su realidad sacramental, está proyectado —«en referencia a Cristo y a la Iglesia» (Ef 5,32)— hacia la eternidad del Reino de Dios. Por tanto, el matrimonio no es un simple contrato, sólo indisoluble mientras los esposos están en este mundo, sino que es una relación eterna, que no se rompe con la muerte. De acuerdo con las palabras de Pablo (1 Cor 7,8-9), se puede «tolerar» un segundo matrimonio, pero no se puede considerar «legítimo» en sí mismo, aunque se realice después de la muerte de uno de los cónyuges, o después de un divorcio. En ambos casos, se tolera sólo dos veces, «por *oikonomía*» y como un mal menor, mientras queda absolutamente excluido un cuarto matrimonio.

Por su misma naturaleza, *oikonomía* no se puede definir como una norma legal; de hecho, con frecuencia se han producido abusos, o usos indebidos, del término. A lo largo de toda su historia, la Iglesia bizantina conoció una polarización entre un partido «rigorista», reclutado principalmente en círculos monásticos, y otro, en general más flexible, de eclesiásticos que abogaban por un sentido más amplio del término *oikonomía*, especialmente con relación al Estado. De hecho, *oikonomía*, al ser un concepto abierto a multiplicidad de maneras de poner en práctica el Evangelio cristiano, implica conciliación, discusión y, en ocasiones, una inevitable tensión. La iglesia bizantina, al admitir en su catálogo de santos a representantes de ambos grupos —Teodoro Estudita, los patriarcas Tarasio, Nicéforo y Metodio, Ignacio, e incluso Focio— reconoció en todos ellos el esfuerzo común por preservar la fe ortodoxa. Es un hecho que en Bizancio nadie se atrevió a poner en duda el principio de *oikonomía*; más bien, se aceptaban sin reticencias las palabras de Eulogio, patriarca de Alejandría (581-607): «Se puede practicar correctamente la *oikonomía*, siempre que la sana doctrina permanezca incólume» [14]. En otras palabras, *oikonomía* hace referencia a las implicaciones prácticas de la fe cristiana, pero sin poner nunca en peligro la verdad.

7. BIBLIOGRAFÍA

Herman, E., «The Secular Church», *Cambridge Medieval History*, IV, 2 (Cambridge 1967). (Estudio sobre la organización eclesiástica bizantina).

Kotsonis, H., *Provlêmata ekklêsiastikês oikonomías* (Problemas de «economía» eclesiástica) (Atenas 1957). (Trata de la *oikonomía* especialmente con referencia a las relaciones con los cristianos no ortodoxos; el autor fue arzobispo de Atenas desde 1967 a 1973).

Nikodim Milash, obispo de Dalmacia, *Das Kirchenrecht der morgenländischen Kirche* (Mostar ²1905). (Clásico libro de texto; el original serbio se ha traducido a varias lenguas de Europa oriental).

Pavlov, A., *Kurs tserkovnago prava* (Curso sobre la ley eclesiástica) (Moskva 1902). (Uno de los más completos libros de referencia).

Žužek, I., *Kormchaya Kniga: Studies on the Chief Code of the Russian Canon Law*, Orientalia Christiana Analecta (Roma 1964). (Amplia información sobre la historia del derecho canónico bizantino, con abundante bibliografía).

---

[14] Eulogio, citado por Focio, *Biblioteca* IV, 227 (ed. R. Henry, Paris 1965) 112.

VII

EL CISMA ENTRE ORIENTE Y OCCIDENTE

Las controversias cristológicas del siglo V provocaron, como ya se ha visto, la ruptura definitiva entre el cristianismo bizantino y las otras viejas familias espirituales de Oriente: la siria, la egipcia y la armenia. Los griegos y los latinos se quedaron solos en su fidelidad común a Calcedonia, como las dos expresiones culturales más importantes del cristianismo en el imperio romano. El cisma que terminó por separarlos no se puede identificar con ningún acontecimiento específico; ni siquiera se puede precisar la fecha concreta de esa separación. La enemistad política entre Bizancio y el imperio franco, las progresivas divergencias intelectuales y prácticas, los desarrollos unilaterales de la teología y de la eclesiología, son factores que incidieron profundamente en el proceso de separación. Pero, a pesar de los elementos históricos que abrieron cada vez más la brecha entre las dos mitades del cristianismo, también hubo fuerzas políticas que trabajaron a favor de la unión. Por ejemplo, durante los siglos XIII y XIV, los emperadores bizantinos se esforzaron sistemáticamente por restablecer la antigua comunión eclesiástica con Roma, para conseguir así el apoyo de Occidente en su lucha contra la amenaza de los turcos.

En realidad, ni el cisma ni el fracaso de los intentos de reunificación se pueden explicar únicamente por factores socio-políticos o culturales. Las dificultades creadas por la historia se podrían haber resuelto, si hubiera habido un criterio eclesiológico unitario para solucionar los problemas teológicos, canónicos o litúrgicos que mantenían separados a Oriente y a Occidente. Pero el desarrollo medieval de la idea del primado de Roma como referencia última en materias doctrinales contrastaba radicalmente con la concepción de Iglesia que prevalecía en Oriente. Por tanto, no podía haber acuerdo sobre los problemas ni sus posibles soluciones, mientras hubiera una divergencia en la noción de autoridad en la Iglesia.

1. LA CUESTIÓN DEL FILIOQUE

Los bizantinos consideraban la cuestión del *Filioque* como el punto central de divergencia con Roma. En su opinión, la Iglesia latina, al aceptar un credo con interpolaciones, no sólo se oponía al texto adoptado por los concilios ecuménicos como expresión de la fe cristiana universal, sino que atribuía autoridad dogmática a una falsa concepción de la Trinidad. Entre los bizantinos, hasta los que se podrían considerar más moderados —por ejemplo, Pedro, patriarca de Antioquía, que se opuso al sistemático anti-latinismo de Miguel Cerulario, patriarca de Constantinopla—, sostenían que esa interpolación era no sólo «un mal, sino incluso el más pernicioso de todos los males»[1].

Por lo general, los bizantinos no tenían perfecto conocimiento de las complicadas circunstancias históricas que llevaron a la aceptación del *Filioque* en Occidente, tales como la interpolación de ese término en el credo, que se produjo en España en el siglo VI como medida para reforzar la postura anti-arriana de la Iglesia española; la difusión del credo interpolado por todo el imperio franco; el uso que Carlomagno hizo de la interpolación en su polémica anti-griega; la refe-

---

[1] Pedro de Antioquía, *Carta a Miguel*, ed. Cornelius Will, *Acta et scripta quae de controversiis ecclesiae græcae et latinae exstant* (Leipzig 1856) 196.

rencia que hicieron *post factum* algunos teólogos francos a la obra de Agustín *De Trinitate*, para justificar la interpolación (que el propio Agustín jamás se había planteado); y finalmente, la aceptación del *Filioque* en Roma, probablemente en el año 1014. Focio fue el primero que en 866 ofreció abiertamente, por parte griega, una exhaustiva refutación del texto interpolado, al considerarlo no sólo como una alteración textual introducida en el lejano Occidente por ciertos francos «bárbaros», sino también como un arma de propaganda anti-bizantina entre los vecinos búlgaros, recientemente convertidos al cristianismo por los griegos, de lo que el propio patriarca bizantino se consideraba responsable.

En su encíclica a los patriarcas orientales (866), Focio considera el *Filioque* como la «corona de todos los males» introducidos en Bulgaria por los misioneros francos [2]. Ya se ha visto que la principal objeción teológica a la interpolación consistía en que comportaba una confusión de los caracteres hipostáticos de las tres personas de la Trinidad, por lo que resultaba una nueva forma de modalismo, o de «semi-sabelianismo». Después del concilio de los años 879-880, que ratificó solemnemente el texto original del credo y condenó formalmente a todo el que se atreviera a «componer otra profesión de fe» o a corromper el credo con «palabras ilegítimas, o adiciones o substracciones» [3], Focio se consideró plenamente satisfecho. Para celebrar lo que él entendía como la victoria final de la ortodoxia, escribió una minuciosa refutación de la doctrina sobre la «doble procesión» —su célebre *Mistagogia*— en la que incluso llegó a felicitar al papa Juan VIII por haber hecho posible ese triunfo [4].

---

[2] Focio, *Encíclica*, 8; PG 102, 725C.
[3] Mansi, XVII, 520E.
[4] Focio, *Mistagogia*, 89; PG 102, 380-381.

Después de la adopción definitiva del *Filioque* en Roma y en todo el Occidente, el problema no pudo sino plantearse en cualquier encuentro, polémico o amistoso, entre griegos y latinos. La literatura bizantina sobre el tema es extremadamente voluminosa y se ha estudiado con dedicación en algunas obras de referencia, como las monografías de Martin Jugie, Hans-Georg Beck y otros. Los argumentos de Focio —«el *Filioque* es una interpolación ilegítima», «destruye la *monarquía* del Padre» y «relativiza la realidad de la existencia personal o *hipostática* en el seno de la Trinidad»— constituían el núcleo de la discusión. Pero en muchas ocasiones, la controversia quedó reducida a una interminable enumeración, por ambas partes —latinos y griegos—, de textos patrísticos a favor de sus respectivas posturas. Las controversias sobre autoridades antiguas se centraban frecuentemente en los textos de aquellos Padres —especialmente, Atanasio, Cirilo de Alejandría y Epifanio de Chipre— cuyo principal interés residía en la polémica antiarriana o antinestoriana, es decir, la ratificación de la identidad de Cristo como eterno y preexistente Logos divino. Con referencia al Espíritu Santo se empleaban, inevitablemente, expresiones semejantes a las que se habían adoptado en el siglo VI en España, donde la interpolación había aparecido por primera vez. Determinados textos bíblicos, como Jn 20,22 («A continuación sopló sobre ellos y les dijo: Recibid el Espíritu Santo») se aducían como prueba de la divinidad de Cristo: si el «Espíritu de Dios» es también el «Espíritu de Cristo» (cf. Rom 8,9), no cabe duda que Cristo es «consustancial» con Dios. En ese mismo sentido se puede decir que el Espíritu Santo es el Espíritu «propio» del Hijo [5] e incluso que el Espíritu «proce-

---

[5] Atanasio, *A Serapión*, III, 1; PG 26, 625B.

de sustancialmente de ambos», Padre e Hijo[6]. En su comentario a esos textos, en el que reconocía su correspondencia con el pensamiento patrístico latino, Máximo el Confesor los interpreta correctamente, en el sentido no de que «el Hijo es el origen del Espíritu», porque «sólo el Padre es el origen del Hijo y del Espíritu Santo», sino que «el Espíritu procede a través del Hijo, expresando así la unidad de naturaleza»[7]. En otras palabras, de la actividad del Espíritu en el mundo después de la encarnación se puede deducir la consustancialidad de las tres personas de la Trinidad, pero no se puede inferir ninguna causalidad en la eterna relación personal entre el Hijo y el Espíritu.

No obstante, algunos teólogos denominados *Latinóphrones* (= «de mentalidad latina») por los bizantinos, especialmente Juan Beccos (1275-1282), entronizado como patriarca por el emperador Miguel VIII Paleólogo con la misión explícita de promocionar en Bizancio la Unión de Lyon (1274), se esforzaron por encontrar textos patrísticos griegos sobre la procesión del Espíritu «a través del Hijo», en favor del *Filioque* latino. Según los *Latinóphrones,* tanto «del Hijo», como «a través del Hijo», eran expresiones legítimas de la misma fe trinitaria.

La réplica habitual de la parte ortodoxa consistía en demostrar que, en la teología bíblica y patrística, la procesión «de» o «a través de» el Hijo se refiere a los *charísmata* del Espíritu Santo, y no a su propia existencia hipostática[8]. Porque, de hecho, *pneuma* puede referirse tanto al donante como al don, en sí mismo; y en ese último caso, la procesión del «Espíritu» de, o a través de, el Hijo, —a través del Cristo

---

[6] Cirilo, *Thesaurus*; PG 68, 148A.
[7] Máximo el Confesor, *Carta a Marino*, PG 91, 136AD.
[8] El argumento se encuentra en Focio, *Mistagogia*, 59; PG 102, 337.

histórico, del Hijo hecho hombre— ocurre *en el tiempo* y, por tanto, no es equiparable a la procesión eterna del Espíritu de la hipóstasis del Padre, única «fuente de divinidad».

Sin embargo, los principales teólogos ortodoxos bizantinos de los siglos XIII y XIV tildaron esa réplica de insuficiente. Gregorio de Chipre, sucesor de Beccos en el patriarcado (1283-1289) y gran canciller del concilio (1285) que rechazó oficialmente la Unión de Lyon, procuró que la asamblea aprobara un texto que, a la vez que condenara el *Filioque*, reconociera una «eterna manifestación» del Espíritu a través del Hijo [9]. Lo que sirvió de contexto a la postura conciliar fue la noción de que los *charísmata* del Espíritu no son realidades temporales creadas, sino la eterna gracia increada o «energía» de Dios. A esa vida divina increada, el hombre sólo tiene acceso en el cuerpo del Logos hecho hombre. Por consiguiente, la gracia del Espíritu no nos llega «por medio» o «desde» el Hijo; lo que se nos concede no es la propia hipóstasis del Espíritu ni una gracia temporal creada, sino la «manifestación» externa de Dios, distinta de su persona y de su esencia. Ése es el argumento que esgrimió también el gran teólogo bizantino del siglo XIV Gregorio Palamás, que, como Gregorio de Chipre, reconoce formalmente que, en cuanto *energía*, «el Espíritu Santo es el Espíritu de Cristo, que procede de él; Cristo es el que lo envía con su soplo y lo manifiesta, pero en su propio ser y en su existencia, es el Espíritu *de* Cristo, pero no *procede de* Cristo, sino del Padre» [10].

Con el paso del tiempo, se hizo cada vez más evidente que la disputa sobre el *Filioque* no era una pura discusión verbal —porque había un sentido en el que las dos partes

---

[9] Gregorio de Chipre, *Tomo de 1285*; PG 142, 240C.
[10] Gregorio Palamás, *Tratados apodícticos* I, 9, ed. por B. Bobrinskoy, en P. Chrestou, *Palama Syngrammata* I (Tesalónica 1962) 37.

estaban de acuerdo en afirmar que el Espíritu procede «del Hijo»—, sino un debate sobre si la existencia hipostática de las personas de la Trinidad se podía reducir a sus relaciones internas, como admitía Occidente después de Agustín, o si la experiencia primaria del cristiano era la de una Trinidad de personas, cuya existencia personal no se podía reducir a su esencia común. El problema era el siguiente: la tri-personalidad o consustancialidad, ¿fue el contenido primario y esencial de la experiencia religiosa cristiana? Pero para situar el debate a ese nivel y emprender un verdadero diálogo sobre el núcleo del problema, ambas partes necesitaban entender plenamente la postura de la otra. Por desgracia, eso nunca ocurrió. Incluso en el Concilio de Florencia, donde hubo innumerables confrontaciones sobre el tema del *Filioque*, la discusión se centró en meros intentos de adaptar las dos formulaciones, la griega y la latina. Como decisión final, el concilio adoptó una definición de la Trinidad básicamente agustiniana, a la vez que afirmaba que las *formulaciones* griegas no estaban en contradicción con ella. Pero, naturalmente, esa medida no fue la solución del problema fundamental.

2. Otras controversias

En su encíclica del año 867, Focio había criticado también algunas prácticas litúrgicas y canónicas que los misioneros francos habían introducido en Bulgaria: oposición al matrimonio de los sacerdotes, privilegio de administrar la confirmación reservado exclusivamente a los obispos, ayuno de los sábados, etc.; pero su crítica más despiadada iba contra el hecho de que los misioneros exigieran a los neobautizados búlgaros su total abandono de las prácticas griegas. Con todo, la crítica no consideraba la diversidad de prácticas disciplinares como un obstáculo para la unidad de la Iglesia.

La interpolación latina del credo y la enseñanza que en ella se refleja eran los únicos problemas doctrinales que, según Focio, podían conducir a un cisma.

Por lo general, ésa era la actitud que predominaba entre los más cualificados teólogos de Bizancio. Pedro de Antioquía (hacia el año 1050) y Teofilacto de Bulgaria (hacia el año 1100) afirman expresamente que el *Filioque* es el único problema real que divide a Oriente y a Occidente. Incluso más tarde, cuando el desarrollo autónomo de las dos teologías iba a crear necesariamente nuevos problemas, se ve que muchos teólogos eminentes de Bizancio, en sus tratados anti-latinos, no logran suscitar otro problema que no sea el de la procesión del Espíritu Santo.

Sin embargo, a nivel menos ilustrado, como el de la religiosidad popular, la polémica adquirió una tonalidad más incisiva y se orientó casi siempre hacia temas bastante periféricos. Cuando algunos reformadores francos —bien intencionados, pero mal informados— que actuaron en Bulgaria en tiempos de Focio, o en Italia en la época de Miguel Cerulario, atacaban las prácticas de la Iglesia griega, ésta reaccionó casi siempre con un contraataque a la disciplina latina y a sus ritos. Así fue como el cisma del siglo XI quedó casi exclusivamente reducido a una disputa sobre prácticas rituales. Además de los problemas enumerados por Focio, Miguel Cerulario menciona como «herejías latinas» el uso de pan sin levadura para la celebración eucarística, la suavidad del ayuno, el bautismo de una sola inmersión y no de tres, y otros temas semejantes[11].

Los polemistas posteriores no hicieron más que repetir, o a lo más ensanchar, la lista de herejías elaborada por Cerula-

---

[11] Miguel Cerulario, *Carta a Pedro de Antioquía* (ed. por Cornelius Will, *Acta et scripta*, 179-183).

rio. Pero de los problemas subyacentes a esa lista, el único que entre los griegos se consideró como verdadero problema teológico —y a veces a un nivel de importancia comparable al del *Filioque*— fue el de los panes ázimos, es decir, el uso de pan sin levadura para la celebración eucarística. De ahí que, hacia finales de la Edad Media, los griegos y los eslavos caracterizaran a los latinos como «azimitas».

Los argumentos que algunos amigos y contemporáneos de Cerulario —León de Ohride y Nicetas Estézatos— solían esgrimir contra la práctica latina, y que repitieron sus sucesores, se pueden reducir a estos tres: el uso de pan ázimo (1) es una costumbre judía, (2) que contradice los datos históricos, tal como se recogen en los evangelios sinópticos (Jesús empleó «pan»), y (3) su valor simbólico es el de «muerte», no el de «vida», porque la levadura en el pan es como el alma en el cuerpo. La debilidad de esos argumentos no necesita explicación. El segundo argumento, en particular, podría resolver algunos problemas exegéticos e históricos. Por ejemplo, ¿fue la última cena una celebración realmente pascual? Porque, si lo fue, tuvo que usarse pan ázimo. O, ¿es que Jesús violó deliberadamente la ley, para instituir una «nueva» alianza? El término *artos*, que normalmente significa «pan», o sea, el pan ordinario, ¿puede significar también «pan ázimo», es decir, pan sin levadura?

Los polemistas griegos también echaron mano del tercer argumento en el contexto cristológico de la controversia con los armenios. El propio Nicetas Estézatos se vio implicado en un debate con los armenios que, después de que su territorio hubiera sido conquistado por los emperadores macedonios del siglo X, mantenían estrechos contactos con Bizancio. Los armenios usaban pan sin levadura en la celebración de la eucaristía, por lo cual los griegos establecieron un paralelismo entre esa práctica y la cristología monofisita —o mejor dicho, apolinarista— de los armenios. Para que el pan, que simboliza la humanidad de Cristo, pueda reflejar la ortodoxia de Calcedonia, tendrá que estar «animado» por un dinamismo interno y en plena posesión de las energías vitales del hombre. Por tanto, los latinos, al imitar a los armenios monofisitas en el uso de pan ázimo, es decir, «muerto», ellos mismos caen en apolinarismo y niegan que Cristo, en cuanto hombre, tuviera alma. Por eso, durante la Edad Media, e incluso después, en los países griegos y eslavos se pensaba que los latinos habían caído en la «herejía apolinarista». Esa acusación aparece, por ejemplo, en los escritos del monje Filoteo, el famoso ideólogo ruso del siglo XVI, que se atrevió a dar a Moscú el nombre de «tercera Roma».

Desde finales del siglo XIII, la creciente precisión terminológica de la Escolástica sobre el destino de las almas después de la muerte y sobre el purgatorio, que se proyectó sobre la teología latina contemporánea, se reflejó en varios encuentros entre teólogos latinos y griegos. La común Profesión de Fe que tuvo que firmar el emperador Miguel VIII Paleólogo (1259-1282) incluía una extensa cláusula en la que se afirmaba que las almas, antes de entrar en el cielo para gozar los frutos del arrepentimiento, «tienen que ser purificadas, después de la muerte, por el fuego del purgatorio», y que la oración por los difuntos puede aliviar sus «sufrimientos»[12]. Aunque la tradición bizantina siempre ha reconocido que la oración por los difuntos es lícita y necesaria, que la solidaridad entre todos los miembros del Cuerpo de Cristo no se rompe con la muerte y que, por la intercesión de la Iglesia, los difuntos pueden estar más cerca de Dios, también ha ignorado siempre la idea de una redención «por satisfacción», que es lo que expresa el concepto legalista de «penas del purga-

---

[12] Mansi, XXIV, 70A.

torio». En relación a esa idea, la mayoría de los teólogos bizantinos se sintieron más estupefactos que impresionados, de modo que nunca se llegó a situar ese problema en el contexto de una doctrina sobre la salvación, único nivel en el que se habría podido elaborar una refutación convincente o una alternativa aceptable. Incluso en Florencia, donde por primera vez se entabló un largo diálogo sobre el problema de fondo, la discusión se limitó a puntos concretos que nada tenían que ver con la idea de redención [13]. Todo terminó con una fastidiosa y aburrida aceptación por parte de la mayoría griega de una presentación del tema bastante detallada y de carácter puramente latino.

En las décadas anteriores al Concilio de Florencia, el conocimiento cada vez más amplio que los bizantinos habían adquirido sobre las prácticas litúrgicas latinas llevó a plantear otro problema que interesaba a las dos Iglesias: la relación que se establece en el canon eucarístico entre las palabras de la institución y la invocación del Espíritu Santo, o «epíclesis». Los polemistas bizantinos, mientras reprochaban a los latinos la ausencia de una «epíclesis» en el canon romano de la misa, señalaban que todos los actos sacramentales se realizan por la acción del Espíritu Santo. El famoso escritor espiritual Nicolás Cabasilas († antes del año 1391), en su *Explicación de la liturgia divina* [14], invoca a favor de este punto la autoridad del propio rito latino, cuya autenticidad cristiana reconoce explícitamente. El autor recuerda que la invocación del Espíritu forma parte del rito latino de la ordenación y que la

---

[13] Los documentos más importantes sobre esta discusión se han publicado por L. Petit en *Patrologia Orientalis* 15 (París 1903) 1-168.
[14] Nicolás Cabasilas, *Exposición de la liturgia divina*, caps. 29-30 (ed. Perichon, SC 4 bis [Paris 1967] 179-199; traducción inglesa De J. M. Hussey y P. A. McNulty [London 1960] 71-79).

propia misa romana, en la oración *Supplices te rogamus*, incluye una plegaria *por los dones*, que sigue inmediatamente a las palabras de la institución. Eso, según Cabasilas, implica que las palabras de la institución no son consagratorias en sí mismas. Sea cual sea la fuerza de este último argumento, está claro que la insistencia griega en una invocación explícita del Espíritu Santo está plenamente en línea con la tradicional teología patrística de los sacramentos, sobre todo si se considera la «epíclesis» no como «fórmula de consagración», opuesta a la latina, sino como el cumplimiento normal y necesario de la plegaria eucarística, de la que las palabras de la institución son parte integrante.

3. Autoridad en la Iglesia

Casi todas las controversias que se produjeron entre griegos y latinos durante la Edad Media se podrían haber solventado fácilmente si las dos Iglesias hubieran reconocido una autoridad común, capaz de salvar las inevitables diferencias creadas por la respectiva situación cultural e histórica. Por desgracia, las diversas disputas doctrinales, disciplinares y litúrgicas estaban condicionadas por una dicotomía eclesiológica. Cualquier historiador moderno podría reconocer fácilmente que el papado en la Edad Media fue producto de un largo desarrollo doctrinal e institucional en el que la Iglesia de Oriente no tuvo oportunidad de participar, sencillamente porque no estaba interesada en el tema. Ortodoxos y romanocatólicos todavía discuten sobre la posible legitimidad de ese desarrollo desde el punto de vista de la revelación cristiana.

La reforma del papado en el siglo XI se acogió a una larga tradición exegética occidental, al aplicar sistemática y legalísticamente al obispo de Roma los pasajes evangélicos sobre la función de Pedro, especialmente Mt 16,18; Lc 22,32; y Jn

21,15-17. Esa tradición no se compartía en Oriente, aunque no se ignoraba por completo en círculos bizantinos, algunos de los cuales se aprovecharon de ella en ocasiones, sobre todo en ciertos documentos dirigidos a Roma con la intención de congraciarse la simpatía de los papas. Pero nunca se le dio una relevancia teológica decisiva. La función personal de Pedro como «roca» sobre la que estaba edificada la Iglesia fue reconocida muy pronto por los escritores eclesiásticos de Bizancio. Sólo algunos polemistas posteriores sistemáticamente anti-latinos tendieron a minimizarla; pero no fue así entre los más brillantes teólogos orientales. Según Focio, Pedro es «el jefe del colegio apostólico, establecido como roca de la Iglesia y presentado por el que es la Verdad como portador de las llaves del Reino de los cielos»[15]. La literatura y la himnografía bizantinas están llenas de reflexiones semejantes a la de Focio. Pero su auténtico significado no se puede entender correctamente, si se prescinde de otros presupuestos más generales sobre la naturaleza de la fe cristiana y el modo en que se ha preservado su continuidad en la Iglesia.

Orígenes, la fuente común de la tradición exegética patrística, al comentar el texto de Mt 16,18, interpreta el famoso *logion* como la respuesta de Jesús a la profesión de fe de Pedro: Simón llegó a ser la «roca» sobre la que está fundada la Iglesia, porque manifestó una verdadera fe en la divinidad de Cristo. Y continúa: «Si proclamamos "Tú eres el Mesías, el Hijo de Dios vivo", también nosotros nos convertimos en Pedro..., porque todo el que se asemeja a Cristo se hace roca. ¿Es que Cristo confía las llaves del Reino exclusivamente a Pedro, mientras que otra gente también consagrada no puede recibirlas?»[16]. Por

---

[15] Focio, *Hom.* 1 (traducción inglesa en C. Mango, *The Homilies of Photius* [Cambridge 1958] 50).
[16] Orígenes, *Hom. in Matt.*, XII, 10 (ed. Klostermann, GCS 40 [Leipzig 1935] 85-89).

consiguiente, según Orígenes, Pedro no es más que el primer «creyente», y las llaves que recibió no le abrieron las puertas del cielo sólo a él. Si otros también quieren entrar, tendrán que «imitar» a Pedro para recibir esas mismas llaves. De modo que las palabras de Cristo tienen un significado soteriológico, pero no institucional; lo único que afirman es que la fe cristiana es la fe expresada por Pedro camino de Cesarea de Filipo. En la exégesis patrística, ésa es la interpretación más común del *logion* «de Pedro», y eso mismo sucede en la restante literatura bizantina. En las homilías italo-griegas del siglo XII atribuidas a Teófanes Kerameo se puede leer: «El Señor da las llaves a Pedro y a todos los que se hacen semejantes a él, de modo que las puertas del Reino de los cielos están cerradas para los herejes, pero son fácilmente accesibles a los fieles»[17]. Por eso, cuando Jesús se dirige a Pedro, lo que hace es subrayar el *significado de la fe* como fundamento de la Iglesia, más que organizar una Iglesia como guardián de esa fe. De ese modo, el entero debate eclesiológico entre Oriente y Occidente se puede reducir al problema sobre si la fe depende de Pedro, o Pedro depende de la fe. El problema se verá con más claridad si se comparan las dos concepciones de la *sucesión* de Pedro.

Aunque es verdad que muchos escritores eclesiásticos bizantinos siguen a Orígenes al reconocer esa sucesión en *cada creyente*, otros tienen una concepción menos individualista del cristianismo; entienden que la fe sólo se puede realizar plenamente en la comunidad sacramental, en la que el obispo actualiza de un modo muy particular el

---

[17] Teófanes Kerameo, *Hom.* 55; PG 142, 965A. Para un presentación más general de la exégesis patrística de Mt 16,18, véase especialmente J. Ludwig, *Die Primatworte Mt. 16,18-19 in der altkirchlichen Exegese* (Münster 1952), y J. Meyendorff, *St. Peter in Byzantine Theology*, J. Meyendorff (ed.), *The Primacy of Peter in the Orthodox Church* (London 1963) 7-29.

ministerio docente de Cristo, y así mantiene incólume la fe. En ese sentido, hay una relación específica entre Pedro, llamado por Cristo a «afianzar a sus hermanos» (Lc 22,32), y el obispo como guardián de la fe en su comunidad local. La primitiva concepción cristiana, perfectamente expresada en el siglo III por Cipriano de Cartago [18], según la cual la «sede de Pedro» pertenece en cada iglesia local al propio obispo, es el modelo más seguro y más natural para los bizantinos. Por ejemplo, Gregorio de Nisa puede escribir que Jesús, «por medio de Pedro, entregó a los obispos las llaves de los honores celestes» [19]. Y el Pseudo-Dionisio, cuando menciona a los «jerarcas» —es decir, los obispos de la Iglesia terrestre— hace inmediatamente referencia a la imagen de Pedro [20]. Podrían multiplicarse fácilmente los ejemplos tomados de períodos posteriores e independientes de la polémica anti-latina. La sucesión de Pedro se percibe siempre que se contempla y se mantiene la verdadera fe. Esa sucesión, en cuanto tal, no se puede localizar geográficamente, ni monopolizar por una iglesia concreta o por un individuo. Por tanto, es perfectamente natural que los bizantinos no puedan entender el concepto medieval del primado romano. Valgan como ejemplo estas palabras que Nicolás Mesarites escribía a los latinos en el siglo XIII, poco antes de la conquista de Constantinopla por los cruzados (1204):

---

[18] Sobre Cipriano, véase, por ejemplo, A. d'Alès, *La théologie de St. Cyprien* (Paris 1922); P.-Th. Camelot, «St. Cyprien et la primauté»: «Istina» 4 (1957) 421-434. Véase también la introducción y las notas de M. Bévenot a Cipriano, *De catholicae ecclesiae unitate*, en ACW 25 (Westminster 1957).
[19] Gregorio de Nisa, *De castigatione*; PG 46, 312C.
[20] Pseudo-Dionisio, *Eccl. hier.*, VII, 7; PG 3, 561-564.

Vosotros tratáis de presentar a Pedro como maestro sólo de Roma. Mientras que los Santos Padres hablaron de la promesa que le hizo el Salvador, atribuyendo a esa promesa un significado *católico* [universal] en referencia a todos los que han creído y a los que creen. Vosotros dedicáis vuestros esfuerzos a una interpretación falsa y demasiado estrecha, atribuyéndola en exclusividad a Roma. Si eso fuera verdad, sería imposible que cualquier iglesia cristiana, y no sólo la de Roma, tuviera pleno acceso al Salvador y estuviera fundada sobre la roca, es decir, sobre la doctrina de Pedro, en conformidad con la promesa[21].

Obviamente, estas palabras de Mesarites suponen una concepción de la Iglesia que reconoce la plenitud de la catolicidad en cada iglesia *local*, en el sentido en que los Padres Apostólicos hablaban, por ejemplo, de «la Iglesia católica [universal] que está en Corinto». Catolicidad, y por tanto también verdad y apostolicidad, son atributos que Dios concede a cada comunidad sacramental, centrada en la eucaristía y en posesión de un auténtico episcopado y una auténtica celebración eucarística, es decir, con una verdadera presencia real de Cristo. La idea de que una iglesia particular pueda tener, en sentido absolutamente teológico, más capacidad que otra para mantener la fe de Pedro, es ajena a la mentalidad bizantina. Para ésta, la señal suprema de la verdad es el consenso de los obispos, no la autoridad de un obispo concreto. De ahí su continua insistencia en la autoridad de los concilios y en su incapacidad para entender la concepción romana del papado. Pero eso no quiere decir que la idea de

---

[21] Nicolás Mesarites, en A. Heisenberg (ed.), «Neue Quellen zur Geschichte des lateinischen Kaisertums und der Kirchenunion, II. Die Unionverhandlungen von 30. Aug. 1206»: «AbhMünchAk», phil. Klasse II (1923) 34-35.

primado fuera extraña a la mentalidad bizantina, que siempre lo ha entendido como objeto de legislación conciliar, y no como función concedida por Dios a una iglesia particular.

4. DOS CONCEPCIONES DEL PRIMADO

> Hay una diferencia importante entre la actitud de Oriente y la de Occidente, que merece ser especialmente subrayada (...) La idea de apostolicidad desempeñó un papel muy limitado en el desarrollo de la Iglesia en las provincias orientales, pero (...) Roma debió su prestigio en Italia y en otras provincias occidentales ... a la veneración que las jóvenes comunidades cristianas de Occidente sentían por san Pedro (...) del que los obispos de Roma pretenden ser sucesores[22].

Los historiadores mencionan con cierta frecuencia el hecho de que Roma fue la única iglesia local de Occidente que se atrevió a reivindicar para sí una fundación «apostólica» y atraer peregrinos *ad limina apostolorum*. Pero en Oriente hay infinidad de ciudades, e incluso localidades menores, que pueden con todo derecho atribuir su fundación a Pedro, Pablo, Juan, Andrés, o a otros apóstoles. Estas diversas «apostolicidades» jamás dieron ocasión a reivindicaciones jurisdiccionales. Por ejemplo, en fecha tan temprana como el siglo IV, el obispo de Jerusalén era tan sólo sufragáneo del metropolita de Cesarea, capital administrativa de Palestina.

Cuando el Concilio de Nicea, en su famoso canon 6, menciona vagamente las «antiguas costumbres» que recono-

---

[22] Francis Dvornik, *The Idea of Apostolicity in Byzantium* (Cambridge 1958) 39.

cían un prestigio excepcional a las iglesias de Alejandría, Antioquía y Roma, la selección de esas iglesias particulares no estaba determinada por su fundación apostólica, sino que obedecía al hecho de estar situadas en las ciudades más importantes del imperio. Porque si el criterio fuera la apostolicidad, como pretenden posteriores interpretaciones occidentales, la posición de Alejandría, que supuestamente fue fundada por una figura apostólica menor, como Marcos, no podría ser más importante que la de Antioquía, donde la presencia de Pedro está irrefutablemente atestiguada en el Nuevo Testamento.

El Oriente mantuvo su clásico pragmatismo ante la definición de primacías universales o locales entre las diferentes iglesias. Pero esa actitud provocó inevitables conflictos tan pronto como Roma dio un significado absoluto y dogmático al criterio «apostólico» de primacía. De hecho, en el imperio bizantino, «pragmatismo» significaba adaptación a la estructura del Estado. Esa adaptación es la que explica el texto del canon 28 del Concilio de Calcedonia:

> Con razón, los Padres atribuyeron privilegios a la sede de la antigua Roma, porque era la ciudad imperial. De la misma manera, ciento cincuenta obispos [de Constantinopla, 381] escrupulosamente religiosos, movidos por esas mismas consideraciones, atribuyeron iguales privilegios a la santa sede de la Nueva Roma, justamente convencidos de que la ciudad que se honra con la presencia del emperador y del senado, y goza de iguales privilegios que la antigua Roma imperial, debe ser tenida en la consideración que se merece, incluso en temas eclesiásticos, y deberá situarse inmediatamente después de ella.

El texto no pretendía, en absoluto, suprimir el prestigio de Roma (porque su intención consistía en pronunciarse claramente contra las pretensiones de Dióscuro de Alejandría, depuesto de su cargo por el Concilio de Calcedonia). Pero evidentemente excluía la interpretación «petrina» de la primacía romana, aparte de que

> estaba en conformidad con el lógico desarrollo de los organismos eclesiásticos durante el período bizantino que, desde los tiempos del emperador Constantino, había admitido el principio de que la administración eclesiástica debería coincidir con la estructura civil del imperio[23].

Como ya queda dicho, la sucesión de Pedro se consideraba inherente al ministerio episcopal que se ejercía en cada iglesia y se interpretaba como una responsabilidad que podía ser traicionada por «cualquier sucesor de Pedro», incluido el obispo de Roma. Un teólogo del siglo XV, Simeón de Tesalónica, pudo escribir lo siguiente:

> No se debe contradecir a los latinos cuando afirman que el obispo de Roma es el primero. Esa primacía no es perniciosa para la Iglesia. Pero se les debe exigir que den pruebas de su fidelidad a la fe de Pedro y a la de los sucesores de Pedro. Si así lo hacen, que gocen de todos los privilegios de Pedro...[24].

5. SIGNIFICADO DEL CISMA

Las diferencias culturales e históricas pueden llevar fácilmente a divergencias teológicas, pero esas divergencia no

---

[23] J. Meyendorff, *Orthodoxy and Catholicity* (New York 1956) 74.
[24] Simeón de Tesalónica, *Dialogus contra haereses*, 23; PG 155, 120AB.

deben convertirse en contradicción e incompatibilidad. Ya en el siglo IV hubo ciertas diferencias, e incluso violentos conflictos, entre Oriente y Occidente. Pero, a pesar de las renovadas tensiones, existió hasta el siglo XI un procedimiento mutuamente aceptado para solventar las dificultades: el concilio. Los concilios conjuntos, que solían tener lugar en Oriente, convocados por el emperador, y en los que a los legados romanos se les reservaba un puesto honorífico, sirvieron como tribunales decisorios para dirimir los problemas que se planteaban. Por ejemplo, la crisis que enfrentó a Focio con el papa Nicolás I se resolvió en el último concilio (879-880), siguiendo ese procedimiento que, según la Iglesia ortodoxa, lo sitúa prácticamente al mismo nivel que los anteriores concilios ecuménicos.

La reforma del papado en el siglo XI, de orientación germana, se apartó definitivamente de una armonía con esa mentalidad conciliar. Las Cruzadas contribuyeron de manera considerable a enfrentar las dos civilizaciones, culturalmente distintas, de Oriente y Occidente. Y cuando, por una parte, el papado, sacudido por el gran Cisma de Occidente, y por otra, Bizancio, amenazado por los turcos, terminaron poniéndose de acuerdo para celebrar un concilio de unión en Florencia, ya era demasiado tarde para crear la atmósfera de respeto mutuo y de mutua confianza que era el único camino para poder entablar un dialogo auténticamente teológico.

6. Bibliografía

Baker, Derek (ed.), *The Orthodox Churches and the West*, Studies in Church History 13 (Oxford 1976). (Varios artículos penetrantes por investigadores competentes).
Denzler, G., «Lignes fondamentales de l'ecclésiologie dans l'empire byzantin»: «Concilium» 67 (1971) 57-68.

Dvornik, F., *The Legend of the Apostle Andrew and the Idea of Apostolicity in Byzantium* (Harvard University Press. Cambridge 1958). (Hechos históricos relativos a la eclesiología oriental y occidental reunidos y comentados brillantemente por un historiador romano-católico).

—, *Byzantium and the Roman Primacy* (Fordham University Press, New York 1979). (Presentación general que opone la pretensión romana de «apostolicidad» al enfoque pragmático de los bizantinos).

Haugh, Richard, *Photius and the Carolingians: The Trinitarian Controversy* (Nordland, Belmont 1975).

Jugie, Martin, *De processione Spiritus Sancti ex fontibus revelationis et secundum Orientales dissidentes* (Roma 1936). (El problema del *Filioque* desde la perspectiva estrictamente tomista).

Meijer, Johann, *A Successful Council of Union: A Theological Analysis of the Photian Synod of 879-880* (Thessaloniki 1975). (Un investigador romano-católico estudia el concilio que en su día se reconoció como «ecuménico» tanto en Oriente como en Occidente).

Meyendorff, J., Afanassieff, N., Schmemann, A., Koulomzine, N., *The Primacy of Peter in the Orthodox Church* (Faith Press, London 1963). (Análisis de la tradición bizantina sobre la sucesión de Pedro).

—, *Orthodoxy and Catholicity* (Sheed & Ward, New York 1965). (Diversos ensayos sobre el contexto eclesiológico del cisma).

Sherrard, Philip, *The Greek East and the Latin West* (Oxford University Press, London 1959). (Análisis de la naturaleza teológica del cisma, con especial insistencia en el problema del *Filioque).*

VIII

ENCUENTRO CON OCCIDENTE

A excepción de Barlaán de Calabria, ninguno de los principales participantes en las controversias teológicas que acabaron el año 1351 tenía verdadero conocimiento de la teología de Occidente. Las discusiones entre latinos y griegos giraban siempre en torno a las fórmulas que empleaban las dos partes, cada cual en un contexto completamente diferente. Al propio Barlaán, a pesar de su doble formación teológica, difícilmente podía considerársele como destacado representante del pensamiento occidental. Se trataba, más bien, de un hábil manipulador de ideas, probablemente influido por el nominalismo.

Entre tanto, las decisiones oficiales de los concilios celebrados en los años 1341 y 1351, que habían ratificado una teología de la «participación» real del hombre en la naturaleza de Dios y, por consiguiente, abogaban por una distinción real entre «esencia» y «energía» en Dios, eran abiertamente incompatibles con la teología que imperaba en el mundo latino de la época. Cualquier intento de diálogo verdaderamente relevante sobre el contenido de esas decisiones y su auténtica relación, por un lado, con la tradición patrística, y por otro, con el escolasticismo latino, habría necesitado mucho más tiempo, más amplios conocimientos históricos y una auténtica apertura mental. Pero es obvio que las dos partes carecían de esos requisitos, aunque por parte de Bizancio —y éste será el aspecto más importante del presente capítulo— ya se había puesto en marcha ese proceso durante el último siglo del imperio.

1. El círculo de Cantacuzeno

Juan Cantacuzeno, suegro del emperador legítimo Juan V Paleólogo, y él mismo emperador desde 1347 a 1354, colaboró decisivamente en el triunfo de las ideas palamitas en Bizancio y, después de su abdicación, continuó ejerciendo durante casi cuarenta años una enorme influencia política e intelectual en la sociedad bizantina. A pesar de haber recibido la tonsura monástica en 1354, podía disponer de importantes fondos y de influencia suficiente para actuar como generoso mecenas de la intelectualidad bizantina. Durante sus viajes entre Constantinopla y Mistra, en el Peloponeso, patrocinó en sus dos residencias la copia de manuscritos y el desarrollo de proyectos de investigación.

Como buen teólogo que era, escribió doctas apologías del «palamismo» y una extensa refutación del Islam. Sin embargo, durante toda su vida, jamás perdió de vista el cristianismo occidental, e incluso participó varias veces en debates con los enviados del papa. La unión eclesiástica con Roma estaba siempre en la agenda diplomática de la época como condición para la cruzada occidental contra la amenaza de los turcos. Muchos bizantinos, incluido el emperador Juan V Paleólogo, sucesor de Juan Cantacuzeno, estaban dispuestos a aceptar inmediatamente todas las condiciones papales, con tal de encontrar lo más pronto posible la ayuda militar que precisaban. Con el apoyo mayoritario de los círculos eclesiásticos —especialmente por parte de los discípulos de Palamás, que ocupaban altos puestos en la jerarquía— Cantacuzeno abanderó la idea de que la unión sólo sería posible si se solucionaban en un concilio conjunto los problemas que dividían a Oriente y Occidente. Es probable, y hasta justificable, que mirara con cierto escepticismo la posibilidad de que la ayuda occidental fuera a ser decisiva; de modo que, con la mayor parte de la población bizantina, contemplaba la conquista de la ciudad por los turcos como una posibilidad preferible a una traición a la ortodoxia.

No obstante, jamás se opuso a mantener contactos con Occidente; repetidas veces propuso un serio diálogo teológico y apoyó activamente una cuidadosa preparación de esa eventualidad por parte de Bizancio. Naturalmente, era imprescindible conocer a fondo el pensamiento teológico latino; y fue precisamente en el círculo de Cantacuzeno donde se empezaron a traducir al griego las fuentes más importantes de la teología latina. El propio emperador se sirvió de algunas de ellas en su polémica contra el Islam, pero su secretario y amigo personal, Demetrio Cidones, dedicó toda su vida, con la aprobación y el apoyo de Cantacuzeno, a estudiar y traducir las fuentes del tomismo. Mientras tanto, otro de sus amigos, Nicolás Cabasilas, intentaba reavivar el misticismo sacramental, dentro de la mejor tradición de los Padres Griegos. En un encuentro con Pablo, enviado del papa, que se produjo en 1367, Cantacuzeno le manifestó que estaba convencido de que la unión jamás podría llevarse a cabo por un decreto imperial: «En nuestra Iglesia, eso es imposible, porque nunca se puede forzar la fe»[1]. Su sentido de la situación era mucho más realista, pues por entonces, la mayor parte del mundo ortodoxo estaba fuera del alcance del emperador de Bizancio. Casi todo el territorio griego estaba ya ocupado por los turcos, los Balcanes eslavos eran ya política y eclesiásticamente independientes y parecía improbable que los rusos aceptaran sin más unos proyectos de unión, en cuyo diseño no habían participado. Bizancio ya no podía legislar sobre cuestiones eclesiásticas como lo había hecho en

---

[1] Véase J. Meyendorff, «Projets de Concile oecuménique en 1367: un dialogue inédit entre Jean Cantacuzène et le légat Paul»: «Dumbarton Oaks Papers» 14 (1960) 174.

tiempos de Focio; su única esperanza era la posibilidad de ofrecer liderazgo intelectual para el futuro diálogo. Cantacuzeno hizo todo lo que estaba en su mano para dotar a Bizancio del necesario bagaje intelectual para producir, como condición para la unión de las Iglesias, lo que él y sus contemporáneos consideraban como una posibilidad real: una victoria teológica de Oriente sobre Occidente en un concilio de unión.

Del fundamento echado por el círculo de Cantacuzeno surgieron dos o tres generaciones de intelectuales que con frecuencia adoptaron actitudes radicalmente divergentes con respecto a las principales opciones teológicas de la época. El estudio de su pensamiento y de sus escritos no ha hecho más que empezar. Pero, a día de hoy, ya es claro que, a pesar de algunos incidentes individuales y ciertos errores de bulto, se estaba forjando un encuentro «en profundidad» con la visión teológica de Occidente.

2. HUMANISTAS Y TOMISTAS

El interés enciclopédico de Cantacuzeno lo llevó a prestar apoyo a cualquier forma de conocimiento, incluido el estudio de la filosofía profana, una tradición que siempre se mantuvo viva en un reducido grupo de aristócratas e intelectuales bizantinos. Los decretos sinodales de los siglos XI y XII habían prevenido a los humanistas contra el peligro de considerar la filosofía griega como criterio válido para la reflexión teológica. Sin embargo, Barlaán de Calabria —antiguo protegido de Cantacuzeno— rebasó todos los límites de lo permisible, al reducir la teología al nivel de sabiduría intelectual y conocimiento discursivo. El concilio de 1341 significó su derrota y consiguiente condena. La accesión de Cantacuzeno al trono imperial en 1347 coincidió con la rotunda victoria de Palamás y de los hesicastas, y se consideró como un verdadero desastre por los humanistas, de entre los que el partido anti-palamita solía reclutar la mayor parte de sus miembros. Era evidente que la Iglesia bizantina rechazaba el humanismo platónico y se negaba a aceptar los modelos de civilización humanística que Occidente estaba aceptando poco a poco[2]. Precisamente por entonces, algunos humanistas relevantes, cuyos mentores intelectuales — Focio, Miguel Psellos, Teodoro Metoquites— habían menospreciado a los latinos tachándolos de «bárbaros», descubrieron en el Occidente latino, y particularmente en Italia, el último refugio del auténtico helenismo.

Demetrio Cidones (hacia 1324-1398), íntimo asociado político de Cantacuzeno, pertenece sin duda a esa categoría. Firmemente adicto a la ortodoxia en su juventud, se sentía a veces preocupado porque las exigencias del protocolo para un legado imperial ante el papa, que lo obligaban a dirigirse al pontífice romano como «Beatitud», «Santidad», «Pastor común», «Padre», o «Vicario de Cristo», podrían resultar perniciosas para su fe[3]. Pero entonces, de repente, descubrió el tomismo. Cuando sus cometidos diplomáticos le obligaron a aprender latín con un fraile dominico de Pera, empezó a leer la *Summa contra Gentiles* como texto para ejercitar el idioma. El efecto que esa lectura provocó en el ánimo del amigo de Barlaán, que se sentía defraudado por la reciente victoria de los hesicastas en 1347, fue espectacular. ¡Esos latinos, a los que Bizancio consideraba incapaces de una profesión más elevada que la milicia o el

---

[2] Véase J. Meyendorff, *Introduction à l'étude de Grégoire Palamas* (Paris 1959) 194.
[3] Demetrio Cidones, *Carta 1*, en *Demetrius Cydonès, Correspondance*, ed. G. Camelli (Paris 1930) 2.

simple comercio⁴, conocían la filosofía griega! «Los bizantinos, como no sentían aprecio por su propia sabiduría [griega], consideraban los razonamientos de los latinos como pura invención latina». Si uno pudiera tomarse su tiempo para descifrar el significado de los libros escritos en latín —un significado oculto por estar en lengua extranjera—, se daría cuenta de que «[los latinos] muestran una sed insaciable de aventurarse por los laberintos de Platón y Aristóteles, por los que nuestra gente nunca mostró gran interés»⁵.

Con la aprobación y apoyo de Cantacuzeno, Demetrio siguió con sus traducciones. La entera *Summa contra Gentiles*, casi toda la *Summa Theologicae* y multitud de textos importantes de Agustín y de Anselmo se hicieron accesibles, en su traducción griega, a los contemporáneos de Demetrio y a las siguientes generaciones de teólogos bizantinos. El propio Cantacuzeno se sirvió de la traducción de Demetrio del libro *Refutación del Corán*, escrito por el fraile dominico Ricoldo da Montecroce, como fuente para sus escritos contra el Islam.

Su labor de traducción, sus contactos con los latinos y sus viajes a Italia confirmaron a Demetrio Cidones en su convicción de que el tomismo era, en realidad, más «griego» que el palamismo. Y en eso tenía razón. Su entusiasmo por las posibilidades intelectuales de la Escolástica y del Renacimiento italiano lo llevaron finalmente a convertirse en el principal consejero del emperador Juan V en sus esfuerzos por la unión de las Iglesias. Hacia 1363, Demetrio se adhirió a la Iglesia católica romana, aunque no de manera oficial, y publicó diversos tratados a favor del *Filioque*, escritos desde el

---

⁴ Demetrio Cidones, *Apología I*. (Tomado de G. Mercati, «Notizie di Procoro e Demetrio Cidone... »: «Studi e Testi» 56 [1931] 365).
⁵ *Ibíd.*, 366.

punto de vista del tomismo, del que se había hecho adepto incondicional. Pero después de que su hermano Prócoro —también traductor de Santo Tomás, y convencido antipalamita— hubiera sido condenado en 1368 por el patriarca reinante, Filoteo, perdió toda esperanza en el futuro del helenismo profano. A pesar de todo, con una gran convicción y evidente sinceridad, pasó a desempeñar una función política como promotor de la unión, hasta su muerte.

Pero para entender el verdadero sentido de su conversión habrá que recordar que, a su juicio, el definitivo criterio de sabiduría es la antigua Grecia, no Roma o Constantinopla. Por ejemplo, durante los años 1365-1369, en una carta al filósofo Jorge, afirma que su preferencia por Santo Tomás está determinada por la superioridad de éste sobre Platón [6]; y en su precioso tratado *De contemnenda morte* [7] analiza la inmortalidad en términos puramente platónicos, sin una sola referencia a la fe cristiana. Demetrio escribió también algunos tratados técnicos de teología y varios sermones sin resonancias directamente filosóficas. Esa doble vida intelectual fue una de las peculiaridades de los humanistas bizantinos, antes y después de Demetrio Cidones. La evolución religiosa de muchos *Latinóphrones* de los siglos XIV y XV siguió ese mismo patrón.

Prescindiendo de la suerte de esos dos hermanos, el efecto de sus traducciones fue mucho más amplio que el de sus puntos de vista personales, de modo que hubo griegos que abrazaron con toda sinceridad la fe romano-católica, y algunos de ellos incluso se hicieron miembros de la orden de los dominicos. Ése fue el caso de Manuel Calecas († 1410) y de

---

[6] Demetrio Cidones, *Carta 33*, ed. R. J. Loenertz, Studi e Testi 186 (1956) 66.
[7] Demetrio Cidones, *De contemnenda morte*; PG 154, 1169-1212.

Máximo Crisoberges (hacia 1430), en cuya conversión parece que el humanismo griego no fue un factor tan determinante como en el caso de Demetrio. Otros, como el pensador Manuel Crisoloras († 1415), encontraron en Santo Tomás no tanto la «verdad» teológica cuanto una prueba de la respetabilidad intelectual latina. Manuel aceptó una oferta para enseñar griego en Florencia y posteriormente desempeñó una papel relevante en el Concilio de Constanza, donde incluso llegó a ser uno de los candidatos para papa. En la generación siguiente, el célebre cardenal Besarión siguió un camino intelectual y personal muy semejante, aunque sin hacerse propiamente tomista. Para esos intelectuales imbuidos de «sabiduría griega», el palamismo simbolizaba la absoluta negación del humanismo profano. El primero que escribió una refutación del palamismo, sirviéndose de argumentos tomistas, fue Prócoro Cidones. De ese modo, el tomismo y la famosa *Latinophronía* se presentaban como la solución más lógica y más aceptable para un reducido grupo de intelectuales opuestos al pensamiento palamita.

Pero también los teólogos palamitas se aprovecharon de las traducciones. Algunos de ellos hasta intentaron superar el dilema que se les planteaba entre palamismo y tomismo. Nilo Cabasilas, que sucedió a Gregorio Palamás en el arzobispado de Tesalónica († 1363), pero que anteriormente había sido maestro de Demetrio Cidones, era —como lo describe el propio Demetrio— «un apasionado entusiasta de los libros de Tomás»[8]. Él fue el primero que, entre todos los griegos que conocían bien la teología latina, escribió a favor del palamismo y en contra del *Filioque*. Y lo mismo se puede afirmar, aunque en menor medida, de José Brienio († 1439), «maes-

---

[8] Demetrio Cidones, *Apología III*, en Mercati, *Notizie*, 391.

tro» competente, gran conocedor del latín, y embajador en el Concilio de Constanza. Pero a pesar de todo, Brienio permaneció furibundamente opuesto a cualquier compromiso doctrinal con los latinos. Otro tomista-palamita, Jorge Genadio Escolarios, había desarrollado una frenética actividad en Florencia, antes de convertirse en el primer patriarca bajo ocupación turca.

3. TEÓLOGOS PALAMITAS: NICOLÁS CABASILAS

La persistente oposición al palamismo protagonizada por algunos intelectuales aislados, pero de gran influjo social, y las consecuencias del debate sobre las relaciones entre Oriente y Occidente, explican la proliferación de escritos palamitas en Bizancio durante todo ese período. Junto a Nilo Cabasilas y José Brienio, los nombres de Juan Cantacuzeno y del patriarca Filoteo Kókkinos (1353-1354, 1364-1376) resultan especialmente relevantes.

Al estrecho círculo en torno a Cantacuzeno pertenecía también el insigne teólogo laico Nicolás Cabasilas (hacia 1320-1390). Sobrino de Nilo Cabasilas, Nicolás era amigo íntimo y corresponsal de Demetrio Cidones. Su ambiente era semejante al de Demetrio y también él siguió una carrera política a la sombra de Cantacuzeno. Pero, a raíz de la abdicación de este último (1354), Cidones se consagró enteramente a la causa de la unión con los latinos y Cabasilas se convirtió en un original exponente de la teología sacramental, según la tradición de los Santos Padres.

Los escritos teológicos más importantes de Nicolás Cabasilas son *La vida en Cristo*, un extenso comentario espiritual y teológico de los sacramentos, *Exposición de la liturgia divina* y tres sermones mariológicos. También se pueden encontrar ocasionalmente importantes reflexiones teológicas en sus *Encomia* («panegíricos») de diversos santos. Aunque algunos autores han visto poca relación entre su teología y la de Palamás [9], existe entre ellos una perfecta unidad de inspiración y propósito, que consiste en dejar bien claro que la comunión con Dios en Cristo por medio del Espíritu es el único verdadero sentido de la vida humana. De hecho, Cabasilas escribió un breve —pero furibundo— panfleto contra el anti-palamita Nicéforo Grégoras y tomó clara postura en la controversia. Sus principales escritos teológicos están concebidos como una especie de manifiesto implícito contra la ideología de los humanistas, entre los que se encontraban algunos de sus amigos personales. Su pensamiento es todo menos una huida mística de los temas candentes de la época. No cita explícitamente a Palamás, pero muchos pasajes de *La vida en Cristo* son una mera paráfrasis de las *Tríadas* del propio Palamás. Tampoco cita, prácticamente, a ninguno de los Padres de la Iglesia, pero casi en cada página de *La vida en Cristo* se pueden encontrar paralelos con pasajes sacramentales de Juan Crisóstomo y Cirilo de Alejandría. La grandeza de Nicolás Cabasilas consiste, sobre todo, en que en una época llena de desafíos defendió abiertamente una teología de comunión con Dios, sin caer en el escolasticismo o en la polémica. Lo que Palamás había expresado en términos conceptuales, Cabasilas lo expuso como una realidad existencial no sólo para los monjes hesicastas, sino al alcance de cualquier cristiano. Para entender los logros teológicos de Bizancio en el siglo XIV, es esencial la lectura no sólo de Palamás, sino también de Nicolás Cabasilas.

En su *Exposición de la liturgia divina,* hay pasajes que dan la impresión de que Cabasilas es como un epígono del

---

[9] Véase, por ejemplo, H.-G. Beck, 781.

Pseudo-Dionisio y su simbolismo. Pero si se le compara con los propios escritos de Dionisio y con otros escritos litúrgicos medievales, resulta evidente que Cabasilas representa un paso adelante hacia un realismo sacramental más acorde con la comprensión de los sacramentos en el cristianismo primitivo. Ese realismo invade y penetra cada una de las páginas de *La vida en Cristo*, donde el autor está más interesado en la teología y espiritualidad sacramental que en una exposición detallada de los respectivos ritos. En el primer capítulo, Cabasilas se esfuerza por demostrar que la vida divina, que sólo llegará a su «perfección» en el *éschaton,* no por eso deja de ser en este mundo una experiencia viva totalmente accesible[10]. El bautismo es un nuevo nacimiento a esa vida. Igual que en los primitivos Padres Griegos, la teología del bautismo que propone Cabasilas está dominada por la noción positiva de «nuevo nacimiento» más que por la idea negativa de «remisión de los pecados». En la nueva vida, a la que se accede por el bautismo, el hombre recibe una «experiencia»: «el hombre se hace ojo, para poder ver la luz»[11].

Si el bautismo proporciona una nueva existencia, la confirmación —como don del Espíritu— confiere «energía» y «movimiento», es decir, el *libre* disfrute personal de la gracia del bautismo[12]. En la eucaristía, Cristo ofrece al hombre no «algo de sí mismo, sino a sí mismo en persona»; «la boda más espléndida, a la que el novio conduce a la Iglesia como novia virgen [...] se realiza cuando nos convertimos en carne de su carne y hueso de sus huesos»[13]. La paradoja de la existencia de la Iglesia consiste en el hecho de que «como hijos, somos

---

[10] Nicolás Cabasilas, *Vida en Cristo*; PG 150, 496D.
[11] *Ibíd.*; PG 150, 560C-561A.
[12] *Ibíd.*; PG 150, 569A-580C.
[13] *Ibíd.*; PG 150, 593D.

libres, pero al mismo tiempo dependemos de él como miembros suyos»[14]. La santificación viene exclusivamente de Cristo[15], pero la santidad consiste en conformar nuestras *voluntades* a su voluntad divina. Cabasilas explica con toda claridad este último punto cuando analiza el concepto de «santidad» en la Iglesia: la capacidad de hacer milagros es un don de Dios que no podemos merecer, pero no constituye santidad, porque no es un logro de la libertad humana[16].

En conexión con la imagen paulina de Cristo como «cabeza de la Iglesia», Cabasilas presenta a Jesús como el «corazón» del cuerpo: «Igual que Cristo resucitado ya no muere, los miembros de Cristo jamás experimentarán la muerte. Porque, ¿cómo se atreverá la muerte a tocar unos miembros que se mantienen en comunión con un corazón vivo?» Este pasaje y sus paralelos nos llevan a entender el modo tan personal con que Cabasilas describe el misterio cristiano[17], a la vez que muestra su deuda con la antropología de Macario, dominante en círculos hesicastas, que sitúa el centro del compuesto psico-somático humano precisamente en el corazón.

Una eclesiología interpretada desde la eucaristía, que Cabasilas concibe como la «plenitud» de todos los sacramentos, y no simplemente uno de ellos[18]; una espiritualidad fundada en la experiencia viva de Cristo; y una antropología decididamente teocéntrica, es lo que constituye el mejor lega-

---

[14] *Ibíd.*; PG 150, 600A.
[15] Sobre este punto, véase el comentario de Cabasilas sobre la exclamación: «Las cosas santas para los santos», en la liturgia. Véase también *Vida en Cristo*; PG 150, 613A.
[16] Cabasilas, *Sobre Santa Teodora*; PG 150, 753-772.
[17] Un buen análisis de este aspecto puede encontrase en M. Lot-Borodine, *Nicholas Cabasilas* (Paris 1958) 114-116.
[18] Cabasilas, *Vida en Cristo*; PG 150, 585B.

do de Nicolás Cabasilas, en evidente contraste con la ideología de los humanistas. Pero ese contraste no significa que Cabasilas hubiera manifestado en alguna ocasión, ni siquiera en sus intervenciones más polémicas, un sistemático prejuicio contra el Occidente latino. Ya se ha mencionado el hecho de que aun cuando acusa a los latinos de haber suprimido la epíclesis en el canon eucarístico, hace referencia a la autoridad del propio rito latino, cuya legitimidad reconoce plenamente. Su actitud hacia la Iglesia de Occidente es semejante a la de su amigo, Cantacuzeno, que hizo todo lo posible por explicar la teología palamita al legado papal, Pablo, y que siempre abogó por el dialogo sincero y abierto, en un concilio conjunto de las dos Iglesias. Y esa actitud va también en la línea del patriarca Filoteo, que suscribió el proyecto e invitó a los demás patriarcas a participar en él, aunque expresando el deseo de que «en el concilio, nuestra doctrina se muestre más convincente que la de los latinos, de modo que puedan unirse a nosotros en una común profesión de fe»[19]. En el siglo siguiente, cuando el papa se decidió, por fin, a aceptar el proyecto de un concilio, el palamita Marcos de Éfeso emprendió viaje hacia Ferrara con las mismas aspiraciones e idénticas esperanzas.

4. Florencia

A pesar de los innumerables factores de carácter no teológico que determinaron las circunstancias en las que se celebró el Concilio de Ferrara-Florencia, el acontecimiento en sí mismo es de indiscutible relevancia teológica. Su convocato-

---

[19] Patriarca Filoteo, *Carta al patriarca de Bulgaria*; PG 152, 1412B.

ria supuso una concesión fundamental por parte de Roma, que los papas de los siglos XIII y XIV habían rechazado sistemáticamente, a pesar de las múltiples instancias por parte de Bizancio. La celebración de un concilio para unir a las dos Iglesias, en el que se pudieran discutir abiertamente las diferencias entre ambas, incluso aquellas sobre las que ya se había llegado a un acuerdo con Roma, habría de ser la prueba del fuego para el desarrollo doctrinal de Occidente. Esa concesión papal fue sólo posible por el reto «conciliarista» que habían supuesto los concilios de Constanza y de Basilea. Para dejar bien claro que no podía haber un concilio sin la presencia del papa, Eugenio IV concedió que también el papa de Roma necesitaba un concilio.

Pero mientras que entre los bizantinos había un grupo reducido de humanistas «de mentalidad latina» que estaban dispuestos a la unión mediante una simple aceptación de las doctrinas papales, la inmensa mayoría, incluidos los conservadores palamitas, consideraban el concilio como la vía normal de unión sobre la base de la fe ortodoxa. Por otro lado, la impresionante delegación de Bizancio que se presentó en Ferrara tenía serias dificultades. En primer lugar, estaba interiormente dividida en el tema del conocimiento. Algunos miembros importantes, aunque en su ordenación episcopal habían suscrito formalmente el palamismo, eran barlaamitas en su interior, es decir, escépticos ante al tema de si se puede adquirir realmente un conocimiento de las verdades divinas. En segundo lugar, a pesar de sus prolongados contactos con Occidente durante décadas, los bizantinos —quizá por influjo de su idea de «pentarquía», por la que se reconoce al papa como patriarca de Occidente— no parecían haber entendido bien las profundas implicaciones de los problemas eclesiológicos que dividían a los dos bloques, y no supieron capitalizar esa división. Eligieron negociar con el papa porque tenían la impresión de que él hablaba en nombre de todos los latinos y podía prestarles inmediatamente ayuda militar contra los turcos. Y finalmente, el carácter representativo de la delegación bizantina era sólo formal. De hecho, los miembros de la delegación habían sido escogidos entre un pequeño grupo selecto de la capital, que por entonces ya era una Constantinopla moribunda, de menos de cincuenta mil habitantes [20] y con sólo un par de posesiones dispersas por el Egeo. Los millones de cristianos orientales —obispos, clérigos y laicos— que poblaban el Oriente Medio, Asia Menor y los Balcanes estaban ya bajo ocupación turca, tratando de adaptarse a su nueva situación y, por lo general, miraban con escepticismo el posible éxito de las Cruzadas. Y mientras tanto, la Rusia moscovita no dejaba de albergar sospechas sobre Occidente.

No obstante, todos esos obstáculos no lograron impedir que el Concilio de Ferrara-Florencia fuera la ocasión para un diálogo teológico fructífero, dramático y fundamentalmente libre.

El decreto *Laetentur caeli*, firmado el 6 de julio de 1439, fue el resultado de las conversaciones, aunque totalmente distinto de la gran «victoria» teológica que esperaba el círculo de Cantacuzeno. El decreto elimina uno de los puntos del contencioso entre griegos y latinos, el problema relativo al pan eucarístico, mediante la declaración de que tanto el pan ordinario (con levadura) como el ázimo (sin levadura) pueden usarse en la celebración del sacramento. Por lo demás, el decreto incluye tres definiciones doctrinales: la procesión del Espíritu Santo, el purgatorio, y el primado de Roma.

---

[20] Véase A. M. Schneider, «Die Bevölkerung Konstantinopels im XV, Jahrhundert»: «Götingen Akademie der Wissenschaften, Nachrichten phil.-hist. Klasse» (Göttingen 1949) 235-237.

A propósito del *Filioque*, el decreto afirma que no hay diferencias sustanciales entre los Padres Griegos y los Latinos en su teología de la Trinidad; y define la «procesión» en los tradicionales términos latinos agustinianos: *ex utroque aeternaliter tanquam ab uno principio et unica spiratione procedit*. Además, recalca expresamente que el término *Filioque* se ha añadido al credo de manera legítima y razonable (*licite et rationabiliter*). Con todo, queda claro que en adelante no se exigirá a los griegos una modificación del texto para el uso litúrgico o convencional.

La definición sobre el purgatorio —de igual longitud y con los mismos detalles que la referente a la «procesión» del Espíritu— también se aparta de la idea generalmente aceptada en Oriente sobre el destino de las almas después de la muerte. El decreto recoge la enseñanza medieval latina sobre una purificación después de la muerte, como requisito indispensable cuando en vida no se han producido suficientes «frutos de arrepentimiento». La definición incluye la declaración formal de que las almas de los no bautizados «bajan inmediatamente al infierno» (*mox in infernum descendere*).

Sobre el primado, la definición afirma que el romano pontífice, «auténtico vicario de Cristo», es «la cabeza de toda la Iglesia, el padre y maestro de todos los cristianos», y que a él, en la persona del bienaventurado Pedro, «se le ha concedido pleno poder para alimentar, regir y gobernar la Iglesia universal». Es evidente que la definición iba dirigida a los «conciliaristas» occidentales, incluso más directamente que a los griegos. Y en ese punto consiguió el resultado que se había propuesto y que, en realidad, fue el único resultado importante del Concilio de Florencia [21]. Los bizantinos ali-

---

[21] J. Gill, *The Council of Florence* (Cambridge 1959) 411.

viaron sus conciencias asegurándose una inserción que, a su juicio, implicaba una limitación de los poderes del papa: la función primacial debe ejercerse «de acuerdo con las actas de los concilios ecuménicos y con los sagrados cánones».

La apologética ortodoxa ha observado con frecuencia que los griegos, al ratificar ese texto, sufrían un profundo agotamiento mental y físico. Pero resulta difícil sostener esa postura, porque Marcos de Éfeso se negó a firmar y se marchó tranquilamente a casa. Por eso, habrá que suponer que los otros, en el momento de firmar, estaban convencidos de que hacían lo correcto desde el punto de vista teológico o, por lo menos, político. Sin embargo, muchos de ellos cambiaron pronto de idea, mientras que aquéllos que habían estampado su firma se fueron integrando gradualmente en el mundo del Renacimiento italiano y de la política pontificia, y dejaron de tener la más mínima influencia sobre sus compatriotas de Oriente.

Cuatro personalidades de la delegación griega ejercieron un liderazgo intelectual en Ferrara, en Florencia y durante los años que siguieron inmediatamente al concilio: Marcos, metropolita de Éfeso; Besarión, metropolita de Nicea; y dos jefes laicos, Jorge Escolarios y Gemistos Pleto. Besarión era el jefe de la mayoría griega que firmó las resoluciones, mientras que los otros tres representaban tres formas distintas de oposición a las decisiones del concilio.

Marcos Eugénikos (1392-1444) fue elegido metropolita de Éfeso un año antes de convocarse el concilio (1437). Había estudiado teología con José Brienio y filosofía con Gemistos Pleto. Bajo la guía de Pleto había recibido una formación filosófica mucho más completa que la que se solía ofrecer en los círculos monásticos. La opinión de Marcos sobre el Occidente latino coincidía con la del círculo de Cantacuzeno en el siglo anterior. Personalmente, había estado dispuesto a reconocer el concilio como ecuménico, hasta que perdió la esperanza de que lo que él consideraba como la verdad llegara a imponerse en la asamblea. En la sesión inaugural de Ferrara, Marcos, presentado por el cardenal Cesarini, dirigió al papa Eugenio una alocución preliminar en la que invitaba al «santísimo padre» a acoger a «sus hijos que venían de Oriente» para «echarse en sus brazos». Pero al mismo tiempo insistió en la condición mínima para consumar la unión: suprimir la interpolación introducida unilateralmente por los latinos en el credo común [22]. Cuando se dio cuenta de que la discusión discurría por derroteros totalmente opuestos a sus postulados, su actitud se hizo lógicamente más dura. En las discusiones, él y Besarión solían ser los portavoces de la delegación griega. Quizá su mayor debilidad residía en una cierta torpeza para superar el puro formalismo de los temas sometidos a examen —purgatorio, *Filioque*, epíclesis— y llegar a los puntos realmente importantes, como el concepto jurídico anselmiano de «justificación», o la diferencia entre la teología trinitaria de los Padres Capadocios y la de Agustín de Hipona. Una falta de perspectiva histórica por ambas partes y la convicción de que todos los Santos Padres tienen que coincidir en todos los aspectos crearon una situación de atascamiento. No había alternativa; lo único que se podía hacer era aceptar o rechazar la postura de los latinos. Se dice que cuando Marcos se negó a firmar, el papa declaró: «No hemos conseguido nada»[23]. Obviamente, en ese momento, Eugenio IV ya se había dado cuenta de la situación real de los orientales y sabía que Marcos representaba esa mentalidad mucho mejor que los demás miembros de la delegación griega. Hasta su muerte, Marcos siguió siendo la cabeza de los anti-unionistas en Constantinopla. La Iglesia ortodoxa lo ha canonizado.

---

[22] *Ferrarie gesta* (ed. J. Gill; Roma 1952) vol. 5, fasc. 1, 28-34.
[23] Syrópulos, *Mémoire* X, 15; *Les "Mémoires" du Grand Ecclesiarque de l'Église de Constantinople Sylvestre Syropoulos* (Paris 1971) 496.

Jorge Escolarios, ferviente admirador del tomismo y teólogo tomista por derecho propio, es un enigma desde el punto de vista intelectual, que aún espera los resultados de la moderna investigación histórica. En el preámbulo a uno de sus tratados escribe: «Egregio Tomás, ¿por qué el cielo te hizo nacer en Occidente? [Si hubieras nacido en Oriente,] no habrías defendido las desviaciones de la Iglesia occidental sobre la procesión del Espíritu Santo y la distinción entre la esencia de Dios y su energía, y habrías sido nuestro impecable maestro de doctrina, como todavía lo eres en el campo de la ética»[24]. Con esa actitud, semejante a la de Nilo Cabasilas en su aceptación del palamismo y del tomismo, excepto en el tema de la procesión del Espíritu Santo, Jorge llegó a Florencia y se movió en apoyo de la unión, hasta poco antes de la conclusión del concilio. Después, marchó a Constantinopla, pero declinó cualquier cargo explícito hasta que, en 1444, Marcos de Éfeso, ya en su lecho de muerte, le confió el liderazgo del partido ortodoxo. Jorge aceptó y vistió el hábito monástico bajo el nombre de Genadio, hasta que en el año 1453, después de la caída de Constantinopla, el sultán Mohamed II lo nombró patriarca de la capital. Es muy posible que, si la teología bizantina no hubiera muerto violentamente el año 1453, hombres de la talla de Escolarios hubieran sido capaces de preparar en profundidad aquel diálogo que se frustró en Florencia, pero que era lo único que habría podido conducir a una verdadera unión de las Iglesias.

Jorge Gemistos (hacia 1360-1452), laico, igual que Escolarios, y más conocido por su apellido «Pleto» —que suena

---

[24] G. Escolarios, *Oeuvres complètes* VI (ed. L. Petit y M. Jugie; Paris 1928-1936) 1.

parecido a «Platón»— se contó entre los oradores elegidos por los griegos como portavoces en el Concilio de Ferrara-Florencia. Es verdad que durante las sesiones públicas no hizo gran uso de su privilegio de orador, pero fue extraordinariamente activo en las discusiones privadas de los griegos. Lo que probablemente sabían muy pocos, y que se descubrió más tarde, especialmente por Escolarios, es que Pleto había abandonado su compromiso esencial con la religión cristiana y lo había sustituido, para él personalmente y para su grupo de discípulos, por el paganismo de Platón. Según el mejor estudio publicado hasta la fecha sobre la trayectoria de Pleto, su implicación en las discusiones teológicas del cristianismo fue «una perfecta hipocresía»[25]. En Florencia, apoyó las tesis de Marcos Eugénikos, pero abandonó el concilio en compañía de Escolarios antes de la proclamación oficial de la unión, aunque, al parecer, la aceptó posteriormente. En cualquier caso, ninguno de esos gestos debió de tener para él un significado decisivo. Determinista a ultranza en su filosofía de la historia[26], no creía que la ayuda occidental o la fidelidad a la ortodoxia pudieran hacer algo para cambiar el predeterminado destino de los helenos. Por consiguiente, en Pleto, el «humanismo profano» alcanzó sus cotas más altas y, a lo que parece, no fue para él más que una huida personal de las realidades de la historia.

El derrotismo de Pleto no fue, ciertamente, admisible para todos los humanistas bizantinos. El ejemplo más elocuente es el caso de uno de sus discípulos y amigos personales, Besarión de Nicea (1402-1472). Monje desde 1429, Besarión fue elegido metropolita el año 1436, cuando ya se

---

[25] F. Masai, *Pléthon et le Platonisme de Mistra* (Paris 1956) 321.
[26] *Ibíd.*, 98.

estaba preparando el concilio. Sin embargo, su carrera eclesiástica no le impidió simpatizar con las ideas y preocupaciones de grandes humanistas con los que mantenía estrechos contactos. Su evolución religiosa, obviamente sincera, que tuvo lugar en Florencia —y que siguió un camino diametralmente opuesto al de Escolarios, en el sentido de que Besarión, en sus orígenes acérrimo defensor de la ortodoxia, acabó siendo el líder del partido unionista—, se puede explicar por su actitud frente al conocimiento teológico, que se asemejaba a la de Barlaán de Calabria. Si no se podía alcanzar un conocimiento profundo y experimental del verdadero problema que dividía a latinos y griegos, el *Filioque*, no había razón para que el Occidente latino no pudiera desempeñar la función de salvador o, por lo menos, de refugio de los valores eternos del helenismo. No deja de ser relevante el hecho de que toda la herencia literaria de Besarión, excepto los pocos discursos teológicos que requerían los debates de Ferrara y de Florencia, trate de la filosofía griega. Su obra monumental, *Refutación de las blasfemias pronunciadas contra Platón*, es como un manifiesto de los principios que gobernaban la filosofía de su mentor, Pleto. Por otra parte, la carta —de inspiración totalmente pagana— que escribió al hijo de Pleto a la muerte de su padre, podría incluso hacer pensar que el propio Besarión era miembro secreto de la secta dirigida por Pleto[27]. Si fuera verdad que en su biblioteca privada había un autógrafo de Pleto con el sagrado *ordo* de la secta, quedaría confirmada su implicación en ella, un hecho que, por otra parte, no se puede refutar por los numerosos y dignos servicios que Besarión prestó en la curia de los papas humanistas

---

[27] *Kardinal Bessarion* III (ed. L. Mohler; Paderborn 1942) 468-469. Véanse los comentarios y la traducción al francés en Masai, *Pléthon*, 306-307.

de la segunda mitad del siglo XV. Griego de espíritu, Besarión siguió como tal, y con éxitos mucho más espectaculares que los de sus compatriotas orientales. Pero, ¿hasta qué punto fue un verdadero teólogo cristiano?

La personalidad y evolución intelectual de Besarión ilustra del mejor modo posible el hecho de que, «si la definición de Florencia sobre el primado romano asestó un golpe mortal a la teoría del conciliarismo»[28], cambiando así el curso de la historia de la Iglesia occidental y haciendo inevitable la Reforma, en realidad pasó por alto los problemas de fondo que dividían a Oriente y Occidente, de modo que, al endurecer las posturas por ambas partes, transformó el cisma en un drama mucho más profundo de lo que había sido hasta el momento.

5. BIBLIOGRAFÍA

Amvrosy (Pogodin), Archimandrita, *Sviatoy Mark Efessky i Florentiiskaia Unia* (San Marcos de Éfeso y la unión de Florencia) (Jordanville, New York 1963).

Candal, E., *Nilus Cabasilas et theologia S. Thomae de processione Spiritus Sancti*, Studi e testi 116; Città del Vaticano 1945). (Análisis de las fuentes más importantes sobre la delegación griega en el Concilio de Florencia).

Gill, J., *The Council of Florence* (Harvard University Press, Cambridge 1959). (Obra clásica sobre la historia del concilio por un historiador romano-católico).

Laurent, Venance (ed.), *Les «Mémoires» du grand ecclésiarque de l'église de Constantinople, Sylvestre Syropoulos sur le*

---

[28] J. Gill, *Council of Florence*, VII.

Concile de Florence (1438-1439). (Publications de l'Institut Français d'Études Byzantines-CNRS, Paris 1971). (Primera traducción a una lengua moderna de una fuente básica del Concilio de Florencia. La introducción y el comentario son una mina de información sobre temas teológicos).

Lot-Borodine, Myrrha, *Nicolas Cabasilas* (París, L'Orante 1958). (Teología de la «deificación» según Cabasilas).

Mamone, K., «Markos ho Eugenikós. Bios kai ergon»: «Theologia» 25 (1954) 377-404, 521-575.

Mercati, Giovanni, *Notizie di Procoro e Demetrio Cidone, Manuele Caleca e Theodoro Meliteniota ed altri appunti per la storia della teologia e della letteratura bizantina del secolo XIV*, (Studi e testi 56, Città del Vaticano, 1931). (Sobre los tomistas bizantinos en el siglo XIV).

Möhler, L., *Kardinal Bessarion als Theologe, Humanist und Staatsman* I-III (Schöningh, Paderborn 1923-1942). (Monografía sobre Besarión, con fuentes originales).

Papadopoulos, S. G., *Hellênikai metaphraseis thômistikôn ergôn. Philothômistai kai antithômistai en Byzantiô* (Traducciones griegas de escritos tomísticos. Tomistas y antitomistas en Bizancio) (Atenas 1967). (Importante estudio crítico).

Podskalsky, Gerhard, *Theologie und Philosophie in Byzanz: Der Streit um die theologische Methodik in der spätbyzantinischen Geistesgeschichte (14./15. Jh.), seine systematischen Grundlagen und seine historische Entwicklung* (Beck, München 1977). (Presentación moderadamente antipalamita de los desarrollos teológicos del Bizancio tardío).

Ševčenko, I., «Intellectual Repercussions of the Council of Florence»: «Church History» 24 (1955) 291-323. (Artículo importante para comprender la mentalidad bizantina).

Sinkewicz, Robert E., «The Doctrine of the Knowledge of God in the Early Writtings of Barlaam the Calabrian»: «Mediæval Studies» 44 (1982) 181-242.

Turner, C. J. G., «George-Gennadius Scholarius and the Union of Florence»: «Journal of Theological Studies» 18 (1967) 83-103. (Titubeos de uno de los más importantes teólogos griegos).

Völker, W. *Die Sakramentsmystik des Nikolaus Kabasilas* (Wiesbaden 1977).

IX

LEX ORANDI

El cristianismo bizantino se suele conocer por el esplendor de su liturgia, un esplendor que refleja su concepción teológica, o mejor dicho, eclesiológica, ya que a través de la liturgia, el cristiano bizantino reconocía y experimentaba su pertenencia al Cuerpo de Cristo. Si el cristiano occidental daba razón de su fe invocando una autoridad externa —como el magisterio eclesiástico, o la Biblia—, el bizantino consideraba la liturgia como fuente y expresión de su teología. De ahí, el tremendo conservadurismo que reinó en la época de Bizancio, e incluso en el período posbizantino, en cuestiones de tradición y práctica litúrgica. La liturgia era lo que mantenía la identidad y continuidad de la Iglesia en medio de un mundo sujeto a continuos y profundos cambios.

Pero esa mentalidad conservadora no significa que la estructura litúrgica de la Iglesia bizantina no llegara a experimentar una evolución sustancial. Si es cierto que ni la teología ni la religiosidad litúrgica pueden permanecer completamente al margen de los problemas planteados por los avatares históricos, el estudio de esos desarrollos nos permitirá seguir el proceso evolutivo de la mentalidad religiosa de Bizancio. A pesar de su conservadurismo como tradición cristiana, la liturgia bizantina supo responder con una gran creatividad a los desafíos de la historia. La interacción entre continuidad y cambio, entre unidad y diversidad, y entre fidelidad a un prototipo oficial centralizado e iniciativa local, es inevitable en la *lex orandi* de la Iglesia. Y el estudio de esa interacción, concretamente en Bizancio, es requisito indispensable para comprender su *lex credendi*.

1. LA IGLESIA DE «SANTA SOFÍA» EN CONSTANTINOPLA

El famoso templo construido por Justiniano y dedicado a Cristo, «Sabiduría de Dios», *Hagía Sophía* (= «Santa Sofía») fue durante siglos la construcción más grandiosa de la cristiandad. Como catedral del «arzobispo de la Nueva Roma» y «patriarca ecuménico», provocaba la admiración del mundo y creaba un efecto no sólo estético, sino también, por así decir, misionero. Cuando los embajadores del príncipe ruso Vladimiro de Kiev la visitaron por primera vez el año 988, confesaron que no sabían «si estaban en la tierra, o ya habían entrado en el cielo»; y la Crónica Rusa interpreta la adopción del cristianismo bizantino por los rusos como consecuencia del informe de sus embajadores [1]. Pero el influjo de «Santa Sofía» se notó no sólo entre los «bárbaros», sino también en el hecho de que otras comunidades cristianas que tenían sus propias tradiciones pensaban de la misma manera. Durante la ocupación de Italia por los bizantinos (siglos VI-VII), la Iglesia de Roma adoptó un buen número de himnos procedentes de Bizancio [2]. Los jacobitas de Siria, a pesar de estar separados de la fe ortodoxa por cuestiones de índole cristológica, tradujeron y adoptaron gran parte de la himnografía bizantina, sobre todo durante la reconquista del Medio Oriente por los emperadores de la dinastía macedónica (867-1056) [3]. Y lo mismo se puede decir sobre la influencia de Bizancio en Armenia.

El prestigio de Constantinopla es particularmente digno de mención porque no existen datos fehacientes sobre una

---

[1] «The Russian Primary Chronicle»: «Harvard Studies in Philology and Literature» 12 (1930) 199. (Traducción al inglés de S. H. Cross.)
[2] A. Baumstark, *Liturgie comparée* (Chévrogne 1953) 109-113.
[3] *Ibíd.*, 104-106.

política eclesiástica o imperial que impusiera las propias costumbres por ley o con medidas administrativas. En el mundo ortodoxo, que giraba en la órbita de Constantinopla y que llegó a estar litúrgicamente más centralizado que el propio mundo romano, la diversidad litúrgica se mantuvo hasta el siglo XV (cf. Simeón de Tesalónica). Pero esa centralización litúrgica era fruto no de un deliberada política del poder central, sino del inigualable prestigio cultural de Constantinopla, la capital del imperio. La adopción de una práctica o tradición litúrgica por parte de «Santa Sofía» significaba su ratificación automática y, en última instancia, una garantía de aceptación universal.

A excepción de unos cuantos elementos, más bien superficiales, procedentes del ceremonial de la corte, la liturgia de «Santa Sofía» era una síntesis de elementos heterogéneos, más que una creación original [4]. Ese carácter sintético y «católico» refleja fielmente la función de Bizancio en política y en teología. Por su condición de imperio, Bizancio tenía que integrar las diversas tradiciones culturales que lo componían y, como centro de la Iglesia imperial, procuró siempre mantener un equilibrio entre las diversas corrientes teológicas que dividieron al cristianismo a partir del siglo IV.

La configuración de la liturgia bizantina —y, por tanto, de su teología— estaba determinada por los siguientes factores:

a) El primitivo núcleo cristiano anterior a Constantino, al que la Iglesia bizantina y otras grandes tradiciones del cristianismo oriental permanecieron extremadamente fieles, consistía en la celebración de los dos sacramentos que «recapitulan» todos los demás: el bautismo y la eucaristía [5].

---

[4] Véase A. Schmemann, «The Byzantine Synthesis», *Introduction to Liturgical Theology* (London 1966) 116-166.
[5] Gregorio Palamás, *Hom. 60* (ed. S. Oikonomos, Athenae 1861) 250.

A pesar de las tremendas diferencias culturales y políticas en las que se desarrollaba la vida cristiana, y aunque se había adoptado el bautismo de niños como modelo universal, el rito conservó las palabras y las formas esenciales establecidas en los siglos II y III. La ceremonia, que se realizaba por inmersión completa, quería ser una representación solemne, aunque un tanto sofisticada, del misterio pascual y del «paso» a una vida nueva de renuncia a Satanás y de unión con Cristo. El bautismo no estaba aún contaminado por otras formas tardías de simbolismo ni por otros desarrollos teológicos extrasacramentales. La confirmación se administraba por un sacerdote que ungía al candidato con el «santo crisma» bendecido por el obispo y nunca iba separada del bautismo. Al neófito, aunque todavía fuera un niño, se le admitía inmediatamente a la eucaristía.

Más difícil es determinar el núcleo pre-constantiniano en un desarrollo tan complejo como el que experimentó la celebración de la eucaristía en el mundo bizantino. El entorno del rito propiamente dicho se embelleció con una enorme proliferación de elementos simbólicos y se interpretó como una representación de la vida de Cristo. Pero la parte central —el canon eucarístico— conservó fielmente su forma originaria y las raíces judías de la celebración pascual. Eso se puede afirmar, en concreto, de las dos liturgias eucarísticas que en el ámbito bizantino sustituyeron a la antigua liturgia palestinense de «Santiago», la liturgia de Basilio y la de Juan Crisóstomo. En lo esencial, las dos proceden de los siglos IV o V; y en el caso del canon que lleva el nombre de Basilio de Cesarea († 379) se puede afirmar casi con absoluta seguridad que es obra suya. Pero Basilio debió de usar una tradición más antigua, que él mismo atribuye a los apóstoles [6]. Su

---

[6] Basilio de Cesarea, *Sobre el Espíritu Santo*, 27 (ed. B. Pruche, SC 17, Paris 1945) 233.

plegaria eucarística «es, sin duda, una de las más bellas y más armoniosas fórmulas que nos transmitió el cristianismo primitivo [...], muy próxima a las más antiguas formulaciones de la oración cristiana, y con expresiones que se acercan a la primitiva oración judía»[7].

Según el *ordo* medieval bizantino presentado por Balsamón[8], canonista del siglo XII, la liturgia de Juan Crisóstomo es la forma en que habitualmente se celebraba la eucaristía a lo largo del año, excepto en cuaresma, mientras que la liturgia de Basilio sólo se celebraba en diez ocasiones solemnes. Con todo, en Jerusalén y en algunas otras comunidades locales, la antigua «liturgia de Santiago» no cayó completamente en desuso. Desde la perspectiva eclesiológica, es importante que la eucaristía no dejara de ser en Bizancio una solemne celebración festiva que, en principio, implicaba la reunión de toda la comunidad local en torno a la mesa del Señor. En este aspecto, llama la atención el contraste con el desarrollo occidental en la Edad Media. La Iglesia bizantina no sólo ignora las «misas rezadas», o misas a intención de los demandantes, sino que ni siquiera contempla como norma la celebración diaria de la eucaristía, excepto en los monasterios. Al sacerdote no se le permite celebrar más de una vez al día; y cada altar no puede servir más que para una sola celebración diaria. Estas prescripciones sitúan la realidad eclesiológica de la única Iglesia, que se expresa en una única celebración eucarística, por encima de toda conveniencia pastoral o consideración práctica. Como ya ocurría en las primeras comunidades cristianas, la eucaristía no es la acción de un grupo determinado de fieles, ni sirve para un fin particular o coyuntural,

---

[7] Louis Bouyer, *Eucharist* (Notre Dame 1968) 302-303.
[8] PG 119, 1033.

sino que siempre es la totalidad de la Iglesia la que ofrece el sacrificio «por todos y en beneficio de todos».

b) El segundo aspecto es la evolución litúrgica del llamado «rito catedralicio», una designación que A. Baumstark aplica a la práctica que se seguía en las grandes iglesias urbanas, en contraposición a las normas que regían en las comunidades monásticas [9]. En un manuscrito de la época se ha conservado una descripción del rito que se practicaba en Santa Sofía entre los años 802 y 806 [10]. Por su parte, Simeón de Tesalónica († 1429) describe una «vigilia solemne» relacionada con esa misma tradición catedralicia, aunque reconoce que, en su tiempo, ya no se celebraba en su forma más depurada ni siquiera en Santa Sofía [11].

Ese rito, que dedicaba un tiempo comparativamente breve a la lectura de la Biblia o al canto de los salmos, favoreció la proliferación de himnografías y otros elementos litúrgicos que presentaban la celebración eucarística como «misterio» o como «drama». Cuando la liturgia empezó a celebrarse en grandes basílicas que podían albergar miles de fieles, era difícil mantener la concepción *comunitaria* del culto cristiano, basada en la idea de que la eucaristía es una *comida en común*. Pero como, en esa época, la primitiva comunidad cristiana se había transformado en simple multitud de «cristianos sólo de nombre» —una transformación que Juan Crisóstomo, en sus famosos sermones pronunciados en Constantinopla, calificaba como verdadera tragedia—, la Iglesia necesitaba subrayar el carácter sagrado de los sacramentos para protegerlos de eventuales profanaciones, rodeándolos de

---

[9] Baumstark, *Liturgie comparée*, 124.
[10] MS Patmiensis 266 (publicado por A. Dmitrievsky, *Opisanie Liturgicheskikh Rukopisei* I (Kiev 1901) 1-152.
[11] Simeón de Tesalónica; PG 155, 556D.

velos y de barreras, de modo que, en la práctica, la masa del laicado quedaba excluida de participar activamente en la celebración, excepto en el canto comunitario de himnos.

Esa evolución, que podría haber obedecido a un desarrollo puramente práctico o pastoral, y por tanto, plenamente justificable, adquirió expresión teológica —y no precisamente muy feliz— en la obra del Pseudo-Dionisio *Jerarquía eclesiástica*, que es su testimonio más explícito. Ya se ha descrito anteriormente el modo en que Dionisio exponía la liturgia «terrestre» como representación simbólica —y sólo simbólica— de la inmutable jerarquía de seres que se encuentran entre el cristiano individual y su Dios. Después de Dionisio, la liturgia empezó a considerarse como una iniciación de carácter gnóstico, lo cual hizo que poco a poco se fuera perdiendo la idea de comunión con la vida de Cristo. Pero el propio rito conservó el realismo sacramental y una concepción más teológica de la liturgia; de modo que teólogos como Nicolás Cabasilas pudieron superar en sus escritos la ambigua tradición de individualismo y simbolismo gnóstico que Dionisio había introducido en el siglo VI.

c) El tercer aspecto es la celebración que se practicaba en los monasterios. Desde comienzos de la era constantiniana, junto al incipiente culto «catedralicio» existía un culto monástico que pronto entró en competencia con el anterior. Esa forma de culto se caracterizaba no sólo por una serie de unidades cultuales autónomas (vísperas, completas, oración de la noche, maitines, y cuatro «horas» canónicas, que en Jerusalén se completaban con la «oración de mediodía»), sino también por el uso casi exclusivo de salmos, y por su oposición a la himnografía [12]. El oficio monástico se prolon-

---

[12] Baumstark, *Liturgie comparée*, 114.

gaba, prácticamente, todo el día y toda la noche, como en el famoso monasterio de los «No-durmientes» en Constantinopla. Las comunidades monásticas desarrollaron también los aspectos penitenciales de la posterior síntesis bizantina: ciclo de cuaresma, postración y ayuno.

Las descripciones más antiguas que poseemos sobre el *Týpikon* del monasterio de Studios en Constantinopla y del *Týpikon* palestinense de San Sabas conservan el orden que seguía la liturgia en esos dos importantes centros monásticos durante el siglo X. En esa época, ambos habían perdido ya la sobriedad original del culto monástico. No sólo habían abandonado su oposición a la himnografía, sino que se habían convertido en centros importantes de composición de himnos (Teodoro en Studios y Juan de Damasco en San Sabas). Por otra parte, el gnosticismo simbólico del Pseudo-Dionisio había ejercido una enorme influencia en los círculos monásticos. Si la meta de la Iglesia terrestre consistía en imitar a las «jerarquías celestes», los monjes consideraban que ellos cumplían *a fortiori*, o sea, más y mejor, los fines de la «vida angélica». De hecho, la aceptación común de los postulados de Dionisio sobre la liturgia debió de influir de manera decisiva en una aproximación entre el culto «monástico» y el «catedralicio».

Pero el comienzo de la integración no se produjo en Constantinopla. Allí, el *Týpikon* de Santa Sofía y el del monasterio de Studios eran aún claramente distintos en el siglo X, cuando la regla estudita, modificada por el patriarca Alejo, fue exportada a Kiev y adoptada por Teodosio de las Cuevas. La integración tuvo lugar en Jerusalén, donde las prácticas monásticas se incluyeron en el rito «catedralicio» original hacia el siglo XI. La ocupación latina de Constantinopla (1204-1261) y la subsiguiente decadencia del monasterio de Studios pudieron haber contribuido a que Santa Sofía de Constantinopla adoptara el *Týpikon* integrado de

Jerusalén y a que esa práctica se generalizara en todo el territorio bizantino [13]. Los grandes patriarcas hesicastas del siglo XIV, en especial Filoteo Kókkinos, fueron los principales agentes de esa unificación litúrgica.

La adopción de un único sistema de liturgia para laicos y monjes facilitó la unificación litúrgica en toda la Iglesia. El dominio bizantino en el cristianismo oriental creó, de hecho, una centralización litúrgica mucho mayor que la que Roma fue capaz de realizar en Occidente. La diferencia está en que a esa centralización no se le dio especial relevancia teológica, pues se debía únicamente al inigualable prestigio cultural de Santa Sofía. En realidad, el rito bizantino no era originario de Constantinopla, sino de Siria, en su primera versión, y de Palestina en la segunda. Sin embargo, la oportunidad que se ofrecía a los pueblos recién convertidos, de traducir la liturgia a sus respectivas lenguas, compensó las desventajas de la centralización y se convirtió en una poderosa fuerza de actividad misionera. En cualquier caso, la liturgia siguió siendo en la Iglesia ortodoxa una de las más poderosas expresiones de unidad.

Igualmente importante fue el hecho de que la Iglesia bizantina adoptara el *Týpikon* monástico para regular la vida litúrgica de la comunidad cristiana. De hecho, en este aspecto, las demás familias espirituales del cristianismo oriental —coptos, jacobitas, armenios— estaban en la misma situación. Al aceptar la espiritualidad monástica como modelo de culto, el Oriente cristiano expresaba el sentido escatológico del mensaje de Cristo. La infinidad de requisitos litúrgicos que se contemplan en el *Týpikon*, la imposibilidad de que una comunidad normal pudiera cumplirlos íntegramente y la

---

[13] Véase M. Skaballanovich, *Tolkovyi Tipikon* (Kiev 1910) 410-416.

severidad de las sanciones disciplinarias enumeradas en los libros litúrgicos sirvieron de salvaguardia contra cualquier intento de identificar la Iglesia con el *aiôn* presente, y como señal del Reino futuro. Correctamente interpretada, la liturgia oriental coloca a la Iglesia en permanente estado de tensión escatológica.

2. LOS CICLOS LITÚRGICOS

En su forma plenamente desarrollada, que se alcanzó en el siglo XIV, el rito bizantino todavía estaba esencialmente dominado por la resonancia *pascual* del mensaje cristiano. En Cristo se *pasa* de la esclavitud a la libertad, de las tinieblas a la luz, de la muerte a la vida. Es posible que la liturgia bizantina emplee con demasiada frecuencia definiciones conceptuales, fórmulas de profesión de fe e incluso poesía romántica —como se verá en nuestra presentación de la himnografía—, pero no se puede entender su estructura y la lógica interna de sus ciclos, si no se presta atención a las sugerencias dinámicas implicadas en el *paso* de lo «antiguo» a lo «nuevo», que es el tema central de casi todas las unidades litúrgicas. En cualquier lugar aparecen variaciones sobre el mismo tema. La miseria de la existencia humana en el «antiguo Adán» podrá adquirir mayor o menor énfasis, igual que la felicidad de una vida nueva podrá considerarse como realidad ya presente o como meta que habrá que alcanzar en el futuro.

Por lo general, cada ciclo corresponde a un determinado libro litúrgico. El ciclo diario, que se encuentra en el *Salterio explicado*, o de forma abreviada en el *Horologion*, desarrolla el tema pascual en conexión con la alternancia diaria entre luz y oscuridad. En línea con la permanente e inmutable estructura del antiguo modelo monástico, que suele evitar la himnografía, las vísperas y los maitines de la liturgia bizantina eligen casi exclusivamente los textos de la Escritura que relacionan la llegada de la noche con la caída del hombre y su separación de Dios, y la salida del sol con el advenimiento de Cristo, «luz verdadera». Las vísperas empiezan evocando la creación (Sal 104), con una sugerencia sobre la indefensión del hombre después de la caída (Sal 140, 141, 129, 116), y terminan con la oración del viejo Simeón (Lc 2,29-32) como esperanza de salvación, y con la idea de que incluso la noche y la muerte pueden significar un bienaventurado descanso para los que esperan la venida del Mesías. Alternando temas de arrepentimiento y de esperanza, los maitines representan una ascensión al encuentro con la luz. Los diez cánticos de la Biblia —incluyendo los eminentemente pascuales, como el de Moisés (Éx 15,1-18; Dt 32,1-43) y el de los tres jóvenes de Babilonia (Dn 3,26-56, 67-88)— son parte del conjunto salmódico, llamado «canon», que culmina con una combinación del *Magníficat* (Lc 1,46-55) y el *Benedictus* (Lc 1,68-79). Y a la salida del sol, resuenan salmos triunfales como Sal 148, 149, 150 (correspondientes a los laudes latinos). La exclamación «Gloria a ti, que nos has enviado la luz» y una *doxología* reflejan el gozo cristiano y la seguridad de que Dios enviará su salvación.

Las vísperas tienden, obviamente, a sugerir la «antigua» situación del hombre; por eso, el rito bizantino sólo incluye lecturas del Antiguo Testamento en el ritual de vísperas. En contraste, los maitines se destacan, en ciertos días señalados, con lecturas de los evangelios.

El ciclo semanal también refleja el tema de lo «viejo» y lo «nuevo», centrándose en el domingo, el «octavo día»[14], el «día del Señor» y de su segunda venida (Ap 1,10), el día de

---

[14] Basilio de Cesarea, *Sobre el Espíritu Santo*, 27 (ed. Pruce) 237.

su resurrección y de su presencia eucarística. Sin embargo, no se descarta completamente el «viejo» sábado judío; es el día de la espera, de la conmemoración de los difuntos que aguardan la resurrección, y también el día en el que Cristo, ya en el sepulcro, bajó al mundo subterráneo para asegurar a los muertos su futura liberación. De ese modo, el sábado, junto con el domingo, se considera como un día eucarístico, incluso durante la cuaresma.

La fiesta de Pascua señala el centro movible del ciclo anual, con un período de preparación (la cuaresma) y cincuenta días de celebración festiva (Pentecostés). Su fecha determina el desarrollo del resto del año. Cada período tiene su correspondiente libro litúrgico, en el que se indican los himnos más apropiados para cada uno: el *Triodion* para cuaresma, el *Pentekostarion* para el tiempo entre Pascua y Pentecostés y el *Oktoechos* («libro de los ocho tonos») para un ciclo de ocho semanas que se repite entre el segundo domingo después de Pentecostés y la cuaresma del año siguiente.

Finalmente, los doce volúmenes del *Menaion* («libro de los meses») contienen el oficio para cada día del año. La enorme cantidad de material himnográfico que durante siglos se ha acumulado en el *Menaion* es de lo más heterogéneo en calidad, pero los oficios para las fiestas más solemnes y para la conmemoración de los santos más importantes se celebran, por lo general, con himnos compuestos para la ocasión por los mejores poetas litúrgicos de Bizancio. Lo mismo que el Santoral en Occidente, el *Menaion* representa un desarrollo litúrgico posconstantiniano, basado en un interés histórico por los acontecimientos pasados, en la religiosidad popular con su veneración de santos particulares y sus reliquias, y en peregrinaciones a los santos lugares de Palestina. Sin embargo, el *Menaion* establece en cada caso una conexión con el contenido esencialmente pascual de la fe cristiana. Por ejemplo, fiestas como Navidad (25 de diciembre) y Epifanía (6 de enero) van precedidas de un período de preparación que reproduce, en cuanto a himnos y música, el modelo de los oficios de Semana Santa. Por medio de esa evocación, la muerte y resurrección de Cristo se presentan como finalidad última y culminación de la encarnación.

Los tres principales ciclos de fiestas conmemoran la vida de Cristo, la de la Virgen María y la de Juan el Bautista. El ciclo cristológico incluye las siguientes fiestas: Anunciación, Navidad, Epifanía, Circuncisión, «Encuentro» con Simeón (2 de febrero) y Transfiguración. También forma parte de este ciclo la fiesta de la Exaltación de la Cruz (14 de septiembre). El ciclo de la Virgen María conmemora su concepción, nacimiento, presentación en el templo y dormición. El ciclo de Juan el Bautista es una creación palestinense basada en datos bíblicos, que sirve de modelo para el ciclo mariológico, e incluye las fiestas de su concepción, nacimiento y degollación. Todo ese sistema, representado en la iconografía llamada «*Deisis*» —una composición que suele ocupar el centro de la iconóstasis e incluye la figura central de Cristo flanqueada por María y Juan—, sugiere un cierto paralelismo entre la madre y el precursor, los dos representantes de la raza humana que estuvieron más cerca de Jesús. El relieve litúrgico de San José es prácticamente nulo, salvo una modesta conmemoración el 26 de diciembre, que lo incluye entre los «antepasados» de Cristo.

No obstante, el *Menaion* contiene conmemoraciones explícitas de muchas figuras del Antiguo Testamento —profetas, reyes y otras— cuya implicación teológica consiste en que, después del descenso de Cristo a los lugares subterráneos, esas figuras, igual que los que agradaron a Dios en la nueva economía, estarán vivas con él.

3. HIMNOLOGÍA

La introducción de una masiva himnología en el culto «catedralicio» se suele relacionar con el nombre de Romanos el Melódico. No hay suficientes datos históricos para conocer las razones que llevaron a sustituir en los ciclos litúrgicos bizantinos los *kontakia* de Romanos y de sus imitadores por otras clases de himnografía, pero se puede suponer que el *kontakion* debió de chocar con la oposición monástica. Aunque principalmente desarrollaba temas bíblicos o parafraseaba textos sagrados, el *kontakion* era prácticamente un sustitutivo de los salmos y cánticos de la Biblia y estimulaba el empleo de la música, un fenómeno que los monjes consideraban demasiado profano. Es natural que las composiciones poéticas de Romanos no encajaran de manera apropiada en el marco cada vez más rígida y estrictamente bíblico de vísperas, maitines y otras unidades litúrgicas, tal como se recogían en los *Týpika* monásticos. Sin embargo, el hecho de que la poesía de Romanos se mantuviera alejada de los grandes debates cristológicos de los siglos VI y VII, a pesar de que seguía fielmente los cánones de Calcedonia y la teología de Cirilo, pudo haber contribuido a la aparición de una himnografía claramente más teológica y doctrinal que los *kontakia*.

La primitiva oposición ascética de muchos monasterios a la creatividad himnográfica no duró demasiado. Ya en pleno siglo V, Auxencio († en Bitinia hacia el año 470) componía *troparia*, breves poemas de dos o tres versos, que se cantaban según el modelo de la salmodia bíblica y, sin duda, en conjunción con salmos y cánticos bíblicos [15]. Una himnografía de ese estilo servía como alternativa a los largos e independientes

---

[15] Véase la *Vida* de Auxencio, *Acta Sanctorum*, Febr 11, 770ss.

kontakia de Romanos. Se componían breves *troparia*, o *stíchera*, para ser cantados después de cada versículo del texto bíblico indicado para vísperas o para maitines, más bien que como piezas litúrgicas independientes. Se llegó a escribir un buen número de series completas de *troparia* como acompañamiento de los diez cánticos bíblicos del oficio de maitines. A estas series se les dio el nombre de «canon» o «regla». A veces, después de la sexta estrofa, incluían restos de algún *kontakion* de Romanos, mientras secciones de ese mismo *kontakion* se parafraseaban en otras *stíchera* o *troparia*, por ejemplo, en la liturgia de Navidad. De ese modo pudieron conservarse en los libros litúrgicos algunas muestras de la poesía de Romanos, después de que en el siglo X, o en el XI, se adoptaran definitivamente los nuevos modelos de himnografía. Parece que, ya en el siglo VIII, algunos monjes de la Laura de San Sabas —Andrés, que más tarde llegaría a ser obispo en Creta, Juan de Damasco, Cosme de Maiuma— jugaron un papel decisivo en la reforma que, en realidad, fue un compromiso entre la primitiva rigidez bíblica de la regla monástica y el lirismo libre y absolutamente personal de Romanos.

El sistema hímnico de Bizancio, en la forma definitiva que adquirió en el siglo XI —las adiciones posteriores fueron sólo periféricas—, es como una enciclopedia poética de espiritualidad y teología patrística. Pero su importancia para la comprensión del pensamiento religioso bizantino no se puede exagerar. Durante la Edad Media, Bizancio jamás atribuyó a las escuelas, a la especulación intelectual o incluso al magisterio la importancia que esas instituciones llegaron a tener en Occidente. Sin embargo, su multicentenaria tradición himnográfica se convirtió en obligado punto de referencia —por ejemplo, de Gregorio Palamás contra Barlaán— como criterio seguro de ortodoxia y expresión de la tradición eclesiástica por excelencia. Y así continuó en los países eslavos y en otros territorios del área de influencia bizantina.

La mayor dificultad para el uso de materiales himnográficos en teología reside en la tremenda multiplicidad y diversidad de himnos. Naturalmente, sus leyendas hagiográficas y exageraciones poéticas sólo pueden entenderse en el contexto en el que fueron originalmente escritas. Pero los bizantinos sabían distinguir entre afirmaciones doctrinales y expresión poética, ya que algunos himnos llevan explícitamente el nombre de *dogmatiká troparia*, por ejemplo, los de las vísperas del sábado, que siempre están dedicados a festejar la encarnación en el sentido de la definición de Calcedonia:

> ¡Quién no te alabará, Virgen santísima! ¡Quién no entonará alabanzas al que llevaste en tu seno! El Hijo unigénito, que nació del Padre antes de todos los tiempos, es el mismo que nació de ti, la más limpia creatura. De manera inefable se hizo carne, siendo Dios por naturaleza, y asumió la naturaleza humana por nosotros; y no dividido en dos personas, sino conocido en dos naturalezas sin mezcla ni confusión. Implórale tú, purísima y santísima, que tenga misericordia de nosotros.
>
> [Tono 6]

Es evidente que el texto es una profesión de fe y, a la vez, una plegaria o un fragmento de poesía religiosa. Otra infinidad de himnos emotivos en honor de María, la *Theotokos*, emplean imágenes y símbolos bíblicos para describir su papel en la historia de salvación:

> ¡Salve, tierra virgen! ¡Salve, zarza ardiente que no se consume! ¡Salve, abismo insondable, puente que lleva al cielo, escala altísima que vio Jacob! ¡Salve, arca divina del maná! ¡Salve, derogadora de la maldición! ¡Salve, revocación de Adán! El Señor está contigo.
>
> [Vísperas de la Anunciación].

El sentimentalismo mariano que aflora en los himnógrafos bizantinos —los mismos que eran capaces de usar en otros textos el más estricto lenguaje teológico— es frecuentemente una expresión de sabiduría litúrgica y de sentido común. La liturgia de la Iglesia, especie de auto sacramental que implica a *la totalidad del hombre*, tiene que asumir y transformar todas las formas del sentimiento humano y no se puede limitar a satisfacer únicamente su capacidad intelectual. La alternancia y correlación entre los infinitos aspectos de la experiencia religiosa es, probablemente, el secreto del impacto permanente que la himnografía de la Iglesia bizantina ejerció sobre generaciones y generaciones de seres humanos.

Ese humanismo de la himnografía bizantina se puede percibir también en el *Tríodon*, un libro para la cuaresma, compuesto en su mayor parte por Teodoro Estudita y sus discípulos más cercanos. En cuanto monumento de la espiritualidad monástica, el *Tríodon* asume el modelo antropológico de los Santos Padres, según el cual, el hombre sólo es verdadero hombre si está en verdadera comunión con Dios; y entonces es también verdaderamente libre. Pero en su estado actual de naturaleza caída, el hombre es prisionero de Satanás; y, como vimos a propósito de la doctrina espiritual de Evagrio, su liberación y salvación implican la supresión de las «pasiones», es decir, de lo que lo lleva a amar a las creaturas más bien que al creador. El camino para la «liberación de las pasiones» (*apátheia*) no es otro que el arrepentimiento:

¡Ay de mí, cuántas cosas buenas he perdido! ¡Qué precioso es el Reino que mis pasiones me han hecho perder! Malgasté la riqueza que poseía, por no cumplir los mandamientos. ¡Ay, alma mía, volcán de pasiones! Estabas condenada al fuego eterno. Pues mira, antes de que llegue el fin, invoca a Cristo, Señor nuestro: Dios mío, acéptame como hijo pródigo y ten compasión de mí.

[Vísperas del Domingo del hijo pródigo].

Abstinencia y vida ascética son las armas para luchar contra las pasiones; pero, aunque se exagera un poco la nota ascética, jamás se pierde de vista la esperanza y la verdadera dimensión de la vida cristiana: «El Reino de Dios no es comida ni bebida, sino gozo en el Espíritu Santo», proclama un *stícheron* de la primera semana de cuaresma. E igualmente: «Da limosna al pobre, ten compasión del que sufre; ése es el ayuno que agrada a Dios». El ascetismo, de orientación monástica, no impide que los autores contemplen también el matrimonio, la vida de familia, y la responsabilidad social:

> El matrimonio es respetable, el lecho es intachable, porque el propio Cristo los bendijo de antemano al participar del alimento en su carne y al transformar el agua en vino en Caná (…), para que tú, alma mía, puedas cambiar
> [Canon de Andrés de Creta, oda 9].

Pero todas las invitaciones al «arrepentimiento» y al «cambio» serían totalmente inútiles si no se nos hubiera dado también un goce anticipado del Reino futuro. Los himnos triunfales de la noche de Pascua, compuestos por Juan de Damasco, que parafrasean un sermón pascual de Gregorio de Nacianzo, son un monumento inmortal a la alegría cristiana:

> ¡Éste es el día de la resurrección!
> ¡Pueblos, exultemos de alegría!
> ¡La Pascua del señor, la Pascua!
> Cristo nos ha llevado
> de la muerte a la vida, de la tierra al cielo.
> ¡Cantemos himnos de victoria!
>
> ¡Cristo, maravillosa y sagrada Pascua,
> Sabiduría, Palabra y Poder de Dios!
> Concédenos participar más plenamente en ti,
> en el día interminable de tu Reino.

4. BIBLIOGRAFÍA

Brightman, F. E., *Liturgies: Eastern and Western*. I: *Eastern Liturgies* (Oxford 1896). (Un clásico).
Dalmais, H. I., *The Eastern Liturgies* (Hawthorn, New York 1960). (Introducción muy útil).
The Festal Menaion. Trad. Mother Mary y Kallistos Ware (Faber & Faber, London 1969). (Traducción de himnos bizantinos para las fiestas solemnes. Introducción muy útil que explica la estructura de las celebraciones bizantinas).
Grosdidier de Matons, José, *Romanos le Mélode et les origines de la poésie religieuse à Byzance* (Paris 1977). (Estudio general sobre el más grande de los poetas de la liturgia bizantina).
—, «Liturgie et hymnographie: Kontakion et canon»: «Dumbarton Oaks Papers» 34-35 (1980-1981) 31-93.
Hapgood, I. F., *Service Book of the Holy Orthodox Catholic Apostolic Church* (Association Press, New York 1922). (Con el texto inglés de las liturgias y de los sacramentos).
The Lenten Triodon. Trad. Mother Mary y Kallistos Ware (Faber & Faber, London 1980). (Himnografía para la Cuaresma; fuente importante de pensamiento ascético y sacramental).
Mateos, J., *Le Typicon de la Grande Eglise. Ms. Sainte-Croix n°. 40. Introduction, texte critique, traduction et notes*. Orientalia Christiana Analecta 165-166 (Roma 1962-1963). (Fuente importante para el estudio del culto bizantino).
Schmemann, A., *Introduction to Liturgical Theology* (Faith Press, London 1966). (Desarrollo de los conceptos litúrgicos bizantinos, según un teólogo ortodoxo contemporáneo).
Uspensky, Nicholas, *Evening Worship in the Orthodox Church* (St. Vladimir's Seminary Press, Crestwood, New York 1983). (Incluye importantes intuiciones teológicas sobre la liturgia de Vísperas de los «Presantificados»).
Wellesz, E., *A History of Byzantine Music and Hymnography* (Oxford ²1961). (Estudio básico).

II

TEMAS DOCTRINALES

PRESENTACIÓN DE LA SEGUNDA PARTE

El panorama histórico esbozado en los primeros nueve capítulos de este libro ha sido un intento de presentar las controversias teológicas, las tendencias características, y las fuentes esenciales de la reflexión teológica de Bizancio. Ahora queremos ofrecer una visión más sistemática de la teología bizantina. Pero hay que tener en cuenta que ningún teólogo bizantino se propuso escribir una *Summa*. Ahora bien, eso no significa que en el fondo de los problemas debatidos por los teólogos no hubiera una básica unidad de inspiración y el sentido de una única tradición de fe perfectamente coherente. La mentalidad oriental no es tan propensa como la occidental a conceptualizar o dogmatizar esa unidad de tradición. Bizancio prefería mantenerse fiel a la "mentalidad de Cristo" por medio de la liturgia de la Iglesia, por la tradición de santidad y por una *gnôsis* viva de la verdad. De ahí que una presentación sistemática de la teología bizantina corra necesariamente el riesgo de forzar los principios teológicos en un marco de categorías racionales ajenas a su naturaleza. Eso es precisamente lo que ocurrió con muchos libros de texto de teología dogmática publicados en el Oriente ortodoxo después del siglo XVIII, que pretendían permanecer fieles a la teología de los Padres Bizantinos. Georges Florovsky ha caracterizado adecuadamente esa literatura como expresión de una mentalidad ortodoxa "esclava de Occidente". La razón es que no basta amontonar textos probatorios de autores patrísticos o bizantinos; una auténtica coherencia exige unidad de método y enfoque congruente.

Por mi parte, para llevar a cabo esa tarea, he intentado seguir en los próximos capítulos un plan de exposición que se adapte a los contenidos de la experiencia cristiana: el hombre, creado y caído, se encuentra con Cristo, se abre a la acción del

Espíritu, y queda introducido en la comunión con el Dios uno y trino. El lector deberá juzgar por sí mismo si este plan es o no más adecuado que el otro para una exposición coherente de la materia.

Inevitablemente, una presentación sistemática de los temas doctrinales de la teología bizantina impone continuas referencias a escritos que en ocasiones rebasan los límites cronológicos definidos en la Introducción general. Por ejemplo, no se puede hablar de antropología o de teología trinitaria en Bizancio sin hacer referencia a Orígenes y a las doctrinas de los Santos Padres del siglo IV, que los bizantinos reconocen como sus maestros por excelencia.

Por otro lado, también es inevitable que mi presentación de los autores bizantinos esté influida por el hecho de que yo personalmente, como teólogo ortodoxo, entiendo que la gran tradición de la Iglesia una tiene su continuidad en Bizancio y por medio de la teología bizantina transmite su mensaje al mundo moderno.

X

CREACIÓN

El pensamiento patrístico sobre la creación se desarrolló en el marco de una polémica de siglos contra el origenismo. El tema de debate era la concepción griega de un cosmos eterno frente a la concepción bíblica de la historia como una dimensión lineal que empezó con el imperativo creador *fiat*. El punto de partida del pensamiento de Orígenes sobre la formación del mundo consistía en que, según él, el acto creador es una expresión de la *naturaleza* de Dios y, como esa naturaleza es inmutable, nunca pudo existir un «tiempo» en el que Dios no estuviera creando. En consecuencia, el mundo ha existido siempre, porque la bondad de Dios siempre ha necesitado un objeto[1]. En el origenismo, la eternidad de la creación no se puede distinguir, de hecho, de la eternidad del Logos, porque ambas realidades proceden eternamente de Dios. Esa identificación condujo a Arrio, primero a rechazar la eternidad de la creación y luego a la idea de que también el Logos había sido generado en el tiempo. La teología anti-arriana de Atanasio de Alejandría definió las categorías que se convirtieron en norma para los posteriores teólogos bizantinos: la distinción entre creación y generación.

1. Creador y creaturas

Para Atanasio[2], la creación es un acto de la *voluntad* de Dios; pero «voluntad» es ontológicamente distinta de *naturaleza*. Por

---

[1] Orígenes, *De principiis* I, 2, 10 (ed. Koetschau, 41-42; trad. Butterworth, 23).
[2] Véase G. Florovsky, «The Concept of Creation in Saint Athanasius»: «Studia Pa-

naturaleza, el Padre engendra al Hijo, en un acto generador que está más allá del tiempo; en cambio, la creación sucede por la voluntad de Dios y eso significa que Dios es absolutamente libre para crear o no crear y no deja de ser trascendente al mundo, después de haberlo creado. La ausencia de distinción entre naturaleza y voluntad de Dios era común a Orígenes y a Arrio. Por eso, establecer esa distinción es la tarea principal de Atanasio.

Es totalmente imposible considerar al Padre sin el Hijo, porque «el Hijo no es una creatura que empezara a existir por un acto de voluntad; él es por naturaleza el verdadero Hijo de la esencia [del Padre]»[3]. Por tanto, el Hijo es Dios por naturaleza, mientras que «la naturaleza de las creaturas que empezaron a existir desde la nada es fluida, impotente, mortal y compuesta»[4]. Al refutar la idea arriana de que el Logos fue creado en atención al mundo, Atanasio afirma que «no es que él fuera creado para nosotros, sino que nosotros fuimos creados para él»[5]. En Dios, el orden de la naturaleza precede al de la acción volitiva[6], es superior a ella e independiente de ella. Por el hecho de que *Dios es lo que es*, no está determinado o limitado, ni siquiera por su propia esencia o por su ser, en lo que *hace*.

Por tanto, naturaleza «divina» y naturaleza «creada» son modos de existencia completamente distintos. La primera es totalmente libre e independiente de la segunda; sin embargo, la creatura depende de Dios; existe «por su gracia, por su voluntad, por su palabra ... de modo que incluso puede dejar de existir, si el creador así lo quiere»[7]. Por consiguiente, en

---

tristica» VI.4; (TU 81, Berlin 1962) 36-37.
[3] Atanasio, *Contra Arianos* III, 60; PG 26, 448-449.
[4] *Contra Gentes*, 41; PG 25, 81CD.
[5] *Contra Arianos* II, 31; PG 26, 212B.
[6] *Ibíd.* II, 2; PG 26, 149C.
[7] *Ibíd.* I, 20; PG 26, 55A.

Atanasio estamos muy lejos del cosmos de Orígenes, que lo consideraba como expresión necesaria de la bondad de Dios identificada con la propia naturaleza divina. En este punto se descubre que, en Atanasio, la idea de creación lleva a distinguir en Dios su esencia trascendente y sus propiedades, como «poder» o «bondad», que expresan su existencia y acción *ad extra*, y no precisamente su esencia.

La distinción *de naturaleza* entre Dios y sus creaturas, igual que la diferencia entre generación «natural» del Hijo por el Padre y creación «por un acto de voluntad», adquieren particular énfasis en Cirilo de Alejandría[8] y en Juan de Damasco[9]. Esa diferencia constituye también la *razón de ser* ontológica de la definición de Calcedonia sobre las «dos naturalezas» de Cristo. Las dos naturalezas se pueden entender como en «comunión» mutua, unidas «hipostáticamente», pero nunca «mezcladas» o «confundidas», es decir, no se pueden considerar como «una naturaleza».

La insistencia de Atanasio en el carácter transitorio de la creación no debería llevar a engaño. Lo que quiere demostrar es un *contraste* entre la naturaleza de Dios, absoluta y autosuficiente, y la dependencia que tiene de él cualquier naturaleza creada. Pero Dios no quiere reducir la existencia creada a un mero «fenómeno». El acto creativo de Dios produce un nuevo orden «creado», una nueva «esencia» distinta de la suya propia, una «esencia» digna de Dios, que merece su amor y sus desvelos y que es en sí misma «muy buena». Dios no crea simplemente, como decía Orígenes, una serie de intelectos iguales cuya existencia se realiza en la contemplación de la esencia de Dios y cuya diversidad es consecuencia de la

---

[8] Véase, por ejemplo, *Thesaurus* 15; PG 75, 276B; *ibíd.* 18; PG 75, 313C.
[9] *De fide orth.* I, 8; PG 94, 812-813.

caída. Puesto que la creación es una esencia, y no simplemente una sombra o un espejismo, en cierto modo tiene significado en sí misma, porque incluso el propio Dios «ama» al mundo, es decir, lo considera como una realidad que está frente a él. Según la definición de Calcedonia, la naturaleza creada, aun cuando es asumida por el Logos, «conserva sus propiedades». La implicación de esa autonomía creada encontró un desarrollo específico en Máximo el Confesor y en los teólogos ortodoxos del período iconoclasta. Lo único que aquí se pretende subrayar es que ideas como providencia, amor y comunión, que reflejan la actividad del creador con respecto al mundo, presuponen una diferencia y una distinción entre él y su creación.

2. El designio de Dios

La creación en el tiempo, es decir, la posibilidad de un verdadero *comienzo* de la existencia creada, constituye la quiebra más importante entre el pensamiento griego y la revelación bíblica. Pero la idea de un *designio* eterno de Dios, que él mismo puso en práctica cuando creó el mundo en el tiempo, no es incompatible con los postulados de la literatura «sapiencial» del judaísmo y, más en concreto, con la teología del Logos en el evangelio de Juan, además de que responde a algunas preocupaciones esenciales del pensamiento filosófico griego.

A lo largo de su historia, la teología bizantina, «griega» y bíblica a la vez, se esforzó por integrar en una coherente visión cristiana de la creación una teoría de las «ideas» divinas sobre el mundo. Había que rechazar la concepción platónica de un *kosmos noêtós*, en cuanto representa una realidad eterna fuera de Dios, una realidad impersonal y «sustancial» que limita la libertad absoluta del acto creador, excluye la creación *ex nihilo* y tiende a disminuir la realidad sustancial de la creación visible, por considerarla exclusivamente como sombra de las realidades eternas. Ese rechazo se materializó implícitamente en la condena de Orígenes el año 553 y, explícitamente, en las decisiones sinodales contra Juan Italos en 1081. Mientras tanto, el pensamiento patrístico y la reflexión bizantina se fueron desarrollando en reacción al origenismo. Por ejemplo, Gregorio de Nacianzo habla de «imágenes del mundo» como pensamientos de Dios [10]. Esos «pensamientos» no limitan la libertad del Dios personal, porque siguen siendo distintos de la naturaleza divina. Sólo se convierten en «realidad» cuando Dios crea en el tiempo [11]. Los pensamientos son también expresiones de la voluntad [12], no de la naturaleza divina; son «pensamientos perfectos y eternos de un Dios eterno» [13]. Puesto que «en Dios» no puede existir nada creado, los pensamientos o ideas sobre el mundo son expresiones increadas de la vida divina, que representan el ilimitado poder de la libertad de Dios. Dios crea el mundo no «a partir de esos pensamientos», sino de la nada. El origen del mundo es el comienzo de una realidad totalmente nueva, producida por el *acto* de creación realizado por Dios conforme a su designio eterno.

El hecho de que en Dios exista una «potencia» eterna e increada que no es ni su propia esencia ni la del mundo, ni siquiera una esencia en sí misma, sino que implica una cierta *contingencia* con respecto a la creación, presupone un concepto antinómico de Dios que adquirirá diferentes formas de

---

[10] Véase, especialmente, Gregorio de Nacianzo, *Carm. theol. IV de mundo* V, 67-68; PG 37, 421.
[11] Juan de Damasco, *De fide orthodoxa* II, 2; PG 94, 865.
[12] *Ibíd.* I, 9; PG 94, 837.
[13] Máximo el Confesor, *Schol.*; PG 4, 317.

expresión en la teología bizantina. Para describir esa realidad, Georges Florovsky avanza una sugerencia: «Tenemos que distinguir, por decirlo así, *dos modos de eternidad*: una eternidad *esencial* en la que vive únicamente la Trinidad y una eternidad *contingente*, en referencia a los actos libres de la gracia de Dios» [14]. En este aspecto, la teología bizantina alcanzó una inteligencia directa de la diferencia entre la idea filosófica impersonal de Dios como realidad absoluta y la comprensión bíblica de un Dios personal, trascendente y libre.

Para expresar la relación entre creador y creaturas, Máximo el Confesor acude a la antigua teología del Logos como centro y unidad vital del *logos* de creación. Esa terminología se encuentra ya en Filón y en Orígenes. Pero, mientras que para Orígenes los *logoi*, en cuanto *logoi*, existen sólo en unidad esencial con el único Logos, para Máximo su existencia real y «lógica» se expresa también en su *diversidad*. La mayor diferencia entre Orígenes y Máximo está en que Máximo rechaza la idea de Orígenes sobre la creación visible como diversificada sólo por la caída original. Según Máximo, la «bondad» de la creación reside en la creación misma y no sólo en su unidad con la esencia divina. Pero la creación no puede ser realmente «buena», a no ser que sus *logoi* diferenciados, que preexistían como «pensamientos» y «voluntades» de Dios, estén anclados en él y se mantengan en comunión con el único Logos divino «supraesencial» [15]. Por consiguiente, las creaturas no existen sólo «como *logoi*», o sólo por el hecho de que Dios «las conoce» eternamente, sino que existen «por sí mismas» desde el momento en que Dios puso en acción su conocimiento previo. En su pensamiento, las creaturas existen desde toda la

---

[14] Georges Florovsky, «The Idea of Creation in Christian Philosophy»: «The Eastern Churches Quarterly» 8 (1949) 67.
[15] Véase Lars Thunberg, *Microcosm and Mediator*, 76-84.

eternidad sólo potencialmente, mientras que su existencia real se produce en el tiempo. Esa existencia temporal de los seres creados no es autónoma, sino que está centrada en el Logos único y en comunión con él. Por tanto, en cierto sentido, «el único Logos es muchos *logoi* y los muchos son uno»; «el Uno es muchos, según la procesión creativa y unificadora del Uno hacia los muchos, pero los muchos son Uno, según la providencia que lleva a esos muchos a volverse hacia el Uno como su principio todopoderoso»[16]. Por tanto, paradójicamente, las creaturas son uno en el único Logos que, sin embargo, es «supraesencial» y está por encima de toda participación[17]. «De ese modo, según Máximo, los *logoi* no se identifican ni con la esencia de Dios ni con la existencia de las cosas en el mundo creado. De hecho, en Máximo se combina una tendencia apofática con una tendencia anti-panteísta (...) Y eso se realiza, sobre todo, gracias a la comprensión de los *logoi* como decisiones de la voluntad de Dios»[18].

Por su fidelidad a la distinción de Atanasio entre *naturaleza* y *voluntad*, Máximo logra construir una verdadera ontología cristiana de la creación, que permanecerá a lo largo de toda la historia del pensamiento bizantino como autoridad normativa y prácticamente indiscutible[19]. Esa ontología presupone no sólo una distinción en Dios entre «naturaleza» (o «esencia») y «energía» —distinción que más tarde recibirá el nombre de «palamismo»—, sino también una comprensión personal y dinámica de Dios, a la vez que una concepción dinámica, o «energética», de la naturaleza creada.

---

[16] Máximo el Confesor, *Amb.* 7; PG 91, 1081C.
[17] *Ibíd.*; PG 91, 1081B.
[18] Thunberg, *Microcosm and Mediator*, 76-84.
[19] Véase S. L. Epifanovich, *Prepodobnyi Maksim Ispovednik i Vizantiiskoe bogoslovie* (Kiev 1915) 136-137.

3. DINAMISMO DE LA CREACIÓN

Para Orígenes, la creación originaria —de carácter intelectual— es puramente estática. Su verdadera existencia *lógica* reside en la contemplación de la esencia de Dios y su primer *movimiento* es una forma de rebelión contra Dios. En la creación, cambio y diversidad son consecuencias de la caída; por eso, son esencialmente malos. Según Máximo y la entera tradición teológica bizantina, el *movimiento* (*kýnesis*) de las creaturas es la consecuencia necesaria y natural de su creación por Dios[20]. Por eso, Dios, al crear el mundo, estableció fuera de sí mismo un sistema de seres dinámicos que son diferentes de él porque están sujetos a cambio y se mueven hacia él[21]. El *logos* de toda creatura consiste en ser esencialmente *activa*[22], porque no hay «naturaleza» sin «energía» o movimiento.

Esta concepción dinámica de la naturaleza creada constituye el principal argumento de Máximo contra los «monoenergistas» del siglo VII, cuya cristología afirmaba que la humanidad de Cristo había perdido su auténtica «energía» o voluntad *humana* por su unión con la divinidad. En cambio, para Máximo, la naturaleza creada perdería su propia existencia si se viera privada de su *propia* energía, de su finalidad concreta y de su específica identidad dinámica. Pero ese movimiento intrínseco de la naturaleza sólo podrá realizarse plenamente si no ceja en la persecución de su propia meta (*skopos*), que consiste en esforzarse por entrar en comunión con Dios y así llevar a cumplimiento el *logos,* o designio divi-

---

[20] Véase J. Meyendorff, *Christ in Eastern Christian Thought* (Washington 1969) 100-102.
[21] Véase Máximo el Confesor, *Ad Thal.*, 60; PG 90, 621A.
[22] Máximo el Confesor, *Amb.*; PG 91, 1057B.

no por y para el que fue creada. De modo que la auténtica finalidad de la creación no es contemplar la esencia divina —que es inaccesible—, sino entrar en comunión con la energía divina, transfigurar la acción de Dios y hacerla transparente en el mundo. Más adelante estudiaremos la dimensión antropológica y cristológica de ese concepto de creación; aunque es obvio que también posee implicaciones cosmológicas.

Se puede decir, en general, que los bizantinos aceptaron la cosmología heredada de la Biblia o de la Antigüedad. Tanto dudaron en dar un nuevo impulso al conocimiento científico que se ha podido escribir: «Los escasos logros de los bizantinos en el campo de las ciencias naturales son uno de los misterios más grandes de la Edad Media griega»[23]. En cualquier caso, da la impresión de que no hay que desacreditar a la teología bizantina por esa carencia, pues la teología, al afirmar el dinamismo de la naturaleza, contiene ya el principio fundamental para estudiar, e incluso controlar, su desarrollo.

Durante toda la Edad Media bizantina, las homilías de Basilio *Sobre el Hexaémeron* fueron el texto normativo sobre el origen, estructura y desarrollo del mundo. Al mantener la oposición de Atanasio al concepto helénico y origenista de creación como eterna repetición cíclica de mundos, y al afirmar la creación en el tiempo, Basilio sostiene la realidad de un movimiento y de un dinamismo creado en las creaturas. No es que las creaturas reciban simplemente de Dios su forma y su diversidad, sino que poseen una energía que, aunque es don de Dios, no por eso deja de ser realmente una energía propia. Por eso escribe Basilio: «El mandamiento categórico "¡Que la tierra produzca...!" (Gn 1,24) se hizo inmediata-

---

[23] Milton V. Anastos, «The History of Byzantine Science: Report on the Dumbarton Oaks Symposium of 1961»: «Dumbarton Oaks Papers» 16 (1962) 411.

mente espléndida realidad y *logos* creativo, produciendo la innumerable variedad de plantas de un modo que supera nuestra comprensión (...) De ahí que el orden de la naturaleza, después de recibir su comienzo por la fuerza de ese mandato, entre en la sucesividad del tiempo, hasta completar la formación del universo»[24]. Aunque utiliza los conocimientos científicos de su época, además de la terminología estoica de las «razones seminales», la teología de Basilio no depende de fuentes extrabíblicas. Por ejemplo, rechaza la concepción estoica de que los *logoi* de las creaturas son la verdadera esencia eterna de los seres, una concepción que podría hacer pensar en un eterno retorno «de los mundos después de su destrucción»[25]. Igual que Atanasio y Máximo, Basilio permanece fiel a la idea bíblica de la absoluta trascendencia y libertad divinas en el acto de creación. La providencia, que creó el mundo por medio de los *logoi*, lo mantiene en su ser, aunque no a expensas del dinamismo creado del propio mundo, que forma parte del designio creativo.

La existencia del mundo como «naturaleza» dinámica —es decir, como realidad que, aunque «externa» a Dios, es para él objeto de amor y de providencia—, al seguir su propio orden intrínseco de crecimiento y desarrollo evolutivo, implica la posibilidad de que la mente humana investigue de modo científico y objetivo la realidad de las creaturas. Pero eso no significa que la naturaleza creada sea ontológicamente «autónoma». Ha sido creada para «participar» en la vida de Dios, que es no sólo el primer motor y la meta de la creación, sino también el sentido (*logos*) último de su permanencia. Como escribe el propio Máximo: «Dios es el principio, el

---

[24] Basilio de Cesarea, *In Hexaemeron*, hom. 5; PG 29, 1160D.
[25] *Ibíd.* 3; PG 29, 73C.

centro y el fin, por cuanto *actúa* sin ser meramente pasivo (...) Es el principio, como creador; es el centro, como providencia; y es el fin, como conclusión, porque *Él es origen, camino y meta del universo* (Rom 11,36)»[26]. Un conocimiento científico que ignore este fin último de la creación sería peligrosamente unilateral.

4. SANTIFICACIÓN DE LA NATURALEZA

En su condición presente, y con todas las carencias que eso implica, la naturaleza creada sólo puede realizar su destino de manera totalmente inadecuada. Los escritos de los Padres Griegos se mantienen fieles a la concepción bíblica del mundo, con su carácter antropocéntrico. La naturaleza sufre por la caída del hombre, ese «microcosmos» al que Dios confió el control de la naturaleza, pero que ha preferido ser controlado por ella. Y el resultado es que la naturaleza, en lugar de revelar por su sentido intrínseco (*logos*) y por su finalidad (*skopos*) el designio divino sobre la creación, se ha convertido en dominio e instrumento de Satanás. En la creación entera, su «propia energía», configurada según el designio original de Dios, está en continuo conflicto con las fuerzas destructivas de la muerte. Por lo general, los teólogos bizantinos dan por supuesto el carácter dramático de la existencia de la creación, pero donde más explícitamente se formula esa idea es en la liturgia y en la espiritualidad.

En Bizancio, el rito del bautismo heredó de la antigüedad cristiana su énfasis inicial en el exorcismo. Por parte del candidato, su deliberada renuncia a Satanás y la expulsión sacra-

[26] Máximo el Confesor, *Cap. Gnostica* I, 10; PG 91, 1085D-1088A.

mental de las fuerzas maléficas implican el «paso» de una esclavitud con respecto al «príncipe de este mundo», a una libertad en Cristo. Pero el exorcismo litúrgico no se refiere únicamente a las fuerzas demoníacas que controlan el alma humana. La «Solemne Bendición del Agua» en la fiesta de la Epifanía exorciza el cosmos, cuyo elemento básico, el agua, se considera como el refugio de un «nido de dragones». La frecuente mención de las fuerzas demoníacas del universo, en los textos litúrgicos y patrísticos, debe entenderse en contexto *teológico*, porque no se pueden reducir exclusivamente a mitologías bíblicas o medievales, aunque en ocasiones reflejen creencias mitológicas. Lo «demoníaco» en la naturaleza procede del hecho de que la creación se apartó de su sentido y orientación original. Dios confió al hombre, «imagen y semejanza» suya, el control sobre el mundo. Pero el hombre eligió *ser controlado* por el mundo; y así perdió su libertad y se vio sujeto a un determinismo cósmico al que atan sus «pasiones», y en el que el poder definitivo pertenece a la muerte. Así interpretan Gregorio de Nisa y Máximo el Confesor el pasaje de Gn 3,21 sobre el «vestido de pieles» que Dios da a Adán y a Eva después de la caída. Por su parte, Máximo, a la vez que rechaza la interpretación de Orígenes, que identifica ese «vestido» con el cuerpo material —una interpretación basada en la idea origenista de la preexistencia de las almas—, describe el cambio de situación que se produce en el hombre en términos de una nueva *dependencia* del componente animal que late en la existencia humana. En lugar de servirse de los poderes de su naturaleza para elevarse a sí mismo y a toda la creación hacia Dios, el hombre se sometió a los deseos de sus sentidos materiales[27]. En conse-

---

[27] Véase, especialmente, Máximo el Confesor, *Ad Thal.* 61; PG 90, 628AB.

cuencia, el mundo, que fue creado por Dios como «muy bueno», se convirtió para el hombre en una cárcel y en una continua tentación por la que «el príncipe de este mundo» establece su reino de muerte.

Al santificar el agua, el alimento, las plantas y los logros de la creatividad humana como las obras de arte o la tecnología —la liturgia bizantina es extremadamente rica en acciones y bendiciones sacramentales—, la Iglesia las vuelve a colocar en su verdadera relación original no sólo con Dios, sino también con el propio hombre como «imagen» de Dios. Proclamar el control de Dios sobre el universo, como hace la Bendición de la Epifanía, equivale, de hecho, a afirmar que el hombre ya no es esclavo de las fuerzas cósmicas:

> Los poderes inmateriales tiemblan en tu presencia; el sol alaba tu grandeza, la luna se postra ante ti, los astros son tus servidores, la luz se inclina ante tu voluntad, la tempestad se estremece y los manantiales te rinden adoración. Tú extendiste los cielos como una tienda, tú fijaste la tierra firme sobre las aguas. [... Por eso,] Señor, atendiendo a la profundidad de tu misericordia, no podías ver a la humanidad víctima del mal y viniste en persona y nos salvaste (...) Tú liberaste a los hijos de nuestra naturaleza ...

Desde esa perspectiva, la santificación de la naturaleza implica una demitización. Para el cristiano, las fuerzas de la naturaleza no pueden ser divinas, ni estar sujetas a un determinismo natural, sea cual sea su forma. La resurrección de Cristo, que rompe las leyes naturales, ha liberado al hombre de su esclavitud a la naturaleza y lo ha llamado a realizar su destino como señor de la naturaleza en nombre de Dios.

Cuando la liturgia bizantina proclama la santificación del cosmos, menciona frecuentemente no sólo los poderes demoníacos que han usurpado la autoridad sobre el mundo, sino también los «poderes espirituales del cielo» que colaboran con Dios y con el hombre en la restauración del orden original y «natural» del mundo. Sin embargo, Bizancio jamás elaboró un sistema o una descripción del mundo angélico que fuera universalmente aceptada, a excepción de la *Jerarquía celeste* del Pseudo-Dionisio, en la que cada uno de los nueve órdenes de ángeles se considera como intermediario entre el poder superior a él y la forma inferior de existencia. Pero lo que pretende Dionisio es conservar, dentro de un sistema de pensamiento aparentemente cristiano, una concepción jerárquica del universo tomada del neoplatonismo.

A pesar de su vasta influencia, aunque más bien periférica, la concepción del mundo angélico según el Pseudo-Dionisio no logró eliminar las ideas más antiguas y más bíblicas sobre los ángeles. Lo más llamativo es, quizá, la oposición entre el papel casi ínfimo que Dionisio asigna a los «arcángeles» (penúltimo rango de la jerarquía angélica) y la categoría que se les atribuye en la apocalíptica judía, incluyendo el libro de Daniel, la carta de Judas y el libro del Apocalipsis, donde los arcángeles Miguel y Gabriel destacan como «capitanes» del ejército celeste. Esa idea se ha conservado en la liturgia, que se debe considerar como la fuente más importante y fidedigna de la «angelología» bizantina.

Por su activa implicación en la lucha contra los poderes demoníacos del cosmos, los ángeles representan, en cierto modo, el lado ideal de la creación. Según los teólogos bizantinos, fueron creados antes que el mundo visible[28], y su función esencial consiste en servir a Dios y a su imagen, el hombre. La idea bíblica de que los ángeles están continuamente alabando

---

[28] Gregorio de Nacianzo, *Or.* 38, 9; PG 36, 320C; Juan de Damasco, *De fide orthodoxa* II, 3; PG 94, 873.

a Dios (Is 6,3; Lc 2,13) es un tema frecuente en la liturgia bizantina, especialmente en los cánones eucarísticos, que invitan a los fieles a unirse al coro de los ángeles, es decir, a recuperar su comunión original con Dios. Esa unión de cielo y tierra, anticipada ya en la eucaristía, es la meta escatológica de toda la creación. Los ángeles colaboran en la preparación de esa meta participando invisiblemente en la vida del cosmos.

5. Bibliografía

Balthasar, H. Urs von, *Kosmische Liturgie. Das Weltbild Maximus des Bekenners* (Einsiedeln ²1961). (Estudio pionero sobre Máximo; debe consultarse conjuntamente con la obra de Thunberg, *Microcosm and Mediator*, que se cita en el capítulo 11).
Epifanovich, S. L., *Prepodobnyi Maksim Ispovednik i vizantiiskoe bogoslovie* (Máximo el Confesor y la teología bizantina) (Kiev 1915). (Sigue siendo la obra más completa sobre Máximo, que relaciona su sistema con el conjunto de la teología bizantina. Libro importante para entender la doctrina de Máximo sobre los *logoi*).
Florovsky, Georges, «Tvar' i tvarnost'» (Ceaturas y creatureidad): «Pravoslavnaia Mysl'» 1 (1927) 176-212. (Estudio exhaustivo sobre la doctrina patrística de la creación; traducido parcialmente en «The Idea of Creation in Christian Philosophy»: «Eastern Church Quarterly» 8 [1949]).
Meyendorff, J., «Note sur l'influence dionysienne en Orient»: « Studia Patristica» II (TU 64, 1957) 547-553. (Comunicaciones presentadas en la segunda Conferencia Internacional sobre Estudios Patrísticos, Oxford 1955) (Sobre la limitada influencia de la angelología de Dionisio entre los bizantinos).
Roques, René, *L'Univers dionysien. Structure hiérarchique du monde selon le pseudo-Denys* (Aubier, Paris 1954). (La obra más importante sobre las «jerarquías»).

XI

EL HOMBRE

La concepción del hombre que predomina en el cristianismo oriental está basada en la idea de su «participación» en la esencia misma de Dios. El hombre ha sido creado no como un ser autónomo o autosuficiente; su *naturaleza* sólo es verdaderamente tal, si existe «en Dios» o «en [su] gracia». Por tanto, la gracia es lo que confiere al hombre su desarrollo «natural». Ese postulado básico es la razón por la que, en los teólogos bizantinos, los términos «naturaleza» y «gracia» tienen un significado completamente distinto del que se les atribuye en Occidente. Más que estar en oposición directa, los términos «naturaleza» y «gracia» expresan una relación dinámica, vital y necesaria entre Dios y el hombre que, aunque distintos por *naturaleza*, están en *comunión* mutua por la energía —o gracia— del mismo Dios. Sin embargo, el hombre es el centro de la creación, es un «microcosmos», y su libre autodeterminación define el destino último del universo.

1. El hombre y Dios

Según Máximo el Confesor, Dios, al crear al hombre, le «comunicó» cuatro de sus propiedades específicas: ser, eternidad, bondad y sabiduría [1]. De estas cuatro propiedades *divinas*, las dos primeras pertenecen a la esencia misma del hombre, mientras que la tercera y la cuarta simplemente *se ofrecen* a su voluntaria disposición.

---

[1] Máximo el Confesor, *De Char.* III, 25; PG 90, 1024BC.

La idea de que su «participación» en Dios es privilegio específico del hombre se expresa de diversas maneras, pero siempre coherentemente, en la tradición de los Padres Griegos. Por ejemplo, Ireneo dice que el hombre está compuesto de tres elementos: cuerpo, alma y Espíritu Santo [2]; y los Padres Capadocios hablan de un «efluvio» del Espíritu Santo sobre el hombre [3]. Gregorio de Nisa, en su tratado *Sobre la creación del hombre*, al estudiar la situación del ser humano antes de la caída, le atribuye la «gloria de la inmortalidad», la «justicia», la «pureza». Escribe Gregorio: «Dios es amor y fuente de amor. El creador de nuestra naturaleza nos ha conferido también la marca del amor (...) Si no hay amor, todos los elementos de la imagen están deformados» [4]. El comentario de Jean Daniélou sobre este pasaje puede hacerse extensivo a la totalidad del pensamiento patrístico griego:

> Gregorio presenta como idénticas unas realidades que la teología occidental considera como distintas. Atribuye al hombre ciertos rasgos, como la razón o la libertad, que Occidente atribuye al espíritu [creado]; otros, como *apátheia* o amor (que en Occidente se denomina *gracia*) se atribuyen a la vida divina, igual que los efectos de la glorificación final: incorruptibilidad y bienaventuranza. Pero para Gregorio, no existe esa distinción [5].

De ese modo, el aspecto más importante de la antropología de los Padres Griegos, que los teólogos bizantinos daban por supuesto durante toda la Edad Media, es la idea de que

---

[2] Ireneo, *Adversus Haereses* 5, 6, 1.
[3] Gregorio de Nacianzo, *Carm.*; PG 37, 452.
[4] Gregorio de Nisa, *De opif. hom.* 5; PG 44,137C.
[5] Jean Daniélou, *Platonisme et théologie mystique* (Paris 1944) 54.

el hombre no es un ser autónomo, de suerte que su auténtica humanidad sólo llega a su plena realización cuando vive «en Dios» y posee cualidades divinas. Para expresar esa idea, algunos autores emplean terminologías diversas: origenista, neoplatónica o bíblica; pero hay consenso en una esencial *apertura* del hombre, una idea que no encaja en las categorías occidentales de «naturaleza» y «gracia».

Como ya se vio en el texto de Máximo citado al comienzo de este epígrafe, la participación «natural» del hombre en Dios no es un don estático, sino un desafío, de modo que el hombre está llamado a *crecer* en la vida divina. La vida divina es un don, pero también es una tarea que hay que realizar por el libre esfuerzo humano. Esa polaridad entre «don» y «tarea» se expresa frecuentemente con la distinción entre los conceptos de «imagen» y «semejanza». En griego, el término *homóiôsis*, que corresponde a «semejanza» en Gn 1,26, sugiere la idea de un progreso dinámico («asimilación») e implica la libertad humana. Para usar una expresión de Gregorio Palamás, Adán, antes de la caída, poseía «la primitiva dignidad de la libertad»[6]. De modo que en la tradición bizantina no hay oposición entre libertad y gracia. La presencia de cualidades divinas en el hombre, la presencia de la «gracia», que es parte de su naturaleza y lo hace plenamente hombre, no destruye su libertad ni pone trabas a la necesidad de que él llegue a ser totalmente él mismo por su propio esfuerzo; más bien, asegura esa cooperación, o «sinergia», entre la voluntad divina y la elección humana, que hace posible el progreso «de gloria en gloria» y la asimilación del hombre a la dignidad divina para la que fue creado.

---

[6] Gregorio Palamás, *Tríadas* I, 1, 9 (ed. J. Meyendorff; Louvain 1959) 27.

La comprensión del hombre como «ser abierto», que posee en sí mismo por naturaleza una «chispa» divina y que está dinámicamente orientado al continuo progreso en Dios, tiene implicaciones directas para una teoría del conocimiento y, en particular, para el conocimiento de Dios. La Escolástica occidental propugnaba que ese conocimiento se basa en premisas reveladas —la Escritura y el magisterio de la Iglesia— que son la base del desarrollo de la mente humana, en conformidad con los principios de la lógica de Aristóteles. Esa concepción de la teología, que presupone la autonomía de la mente para definir las verdades cristianas sobre la base de la revelación, fue el problema inicial de la controversia entre Barlaán de Calabria y Gregorio Palamás en el siglo XIV. Según Barlaán, la mente humana jamás podrá alcanzar por sí misma la verdad divina, sino sólo sacar conclusiones de premisas reveladas. En los casos en que esas premisas conduzcan a afirmar una proposición concreta, el proceso lógico del intelecto puede llevar a una conclusión «apodíctica», es decir, a una verdad evidente desde el punto de vista intelectual. Con todo, si una afirmación teológica no se puede deducir de premisas reveladas, no se la podrá considerar como «demostrada», sino sólo como «dialécticamente posible». Para refutar esas teorías, Palamás desarrolló una concepción experiencial de nuestro conocimiento de Dios, a partir de la idea de que a Dios no se lo conoce por un proceso puramente intelectual. El hombre, cuando está en *comunión* con Dios, es decir, restablecido en su estado *natural*, puede, e incluso debe, gozar de un conocimiento y de una experiencia directa de su creador. Ese conocimiento directo es posible porque el hombre, al no ser autónomo, sino imagen de Dios «abierta hacia lo alto», posee la propiedad natural de trascenderse a sí mismo y alcanzar el ámbito de lo divino. Ahora bien, esa propiedad no es simplemente intelectual, sino que implica una purificación de todo el ser, un desprendimiento ascético y, a la vez, un progreso ético. A este propósito, escribe Palamás: «Es imposible que uno posea a Dios en su interior, que lo experimente limpiamente, o que se una a la luz sin sombras, si no se purifica por medio de la virtud y no sale de sí o, más bien, si no se eleva sobre sí mismo»[7].

Es evidente que esa concepción palamita del conocimiento coincide con lo que Gregorio de Nisa llama «sentido del corazón» y «ojos del alma»[8], y con la idea de Máximo sobre la identificación del conocimiento de Dios con la «deificación». Para la tradición patrística y bizantina, el conocimiento de Dios implica «participación» en él; es decir, no se trata de un conocimiento puramente intelectual, sino de un estado del hombre transformado por la gracia, que coopera libremente con ella por el esfuerzo de su voluntad y de su mente. En la tradición monástica de Macario, como se refleja, por ejemplo, en los escritos de Simeón el Nuevo Teólogo, esa idea de «participación» es inseparable de la idea de libertad y de conciencia. El verdadero cristiano conoce a Dios por medio de una experiencia libre y personal. Y eso es, precisamente, la «amistad con Dios» que constituía el estado original del hombre antes de la caída, un estado en el que, según el plan de Dios, el hombre debería seguir viviendo, y que fue restaurado en Jesucristo.

2. El hombre y el mundo

Ser «imagen y semejanza» de Dios supone en el hombre no sólo una apertura hacia Dios, sino también una *función* y una *tarea* con respecto al conjunto de la creación.

---

[7] *Ibíd.* (ed. J. Meyendorff) 203.
[8] Véase Daniélou, *Platonisme et théologie mystique*, 240-241.

Contra la postura de Orígenes, los Padres afirmaron de manera unánime que el hombre es una unidad de alma y cuerpo. En este punto, la concepción bíblica supera infinitamente al espiritualismo platónico y, además, reconoce que el mundo *visible* y su *historia* merecen salvación y redención. Si, según el sistema de Orígenes, la diversidad de fenómenos visibles era sólo consecuencia de la caída original y de la naturaleza corpórea del ser humano —un modo de existencia del alma «confiscado» y defectuoso, porque la única realidad auténtica y eterna es espiritual y divina—, la concepción bíblica y cristiana contemplaba la totalidad del universo como «muy buena»; y esa concepción era válida, sobre todo, para el hombre.

Según Máximo el Confesor, cuerpo y alma son realidades complementarias y no pueden existir por separado[9]. Esta afirmación, aunque dirigida principalmente contra la idea origenista de una preexistencia de las almas, suscita el problema de la supervivencia del alma después de la muerte. Por supuesto, no se niega esa supervivencia, pero tampoco se entiende como una «liberación» de los lazos del cuerpo, en sentido platónico. La separación de alma y cuerpo en la muerte es un fenómeno tan contrario a la «naturaleza» como la muerte misma, y la definitiva y eterna supervivencia del alma sólo es posible si el hombre entero es liberado de la muerte en la resurrección. Pero la inmortalidad del alma no sólo está orientada a la resurrección del hombre en su integridad total, sino que también está condicionada por la relación del alma con Dios. La literatura espiritual del Oriente bizantino habla con relativa frecuencia de la «muerte del alma» como consecuencia de una rebelión contra Dios, es

---

[9] Máximo el Confesor, *Emb.* 7; PG 91, 1109CD.

decir, como consecuencia del pecado. Gregorio Palamás escribe: «Después de la transgresión cometida por nuestros primeros padres en el paraíso (…), el pecado empezó a vivir. Nosotros mismos estamos muertos; y antes que la muerte del cuerpo, experimentamos la muerte del alma, es decir, la separación de Dios»[10].

Es obvio que la naturaleza dual del hombre no es simplemente una yuxtaposición estática de dos elementos heterogéneos, un cuerpo mortal y un alma inmortal, sino que refleja una función dinámica del hombre entre Dios y la creación. Está plenamente justificada la descripción de la antropología de Máximo que ofrece Lars Thunberg en los términos siguientes: «Da la impresión de que Máximo insiste en la independencia de los elementos [alma y cuerpo] no precisamente para mantener la inmortalidad del alma, a pesar de su relación con el cuerpo, sino para subrayar la voluntad creativa de Dios como el único factor constitutivo de ambos elementos, igual que de su unidad»[11]. Con esto volvemos al punto de partida de esta sección: el hombre es realmente hombre porque es imagen de *Dios*, y el factor divino que actúa en él se refiere no sólo a su aspecto espiritual —como sostenían Orígenes y Evagrio—, sino a la totalidad del hombre, alma y cuerpo.

Este último aspecto es la razón por la que la mayoría de los teólogos bizantinos describen al hombre en términos de un modelo tricotómico: espíritu (o mente), alma y cuerpo. Esa tricotomía está directamente relacionada con la idea de «participación» en Dios como base de una antropología.

---

[10] Gregorio Palamás, *Hom.* 11; PG 151, 125A; véanse otras referencias en J. Meyendorff, *A Study of Gregory Palamas* (London 1964) 122-124.

[11] Thunberg, *Microcosm and Mediator*, 103.

Ya se ha visto anteriormente que ese teocentrismo se puede encontrar también en el uso que hace Ireneo de la concepción tricotómica de Pablo: Espíritu, alma, cuerpo [12]. Por influjo de Orígenes, los Padres del siglo IV, a los que siguen los posteriores autores bizantinos, prefieren hablar de mente (*nous*), alma y cuerpo. No cabe duda de que a esa evolución contribuyó el deseo de evitar ambigüedades sobre la identidad del «espíritu» y de afirmar la naturaleza creada del «espíritu» humano. Pero aun en ese caso, la terminología origenista y evagriana resultaba insatisfactoria, porque la idea de *nous* estaba relacionada con el mito de una preexistencia eterna, de una caída original y de una restauración desencarnada. Esa terminología, aunque reflejaba de manera satisfactoria el aspecto teocéntrico de la antropología patrística, no subrayaba la función del hombre en el mundo visible. Por eso, en Máximo el Confesor, la *mente* humana, aunque se entiende como el elemento por excelencia que une al hombre con Dios, se concibe también como una función creada de la unidad psico-somática del hombre.

Por consiguiente, el *nous* no es tanto una «parte» del hombre, cuanto (1) la posibilidad que tiene el ser humano de trascenderse a sí mismo para participar en Dios; (2) la unidad de la naturaleza compuesta del hombre cuando se enfrenta con su destino definitivo en Dios y en el mundo; y (3) la libertad del hombre, que puede desarrollarse plenamente si se encuentra con Dios, o ser defectuosa si se somete a los dictados del cuerpo. Como escribe Vladimir Lossky, «en la naturaleza humana, el espíritu (*nous*) corresponde más exactamente a la persona» [13]. La opinión de Lars Thunberg sobre Máximo vale también para todo el conjunto de la tradición

---

[12] Ireneo, *Adv. Haer.* 5, 6, 1.
[13] Vladimir Lossky, *The Mystical Theology*, 201.

bizantina: «Máximo puede expresar su convicción de que en la vida del hombre hay un aspecto personal que va, por así decir, más allá de su propia naturaleza, y representa tanto su unidad interna como su relación con Dios»[14]. Esta concepción de la persona —o hipóstasis— que es irreductible a la naturaleza o a una parte de ella, es una idea central de la teología y de la antropología bizantina, como se verá más adelante en conexión con la doctrina sobre la Trinidad.

Como imagen de Dios, el hombre es señor de la creación, es un «microcosmos». Esta segunda idea, ampliamente difundida en el platonismo y en el estoicismo, fue adoptada por los Padres Capadocios, que le dieron una dimensión cristiana. El hombre es un «microcosmos» porque (1) en su existencia hipostática —o personal— une en sí mismo los aspectos inteligible y sensible de la creación; y (2) ha recibido de Dios la *tarea* y la *función* de realizar más perfectamente esa unión, sobre todo después de la caída, cuando las fuerzas desintegradoras despliegan su actividad en la creación. En este punto, y especialmente en Máximo el Confesor, encontramos también otro aspecto de la polaridad «imagen / semejanza»: el don de Dios al hombre es también tarea y desafío.

En su célebre pasaje de *Ambigua* 41[15], Máximo enumera cinco polaridades que el hombre tiene que superar: Dios / creación, inteligible / sensible, cielo / tierra, paraíso / mundo, varón / mujer. Esas polaridades se han agudizado por el pecado, y son insuperables por la sola capacidad humana. Sólo el hombre Jesús, que también es Dios, fue capaz de superar esas polaridades. Jesús es el Nuevo Adán, y la creación encuentra en él la comunión con el creador y la armonía consigo misma.

---

[14] Thunberg, *Microcosm and Mediator*, 119.
[15] Máximo el Confesor, *Amb.* 41; PG 91, 1305D.

El papel central del hombre en el cosmos se refleja también —y quizá mejor que en cualquier otro sistema conceptual— en la liturgia bizantina con su énfasis en la unión de cielo y tierra, con su realismo sacramental, con sus ritos de bendición de los alimentos, de la naturaleza, de la vida humana, igual que en la afirmación de que, por naturaleza, el hombre está más cerca de Dios que los mismos ángeles. La idea tiene su origen en la carta a los Hebreos (Heb 1,14) y fue desarrollada por Gregorio Palamás en el contexto de una teología de la encarnación: «La Palabra se hizo carne para enaltecer la carne, incluso esta carne mortal; por eso, cualquier espíritu orgulloso no deberá considerarse, ni ser considerado, como digno de más honor que el hombre, ni deberá deificarse a causa de su naturaleza incorpórea y de su aparente inmortalidad»[16].

Entre las creaturas, no hay gloria más grande que ser el señor de la creación. Pues bien, al hombre se le ha dado esa gloria con tal de que conserve en sí mismo la imagen de Dios, es decir, que participe en la vida y en la gloria del propio creador.

3. Pecado original

Para entender correctamente muchos de los grandes problemas teológicos que surgieron entre Oriente y Occidente, antes y después del cisma, habrá que tener en cuenta el extraordinario impacto que causó en Occidente la polémica de Agustín contra Pelagio y Julián de Eclana. En el mundo bizantino, donde el pensamiento de Agustín ape-

---

[16] Gregorio Palamás, *Hom.* 16; PG 157, 204A.

nas tuvo resonancia, el pecado de Adán y sus consecuencias para la humanidad se entendieron de manera completamente distinta.

Ya se ha visto que, en Oriente, la relación del hombre con Dios se entendía como comunión de la persona humana con lo que está *por encima de la naturaleza*. «Naturaleza», por tanto, se refiere a lo que, en virtud de la creación, es distinto de Dios. Pero «naturaleza» es algo que se puede, y se debe, trascender; y ése es el privilegio y la función de una *mente libre*, creada «a imagen de Dios».

Pues bien, en la reflexión de los Padres Griegos, sólo esa mente libre y personal puede cometer pecado e incurrir en la «culpabilidad» concomitante, un aspecto que Máximo deja especialmente claro con su distinción entre «voluntad natural» y «voluntad gnómica». La naturaleza humana, como creación de Dios, pone en juego continuamente sus propiedades dinámicas (cuyo conjunto constituye la «voluntad natural», es decir, un dinamismo creado) de acuerdo con la voluntad divina que la creó. Pero cuando la persona —o hipóstasis— humana abusa de su libertad, rebelándose contra Dios y contra la naturaleza, puede distorsionar la «voluntad natural» y, así, corromper hasta la propia naturaleza. Y puede comportarse de ese modo porque tiene libertad, o «voluntad gnómica», que es capaz de orientar al hombre hacia el bien, e «imitar a Dios» —Máximo escribe: «Sólo Dios es bueno por naturaleza, y sólo el que imita a Dios es bueno por su *gnômê*»[17]—, aunque también es capaz de cometer pecado, porque «nuestra salvación depende de nuestra voluntad»[18]. Pero el pecado es siempre un acto de la persona, no de la natu-

---

[17] *De Char.* IV, 90; PG 90, 1069C.
[18] Máximo el Confesor, *Liber Asceticus*; PG 90, 953B.

raleza[19]. El patriarca Focio va aún más lejos, hasta afirmar, en referencia a las doctrinas occidentales, que la creencia en un «pecado de naturaleza» es una herejía[20].

De estas ideas básicas sobre el carácter personal del pecado se deduce que la rebelión de Adán y Eva contra Dios sólo puede concebirse como pecado personal; de modo que en esa antropología no puede haber lugar para el concepto de culpabilidad hereditaria, o «pecado de naturaleza», aunque se admite que la naturaleza humana incurre en las consecuencias del pecado de Adán.

La comprensión del hombre, según los Padres Griegos, no niega la unidad de la raza humana, ni la sustituye por un individualismo radical. La doctrina paulina de los dos Adán («Lo mismo que por Adán todos mueren, así también por el Mesías todos recibirán la vida» [1 Cor 15,22]), al igual que la concepción platónica del hombre ideal, lleva a Gregorio de Nisa a interpretar el texto de Gn 1,27: «Dios creó al hombre a su imagen, a imagen de Dios lo creó», como referencia a la creación de toda la humanidad[21]. Resulta obvio, por tanto, que el pecado de Adán tiene que referirse a todos los hombres, igual que la salvación llevada a cabo por Cristo es salvación de toda la humanidad. Pero ni el pecado original ni la salvación se pueden realizar plenamente en la vida de un individuo, sin que en ello vaya implicada su responsabilidad personal y totalmente libre.

El texto bíblico que desempeñó un papel decisivo en la polémica entre Agustín y los pelagianos es el de Rom 5,12, donde Pablo, refiriéndose a Adán, escribe: «Igual que por un hombre entró el pecado en el mundo y por el pecado la

---

[19] Máximo el Confesor, *Expos. Or. Dom.*; PG 90, 905A. Sobre este punto, véase J. Meyendorff, *Christ*, 112-113.
[20] Focio, *Biblioteca*, 177; (ed. R. Henry; Paris 1960) 2, 177.
[21] Gregorio de Nisa, *De opif. hom.* 16; PG 44, 185B.

muerte, y la muerte se propagó sin más a todos los hombres, dado que [*porque*] *todos pecaron* [*eph' hô pantes hêmarton*]...». En este pasaje, el verdadero problema es de traducción. Las cuatro últimas palabras del texto griego se tradujeron al latín como *in quo omnes peccaverunt* (= «en el cual [o sea, en Adán] todos pecaron»), y esa traducción se utilizó en Occidente para justificar la doctrina de la culpabilidad heredada de Adán y compartida por sus descendientes. Pero el original griego, que es lógicamente el texto que leían los bizantinos, no admite ese significado. La forma *eph' hô* —contracción de la preposición *epí* con el pronombre relativo *ho*— se puede traducir como «porque» (o «a causa de»), un significado admitido por la mayoría de los estudiosos modernos pertenecientes a las más diversas confesiones [22]. Esa traducción confiere al texto de Pablo el significado de que la muerte, que fue para Adán el «salario del pecado» (Rom 6,23), es también

---

[22] Véase Joseph A. Fitzmyer, en *The Jerome Biblical Commentary* (Englewood Cliffs 1968) 53, 56-57 (II, 307-308): «El significado de la expresión *eph' hô* es objeto de serias disputas. La interpretación menos convincente lo trata como oración estrictamente relativa: (1) 'en el que', una interpretación basada en la traducción de la Vulgata, 'in quo', y empleada comúnmente en la Iglesia occidental desde el Ambrosiaster. Pero los Padres Griegos anteriores a Teofilacto no conocían esa interpretación. Ahora bien, si Pablo hubiera querido decir eso, habría escrito *en hô* (cf 1 Cor 15,22) [...] (4) 'Puesto que, porque' [...] Esta interpretación, empleada habitualmente por los escritores patrísticos griegos se basa en 2 Cor 5,4; Flp 3,12; 4,10, donde *eph'hô* se traduce generalmente como 'porque' (...) De ese modo se atribuiría a todos los hombres una responsabilidad individual por la muerte (...) *todos los hombres pecaron* (...) El verbo no se debe traducir: 'pecaron colectivamente', o 'pecaron en Adán', porque eso sería una adición al texto original. Aquí, la expresión *hêmarton* se refiere al pecado personal del hombre, como sugiere el empleo del término en otros pasajes de Pablo (...) y como lo entendieron, en general, los Padres Griegos ... Por tanto, esa frase expresa el papel secundario —como una especie de paréntesis— que el pecado actual del hombre desempeña en su condena a 'muerte'. Sin embargo, la noción de 'pecado original' ya se contiene en la primera parte del versículo, como la razón por la que la 'muerte' alcanza a todos los hombres. Si eso no fuera

el castigo que se aplica a los que pecan, como Adán lo hizo. Eso atribuye al pecado de Adán un significado cósmico, pero no implica que sus descendientes sean «culpables» como él lo fue, a no ser que pequen de la misma manera que él pecó.

Buen número de escritores bizantinos, incluido Focio, interpretaron la expresión *eph' hô* en el sentido causal de «porque», «a causa de», sin ver en el texto de Pablo nada más que una semejanza moral entre Adán y otros pecadores, pues la muerte es la retribución normal del pecado. Pero, por otra parte, también hay consenso entre la mayoría de los Padres Orientales, que interpretan el texto de Rom 5,12 en estrecha conexión con 1 Cor 15,22: «Lo mismo que por Adán todos mueren, así también por el Mesías todos recibirán la vida»; es decir, entre Adán y sus descendientes hay solidaridad *en la muerte*, igual que entre el Señor resucitado y los bautizados hay solidaridad *en la vida*.

Es evidente que esa interpretación proviene del significado gramaticalmente literal de Rom 5,12. Si *eph' hô* tiene significado causal («porque»), se trata de un pronombre neutro; pero el caso es que *hô* también puede ser masculino, con referencia al sustantivo *thánatos* (= «muerte»), que lo precede inmediatamente. Entonces, la frase puede tener un significado que parece improbable para un lector familiarizado con Agustín, pero que es el más aceptado por la mayoría de los Padres Griegos: «Igual que por un hombre entró el pecado en el mundo y por el pecado la muerte, así la muerte se propagó a todos los hombres; y *a causa de la muerte*, todos pecaron ...».

---

así, el resto de la frase no haría sentido. Una causalidad universal del pecado de Adán se presupone en 5,15a, 16a, 17a, 18a, 19a. Por consiguiente, se falsearía el sentido del pasaje, si se interpretara 5,12 como implicación de que la condición del hombre antes de la venida de Cristo se debió totalmente a su propio pecado personal».

Desde la más remota antigüedad cristiana, la mortalidad, o «corrupción» (o simplemente, la «muerte», entendida en sentido personalizado), se ha interpretado como una enfermedad cósmica que tiene a la humanidad bajo su dominio tanto espiritual como físico, y que está controlada por «el que es homicida desde el principio» (Jn 8,44). Ésa es la muerte que hace inevitable el pecado y, en ese sentido, «corrompe» la naturaleza.

Según Cirilo de Alejandría, después del pecado de Adán, la humanidad «se vio enferma de corrupción»[23]. Los teólogos de la escuela de Antioquía, adversarios de Cirilo, coincidían con él en cuanto a las consecuencias del pecado de Adán. Por ejemplo, para Teodoro de Mopsuestia, el hombre, «por ser mortal, adquiere una mayor inclinación al pecado». La exigencia de satisfacer las necesidades del cuerpo —comida, bebida, y demás necesidades básicas— no existe en los seres inmortales; pero en los mortales conduce a las «pasiones», porque ofrece los medios imprescindibles para sobrevivir en el tiempo[24]. Y Teodoreto de Ciro, en su comentario a la carta a los Romanos, repite casi a la letra los argumentos de Teodoro, mientras que en otros escritos rechaza abiertamente la pecaminosidad del matrimonio, afirmando que la transmisión de la vida mortal no es pecaminosa en sí misma, a pesar de Sal 51,7: «En pecado me concibió mi madre». Según Teodoreto, ese versículo no se refiere al acto generativo, sino a la condición pecaminosa de una humanidad *mortal*: «Al hacerse mortales, [Adán y Eva] engendraron hijos mortales, y los seres mortales están necesariamente sujetos a pasiones y temores, a placeres y sufrimientos, a cólera y odio»[25].

---

[23] Cirilo de Alejandría, *In Rom.*; PG 74, 789B.
[24] Teodoro de Mopsuestia, *In Rom.*; PG 66, 801B.
[25] Teodoreto de Ciro, *In Rom.*; PG 80, 1245A.

En la tradición de los Padres Griegos y de los teólogos bizantinos hay un consenso prácticamente unánime en calificar la herencia de la caída original como una herencia esencialmente de mortalidad, más bien que de pecado, porque la pecaminosidad no es más que consecuencia de la mortalidad. Así se puede ver, por ejemplo, en Juan Crisóstomo, que niega explícitamente la imputación de pecado a la descendencia de Adán [26], en Teofilacto de Ohride [27], comentarista del siglo XI, y en otros escritores bizantinos más tardíos, especialmente Gregorio Palamás [28]. El cada vez más sofisticado Máximo el Confesor, cuando habla de las consecuencias del pecado de Adán, las identifica, sobre todo, con la sumisión de la mente a los dictados de la carne, y ve en la procreación sexual la expresión más evidente de la conformidad del hombre con los instintos animales. Pero, como ya se ha visto, el pecado no deja de ser para Máximo un acto personal, de modo que una culpabilidad heredada es imposible [29]. Para él, igual que para los demás, «la elección depravada de Adán introdujo la pasión, la corrupción y la mortalidad» [30], pero no una culpabilidad heredada.

En este punto, el contraste con la tradición occidental se percibe con claridad meridiana cuando los escritores orientales analizan el significado del bautismo. Los argumentos de Agustín a favor del bautismo de niños están tomados del texto de los credos —un bautismo para «la remisión de los pecados»— y de su interpretación personal de Rom 5,12. Los niños nacen en pecado, no porque hayan pecado personal-

---

[26] Juan Crisóstomo, *In Rom.*, hom. 10; PG 60, 474-475.
[27] Teofilacto de Ohride, *Exp. in Rom.*; PG 124, 404C.
[28] Véase J. Meyendorff, *Gregory Palamas*, 121-126.
[29] Véase Epifanovich, *Prepodobnyi Maksim Ispovednik i Vizantiiskoe bogoslovie*, 65, nota 5.
[30] Máximo el Confesor, *Quaest. ad Thal.*; PG 90, 408BC.

mente, sino porque han pecado «en Adán»; su bautismo es, por tanto, un bautismo «para la remisión de los pecados». Por ese mismo tiempo, un oriental contemporáneo de Agustín, Teodoreto de Ciro, niega llanamente que la fórmula del credo: «para la remisión de los pecados», sea aplicable al bautismo de niños. Para Teodoreto, la «remisión de los pecados» es sólo un efecto secundario del bautismo que no se hace plenamente real más que en el bautismo de adultos, como era la norma en la Iglesia primitiva y que es lo que realmente «perdona los pecados». Con todo, el significado principal del bautismo es mucho más amplio y más positivo, como dice Teodoreto: «Si el único significado del bautismo fuera la remisión de los pecados, ¿por qué habríamos de bautizar a los recién nacidos, que todavía no saben lo que es el pecado? Pero es que el misterio [del bautismo] no se limita a eso; el bautismo es promesa de dones más grandes y más perfectos. En él está la promesa de la gloria futura; es tipo de la futura resurrección, es comunión con la pasión y muerte del Señor, participación en su resurrección, manto de salvación, vestido luminoso o, mejor dicho, luz en sí mismo»[31].

Por eso, si la Iglesia bautiza a los niños, no es para «perdonar» sus pecados aún inexistentes, sino par darles una *vida* nueva e inmortal que sus padres mortales no son capaces de ofrecerles. La oposición entre los dos Adán se contempla en términos no de culpabilidad y perdón, sino de muerte y vida. «El primer hombre salió del polvo de la tierra; el segundo procede del cielo. El hombre de la tierra fue el modelo de los hombres terrenos; el hombre del cielo es el modelo de los celestes» (1 Cor 15,47-48). El bautismo es el misterio pascual, el «paso». Todas sus formas antiguas, espe-

---

[31] Teodoreto de Ciro, *Haeret. fabul. Compendium*, 5, 18; PG 83, 512.

cialmente la bizantina, incluyen: renuncia a Satanás, triple inmersión como símbolo de muerte y resurrección, y don positivo de una vida nueva por la unción del Espíritu y la comunión eucarística.

Desde esa perspectiva, muerte y mortalidad se conciben no precisamente como retribución por el pecado (aunque son también justa retribución por el pecado personal), sino como el instrumento por el que, después del pecado de Adán, el demonio ejerce una «tiranía» esencialmente injusta sobre la humanidad. De ahí se deduce que el bautismo es una liberación, porque da acceso a la nueva vida inmortal que la resurrección de Cristo trajo al mundo. La resurrección libera al hombre del miedo a la muerte y, por tanto, también de la necesidad de luchar por la existencia. Sólo a la luz del Señor resucitado adquiere pleno realismo aquella frase del sermón de la montaña: «No andéis agobiados por la vida pensando qué vais a comer o a beber, ni por el cuerpo, pensando con qué os vais a vestir. ¿No vale la vida más que el alimento, y el cuerpo más que el vestido?» (Mt 6,25).

Comunión en el cuerpo resucitado de Cristo, participación en la vida divina, santificación por la «energía» de Dios que invade la verdadera humanidad y la restablece en su estado «natural», eso, y no justificación o remisión de una culpabilidad heredada, es el centro de la comprensión bizantina del evangelio cristiano.

4. La nueva Eva

Ya en época de Justino e Ireneo, la primitiva tradición cristiana estableció un paralelismo entre Gn 2 y el relato de la Anunciación en el evangelio según Lucas, a la vez que un contraste entre dos vírgenes, Eva y María, para simbolizar los dos modos que tiene el hombre de usar su libertad de creatura: el primero, como rendición al demonio que ofrece una falsa deificación; y el segundo, como aceptación humilde de la voluntad de Dios.

Aunque después del Concilio de Éfeso, el concepto de una Nueva Eva, que en nombre de la humanidad caída fue capaz de aceptar la llegada de una nueva «dispensación», fue sustituido por la veneración de María como Madre de Dios (*Theotokos*), esa idea está presente en la tradición patrística a lo largo de todo el período bizantino. Por ejemplo, Proclo, patriarca de Constantinopla (434-446), utiliza frecuentemente ese concepto en sus homilías, en las que presenta a la Virgen María como meta de la historia del Antiguo Testamento, que empieza precisamente con los hijos de Eva. Por su parte, Palamás escribe: «Entre los hijos de Adán, Dios escogió al admirable Set; de ese modo, la elección de la que él ya sabía que iba a ser su Madre tuvo origen en los propios hijos de Adán, se fue completando en las sucesivas generaciones, y alcanzó hasta el rey y profeta David (...) Cuando llegó la hora de que esa elección se hiciera realidad, Joaquín y Ana, de la casa y familia de David, fueron elegidos por Dios (...), que les prometió y les concedió una hija que habría de ser la Madre de Dios»[32].

Por tanto, la elección de la Virgen María es el punto culminante de la andadura de Israel hacia su reconciliación con la divinidad. Pero la respuesta definitiva de Dios a ese proceso y el comienzo de una nueva vida llegó con la encarnación de la Palabra. En la misma homilía escribe Palamás: «La salvación exigía una nueva raíz porque, excepto Dios, nadie está

---

[32] Gregorio Palamás, *Hom. in Praesent.* 6-7, ed. Oikonomos; Atenae 1861, 126-127; trad. «The Eastern Churches Quarterly» 10 (1954-1955) nº 8, 381-382.

sin pecado, nadie puede dar vida, nadie puede perdonar los pecados»[33]. Esa «nueva raíz» es la Palabra de Dios hecha carne y la Virgen María es su «templo».

En la homilética y en la himnografía bizantina es frecuente alabar a la Virgen como «totalmente preparada», «purificada» y «santificada» por Dios. Pero esas expresiones deberán interpretarse en el contexto de la doctrina dominante en Oriente sobre el pecado original, que sostiene que la herencia de Adán es una mortalidad, no una culpabilidad; de hecho, ningún teólogo bizantino tuvo jamás la menor duda de que María fue realmente un ser *mortal*.

El interés de los teólogos occidentales por encontrar en Bizancio antiguos testimonios sobre la doctrina de la Inmaculada Concepción de María los ha llevado a aducir esos pasajes fuera de contexto. Sofronio de Jerusalén († 638) alaba así a María: «Antes de que tú aparecieras en nuestro mundo, hubo muchos santos, pero ninguno de ellos estuvo tan lleno de gracia como tú (…) y ninguno fue previamente purificado como lo fuiste tú…»[34]. Y Andrés de Creta († 740) es aún más explícito en un sermón para la fiesta de la Natividad de la Virgen: «Cuando nace la madre del que es la gloria por excelencia, la naturaleza [humana] recobra en su persona los antiguos privilegios y se configura según un modelo perfecto, verdaderamente digno de Dios (…) En una palabra, la transfiguración de nuestra naturaleza empieza realmente hoy… »[35]. Ese tema, que aparece en los himnos litúrgicos para la fiesta del 8 de septiembre, recibe nuevo desarrollo en una homilía de Nicolás Cabasilas, en el siglo XIV: «Ella es tierra, porque procede de la tierra; pero es tierra nueva, porque no procede

---

[33] *Ibíd.*, 2, 122.
[34] Sofronio de Jerusalén, *Oratio* II, 25; PG 87, 3248A.
[35] Andrés de Creta. *Hom. I in Nativ. B. Mariae*; PG 97, 812A.

en modo alguno de sus antepasados y no ha heredado la vieja levadura. Ella es (...) una masa nueva y ha dado origen a una nueva raza»[36].

Las citas se podrían multiplicar fácilmente y, de hecho, constituyen una indicación bien clara de que la devoción mariológica de los bizantinos podría haberlos llevado a suscribir el dogma de la Inmaculada Concepción de María, tal como se definió en 1854, si hubieran compartido la doctrina de Occidente sobre el pecado original. Pero habrá que recordar —sobre todo en el contexto de las características exageraciones poéticas, emocionales o retóricas de la mariología litúrgica bizantina— que ciertos conceptos, como «pureza» y «santidad», se pueden percibir fácilmente incluso en el seno de la humanidad precristiana, que se consideraba como *mortal*, aunque no necesariamente como «culpable». En el caso de María, su respuesta al ángel y su condición de «nueva Eva» la situaban en una relación especial con la «nueva raza» que había nacido de ella. Sin embargo, en ningún autor bizantino se encuentra una sola afirmación que implique que María había recibido una gracia especial de *inmortalidad*. Sólo una afirmación como ésa podría implicar claramente que su humanidad no compartía el destino común de los descendientes de Adán.

El único escritor bizantino que entendió y aceptó decididamente la interpretación latina del pecado original y la doctrina de la Inmaculada Concepción fue Genadio Escolarios († hacia 1472), que escribe: «La gracia de Dios la liberó por completo, como si hubiera sido concebida virginalmente (*sic*) ... De ahí que, por haber sido liberada de la culpabilidad ancestral y del correspondiente castigo —un privilegio que,

---

[36] Nicolás Cabasilas, *Hom. in Dorm.* 4; PG 19, 498.

entre toda la raza humana, ella fue la única en recibir—, su alma es totalmente inmune a la obnubilación de pensamientos [impuros]; por eso, se convirtió, en cuerpo y alma, en santuario de la divinidad»[37]. Es interesante que eso lo diga un convencido tomista que, en este punto, abandona la actitud negativa del propio Santo Tomás. El texto de Escolarios refleja la concepción típicamente occidental de «culpabilidad», a la vez que anticipa afirmaciones semejantes de posteriores teólogos ortodoxos que empezarán a pensar en categorías de la Escolástica.

Para mantener una interpretación equilibrada de la mariología bizantina habrá que recordar el marco esencialmente cristológico en el que se inscribía la veneración de la *Theotokos* en Bizancio (un aspecto que se desarrollará en el próximo capítulo). Con todo, la ausencia de una definición formal en materia de mariología permitió una gran libertad de expresión a poetas y oradores, y la manifestación de sus reservas a los teólogos más recalcitrantes, que tenían a disposición cientos de ejemplares de las obras de la más reputada autoridad patrística bizantina, Juan Crisóstomo, que había llegado a suponer que era posible imputar a María no sólo el «pecado original», sino también «agitación», «perplejidad» e incluso «ansia de honores»[38].

Naturalmente, nadie se habría atrevido a acusar de impiedad al eximio Crisóstomo. De modo que la Iglesia bizantina, al tratar sabiamente de preservar la escala de valores teológicos que siempre daban precedencia a las verdades *básicas* del Evangelio, se abstuvo de forzar cualquier formulación dogmática sobre María, a excepción del hecho de que era real y verdaderamente *Theotokos*, «Madre de Dios». No cabe duda

---

[37] Genadio Escolarios, *Oeuvres complètes de Georges Scholarios* II (ed. J. Petit y M. Jugie; Paris 1928) 501.
[38] Juan Crisóstomo, *Hom. 44 in Matt.*; PG 57, 464; *Hom. 21 in Jn 2*; PG 59, 131.

de que ese título tan llamativo, a la vez que necesario según la lógica de la cristología cirílica, podía justificar la aclamación litúrgica diaria que la exaltaba como «más noble que los querubines y más gloriosa, sin punto de comparación, que los serafines».

¿Se podría atribuir a un ser humano mayor honor? ¿Se podría encontrar una base más evidente para una antropología cristiana de carácter teocéntrico?

5. Bibliografía

Burghardt, W. J., *The Image of God in Man According to Cyril of Alexandria* (Catholic University Press, Washington 1957). (Fundamentos antropológicos de la doctrina sobre la «deificación»).

Gaïth, J., *La conception de la liberté chez Grégoire de Nysse* (Vrin, Paris 1953). (Obra muy importante para el problema sobre «gracia-libertad»).

Gross, Jules, *La divinisation du chrétien d'après les pères grecs: Contibution historique à la doctrine de grâce* (Gabalda, Paris 1938).

Kiprian (Kern), Archimandrita, *Antropologia sv. Grigoria Palamy* (La antropología de San Gregorio Palamás) (YMCA Press, Paris 1950). (Presentación original de la entera tradición patrística).

Ladner, G. B., «The Philosophical Anthropology of St. Gregory of Nyssa»: «Dumbarton Oaks Papers» 12 (1958) 58-94.

Leys, R., *L'Image de Dieu chez Saint Grégoire de Nysse* (Bruxelles-Paris 1951).

Lossky, V., *On the Image and Likeness* (St. Vladimir's Seminary Press, Crestwood, New York 1974). (Sugestiva colección de estudios sobre antropología y soteriología patrística, y otros temas teológicos).

Lot-Borodine, Myrrha, *La déification de l'homme* (Cerf, Paris 1969). (Reedición de una importante serie de artículos publicados en «Revue d'Histoire des Religions» 1932-1933).

Meyendorff, J., «"Eph' hô" chez Cyrille d'Alexandrie et Theodoret»: «Studia Patristica» IV (Texte und Untersuchungen 79, 1961) 157-161. (El pasaje crucial de Rom 5,12 interpretado por los Padres Griegos).

Popov, I. V., «Ideia obozhenia v drevne-vostochnoi tserkvi» (La idea de deificación en la antigua Iglesia Oriental): «Voprosy filosofii y psikologii» 97 (1906) 165-213. (Artículo muy importante).

Romanides, J. S., *To propatorikon hamártêma* (El pecado ancestral) (Atenas 1957). (Contraste entre la interpretación griega y agustiniana del pecado original).

Tunberg, Lars, *Microcosm and Mediator: The Theological Anthropology of Maximus the Confessor* (Gleerup, Lund 1965). (El estudio reciente más completo sobre Máximo, cuya visión antropológica ejerció enorme influencia entre los teólogos bizantinos).

XII

JESUCRISTO

La cristología bizantina siempre ha estado dominada por las categorías mentales y la terminología de las grandes controversias de los siglos V, VI y VII sobre la persona e identidad de Jesucristo. Como ya se ha expuesto en la primera parte, esas controversias implicaban no sólo problemas teóricos, sino incluso las bases teológicas de la vida. Para el cristianismo oriental, el contenido más profundo de la fe depende del modo en que se dé respuesta a la pregunta: «¿Quién es Jesucristo?».

Los cinco concilios ecuménicos que emitieron definiciones específicas sobre la relación entre la naturaleza divina y la naturaleza humana de Cristo se han considerado en ocasiones como desarrollos más bien titubeantes, que oscilan desde el énfasis en la divinidad de Cristo, en Éfeso (431), hasta la reafirmación de su plena humanidad, en Calcedonia (451); luego, una vuelta a su divinidad, con la aceptación de la idea de Cirilo sobre el «teopasianismo», en Constantinopla (553), seguida de una nueva conciencia de su «energía» o «voluntad» humana, de nuevo en Constantinopla (680), y su posibilidad de ser representado figurativamente, en la definición anti-iconoclasta de Nicea II (787). Sin embargo, en la literatura teológica occidental se ha expresado frecuentemente la idea de que la cristología bizantina es cripto-monofisita, y esa idea se ha ofrecido como explicación de la falta de interés que muestran los cristianos orientales por el hombre en su creatividad profana o social. Esperamos que los análisis que siguen puedan arrojar alguna luz sobre estos problemas que una y otra vez se ofrecen a nuestra consideración.

1. Dios y hombre

Afirmar que Dios se hizo hombre y que su humanidad posee todas las características de la naturaleza humana significa que la encarnación es un acontecimiento de alcance cósmico. El hombre fue creado como señor del cosmos y llamado a conducir hacia Dios la totalidad de la creación. Su fracaso en ese cometido fue una catástrofe de dimensiones cósmicas, que sólo el propio creador podía reparar.

Por otra parte, la encarnación implica que el vínculo entre Dios y el hombre, tal como se expresa en el concepto bíblico de «imagen y semejanza», es indestructible. Restaurar la creación equivale a una «nueva creación». Pero eso no quiere decir que se establezca un nuevo modelo en lo tocante al ser humano, sino que se restaura al *hombre* en su gloria divina original entre las demás creaturas y en su responsabilidad por el mundo circundante. Eso ratifica que el hombre es verdaderamente hombre cuando participa en la vida de Dios, que no es un ser autónomo en relación con Dios ni con respecto al mundo, y que una vida auténticamente humana jamás podrá ser una vida «profana». En Jesucristo, Dios y hombre constituyen *una sola realidad*. En Cristo, Dios se hace accesible no por anulación de lo *humano*, sino por la manifestación más real de la humanidad en su forma más pura y más auténtica.

Los teólogos bizantinos siempre han estado de acuerdo en considerar la encarnación del Logos como un hecho de relevancia *cósmica*. La dimensión cósmica de la venida de Cristo se expresa de manera especial en la himnología bizantina: «Toda creatura, que es obra de tus manos, te ofrece la acción de gracias: los ángeles te ofrecen sus cánticos; el cielo, su estrella; los Magos, sus dones; los pastores, su admiración; la tierra, su gruta; el desierto, su pesebre; y nosotros te ofrecemos una Madre Virgen»[1]. La afinidad entre creación y encarnación se subraya continuamente en los himnos: «El hombre se apartó de una vida mejor, la vida divina; aunque hecho a imagen de Dios, su transgresión lo llevó a someterse a la corrupción y a la destrucción. Pero ahora, la sabiduría del creador lo modela de nuevo, porque él ha sido glorificado»[2]. De manera semejante, los himnos del Viernes Santo subrayan la implicación de la creación entera en la muerte de Cristo: «Al contemplarte en la cruz, el sol se cubrió de tinieblas; la tierra tembló de pavor...»[3].

Igualmente, un despliegue de imágenes poéticas reflejan el paralelismo entre Gn 1,2 y Jn 1. La venida de Cristo es la encarnación del Logos, «por el que todo se hizo»; es una nueva creación, pero el creador es el mismo. Contra los gnósticos, que profesaban un dualismo por el que consideraban al Dios del Antiguo Testamento como distinto del Padre de Jesús, la tradición patrística afirmaba su absoluta identidad y, por tanto, la «bondad» esencial de la creación originaria.

La venida de Cristo reviste dimensiones cósmicas porque Cristo es el Logos —y por tanto, el agente divino de la creación— y porque es hombre, pues el hombre es un «microcosmos». El pecado del hombre sumerge la creación en la muerte y en la destrucción, pero la restauración del hombre en Cristo es una restauración del cosmos en su belleza original. También en este punto, la himnología de Bizancio es el mejor testigo:

> David, al prever en espíritu la permanencia del Hijo
> único de Dios entre los hombres, convocó a la creación

---

[1] Día 24 de diciembre; oficio de Vísperas.
[2] Día 25 de diciembre; oficio de Maitines.
[3] Viernes Santo; oficio de Vísperas.

para que se regocijara en él y alzó su voz profética: «Tú has creado el norte y el sur, el Tabor y el Hermón aclaman tu nombre (Sal 89,13). Porque cuando subiste, oh Cristo, con tus discípulos al monte Tabor, te transfiguraste y diste a la naturaleza, que se había oscurecido en Adán, un nuevo resplandor como el de un relámpago...[4].

La glorificación del hombre, que es también la gloria de toda la creación, debe entenderse en perspectiva escatológica. En la persona de Cristo, en la realidad sacramental de su cuerpo y en la vida de los santos, se anticipa la transfiguración de todo el cosmos; pero estrictamente hablando, su venida es una realidad futura. Sin embargo, esa glorificación es ya una experiencia viva accesible a todos los cristianos, especialmente en la liturgia. Esa experiencia es lo único que puede dar sentido a la historia humana y constituir su verdadera meta.

La dimensión cósmica de la encarnación está implícita en la definición de Calcedonia del año 451, a la que la teología de Bizancio permaneció siempre fiel: «[Cristo] es de la misma sustancia que nosotros en su humanidad, "como uno de nosotros en todo, excepto en el pecado" (Heb 4,15)». Es Dios y hombre, pues «la distinción de naturalezas no queda abolida por la unión [hipostática], sino que cada una de las dos naturalezas mantiene sus propias características». Es evidente que la última frase de la definición hace referencia a las funciones de creatividad, invención y control que el hombre ejerce en el cosmos. También la teología de Máximo el Confesor desarrolla esa misma idea cuando defiende, contra los monoteletas, que en Cristo hay una «voluntad» o «energía»

---

[4] Día 6 de agosto: fiesta de la Transfiguración; oficio de vísperas.

humana, porque sin ella es inconcebible una auténtica humanidad. Si la humanidad de Cristo es idéntica a la nuestra en todo, excepto en el pecado (a no ser que se defina como «pecado» cualquier «moción, «creatividad» o «dinamismo» humano), habrá que admitir que Cristo, que es hombre en su cuerpo, en su alma y en su mente, actuó con todas esas funciones de una auténtica humanidad. Como bien entendió Máximo, la energía o voluntad humana de Cristo no quedó reemplazada por su voluntad divina, sino que aceptó su conformidad con ella. «Las dos voluntades naturales [de Cristo] no se oponen mutuamente (...), sino que la voluntad humana sigue [a la divina]»[5]. Por consiguiente, esa conformidad de lo *humano* con lo *divino* en Cristo no implica una disminución de la humanidad, sino su restauración: «Cristo restaura la naturaleza para que se haga conforme a sí misma (...) Al hacerse hombre, conserva su voluntad libre en impasibilidad y en paz con la naturaleza»[6]. Como ya se ha explicado antes, la «participación» en Dios es la auténtica naturaleza del hombre, y no su abolición. Esta idea es la clave para entender la concepción oriental de la relación Dios-hombre.

En Cristo, la unión de las dos naturalezas es hipostática, es decir, «coinciden en una sola persona [*prósôpon*] y en una sola hipóstasis», según los Padres de Calcedonia. Las controversias que provocó la fórmula calcedonense produjeron nuevas definiciones sobre el significado del término «hipóstasis». Calcedonia había insistido en que Cristo es realmente uno en su identidad personal, pero no especificó con absoluta claridad que el término «hipóstasis», utilizado para designar esa identidad, también hacía referencia a la hipóstasis del

---

[5] Concilio de Constantinopla, 680; Denzinger 291.
[6] Máximo el Confesor, *Expos. orat. domin.*; PG 90,877D.

Logos preexistente. La oposición a Calcedonia que se produjo en Oriente construyó de tal manera su argumentación sobre este punto, que la cristología bizantina de la época de Justiniano tuvo que dedicarse a fondo a excluir esa interpretación de Calcedonia, que consideraba el «*prósôpon* o hipóstasis» del que habla la definición como simple «*prósôpon* unitivo» —precisamente, lo que defendía la Escuela antioquena—, es decir, la nueva síntesis resultante de la unión de las dos naturalezas. Por el contrario, siguiendo a Cirilo de Alejandría, afirmaba que la única hipóstasis de Cristo es la hipóstasis preexistente del Logos. Por tanto, el término se emplea en cristología en sentido idéntico al de la teología trinitaria de los Padres Capadocios, que afirmaban que una de las tres eternas hipóstasis de la Trinidad «se hizo carne», mientras que en su divinidad permanecía esencialmente la misma. Y eso quiere decir que la hipóstasis de Cristo *preexistía* ya en su divinidad, pero *adquirió* humanidad en el seno de la Virgen María.

Esa postura fundamental tiene dos implicaciones importantes:

a) En Cristo no hay perfecta simetría entre divinidad y humanidad, porque la única hipóstasis es sólo divina, de modo que la voluntad humana *sigue* a la divina. Pues bien, lo que se rechazó en Éfeso (431), por considerarlo nestoriano, fue precisamente una cristología «simétrica». Ese carácter «asimétrico» de la cristología ortodoxa refleja una idea que Atanasio y Cirilo de Alejandría habían defendido a ultranza: sólo Dios puede *salvar*, porque la humanidad no puede más que cooperar con la voluntad y la acción salvífica de Dios. Sin embargo, como ya se subrayó en un capítulo precedente, en la concepción patrística del hombre, el «teocentrismo» es un rasgo *natural* de la humanidad. De modo que la asimetría no impidió que Cristo fuera total y «activamente» hombre.

b) La naturaleza humana de Cristo no se hace persona en una hipóstasis humana independiente; lo que significa que el concepto de hipóstasis no es una expresión de la existencia natural, ni en Dios ni en el hombre, sino que se refiere a una existencia *personal*. La cristología posterior al Concilio de Calcedonia postula que Cristo fue plenamente hombre y también un *individuo* humano, pero rechaza la postura de Nestorio que le atribuía la entidad de persona o hipóstasis humana. Una vida individual y plenamente humana estaba hipostatizada en la hipóstasis del Logos, sin perder ni una sola de sus características humanas. La teoría asociada al nombre de Apolinar de Laodicea, según la cual, en Jesús, el Logos había tomado el lugar del alma humana, fue sistemáticamente rechazada por los teólogos bizantinos porque implicaba que la humanidad de Cristo no era completa. La famosa fórmula de Cirilo —falsamente atribuida a Atanasio y pronunciada, de hecho, por Apolinar— «una naturaleza encarnada de Dios, la Palabra», se aceptó sólo en el contexto de Calcedonia. La naturaleza divina y la naturaleza humana no pueden fusionarse ni confundirse, o ser complementarias; pero en Cristo estaban unidas en una única hipóstasis divina, la del Logos: el modelo divino se equipara a la imagen humana.

El hecho de que la idea de hipóstasis sea irreductible a conceptos como «naturaleza particular» o «individualidad» es de importancia crucial no sólo en cristología, sino también en teología trinitaria. La hipóstasis es la *fuente* «activa» y personal de la vida natural, pero no es «naturaleza» o vida en sí misma. En la hipóstasis, las dos naturalezas de Cristo se unen sin confundirse ni mezclarse. Cada una conserva sus características naturales; pero por el hecho de compartir una vida hipostática común, se produce la «comunicación de idiomas» (*perichóresis*), que hace posible, por ejemplo, que las acciones humanas de Cristo —palabras o gestos— tengan consecuencias que sólo Dios podría provocar. Por ejemplo, el barro que produce con su saliva es capaz de devolver la vista a un ciego. A este propósito, escribe Juan de Damasco:

> Cristo es uno. Por tanto, la gloria que procede naturalmente de la divinidad es común [a las dos naturalezas], debido a la identidad de hipóstasis; y debido a la carne, también es común [a las dos naturalezas] la humildad (...) [pero] es la divinidad la que comunica sus privilegios al cuerpo, mientras ella misma permanece fuera del alcance de las pasiones de la carne [7].

La unión hipostática implica también que el Logos hizo *propias* todas las características de la naturaleza humana, de modo que la segunda persona de la Trinidad era el sujeto, el agente, de las experiencias *humanas* o de las acciones de Jesús. La controversia entre Cirilo de Alejandría y Nestorio sobre el término *Theotokos*, aplicado a la Virgen María, se refería esencialmente a ese mismo problema. ¿Había en Jesús una persona humana cuya madre pudo haber sido María? La respuesta de Cirilo —enfáticamente negativa— fue, de hecho, una opción cristológica de capital importancia. En Cristo no había más que una sola filiación, la del Hijo de Dios, y María no pudo haber sido madre de ningún otro ser. Por eso, era realmente la «Madre de Dios». El mismo problema, exactamente, se planteó a propósito de la muerte de Cristo: impasibilidad e inmortalidad eran características de la naturaleza divina. De ahí que los teólogos de Antioquía se preguntaran: ¿Cómo pudo *morir* el Hijo de Dios? Obviamente, el «sujeto» de la muerte de Cristo no podía ser otro que su humanidad. Ahora bien, contra ese planteamiento, y siguiendo la inter-

---

[7] Juan de Damasco, *De fide orthodoxa* III, 15; PG 94, 1057BC.

pretación de Cirilo, el quinto concilio (553) afirma taxativamente: «El que no profese que Nuestro Señor Jesucristo, que fue crucificado en la carne, es verdadero Dios y Señor de la gloria y uno de la Santísima Trinidad, sea anatema»[8]. Esta definición conciliar, que es una paráfrasis del texto de 1 Cor 2,8: «Pues si lo hubieran entendido, no habrían crucificado al Señor de la gloria», inspiró el himno «El Hijo unigénito de Dios», atribuido al emperador Justiniano y que se canta en todas las celebraciones eucarísticas bizantinas: «Tú, uno de la Santísima Trinidad, fuiste crucificado por nuestra salvación».

El «teopasianismo», es decir, la aceptación de la fórmula que afirma que «el Hijo de Dios murió en la carne», es una buena ilustración de lo distintos que son, realmente, los conceptos de «hipóstasis» y «naturaleza» o «esencia». Leoncio de Jerusalén, un teólogo de la época de Justiniano y, a su vez, uno de los principales exponentes de Calcedonia, subraya esa distinción en los términos siguientes: «Se dice que el Logos sufrió según la hipóstasis, porque en su hipóstasis asumió una esencia [humana] pasible, además de su propia esencia impasible, y lo que se puede afirmar de la esencia [humana] se puede afirmar también de la hipóstasis»[9]. Lo que aquí va implicado es que las características de la esencia divina —impasibilidad, inmutabilidad, etc.— no son requisitos absolutamente válidos para la existencia *personal* o hipostática de Dios. Más adelante se verá la importancia de estas implicaciones para la comprensión patrística y bizantina de Dios. Mientras tanto, y a nivel de pura soteriología, la afirmación de que el Hijo de Dios realmente «murió en la carne» refleja mejor que cualquier otra fórmula cristológica el infini-

---

[8] Denzinger 222. Concilio del año 553: anatema 10.
[9] Leoncio de Jerusalén, *Adv. Nest.* VIII, 9; PG 86, 1768ª.

to amor de Dios al hombre y la realidad de la «apropiación» por parte del Logos de la humanidad caída y mortal, es decir, el misterio mismo de la salvación.

Una de las críticas que se suelen hacer a la cristología bizantina, tal como se definió en el quinto concilio, es que, de hecho, traicionó a Calcedonia al aceptar el triunfo póstumo de las concepciones unilaterales de la cristología alejandrina. Según esas críticas, la humanidad de Cristo, asumida por la hipóstasis divina del Logos, se habría visto privada de carácter auténticamente humano. Sobre este aspecto escribe Marcel Richard: «En la cristología alejandrina no hay lugar para una verdadera psicología de Cristo ni para un verdadero culto a la humanidad del Salvador, aunque se reconozca expresamente que la Palabra asumió un alma humana»[10]. Y Charles Moeller afirma: «La tendencia de Oriente a ver más y más a Cristo como Dios (una tendencia tan apreciable en su liturgia) es señal de un cierto exclusivismo, que se iría incrementando después del cisma»[11]. De ese modo, este «neo-calcedonismo» de los bizantinos se opone a la auténtica cristología de Calcedonia y queda marcado como «cripto-monofisismo», que consiste esencialmente en una comprensión de la unión hipostática que tiende a modificar las características humanas de la personalidad de Jesús de tal manera que dejaría de ser plenamente hombre[12].

No cabe duda que la teología y la espiritualidad bizantinas son conscientes del carácter único de la personalidad de Jesús

---

[10] Marcel Richard, «St. Athanase et la psychologie du Christ selon les Ariens»: «Mélanges de science religieuse» 4 (1947)54.
[11] Charles Moeller, «Le chalcédonisme et le néo-chalcédonisme en Orient de 451 à la fin du VIe siècle», A. Grillmeier-H. Bacht (eds.), *Das Konzil von Chalkedon. Geschichte und Gegenwart* (Würzburg 1951-1954) I,717.
[12] *Ibíd.*, 715-716.

y se muestran más bien reacias a investigar su «psicología» humana. Pero sobre este aspecto sólo se podrá obtener un juicio equilibrado si se tiene en cuenta no sólo la doctrina de la unión hipostática, sino también la concepción dominante en el mundo oriental de lo que significa realmente hombre «natural». Y eso, porque en Jesús, el nuevo Adán, ha quedado restablecida la humanidad «natural». Como ya se ha dicho antes, se consideraba al hombre «natural» como partícipe de la gloria de Dios. Y no cabe duda de que «ese hombre» no podría estar totalmente sujeto a las leyes de una psicología «caída». Pero en Jesús no se negaban simplemente esas leyes, sino que se interpretaban a la luz de una soteriología.

Los teólogos bizantinos jamás analizaron directamente ese problema en toda su amplitud, pero hay algunas indicaciones que pueden ayudar a entender su postura: a) su interpretación de ciertos pasajes evangélicos, como Lc 2,52: «Iba creciendo en saber y en estatura»; b) su actitud frente a la herejía del «aftartodocetismo»; y c) la postura ortodoxa de los defensores de las imágenes frente a los iconoclastas.

a) La idea de «crecimiento en sabiduría» implica un cierto grado de ignorancia en Jesús, que se confirma por otros pasajes bien conocidos de los evangelios, por ejemplo, Mc 13,32. Es posible que el pensamiento bizantino sobre el tema se haya confundido, a veces, con la idea de Evagrio de que el «conocimiento esencial» era lo más característico de la humanidad antes de la caída. Por otra parte, el propio Evagrio pensaba que Jesús fue, precisamente, un «intelecto» creado que había mantenido ese «conocimiento» original. En la tradición espiritual de Evagrio, que se conservó viva en el cristianismo oriental, la búsqueda de la *gnôsis* se consideraba como el contenido auténtico de la vida espiritual. Y eso pudo haber contribuido a que la mayoría de los teólogos bizantinos negaran cualquier clase de «ignorancia» en el propio Jesús. Por ejemplo, Juan de Damasco puede escribir:

> Hay que reconocer que la Palabra asumió *la naturaleza ignorante e inferior*, [pero] gracias a la identidad de hipóstasis y de unión indisoluble, el alma del Señor fue adornada con el conocimiento de lo que habría de suceder y con otras señales divinas. De modo semejante, la carne de los seres humanos no es, por naturaleza, donadora de vida, mientras que la carne del Señor, *sin dejar de ser mortal por naturaleza*, se convirtió en fuente de vida, gracias a la unión hipostática con la Palabra[13].

Esta cita constituye el caso más claro de un representante de la teología bizantina que afirma que la unión hipostática, en virtud de la «comunicación de idiomas», modifica el carácter de la naturaleza humana. Pero esa modificación se inscribe en el marco de una cristología dinámica y soteriológica. La humanidad de Cristo es «pascual» en el sentido de que, en ella, el hombre *pasa* de la muerte a la vida, de la ignorancia al conocimiento, del pecado a la justificación. Sin embargo, en muchos casos menos justificables, la ignorancia de Jesús, tal como se describe en los evangelios, se interpreta simplemente como un recurso pedagógico o como una «apariencia» por parte de Cristo, para mostrar así su condescendencia. Esta solución, obviamente insatisfactoria, es rechazada por otros teólogos, que no dudan en afirmar la real ignorancia humana de Jesús. Por ejemplo, el autor anónimo de la obra *De sectis* escribe: «La mayoría de los Padres admitieron que Cristo ignoraba ciertas cosas. Por el hecho de ser en todo consustancial con nosotros, que ignoramos tantas cosas, es evidente que Cristo también debió de sufrir de ignorancia. La Escritura dice de Cristo: "Iba creciendo en saber y en

---

[13] Juan de Damasco, *De fide orthodoxa* III, 21; PG 94, 1084B-1085A.

estatura" [Lc 2,52]; y eso significa que iba aprendiendo cosas que previamente ignoraba»[14]. De aquí se deduce claramente que los teólogos bizantinos estaban realmente interesados en reconocer en Cristo *nuestra humanidad caída*, pero no tenían claro el momento en que, en Jesús, esa humanidad se transformó en la humanidad transfigurada, perfecta y «natural» del Hombre nuevo.

b) La herejía de los *aftartodocetas*, cuyo jefe era el teólogo del siglo VI Julián de Halicarnaso, concebía la humanidad de Cristo como incorruptible —de ahí, el nombre de la herejía—, por lo que éstos fueron acusados de interpretar la encarnación en sentido docético. Como ha demostrado R. Draguet, el problema no era tanto la conexión entre unión hipostática y corruptibilidad, cuanto la naturaleza misma del ser humano: ¿Es el hombre *naturalmente* corruptible (como es naturalmente ignorante), o la corruptibilidad entró con el pecado? Los aftartodocetas negaban que el hombre fuera corruptible por naturaleza. Por tanto, en Cristo, al ser «el Nuevo Adán» y el hombre «natural» por antonomasia, su humanidad tenía que ser ciertamente incorruptible. Por su parte, los ortodoxos, con su rechazo del aftartodocetismo, afirmaban: (1) que la herencia de mortalidad derivada de Adán no es una herencia de culpabilidad; y (2) que el Logos asumió voluntariamente no una humanidad ideal y abstracta, sino nuestra humanidad caída, con todas las consecuencias del pecado, incluida la corruptibilidad. De hecho, la oposición al aftartodocetismo contribuyó en gran manera a preservar una concepción más clara de la naturaleza real y plenamente humana de Cristo.

---

[14] Anónimo, *De sectis*; PG 86, 1264ª.

c) La iconoclastia fue, sin duda, otro modo de negar que Cristo es hombre, en sentido concreto e individual. El patriarca Nicéforo, uno de los polemistas ortodoxos más destacados, denominó la iconoclastia como *Agraptodocetismo*, porque los iconoclastas pensaban que «no se podía representar» a Jesús gráficamente [15]. Para justificar la posibilidad de pintar una imagen de Cristo, Juan de Damasco —y de modo más explícito, Teodoro Estudita— insiste en sus características humanas individuales. Teodoro, por ejemplo, escribe: «Un Cristo que no se pudiera representar sería un Cristo incorpóreo; sin embargo, Isaías (Is 8,3) lo describe como varón, y sólo por las formas corporales se puede distinguir al varón de la mujer» [16]. Y Nicéforo, para defender el uso de imágenes, subraya con fuerza las limitaciones humanas de Jesús, como su experiencia de cansancio, de hambre, de sed [17]: «[Cristo] actuó, deseó, fue ignorante y sufrió como hombre» [18]. Eso significa que fue un hombre como cualquiera de nosotros y puede ser representado por medio de una imagen.

El icono de Cristo, tal como lo interpretaron los teólogos ortodoxos de los siglos VIII y IX que lucharon contra la iconoclastia, constituye una auténtica profesión de fe en la encarnación. Teodoro Estudita escribe a este propósito:

> El Inconcebible es concebido en el seno de una Virgen; el Inconmensurable mide tres codos de alto; el Incalificable adquiere una cualidad; el Indefinible está en pie, o sentado, o acostado. Al que está en todas partes se lo pone en un pesebre; el que está por encima del tiempo se acerca

---

[15] Patriarca Nicéforo, *Antirrh*. I; PG 100, 268A..
[16] Teodoro Estudita, *Antirrh*. III; PG 99, 409C.
[17] Nicéforo, *Antirrh*. I; PG 100, 272B.
[18] *Ibíd*. III; PG 100, 328BD.

gradualmente a la edad de doce años; el que no tiene figura se presenta en figura de hombre; el Incorpóreo entra en un cuerpo (...) Por tanto, [Cristo] es descriptible y, a la vez, indescriptible[19].

Para Teodoro, el icono de Cristo es la mejor ilustración posible de lo que realmente significa la unión hipostática. Lo que aparece en la imagen es la hipóstasis misma de Dios, la Palabra, en la carne. En la tradición bizantina, la inscripción sobre el halo que rodea la cabeza de Jesús dice: «El que es», que equivale al sagrado tetragrama YHWH, el nombre de Dios cuya persona se revela, pero cuya esencia es inaccesible. Lo que se representa en un icono no es ni la indescriptible divinidad de Dios, ni sólo su naturaleza humana, sino la persona de Dios Hijo que se hizo carne. Así lo dice Teodoro: «Toda imagen es la imagen de una hipóstasis, y no de una naturaleza»[20].

Pintar una imagen de la esencia divina o de Dios antes de la encarnación es, obviamente, imposible, tan imposible como representar la naturaleza humana en cuanto tal, a no ser que se haga de manera simbólica. Por eso, las imágenes simbólicas de las teofanías del Antiguo Testamento no son «iconos» en el más estricto sentido de la palabra. Pero el icono de Cristo es diferente. La hipóstasis del Logos se puede ver en la carne con los ojos corporales, aunque su esencia divina permanece oculta. Precisamente ese misterio de la encarnación es el que hace posibles los sagrados iconos y exige su veneración.

La defensa de las imágenes forzó al pensamiento bizantino a reafirmar la plena humanidad concreta de Cristo. Y si

---

[19] Teodoro Estudita, *Antirrh.* III; PG 99, 396B.
[20] *Ibíd.* III; PG 99, 405A.

fue necesario tomar una postura adicional, en materia de doctrina, contra el monofisismo, la Iglesia bizantina la tomó en los siglos VIII y IX. Pero es importante reconocer que esa postura no se tomó a expensas de la doctrina sobre la unión hipostática, ni a expensas de la comprensión cirílica de la identidad hipostática del Logos encarnado, sino a la luz de las precedentes formulaciones cristológicas. La victoria sobre la iconoclastia significó la ratificación de la cristología de Calcedonia y del período poscalcedonense.

2. REDENCIÓN Y DEIFICACIÓN

La definición de Calcedonia proclama que Cristo es consustancial no sólo con su Padre, sino también «con nosotros». Aunque plenamente hombre, Cristo no tiene hipóstasis humana, porque la hipóstasis de sus dos naturalezas es la hipóstasis divina del Logos. Cada individuo humano, aunque totalmente «consustancial» con los demás hombres, es radicalmente *distinto* de cualquier otro en virtud de su propia personalidad o hipóstasis única, irrepetible, inalienable; nadie puede reproducirse totalmente *en* otro ser humano. Pero la hipóstasis de Jesús posee una afinidad esencial con todas las personalidades humanas: la de ser su *modelo perfecto*. Porque, en realidad, todos los hombres son creados a imagen de Dios, es decir, según la imagen del Logos. Cuando el Logos se hizo carne, la marca divina dejó en todos su huella; Dios asumió la humanidad sin excluir ninguna hipóstasis humana, sino abriendo a todos la posibilidad de restablecer su unidad en él mismo. Se hizo realmente el «nuevo Adán», en el que todo hombre encuentra su propia naturaleza realizada en plenitud, sin las limitaciones que habrían sido inevitables si Jesús fuera sólo una personalidad humana.

Ésa es la concepción de Cristo en la que piensa Máximo el Confesor cuando subraya la imagen paulina de la «recapitulación», en referencia al Logos encarnado [21], y ve en ella la victoria sobre las separaciones desintegradoras que caracterizan a la humanidad. En cuanto hombre, Cristo «realiza en toda su plenitud el auténtico destino humano que él mismo, en cuanto Dios, había predeterminado, y del que se había desviado el hombre. Cristo une realmente al hombre con Dios» [22]. En consecuencia, la cristología calcedonense y poscalcedonense no sería más que una especulación inane e irrelevante, si no estuviera orientada hacia esa idea de redención. «Toda la historia del dogma cristológico estaba determinada por esta idea básica: la encarnación de la Palabra como salvación» [23].

La teología bizantina no produjo ninguna elaboración relevante de la doctrina de Pablo sobre la justificación, tal como se expresa en sus cartas a los Romanos y a los Gálatas. Por lo general, los comentarios de los Padres Griegos a pasajes como Gál 3,13 («Cristo nos rescató de la maldición de la Ley, haciéndose por nosotros un maldito») interpretan la idea de redención (o «rescate») mediante una sustitución que la encuadra en el contexto más amplio de victoria sobre la muerte y santificación; pero nunca desarrollan esa idea en la línea de la teoría anselmiana de «satisfacción». La voluntaria asunción de la mortalidad humana por el Logos fue un acto de la «condescendencia» de Dios, por la que unió consigo mismo a toda la humanidad. Como escribe Gregorio de Nacianzo, «lo que no se asume no se cura, y lo que está unido a Dios se salva» [24]. Por

---

[21] Véase especialmente Máximo el Confesor, *Amb.*; PG 90, 1308D, 1312A.
[22] J. Meyendorff, *Christ*, 108.
[23] Georges Florovsky, «The Lamb of God»: «Scottish Journal of Theology» (Marzo 1961) 16.
[24] Gregorio de Nacianzo, *Epistula 101 ad Cledonum*; PG 37, 181C-184A.

eso, «necesitamos un Dios hecho carne y sentenciado a muerte, para que nosotros podamos recobrar la vida»[25].

La muerte de «uno de la Trinidad hecho carne» fue un acto voluntario de Dios por el que asumió libremente la tragedia humana en todas sus dimensiones. «En él no hay nada que obedezca a una necesidad o a una coacción, sino que todo en él es libre: voluntariamente sintió hambre y tuvo sed, voluntariamente experimentó el temor, e incluso murió voluntariamente»[26]. Pero —y ésa es la diferencia esencial entre ortodoxos y aftartodocetas— esa libertad *divina* de la hipóstasis del Logos no limitó la realidad de su condición humana: el Señor asumió una humanidad *mortal* en el momento mismo de la encarnación, cuando ya se había tomado la libre decisión divina de morir. Como escribe Atanasio: «[Dios] toma un cuerpo que no es diferente del nuestro, toma una naturaleza semejante a la nuestra y, como todos nosotros estamos sujetos a la corrupción y a la muerte, él entrega su cuerpo a la muerte por nosotros»[27].

Los textos de la liturgia bizantina de Navidad sugieren de manera extraordinariamente gráfica la idea de que la cruz fue el propósito de la encarnación. La himnología de la preparación de la fiesta (días 20 a 24 de diciembre) está estructurada según el modelo de Semana Santa, y la humildad de Belén se concibe como una proyección hacia el Gólgota: «Los reyes, primeros frutos de la gentilidad, te ofrecen sus dones (...) Con la mirra indican tu muerte...». «Nacido ahora en la carne, en la carne experimentarás la muerte y la sepultura, y en la carne resucitarás al tercer día»[28].

---

[25] Gregorio de Nacianzo, *Homilia 45*; PG 36,661C.
[26] Juan de Damasco, *De fide orth.* IV, 1; PG 94, 1101A.
[27] Atanasio, *De incarnatione* 8; PG 25, 109C.
[28] Día 24 de diciembre, oficio de Completas, Canon, odas 5 y 6.

La pregunta sobre si la encarnación habría tenido lugar aunque no hubiera existido la caída, nunca fue el centro de atención en Bizancio. Los teólogos bizantinos consideraban más bien el hecho concreto de la mortalidad humana, una tragedia cósmica en la que Dios eligió participar en persona, o mejor dicho, *hipostáticamente*, por la encarnación. Máximo el Confesor es sin duda la excepción más significativa —y quizá la única— de esa regla. Para él, la encarnación y la «recapitulación de todas las cosas en Cristo» son la verdadera «meta» y la «finalidad» última de la creación. Y eso significa que la encarnación fue prevista y predeterminada con independencia de la actitud del hombre, que abusó trágicamente de su propia libertad [29]. Esa teoría cuadra perfectamente con la idea de Máximo sobre la «naturaleza» creada como proceso dinámico hacia una meta escatológica, es decir, hacia Cristo, el Logos hecho carne. En cuanto creador, el Logos es el «principio» de la creación y, en cuanto hecho carne, es también el «fin», cuando todo existirá no sólo «por él», sino también «en él». Para estar «en Cristo», la creación tiene que ser asumida por Dios y convertida en «algo propio». Por eso, la encarnación es una condición previa para la glorificación definitiva del hombre, independientemente de su pecaminosidad y corrupción.

Dada la condición caída del hombre, la muerte redentora de Cristo hace posible esa glorificación final. Pero la muerte de Cristo es verdaderamente redentora y «vivificante» porque es la muerte del Hijo de Dios en la carne, es decir, en virtud de la unión hipostática. En Oriente, la cruz no se concibe como castigo del justo que «satisface» a una justicia trascendente que exige retribución por el pecado del hombre. Como

---

[29] Máximo el Confesor, *Ad Thal.* 60; PG 90, 621AC.

bien afirma Georges Florovski: «La muerte en cruz fue eficaz no en cuanto muerte de un Inocente, sino como muerte del Señor encarnado»[30]. Lo importante no era cumplir un requisito legal, sino derrotar la tremenda realidad cósmica de la muerte que mantenía a la humanidad bajo su control usurpado y lo empujaba al círculo vicioso de pecado y corrupción. Y como demostró Atanasio de Alejandría en su polémica con el arrianismo, sólo Dios es capaz de vencer a la muerte, porque él es «el único que posee inmortalidad» (1 Tim 6,16). Lo mismo que el pecado original no consiste en una culpabilidad hereditaria, la redención no es primariamente una justificación, sino una victoria sobre la muerte. La liturgia bizantina, siguiendo a Gregorio de Nisa, emplea la imagen del demonio tragando un anzuelo oculto en el cuerpo de Emmanuel. La misma idea se encuentra en un sermón del Pseudo-Crisósotomo que se lee durante la liturgia de la noche de Pascua: «El infierno tragó un cuerpo, y encontró a Dios; recibió polvo mortal, y se encontró cara a cara con el cielo».

Como síntesis de la interpretación patrística de la muerte y de la resurrección, a la luz de las afirmaciones cristológicas de los siglos V y VI, escribe Juan de Damasco:

> Aunque Cristo murió como hombre y su alma sacrosanta se separó de su purísimo cuerpo, su divinidad permaneció unida tanto a su alma como a su cuerpo de manera inseparable. Es decir, la única hipóstasis no se dividió en dos hipóstasis porque, desde el principio, cuerpo y alma existían en la hipóstasis de la Palabra. Aunque a la hora de la muerte se separaron cuerpo y alma, cada una de esas dos realidades fue preservada, porque estaban

---

[30] G. Florovsky, *The Lamb of God*, 24.

unidas a la única hipóstasis de la Palabra. Por eso, la hipóstasis única de la Palabra era una hipóstasis referente a la Palabra, es decir, tanto al cuerpo como al alma. Porque ni el cuerpo ni el alma tuvieron nunca una hipóstasis propia, o distinta de la de la Palabra. La hipóstasis de la Palabra fue siempre una, de modo que nunca existieron dos hipóstasis de la Palabra. En consecuencia, la hipóstasis de Cristo fue siempre una. Y aunque el alma estuviera separada del cuerpo en el espacio, ambos permanecían hipostáticamente unidos por la Palabra [31].

En la tradicional iconografía bizantina de la resurrección, el triduo pascual —los tres días en los que la humanidad de Cristo se vio sujeta al destino común del hombre y, sin embargo, permaneció misteriosamente unida a la única hipóstasis divina del Logos—, se expresa gráficamente con la figura de Cristo que atraviesa las puertas del Averno y devuelve la vida a Adán y Eva. Mejor que cualquier lenguaje conceptual y mejor que la imagen de cualquier otro acontecimiento particular u otro aspecto del misterio —como el sepulcro vacío, o incluso la propia crucifixión—, este icono hace referencia a la dimensión dinámica y soteriológica de la muerte de Cristo: la entrada de Dios en los dominios usurpados por el demonio y la destrucción de su control sobre la humanidad. La liturgia bizantina de la Semana Santa expresa ese mismo misterio de la unidad hipostática que permaneció intacta incluso en la propia muerte. El Viernes Santo, a la hora de vísperas, es decir, en el momento mismo en que Cristo entregó su espíritu, empiezan a sonar los primeros himnos de resurrección: «La mirra vale para los muertos, pero Cris-

---

[31] Juan de Damasco, *De fide orthodoxa* III, 27; PG 94, 1097AB.

to está exento de corrupción». El triunfo velado —pero decisivo— sobre la muerte invade la celebración litúrgica del Sábado Santo: «A pesar de que el templo de tu cuerpo fue destruido en la hora de la pasión, aun entonces persistió la hipóstasis de tu divinidad y de tu carne»[32]. En textos como éste se descubre la suprema razón soteriológica por la que la fórmula teopasiana de Cirilo se convirtió en criterio de ortodoxia para la teología bizantina del siglo VI: la muerte fue derrotada precisamente porque Dios mismo la sufrió hipostáticamente en la humanidad que había asumido. Éste es el mensaje pascual de la fe cristiana.

En nuestro análisis de la interpretación del pecado original como mortalidad hereditaria, según los Padres Griegos, mencionábamos la idea concomitante de la resurrección como fundamento de la ética y de la espiritualidad cristiana. Y es que la resurrección de Cristo significa, ciertamente, que la muerte ha dejado de ser el elemento que controla la existencia humana y, por tanto, el hombre está libre de la esclavitud del pecado. No cabe duda que la muerte sigue siendo un fenómeno físico, pero ya no *domina* al hombre como destino definitivo e inevitable: «Lo mismo que por Adán todos mueren, así también por el Mesías todos recibirán la vida» (1 Cor 15,22). A este propósito escribe Atanasio: «En adelante, nosotros desapareceremos, según la naturaleza mortal de nuestros cuerpos, pero sólo por algún tiempo, para recibir el don más inestimable de la resurrección; igual que la semilla que cae en tierra, nosotros no pereceremos, sino que, sembrados en la tierra, resucitaremos de nuevo, porque la muerte ha quedado aniquilada por la gracia del Salvador»[33]. Y Juan Cri-

---

[32] Sábado Santo, oficio de Maitines, Canon, oda 6.
[33] Atanasio, *De incarnatione* 21; PG 25, 129D.

sóstomo reflexiona: «Es verdad que nosotros seguimos muriendo como antes, pero no permaneceremos en la muerte; y eso no es morir, realmente. El poder y la realidad misma de la muerte consiste en que el difunto no tiene posibilidad de volver a la vida. Pero si, después de la muerte, va a ser vivificado, más aún, va a recibir una vida mejor, eso ya no es morir, sino estar dormido»[34]. Pues bien, si la muerte ha dejado de ser el único fin posible de la existencia, el hombre queda liberado del temor, y el pecado, que se basa en el instinto de conservación, deja de ser inevitable. El círculo vicioso se rompió el Domingo de Pascua, y se rompe cada vez que «se anuncia la muerte de Cristo y se profesa su resurrección».

Entonces, ¿qué significa, concretamente, «ser en Cristo»? La última cita que hemos aducido, tomada del canon eucarístico de San Basilio, sugiere la respuesta: por el bautismo, por la unción, y por la eucaristía, el hombre se hace libremente miembro del cuerpo resucitado de Cristo.

Ese elemento de *libertad*, e incluso de «conciencia», es esencial a la doctrina de la salvación, tal como la entiende la tradición patrística, sacramental y litúrgica bizantina. Por una parte, hay afirmaciones enfáticas de la universalidad de la redención. Por ejemplo, Gregorio de Nisa asegura:

> Igual que el principio de muerte comenzó en una persona y pasó sucesivamente a toda la naturaleza humana, así el principio de resurrección se extiende desde una persona a toda la humanidad (...) Ése es el misterio del plan de Dios con respecto a su muerte y a su resurrección de entre los muertos[35].

---

[34] Juan Crisóstomo, *In Haebr.*, hom. 17, 2; PG 63, 129.
[35] Gregorio de Nisa, *Discurso catequético* 16 (ed. J. H. Srawley, Cambridge 1956) 71-72.

Y sus ideas sobre la universalidad de la redención y la «recapitulación» resuenan en Máximo el Confesor. Por otra parte, la nueva vida en Cristo implica un compromiso libre y personal. En el último día, la resurrección será —qué duda cabe— universal; pero la bienaventuranza sólo se concederá a los que la desean ardientemente. Nicolás Cabasilas afirma que «la resurrección de la naturaleza», que se concede en el bautismo, es un don libre de Dios que se otorga incluso a los que no consienten de manera explícita, pero «el Reino, la contemplación de Dios y la vida de todos en Cristo pertenecen a la voluntad libre»[36].

Los teólogos bizantinos raras veces prestan atención a especulaciones sobre el destino concreto de las almas después de la muerte. El hecho de que el Logos asumiera la naturaleza humana sin más implica la validez universal de la redención, pero no la *apokatástasis*, o «salvación universal», una doctrina que en el año 553 fue condenada formalmente como origenista. La libertad tiene que seguir siendo un elemento inalienable de todo ser humano, y a nadie se le puede forzar para que entre en el Reino de Dios contra su libre y personal elección. La *apokatástasis* debe ser rechazada precisamente porque presupone una última limitación de la libertad humana: la libertad de permanecer al margen de Dios.

Pero al rechazar a Dios, la libertad humana se destruye a sí misma. Fuera de Dios, el hombre deja de ser plena y auténticamente humano y se convierte en esclavo del demonio por la muerte. Esta idea, que es central en la reflexión de Máximo y que lo llevó a profesar con tanto ardor la existencia de una voluntad humana (y creada) en Cristo, es la base de la com-

---

[36] Nicolás Cabasilas, *La vida en Cristo* II; PG 150, 541C.

prensión bizantina del destino del hombre: la participación en Dios o «deificación» (θέωσις, *theôsis*) como meta de la existencia humana.

Hipostatizada en el Logos, la humanidad de Cristo, en virtud de la «comunicación de idiomas», queda penetrada de una «energía» divina. Por tanto, es una humanidad *deificada* que, sin embargo, no pierde en absoluto sus características humanas. Todo lo contrario. Esas características resultan incluso más reales y auténticas por el contacto con el modelo divino según el cual fueron creadas. El hombre está llamado a participar en esa humanidad deificada de Cristo, compartiendo su deificación. Y ése es el sentido de la vida sacramental y el fundamento de la espiritualidad cristiana. El cristiano está llamado no a una «imitación» de Jesús —un acto moral puramente extrínseco—, sino, como afirma Nicolás Cabasilas, a una «vida *en* Cristo» por el bautismo, la unción y la eucaristía.

Máximo describe la deificación como participación de «todo el hombre» en «todo Dios»:

> De la misma manera que alma y cuerpo están unidos, Dios debería ser accesible por una participación del alma y, a través del alma, también del cuerpo, para que el alma pueda recibir un carácter indeleble y el cuerpo reciba la inmortalidad; de modo que, finalmente, el hombre entero se convierta en Dios, deificado por la gracia del Dios-hecho-hombre, y llegue a ser plenamente hombre, en cuerpo y alma, por naturaleza, y plenamente Dios, en cuerpo y alma, por gracia [37].

---

[37] Máximo el Confesor, *Amb.*; PG 91,1088C.

«De esa manera, para Máximo, la base doctrinal de la deificación del hombre debe encontrarse en la unidad hipostática entre la naturaleza divina y la humana en Cristo»[38]. El hombre Jesús es Dios hipostáticamente; por tanto, en él se da una «comunicación» (*perichôresis* o *circumincessio*) de las «energías» divina y humana. Y esa «comunicación» se extiende también a los que están «en Cristo», aunque se trata, naturalmente, de hipóstasis humanas que están unidas con Dios no hipostáticamente, sino sólo «por gracia», o «por energía». «Un hombre que obedece a Dios en todo puede oír a Dios que le dice: "Yo os digo que sois dioses" [Jn 10,34]; por consiguiente, ese hombre es Dios y así se lo denomina, no por naturaleza o por relación, sino por decreto [divino] y por gracia»[39]. El hombre puede ser deificado no por su propia actividad o «energía» —eso sería pelagianismo—, sino por la «energía» divina, a la que su actividad humana se muestra «obediente»; entre las dos se establece una «sinergia», cuya base ontológica es la relación de las dos energías en Cristo. Sin embargo, no hay confusión o mezcla de naturalezas, como tampoco puede haber participación del hombre en la esencia divina. Esa teología de la deificación se puede encontrar también en Gregorio Palamás: «Dios, en plena posesión de su plenitud, deifica a los que son dignos de ello, uniéndolos consigo, pero no de un modo hipostático —que sólo pertenece a Cristo— ni esencial, sino por una pequeña parte de las *energías* increadas y de la divinidad increada (...) aunque está enteramente presente en cada uno»[40]. De hecho, el Con-

---

[38] Thunberg, *Microcosm and Mediator*, 457.
[39] Máximo el Confesor, *Amb.*; PG 91, 1237AB.
[40] Gregorio Palamás, *Contra Akíndinos* V, 26 (ed. A. Kontogiannes y V. Phanourgakes) en P. Khrestov, *Gregoriou tou Palama Syggrammata* III (Thessaloniki 1970) 371.

cilio de Bizancio de 1351, que ratificó la teología de Palamás, definió esa postura como un «desarrollo» de los decretos del Sexto Concilio Ecuménico (año 680) sobre las dos voluntades o «energías» de Cristo [41].

En su «deificación», el hombre alcanza la meta suprema para la que fue creado. Esa meta, ya realizada en Cristo por una intervención unilateral del amor de Dios, encierra el sentido de la historia humana y también un juicio sobre el hombre. La acción de Dios está abierta a la respuesta y al libre esfuerzo del hombre.

3. LA THEOTOKOS

La única definición doctrinal sobre María formalmente aceptada por la Iglesia bizantina es el decreto del Concilio de Éfeso que la denominó *Theotokos*, o «Madre de Dios». Aunque el decreto es obviamente cristológico, y no mariológico, corresponde al tema de la «Nueva Eva», que surgió en la literatura teológica cristiana en el siglo II y que, a la luz de la concepción oriental de la herencia adamítica, da testimonio de una interpretación de la libertad humana mucho más optimista de la que prevaleció en Occidente.

Pero lo que sirvió de base para el espectacular desarrollo de una religiosidad centrada en la persona de María, a partir del siglo V, fue la teología de Cirilo de Alejandría, que afirmaba la identidad personal o hipostática de Jesús con el Logos preexistente, como quedó ratificado en Éfeso. Por el hecho de hacerse hombre, Dios se hizo nuestro Salvador. Ahora bien, esa «humanización» se produjo por medio de

---

[41] Tomo del 1351; PG 151, 722B.

María, que de ese modo es inseparable de la persona y de la acción de su hijo. Y como en Jesús no hay hipóstasis humana, y una madre sólo puede ser madre de «alguien», y no de algo, María es, de hecho, la madre del Logos hecho carne, la «Madre de Dios». Y puesto que la deificación del hombre tiene lugar «en Cristo», María es también —en un sentido tan real como la participación del hombre «en Cristo»— la madre de todo el cuerpo de la Iglesia.

Esa proximidad de María a Cristo contribuyó, en Oriente, a una considerable popularidad de las tradiciones apócrifas que atestiguaban su glorificación corporal después de su muerte. Esas tradiciones encontraron su lugar más apropiado en la poesía himnográfica de la fiesta de la Dormición (*Koimêsis*, día 15 de agosto), pero nunca fueron objeto de especulación teológica o de definición doctrinal. La tradición sobre la «asunción» corporal de María al cielo fue tratada por poetas y predicadores como señal escatológica, como consecuencia de la resurrección de Cristo y como anticipo de la resurrección general. Los textos hablan explícitamente de la muerte natural de la Virgen, pero excluyen cualquier conexión posible con la doctrina de la Inmaculada Concepción, que atribuiría a María la inmortalidad y, por tanto, resultaría totalmente incomprensible en Oriente, con su interpretación del pecado original como mortalidad hereditaria[42]. De ahí que las innumerables expresiones de devoción mariana que se encuentran en la liturgia bizantina no sean más que ilustraciones de la creencia en la unión hipostática de divinidad

---

[42] Yo no afirmo aquí que la doctrina occidental sobre la Inmaculada Concepción implique necesariamente la inmortalidad de María, aunque algunos teólogos romano-católicos han sugerido esa implicación (por ejemplo, M. Jugie, *L'Immaculée Conception dans l'Écriture sainte et dans la Tradition orientale*, Bibliotheca Immaculatae Conceptionis 3 [Roma 1952]).

y humanidad en Cristo. En cierto sentido, representan una manera legítima y orgánica de acercar al nivel de los simples fieles determinados conceptos abstractos de la cristología elaborada durante los siglos V y VI.

4. BIBLIOGRAFÍA

Draguet, René, *Julien d'Halicarnasse et la controverse avec Sévère d'Antioche sur l'incorruptibilité du corps du Christ* (Louvain 1924). (Debate sobre el «aftartodocetismo» de Juliano, importante para entender la dimensión antropológica de la cristología).

Dubarle, A. M., «L'ignorance du Christ chez S. Cyrille d'Alexandrie»: «Ephemerides Theologicae Lovanienses» 16 (1939). (Sobre «ignorancia por economía», concepto clásico de la cristología bizantina).

Gordillo, M., *Mariologia Orientalis,* «Orientalia Christiana Analecta» 141 (1954). (Intento de reconciliar tradición oriental y occidental, dando por supuestos los postulados occidentales).

Mascall, E. L. (ed.), *The Mother of God: A Symposium* (Dacre Press, London 1949). (Importantes artículos de V. Lossky y G. Florovsky).

XIII

EL ESPÍRITU SANTO

La primitiva concepción cristiana de la creación y del destino definitivo del hombre es inseparable de una pneumatología. Pero la doctrina del Nuevo Testamento y de los primeros Santos Padres sobre el Espíritu Santo no se puede reducir a un sistema de conceptos. Las controversias del siglo IV sobre la divinidad del Espíritu Santo se encuadraban en un contexto existencial y soteriológico. Si la acción del Espíritu da vida «en Cristo», el Espíritu no puede ser mera creatura; de hecho, es consustancial con el Padre y con el Hijo. Atanasio en sus *Cartas a Serapión* y Basilio en su famoso tratado *Sobre el Espíritu Santo* utilizan y desarrollan ese argumento. Estos dos escritos se consideraron durante todo el período bizantino como autoridades normativas en pneumatología. En el Bizancio de la Edad Media apenas se produjeron desarrollos conceptuales en pneumatología, excepto en la controversia sobre el *Filioque*, aunque ése era un debate sobre la naturaleza de Dios, más bien que sobre el tema específico del Espíritu Santo. Pero eso no significa que no se subrayara la *experiencia* del Espíritu con más intensidad que en Occidente, sobre todo en la himnología, en la teología sacramental y en la literatura de carácter espiritual.

«Como el que tira del último eslabón de una cadena mueve también el primero, así el que se acerca al Espíritu se encuentra también con el Padre y con el Hijo», escribe Basilio [1]. Este pasaje, tan representativo del pensamiento de los

---

[1] Carta 38, 4; PG 32, 332C.

Padres Capadocios, implica en primer lugar que toda acción de Dios es esencialmente trinitaria, y en segundo lugar que la función específica del Espíritu consiste en establecer el «primer contacto», al que luego siguen —existencial, aunque no cronológicamente— la revelación del Hijo y, a través del Hijo, la manifestación del Padre. La personalidad del Espíritu permanece misteriosamente oculta a pesar de que él actúa en todas las iniciativas de la divinidad, como creación, redención, cumplimiento definitivo. Su función no consiste en revelarse a sí mismo, sino en revelar al Hijo, «por quien todo fue hecho» y al que se conoce en su personalidad humana como Jesucristo. «Es imposible dar una definición precisa de la hipóstasis del Espíritu Santo; por eso, lo único que podemos hacer es rechazar los errores sobre su personalidad que proceden de diversos frentes»[2]. Por tanto, la existencia personal del Espíritu Santo sigue envuelta en el misterio. Se trata de una existencia «kenótica», cuya realidad consiste en manifestar la soberanía del Logos en la creación y en la historia de salvación.

1. EL ESPÍRITU EN LA CREACIÓN

Para los Padres Capadocios, la interpretación trinitaria de las acciones de Dios implica la participación del Espíritu en el acto creativo. El texto con el que se abre el libro del Génesis, «El Espíritu de Dios se cernía sobre la faz de las aguas» (Gn 1,2), se interpreta en la tradición patrística en el sentido de que, en el tiempo primordial, el Espíritu estaba como sosteniendo el conjunto de la realidad y, de ese modo,

---

[2] *Cat.* 16, 11; PG 33, 932C.

hacía posible la subsiguiente aparición de un orden lógico creado por la Palabra de Dios. Pero eso no implica una secuencia cronológica, pues la actuación del Espíritu es parte de la continua acción creadora de Dios en el mundo. Como escribe Basilio: «El principio de todas las cosas es uno, que crea por medio del Hijo y lleva a su perfección en el Espíritu»[3].

Basilio describe esa función de «perfeccionamiento» de lo creado como «santificación»; lo cual implica que, tanto el hombre como la naturaleza en su conjunto, sólo serán capaces de llevar a plenitud su propia realidad si están en comunión con Dios y «llenos» del Espíritu Santo. Lo «profano» es por naturaleza imperfecto; mejor dicho, sólo existe en estado defectuoso y rebelde. Y eso se aplica de manera especial al ser humano, cuya naturaleza consiste precisamente en ser «teocéntrica». Ese «teocentrismo», que los Padres Griegos siempre interpretaron como «participación» real en la vida de Dios, lo recibió el hombre en el momento en que fue creado, cuando Dios «sopló en su nariz un aliento de vida» (Gn 2,7). Ese «aliento» de la vida de Dios que, partiendo de la traducción de los LXX, se identifica con el Espíritu Santo es lo que hace al hombre «imagen de Dios». Cirilo de Alejandría escribe: «Un ser tomado del polvo no podría considerarse imagen del Altísimo, si no hubiera recibido ese [aliento]»[4]. De ahí se deduce que la acción «perfeccionante» del Espíritu no entra en la categoría de lo «milagroso», sino que forma parte del originario plan natural de Dios. El Espíritu asume, inspira y vivifica todo lo que aún queda de esencialmente bueno y hermoso a pesar de la caída y mantiene en la crea-

---

[3] *De Spir. S.* 16, 38; PG 32, 136B.
[4] *In Joh.* XI, 10; PG 74, 541C.

ción los primeros frutos de la transfiguración escatológica. Desde ese punto de vista, el Espíritu es el contenido mismo del Reino de Dios. Gregorio de Nisa aduce la antigua variante textual de la oración del Padrenuestro en Lc 11,2, donde en lugar de «Venga tu Reino», se lee: «Venga sobre nosotros tu Santo Espíritu y nos purifique»[5]. Y en la liturgia bizantina se conserva esa misma tradición, como lo muestra el hecho de que cada oficio litúrgico empieza con una invocación escatológica al Espíritu, en la que se lo aclama como «Rey celestial».

Los oficios litúrgicos de Pentecostés, aunque esencialmente centrados en el papel del Espíritu en la redención y la salvación, también glorifican al Espíritu alabándolo como «el que gobierna todas las cosas, el que es Señor de toda la realidad y preserva la creación de quedar disgregada»[6]. Las costumbres populares bizantinas asociadas con Pentecostés sugieren que la efusión del Espíritu es, en realidad, una anticipación de la transfiguración cósmica; y la decoración tradicional de las iglesias con plantas y flores durante esos días refleja la experiencia de la nueva creación. La misma idea domina la «Solemne Bendición del Agua», que se celebra con gran esplendor en la fiesta de la Epifanía (día 6 de enero). El agua, primigenio elemento cósmico, queda santificada «por el poder, la actuación efectiva [«energía»] y la bajada del Espíritu Santo» (Letanía solemne de la fiesta). Y como después de la caída los elementos cósmicos están bajo el control del «príncipe de este mundo», la acción del Espíritu tiene que ejercer una función purificadora. Por eso, el celebrante

---

[5] Véase R. Leaney, «The Lucan Text of the Lord's Prayer (in Gregory of Nyssa)»: «Novum Testamentum» 1 (1956) 103-111.
[6] *Apodeipnon*, Canon, oda 5.

proclama: «Tú consagraste las aguas del Jordán con el envío de tu Santo Espíritu desde el cielo y aplastaste las cabezas de las serpientes que acechaban en ellas».

El pleno significado de este rito de exorcismo se hace evidente cuando se recuerda que el agua, en categorías bíblicas, es fuente de vida para todo el cosmos sobre el que el hombre está llamado a dominar. La naturaleza quedó sometida al imperio de Satanás por la caída original, pero el Espíritu libera al hombre de su dependencia de la naturaleza. Ésta, en vez de ser fuente de un poder demoníaco, recibe «la gracia de la redención, la bendición del Jordán», y se convierte en «fuente de inmortalidad, en don de santificación, de perdón de los pecados, de curación de enfermedades, de destrucción de los demonios»[7]. En lugar de dominar al hombre, la naturaleza se torna su servidora, porque el hombre es imagen de Dios. Una y otra vez se proclama la paradisíaca relación original entre Dios, el hombre y el cosmos; y la efusión del Espíritu Santo anticipa el cumplimiento definitivo, cuando Dios será «todo en todos».

Pero esa anticipación no es una operación mágica que se produce en el universo material. El universo no cambia en su existencia empírica. El cambio sólo se percibe con los ojos de la fe; es decir, por el hecho de haber recibido en su corazón el Espíritu que grita «¡Abba! ¡Padre!» (Gál 4,6), *el hombre* es capaz de experimentar, en el misterio de la fe, la realidad paradisíaca de una naturaleza que está a su servicio; y además puede reconocer que esa experiencia no es una fantasía subjetiva, sino una realidad que revela la verdad intrínseca de la naturaleza y de toda la creación. Por el poder del Espíritu queda restaurada la auténtica relación natural entre Dios, el hombre y la creación.

---

[7] Bendición solemne del agua.

2. El Espíritu y la redención del hombre

En la «economía» de salvación, el Hijo y el Espíritu son inseparables. Atanasio escribe: «Cuando la Palabra bajó a habitar en el seno de la Santísima Virgen María, el Espíritu entró en ella, en unión con la Palabra. En el Espíritu, la Palabra se fabricó un cuerpo en conformidad con su propio ser y de acuerdo con su voluntad de llevar toda la creación al Padre a través de sí mismo»[8]. El principal argumento que aducen los Santos Padres —por ejemplo, Atanasio, Cirilo de Alejandría y los Padres Capadocios— para probar la consustancialidad del Espíritu con el Hijo y con el Padre es la indisoluble unidad de la acción creadora y redentora de Dios, que siempre es trinitaria: «El Padre lo hace todo por medio de la Palabra, en el Espíritu Santo»[9].

Pero la diferencia esencial entre la acción del Logos y la del Espíritu está en el hecho de que fue el Logos, y no el Espíritu, el que se hizo hombre, de modo que se le pudiera *contemplar* directamente como persona o hipóstasis concreta en Jesucristo, mientras que la existencia personal del Espíritu Santo quedaba escondida en la incognoscibilidad divina. En su acción, el Espíritu no se revela a sí mismo, sino al Hijo. Cuando el Espíritu baja sobre María, es concebida la Palabra; cuando el Espíritu se posa sobre el Hijo, en su bautismo en el Jordán, manifiesta la complacencia del Padre en el Hijo. Ése es el fundamento bíblico y teológico de la idea que aparece frecuentemente en los Padres y en los textos litúrgicos: que «el Espíritu es imagen del Hijo»[10]. Es imposible *contemplar* al Espíritu, pero en él se ve al Hijo, mientras que el Hijo es imagen del

---

[8] *Ad Serap.* 1, 31; PG 26, 605A.
[9] *Ibíd.*, 1, 28; PG 26, 596A.
[10] Véase, por ejemplo, Basilio, *De Spirit. S.* 9, 23; PG 32, 109B.

Padre. En el contexto de una reflexión dinámica y soteriológica, el concepto helénico de «imagen», eminentemente estático, se transforma para reflejar una relación vital entre las personas divinas, en la que se introduce a la humanidad por medio de la encarnación del Hijo, del Logos.

Ya hemos visto que en el pensamiento de los Padres Griegos y en la reflexión bizantina, la salvación se entiende esencialmente como *participación* en y *comunión* con la humanidad deificada del Logos hecho carne, el Nuevo Adán. Cuando los Padres presentan al Espíritu como «imagen del Hijo», suponen que el Espíritu es el principal agente que hace realidad esa «comunión». Como escribe Atanasio: «El Hijo nos ha dado los primeros frutos del Espíritu, para poder ser transformados en hijos de Dios, según la imagen del Hijo de Dios»[11]. Así que, si el Logos se hizo hombre por la acción del Espíritu, también por el Espíritu, y sólo por él, la verdadera vida alcanza a todos los hombres. Nicolás Cabasilas se pregunta: «¿Cuál es el efecto y el resultado de los sufrimientos, de las acciones y de la enseñanza de Cristo? Desde el punto de vista de su relación con nosotros, ese efecto es la efusión del Espíritu Santo sobre la Iglesia»[12].

El Espíritu transforma la comunidad cristiana en «Cuerpo de Cristo». En los himnos litúrgicos bizantinos para el día de Pentecostés se denomina al Espíritu la «gloria de Cristo» que se otorgó a los discípulos después de la ascensión[13]; y en cada celebración eucarística, la congregación canta después de la comunión: «Hemos contemplado la verdadera luz, hemos recibido el Espíritu celestial, hemos encontrado la verdadera fe; por eso, celebramos la gloria de la Trinidad

---

[11] *Sobre la encarnación* y *Contra los arrianos* 8; PG 26, 997A.
[12] *Comentario sobre la liturgia divina* 37, 3; SC 4bis, 229 .
[13] *Kathisma*, después del «Polyéleon».

indivisa, porque ella nos ha salvado». Pentecostés, el día del nacimiento de la Iglesia, es el momento en el que se hace patente el verdadero significado de la cruz y de la resurrección de Cristo: una humanidad renovada regresa a la comunión con Dios, y a simples «pescadores» se les concede un nuevo conocimiento. Ése es el tema central de la fiesta de Pentecostés en la tradición bizantina. Y curiosamente, ese tema concuerda con la convicción de muchos modernos estudiosos de los orígenes del cristianismo, que piensan que una plena comprensión de la doctrina de Cristo reproduce la experiencia «pospascual» de la primitiva comunidad cristiana: «Cuando el Espíritu se manifiesta en lenguas de fuego, reafirma la memoria de las palabras salvíficas que Jesús recibió del Padre y comunicó a sus apóstoles»[14]. Ahora bien, ese «conocimiento», esa «memoria» que concede el Espíritu no es una función puramente intelectual, sino que implica una «iluminación» de la entera vida humana. El tema de la «luz» que, a través de Orígenes y Gregorio de Nisa, permitió asociar las teofanías bíblicas con el misticismo griego neoplatónico penetra la himnografía litúrgica de la fiesta de Pentecostés. «El Padre es luz, la Palabra es luz, el Espíritu Santo es luz que fue enviada a los apóstoles en lenguas de fuego e ilumina al mundo entero, para que rinda culto y alabe a la Santísima Trinidad» (Himno solemne, conocido como *exaposteilarion*). Ciertamente, el Espíritu Santo es la «gloria» de Cristo, que no sólo transfigura el cuerpo del Jesús histórico, igual que en la Transfiguración, sino que glorifica también a su «Cuerpo» en sentido amplio, es decir, a todos los que creen en él. De hecho, una comparación de los textos litúrgicos bizantinos para el día de Pentecostés con los indi-

---

[14] Canon 2, oda 8.

cados para la fiesta de la Transfiguración (día 6 de agosto) —y siempre es importante recordar que, para los bizantinos, la liturgia es la expresión más cabal de su fe y de la experiencia cristiana— demuestra que el milagro de Pentecostés se consideraba como una expansión del misterio que se manifestó en el monte Tabor. En ese monte, la luz divina brilló para un reducido grupo de discípulos; pero en Pentecostés, Cristo, «por el hecho de enviar el Espíritu, se manifestó como auténtica luz del mundo»[15], porque el Espíritu «iluminó a los discípulos y los inició en los misterios celestes»[16].

Los ejemplos se pueden multiplicar fácilmente, y todos ellos demuestran que la tradición teológica bizantina es consciente de que, en la «economía» de creación y salvación, el Hijo y el Espíritu realizan un único acto divino, aunque sin estar subordinados uno a otro en su existencia hipostática o personal. La «cabeza» de la nueva humanidad redimida es, desde luego, Cristo; pero el Espíritu no es sólo un agente de Cristo, sino también, en palabras de Juan de Damasco —que se parafrasean en los himnos de Pentecostés— es «Espíritu de Dios, directo, soberano, fuente de sabiduría, de vida y de santidad; Dios subsistente, al que uno puede dirigirse igual que al Padre y al Hijo; increado, pleno, creativo; dueño de todo, causa de todo, omnipotente, Señor de la creación y no sujeto a ninguna otra esencia; deificante, no deificado; con plenitud propia, no prestada; del que se puede participar, sin que él participe; Espíritu santificador, y no santificado»[17].

Esta «independencia» personal del Espíritu está relacionada, como bien señala Vladimir Lossky, con el entero miste-

---

[15] Canon 1, oda 1.
[16] *Kathisma* 1.
[17] *De fide orth.* I, 8; PG 94, 821BC.

rio de la redención, que consiste no sólo en una unificación (o «recapitulación») de la humanidad en la única hipóstasis divino-humana de Cristo, el Nuevo Adán, sino también en un misterioso encuentro personal entre *cada hombre* y Dios. La unificación de la naturaleza humana es un don libre de Dios, pero el encuentro personal depende de la libertad humana: «Cristo es la única imagen apropiada de la naturaleza común de la humanidad, mientras que el Espíritu Santo concede a cada persona, creada a imagen de Dios, la posibilidad de llevar a su plenitud la semejanza en la naturaleza común. Uno presta su propia hipóstasis a la naturaleza, mientras que el Espíritu comunica su divinidad a las personas»[18]. Desde luego, no hay más que una divinidad y una acción (o «energía») divina que conduce a la humanidad a la única meta escatológica de la deificación; pero las funciones personales o hipostáticas del Hijo y del Espíritu no son idénticas. La gracia y la vida divina son una sola realidad, pero Dios es Trinidad y no una esencia impersonal con la que la humanidad esté llamada a fusionarse. En ese aspecto, como ya se ha visto antes, la tradición cristiana bizantina exige distinguir en Dios una esencia única inaccesible, tres hipóstasis, y la gracia o «energía» por la que Dios entra en comunión con las creaturas.

El misterio de Pentecostés no es una encarnación del Espíritu, sino la efusión de esos dones. El Espíritu no revela su propia persona, como el Hijo lo hace en Jesús, ni hipostatiza la naturaleza humana en cuanto tal, sino que comunica su gracia increada a cada persona humana, a cada miembro del Cuerpo de Cristo. La nueva humanidad se realiza en la hipóstasis del Hijo hecho carne, pero recibe los *dones* sólo por el Espíritu. La distinción entre la Persona del Espíritu y sus

---

[18] Lossky, *Mystical Theology*, 166-167.

dones adquirirá una relevancia especial en la teología bizantina, en conexión con las controversias teológicas de los siglos XIII y XIV. Gregorio de Chipre y Gregorio Palamás insistirán, aunque en contextos diferentes, en el hecho de que, en Pentecostés, los apóstoles recibieron los eternos dones o «energías» del Espíritu, pero sin que se produjera una nueva unión hipostática entre el Espíritu y la humanidad[19].

De todo esto se deduce que la teología del Espíritu implica una polaridad crucial con respecto a la naturaleza de la propia fe cristiana. Pentecostés marcó el nacimiento de la Iglesia —una comunidad que iría adquiriendo estructuras e implicaría continuidad y autoridad— y fue una efusión de dones espirituales que *liberó* al hombre de la esclavitud y le dio libertad y experiencia personal de Dios. El cristianismo bizantino sería siempre consciente de una inevitable tensión entre estos dos aspectos de la fe: la fe como continuidad de doctrina y autoridad, y la fe como experiencia personal de los santos. Insistir exageradamente en uno solo de esos dos aspectos destruiría el significado del Evangelio. El Espíritu confiere una estructura a la comunidad eclesial y garantiza la autenticidad de los ministerios que poseen autoridad para preservar la estructura, para dirigir y para enseñar; pero ese mismo Espíritu mantiene en la Iglesia las funciones proféticas y revela toda la verdad a cada uno de los miembros del cuerpo de Cristo, con tal de que sea capaz y digno de «recibirlo». La vida de la Iglesia, por el hecho de ser una creación del Espíritu, no se puede reducir a «institución» o a «acontecimiento», a autoridad o a libertad. Se trata de una comunidad «nueva» creada por el Espíritu en Cristo, en la que se recupera la auténtica libertad en la comunión espiritual del Cuerpo de Cristo.

---

[19] Véase J. Meyendorff, *Gregory Palamas*, 14-15, 231.

3. El Espíritu y la Iglesia

En el lenguaje litúrgico bizantino, el término *koinônía* (κοινωνία = «comunión») es la expresión peculiar para referirse a la presencia del Espíritu Santo en la comunidad eucarística y, a la vez, una de las nociones clave en el tratado de Basilio sobre el Espíritu Santo [20]. Esta observación es importante por cuanto subraya que la «comunión» del Padre, del Hijo y del Espíritu como Trinidad divina, la «comunión del Espíritu Santo» que introduce al hombre en la vida de Dios, y la «comunión» o «comunidad» que se crea entre los hombres en Cristo, no sólo responden a una misma terminología, sino que, en última instancia, se refieren a una misma experiencia y realidad espiritual. La Iglesia no es una simple sociedad de seres humanos mutuamente asociados por creencias y metas comunes, sino que es una *koinônía* en Dios y con Dios. Y si Dios mismo no fuera una *koinônía* trinitaria, si Dios no fuera tres personas, la Iglesia jamás podría ser una asociación de personas, irreductible a cada uno de sus componentes en su identidad personal. La participación en la vida divina no sería más que una integración neoplatónica o budista en un «Uno» abstracto e impersonal.

La peculiar y auténtica «unidad» que se realiza en la *koinônía* eucarística es, por excelencia, un don del Espíritu.

Uno de los temas recurrentes en la himnografía bizantina de Pentecostés es la antítesis entre la «confusión» de Babel y la «unión» o «sinfonía» producida por la efusión del Espíritu en figura de lenguas de fuego: «Cuando el Altísimo descendió y confundió las lenguas de los hombres, dividió las nacio-

---

[20] Boris Bobrinskoy, «Liturgie et ecclésiologie trinitaire de St. Basile», *Études patristiques: Le traité sur le Saint-Esprit dans Saint Basile*, Foi et Constitution (1969) 89-90; véase también «Verbum Caro» 23 n° 88.

nes; pero cuando distribuyó las lenguas de fuego, llamó a todos a la unidad. Por eso, ahora con una sola voz aclamamos y glorificamos al Espíritu Santo»[21]. El Espíritu no suprime el pluralismo y la variedad de la creación, y tampoco excluye, en particular, la auténtica experiencia personal de Dios accesible a cada hombre, sino que supera toda división, contradicción y corrupción. Él mismo es la «sinfonía» de la creación, que se realizará en plenitud en el cumplimiento escatológico. La función de la Iglesia consiste en hacer accesible ese cumplimiento a modo de anticipación, a través de su papel «santificador», que es obra del Espíritu.

Basilio escribe: «La creación queda santificada; y el que la santifica es el Espíritu. Del mismo modo, los ángeles, los arcángeles y todas las potencias supracelestiales reciben del Espíritu su propia santidad. Pero el Espíritu posee la santidad por naturaleza. No la recibe por gracia, sino que es esencial a su persona. Por eso, se le llama específicamente «Santo». Es decir, el Espíritu es santo por naturaleza, como también lo son el Padre y el Hijo»[22]. El papel misterioso —pero preponderante— del Espíritu en la «economía» de salvación no se puede expresar adecuadamente más que por esta sugestiva tautología: el Espíritu Santo «santifica», es decir, crea una *koinônía* entre el hombre y Dios, y consiguientemente entre los propios hombres, como «comunión de los santos». Una magnífica expresión de esa realidad se puede ver en la «anáfora de San Basilio», que se celebra diez veces al año en la Iglesia bizantina, en el momento más solemne de la epíclesis:

---

[21] *Kontakion* de Pentecostés.
[22] Carta 159, 2; PG 32, 621AB (ed. Deferrari, 396).

Santo de los santos, por tu benevolencia y bondad te pedimos y te rogamos que tu Santo Espíritu venga sobre nosotros y sobre los dones que ahora te ofrecemos, para bendecir[los] y santificar[los], y mostrar que este pan es el precioso cuerpo de nuestro Señor, Dios y Salvador Jesucristo, y esta copa es la preciosa sangre de nuestro Señor, Dios y Salvador Jesucristo, derramada para dar vida al mundo; y [te pedimos que el Espíritu] nos una a todos unos con otros, para que seamos partícipes del único pan y de la única copa en la comunión [*koinônía*] del Espíritu Santo.

Una vez que cada uno de los fieles ha sido individualmente «bautizado en la muerte de Cristo» y ha recibido «el sello del Espíritu Santo» en el sacramento de la confirmación, participa en unión con todos los demás en el misterio de la eucaristía. La realidad de la *koinônía* común es condición y, a la vez, consecuencia del milagro eucarístico, porque el Espíritu ha sido invocado para que descienda no sólo sobre «los dones», sino «*sobre nosotros* y sobre los dones»; es decir, el Espíritu santifica los dones de modo que la *koinônía* comunitaria pueda ser una realidad continuamente renovada.

El papel del Espíritu en la transformación de una comunidad de pecadores en «Iglesia de Dios» es distinto, pero no esencialmente diferente de su papel en la creación; porque el «Nuevo Adán», al ser una «nueva creación», es también un anticipo de la transfiguración universal del mundo, que es la razón definitiva y la meta suprema de la actividad creadora de Dios. La liturgia y la teología bizantinas son conscientes del hecho de que «todo ser viviente recibe la vida por el Espíritu

---

[23] Domingo, oficio de Maitines, Antífona, tono 4.

Santo»[23], y que la Iglesia, como nuevo templo del Espíritu, queda investida con una misión divina para el mundo. La Iglesia no recibe el Espíritu en beneficio propio, sino para llevar a cumplimiento el plan de Dios sobre la historia humana y sobre todo el cosmos. Tanto el paralelismo como la diferencia entre la «primera» y la «nueva» creación se expresan adecuadamente en estas palabras de Nicolás Cabasilas: «[Dios] no crea de nuevo de la misma materia que creó al principio. Entonces hizo uso del polvo de la tierra, pero hoy se vale de su propio cuerpo. Restaura la vida, no creando de nuevo aquel principio vital que ya había empleado antes en el orden natural, sino derramando su sangre en los corazones de los que comulgan y haciendo que brote en ellos la propia vida divina. Antes, sopló un aliento de vida; ahora, en cambio, nos comunica su propio Espíritu»[24].

La «nueva creación» implica una misión con respecto al mundo. Por eso, la Iglesia es siempre «apostólica», es decir, no sólo está fundada en la fe de los que vieron al Señor resucitado, sino que asume la función apostólica de «ser enviada» a anunciar y establecer el Reino de Dios. Esa misión recibe su sello de autenticidad por la intervención del Espíritu. Los himnos bizantinos de la fiesta de Pentecostés alaban a Cristo «que hizo sabios a unos pescadores derramando sobre ellos el Espíritu Santo y por medio de su actividad atrajo al mundo para que cayera en sus redes»[25].

El Espíritu ha conferido a la Iglesia su carácter de «apostolicidad» desde el día de Pentecostés. Sólo por la acción del Espíritu puede la Iglesia mantener su propia consistencia y su continuidad con el Evangelio cristiano original. Los diver-

---

[24] *Sobre la vida de Cristo* IV; PG 150, 617B.
[25] *Troparion.*

sos ministerios que crea el Espíritu en la *koinônía* cristiana, en especial el episcopado, tienen como misión mantener y estructurar esa continuidad, asegurando así la pureza y la efectividad de la misión de la Iglesia en el mundo.

4. EL ESPÍRITU Y LA LIBERTAD DEL HOMBRE

Ya se ha visto en el capítulo XI que la tradición patrística griega no consideraba al hombre como un ser autónomo; la participación en la vida divina era parte integrante de su propia *naturaleza*. Y como el hombre ha sido creado libre, es obvio que no puede haber oposición —como piensa la teología occidental— entre «gracia» y libertad. Todo lo contrario. El hombre sólo puede ser verdaderamente libre, si está «en Dios», es decir, si por la acción del Espíritu Santo ha sido liberado del determinismo que invade toda existencia creada y caída, y por consiguiente ha recibido el poder de participar en la soberanía de Dios sobre la creación.

Este enfoque de la libertad tiene implicaciones decisivas tanto para la actitud del hombre con respecto a la Iglesia como para la ética de su conducta social y personal. Por un lado, presupone que en ningún sitio, excepto en la comunidad sacramental de la Iglesia, se puede alcanzar una vida divina verdaderamente liberadora. Y por otro lado, la salvación del hombre se funda en una experiencia personal de Dios, totalmente libre y responsable. Esa paradoja, irreductible a un esquema racional, corresponde a un elemento básico de la pneumatología: el Espíritu garantiza la continuidad y, al mismo tiempo, la autenticidad de las instituciones sacramentales de la Iglesia y concede a cada persona humana la posibilidad de una experiencia divina completamente libre y, por tanto, plena responsabilidad por la salvación personal y por la continuidad corporativa de la Iglesia en la verdad de

Dios. Por eso, en la vida espiritual del cristiano y en su comportamiento ético existe necesariamente una tensión, por un lado, entre lo corporativo y lo sacramental y, por otro, entre lo corporativo y lo estrictamente personal. El Reino futuro ya se ha hecho realidad en los sacramentos, pero todo cristiano está llamado a progresar hacia su perfección por el esfuerzo personal y el uso de la libertad que Dios le ha concedido, contando siempre con la imprescindible cooperación del Espíritu.

En la tradición bizantina no se ha dado nunca una acusada tendencia a elaborar sistemas de ética cristiana y nunca se ha entendido la Iglesia como fuente de prescripciones minuciosas y autoritarias sobre la conducta que deberán observar sus miembros. Cierto que en muchas ocasiones se ha apelado a la autoridad de la Iglesia para resolver problemas concretos y que sus decisiones se han considerado como criterio autorizado para procedimientos futuros; pero la corriente más creativa y fecunda de la espiritualidad bizantina ha sido la llamada a la «perfección» y a la «santidad», y no la elaboración de un sistema de proposiciones éticas. Precisamente en el carácter místico, escatológico y, por tanto, maximalista de esa llamada a la santidad es donde radica la diferencia esencial entre la espiritualidad bizantina y el legalismo del catolicismo romano medieval, el puritanismo moral de otras corrientes occidentales y el relativismo de la moderna «ética de situación». Cuando el cristiano bizantino busca un modelo de comportamiento se fija, más bien, en los santos y «atletas de la fe», y de modo especial en los monjes. La fuente por excelencia de nuestra comprensión de la espiritualidad bizantina es la literatura monástica, dominada por la «búsqueda» del Espíritu.

Asociada especialmente con la tradición de Macario, esa búsqueda aparece sobre todo en los himnos poéticos de Simeón el Nuevo Teólogo en honor del Espíritu Santo:

Te doy gracias porque tú, ser divino sobre todas las cosas, te haces un solo espíritu conmigo sin mezcla o confusión y sin cambio, y porque te has hecho todo en todo para mí: alimento indecible y generosamente distribuido, que se me cae de los labios del alma y me brota a raudales de la fuente del corazón; vestidura esplendente que me cubre y me protege, y que destruye a los demonios; purificación que me lava todas las manchas por las sagradas y continuas lágrimas que tu presencia concede a los que tú visitas. Te doy gracias por tu propio ser, que se me ha revelado como día sin crepúsculo, como sol que nunca se pone. Tú, que no tienes sitio donde esconderte, porque nunca te retraes de nosotros y jamás has desdeñado a nadie; al contrario, somos nosotros los que nos escondemos, porque no nos decidimos a salir a tu encuentro [26].

De ahí se deduce que, en la tradición bizantina, la experiencia consciente y personal del Espíritu —una experiencia que supone un continuo crecimiento— es la meta suprema de la vida cristiana. Con todo, esa experiencia no se opone a una comprensión esencialmente cristocéntrica del Evangelio, porque sólo es posible si se produce «en Cristo», es decir, por comunión con la humanidad deificada de Jesús. Por otra parte, no está en contradicción con los requisitos prácticos de la ética, porque sólo será posible si se ajusta a esos requisitos. Pero es obvio que esa experiencia refleja una comprensión esencialmente personalista del cristianismo. Por consiguiente, la Iglesia bizantina, en mayor grado que la romana, ve en el santo o en el místico al verdadero guardián de la fe y se fía de él mucho más que de cualquier institución

---

[26] PG 120, 509BC.

de carácter permanente. Al mismo tiempo, no elabora un sistema de garantías legales o canónicas para una acción cristiana en el mundo de carácter autónomo, sino más bien espera que, en caso de necesidad, surjan voces proféticas que preserven la identidad del Evangelio. Pues bien, esa esperanza se ha hecho realidad en el irreductible anticonformismo de determinadas personalidades o comunidades monásticas a lo largo de la historia bizantina.

Sin embargo, es lógico que el cristianismo bizantino tuviera que enfrentarse con las tentaciones inherentes a su enfoque personalista. En el mundo bizantino y posbizantino, junto a la espiritualidad ortodoxa se produjo una floración de sectas espiritualistas y dualistas. Entre los siglos IV y XIV, ciertas formas de mesalianismo —«el pelagianismo de Oriente»[27]— promovieron una interpretación antisocial, no sacramental y dualista del ideal monástico, que fue adoptada por el *Strigol'niki* ruso y por otras sectas. Su influencia, en forma de exagerado anti-institucionalismo, se ha dejado sentir aun dentro de los límites canónicos de la propia Iglesia ortodoxa.

Como es lógico, la Iglesia no admitió jamás que el individualismo o «entusiasmo» espiritualista se erigiera como sistema eclesiológico, sino que mantuvo su estructura sacramental y su disciplina canónica. Consciente del hecho de que en el Reino de Dios no hay otra ley que la del Espíritu, no ha dejado de recordar que el Reino, aunque ya accesible como verdadera experiencia directa, aún no ha llegado en todo su poder, sino que permanece escondido bajo el velo sacramental. En la edad (*aiôn*) presente es inevitable la existencia de estructuras, leyes, cánones e instituciones como *medios* para

---

[27] I. Hausherr, «L'erreur fondamentale et la logique du messalianisme»: «Orientalia Christiana Periodica» 1 (1955) 328-360.

una plena realización del Reino. En la práctica, el mundo bizantino reconoció que el imperio cristiano tenía una función legítima que desempeñar en la codificación práctica de la ética cristiana y debía supervisar su aplicación. El código normativo de conducta cristiana fue el *Nomokanon*, una colección de reglas eclesiásticas y leyes estatales relativas a la religión. Pero aun en ese aspecto se preservó el carácter esencialmente personalista del cristianismo bizantino por el hecho de que *una persona*, y no una institución, fuera depositaria de las responsabilidades directas en el ámbito cristiano: el emperador «elegido de Dios». Desde el punto de vista histórico, la continuidad del imperio en Oriente jugó un papel decisivo para evitar que la Iglesia asumiera la función específica de gobernar políticamente la sociedad y pudiera dedicarse a mantener estrictamente su función de ser señal del Reino futuro, un reino esencialmente distinto de todos los sistemas políticos de la época.

Sea cual sea la ambigüedad, e incluso la hipocresía, que a veces se manifestó de manera evidente en el imperio bizantino, el hecho es que sirvió de marco histórico para una tradición que mantuvo el carácter *eclesiológico* del cristianismo. Por lo general, los ortodoxos han llevado una vida aparte, tanto en los territorios dominados por el Islam como en las modernas sociedades de Europa del Este; la cerrada comunidad litúrgica con su experiencia del mundo celestial sirvió como refugio y a la vez como escuela. Sin embargo, el mundo ortodoxo ha demostrado una notable capacidad de supervivencia y —como ocurrió, por ejemplo, en Rusia durante los siglos XIX y XX— de influjo en el desarrollo intelectual. Es posible que su énfasis en la libre experiencia del Espíritu como meta liberadora de la vida humana se aprecie, incluso mejor, por los que en la actualidad buscan una alternativa al superinstitucionalizado eclesiasticismo del mundo cristiano de Occidente.

5. BIBLIOGRAFÍA

Afanassieff, Nicolas, *Tserkov Dukha Sviatogo* (La Iglesia del Espíritu Santo) (YMCA Press, Paris 1970). (Estudio de eclesiología, escrito por un moderno teólogo ortodoxo, con numerosas intuiciones para entender el pensamiento bizantino).
Galtier, Paul, *Le Saint-Esprit et nous d'après les pères grecs*. Analecta Gregoriana 37 (Roma 1946). (Interesante análisis de textos patrísticos).
Krivochéine, Basile, «The Most Enthusiastic Zealot: St. Symeon the New Theologian as Abbot and Spiritual Instructor»: «Ostkirchliche Studien» 4 (1955) 108-128. (La vida en el Espíritu Santo, como la experimentó un gran místico bizantino; uno de los más sugestivos artículos sobre Simeón, por el editor de sus escritos).
Staniloae, Dumitru, *Prière de Jésus et expérience du Saint Esprit* (Desclée, Paris 1981).

XIV

EL DIOS UNO Y TRINO

«Cuando digo *Dios*, quiero decir Padre, Hijo y Espíritu Santo». Así escribe Gregorio de Nacianzo [1]. En la tradición patrística, la doctrina de la Trinidad, lejos de ser una forma de especulación abstracta, fue siempre una cuestión de experiencia religiosa, tanto litúrgica como mística y, muchas veces, incluso poética:

> Apenas pienso en el Uno, quedo inmediatamente iluminado por el esplendor de los Tres; y apenas distingo entre los Tres, me encuentro inmediatamente con el Uno. Cuando pienso en cualquiera de los Tres, lo contemplo como un todo que llena mis ojos; pero casi todo lo que pienso escapa a mi comprensión [2].

La base de esta teología trinitaria, formulada por los Padres Capadocios en el siglo IV como colofón de las controversias con los arrianos y aceptada como normativa durante todo el período bizantino, reside en una soteriología. En realidad, lo que preocupaba a los Padres no era la pura especulación, sino la salvación del hombre. La doctrina de Nicea sobre la consustancialidad significa «la proclamación de la plenitud de divinidad en Cristo, e implica que la encarnación fue esencial para el acto redentor»; del mismo modo, esa doctrina mantiene que «si el Espíritu no es plenamente Dios, es incapaz de conferir santificación» [3]. En sí misma, la doctrina

---

[1] *Oratio* 45, 4; PG 36, 628C.
[2] *Oratio* 40, 41; PG 36, 417BC.
[3] Las dos citas están tomadas de Georges Florovsky, *Vostochnye Ottsy* (Paris 1931) 23.

capadocia sobre la Trinidad carece totalmente de sentido, a no ser que se recuerde que su objetivo consiste en mantener los presupuestos cristológicos y pneumatológicos que hemos presentado en los dos últimos capítulos. El Logos hecho carne y el Espíritu Santo se experimentan, ante todo, como *agentes divinos de salvación*, y sólo así se descubre que ambos son, esencialmente, un solo Dios. Es de sobra sabido que durante los debates teológicos del siglo IV se acusó a los Padres Capadocios de «triteísmo», tanto que Gregorio de Nisa se vio obligado a redactar su célebre tratado apologético para probar que «no hay tres dioses»[4]. Con todo, se puede discutir si Gregorio logró realmente probar su teoría desde el punto de vista *filosófico*. La doctrina de las tres hipóstasis adoptada por los Padres Capadocios para designar a las tres personas divinas tiene manifiestos contactos con las posturas de Plotino y de Orígenes, que suponían una diferenciación *sustancial*. Sin embargo, los Padres permanecieron fieles a la terminología que habían adoptado, a pesar de las dificultades y críticas —procedentes no sólo de los «antiguos defensores de Nicea», fieles a Atanasio, sino también de los teólogos del Occidente latino— porque no veían otra manera de preservar la experiencia bíblica de salvación en las personas de Cristo y del Espíritu, plenamente identificables y distintas. Se trataba de una experiencia que jamás podría expresarse en categorías de esencialismo filosófico.

El Occidente latino adoptó un enfoque de la teología trinitaria completamente distinto. Théodore de Régnon expresa perfectamente el contraste entre las dos posturas: «La filosofía latina considera en primer lugar la naturaleza en sí misma y luego procede a considerar el agente; por su parte,

---

[4] Este tratado está dirigido *A Ablabius* (ed. F. Mueller, Leiden 1958) 37-57.

la filosofía griega considera en primer lugar el agente y, a través de él, pasa a buscar la naturaleza. Los latinos interpretan la personalidad como un modo de naturaleza, mientras que los griegos piensan en la naturaleza como el contenido de la persona»[5]. En la práctica, la diferencia de énfasis significa que tanto en la *lex orandi* como en la *lex credendi* del cristianismo bizantino, la Trinidad constituye una experiencia primaria y concreta. La unidad de la naturaleza de Dios era un artículo de fe, que siempre iba unido a un énfasis en la absoluta incognoscibilidad de la esencia divina. En cambio, en Occidente, sobre todo desde los tiempos de Agustín, la unidad del ser divino sirvió como punto de partida para una teología trinitaria. Es obvio que, mientras las dos escuelas de pensamiento permanecían abiertas al diálogo y a una comprensión mutua, habían podido desarrollarse de manera complementaria. Pero por desgracia, la acerada polémica sobre el *Filioque* llevó a un endurecimiento de las posturas, de modo que llegó a ser una de las principales causas del cisma. La moderna crisis del deísmo y la creciente dificultad que encuentran los teólogos para explicar y justificar el ser de Dios como entidad filosóficamente definible podrían ser de gran ayuda no sólo para resolver la controversia medieval entre Oriente y Occidente, sino también para la renovación de un trinitarianismo más auténtico. A este propósito, escribe Théodore de Régnon: «En nuestro tiempo podría parecer que el dogma de la unidad divina ha absorbido, por así decir, el dogma de la Trinidad, del que sólo se habla como recuerdo»[6]. Pero resulta que el «dogma de la unidad divina» se ha

---

[5] Théodore de Régnon, *Etudes de théologie positive sur la Sainte Trinité* I (Paris 1892) 433. Véase también G. L. Prestige, *God in Patristic Thought* (London 1952) 233-241; y J. N. D. Kelly, *Early Christian Doctrines* (London 1958) 253-279.
[6] De Régnon, *Etudes* I, 365.

encontrado con el desafío del tema de la «muerte de Dios»; de ahí que se haya producido una vuelta al enfoque existencial y experiencial de la doctrina sobre Dios, en un contexto de historia de salvación. Como dice Karl Rahner: «Si no tuviéramos experiencia de Padre, Hijo y Espíritu en la historia de salvación, seríamos absolutamente incapaces de concebir su subsistencia distinta como un único Dios»[7].

Estas preocupaciones modernas coinciden directamente con la postura coherente de la teología bizantina.

1. Unidad y Trinidad

Los Padres Capadocios adoptaron la formulación que habría de ser el criterio de teología trinitaria ortodoxa en Oriente: Dios es una esencia en tres hipóstasis. En circunstancias como las del siglo IV, esta fórmula capadocia no pretendía ser más que la mejor *descripción* posible del misterio de Dios, y no la solución de un proceso filosófico semejante al planteado por Plotino: «Una trinidad de hipóstasis». Los Padres siempre afirmaron que no podemos conocer *qué* es Dios, sino únicamente *que él existe*, porque se nos ha revelado —en la historia de salvación— como Padre, Hijo y Espíritu. Dios es Trinidad «y ese hecho no se puede deducir de ningún principio ni explicar por ninguna razón suficiente, porque no hay principios ni causas anteriores a la Trinidad»[8].

Entonces, ¿por qué *esa* descripción y esa terminología son preferibles a otras? Principalmente porque todas las opciones entonces disponibles parecían inadecuadas desde

---

[7] Karl Rahner, *The Trinity* (traducción al inglés de Joseph Donceel; Londres 1969) 110-111.
[8] Lossky, *Mystical Theology*, 47.

el principio. Por ejemplo, la fórmula «una esencia, tres *prósôpa*» no excluía una Trinidad modalística, ya que *prósôpon*, aunque se empleaba habitualmente para designar a una «persona», también podía significar «máscara» o «apariencia». Por su parte, los Padres Capadocios querían afirmar que Dios es simultáneamente un objeto y tres objetos, y que tanto su unidad como su trinidad son realidades plenas. Gregorio de Nacianzo escribe: «Cuando hablo de Dios, tu mente se iluminará en seguida por un rayo de luz y por tres. Tres, en cuanto propiedades, hipóstasis o personas —si se prefiere llamarlas así, porque no hay por qué discutir sobre nombres, mientras las sílabas respondan al mismo significado— pero uno con respecto a la *ousía*, es decir, la divinidad»[9].

Aquí no vamos a reivindicar una estricta coherencia filosófica, aunque se haga un esfuerzo por emplear los términos habituales en filosofía. Con todo, el sentido último de la terminología es evidentemente distinto del significado que suele tener en la filosofía griega; por tanto, se reconoce honradamente su inadecuación.

Y eso se aplica especialmente al término «hipóstasis», que es de capital importancia en teología trinitaria y en cristología. Ni el aristotelismo ni el platonismo emplearon ese término para designar una *persona* en sentido cristiano (e incluso en sentido moderno), o un *agente* en plena «posesión» de su propia naturaleza y que «actúa» según sus dictados, o un *sujeto único*, cuya identidad personal no puede en absoluto duplicarse. Contra los «antiguos defensores de la doctrina de Nicea», los Padres Capadocios pretendían subrayar que el término *homoousion* (= «consustancial»), empleado en Nicea, no identifica al Hijo con el Padre en cuanto

---

[9] *Oratio* 39, 11; PG 36, 345CD.

persona, sino sólo en cuanto *ousía*. «Ni el Hijo es Padre, porque el Padre es uno, sino que es lo que es el Padre; ni el Espíritu es Hijo por el hecho de proceder de Dios, porque el Hijo unigénito es uno, sino que es lo que es el Hijo»[10]. De modo que, en Dios, el «qué» es uno, pero las tres hipóstasis son identidades personales, irreductibles la una a la otra en su ser personal. Ellos «poseen la divinidad»[11] y la divinidad está «en ellos»[12].

> Se reconoce el carácter hipostático [del Espíritu] por el hecho de ser revelado después del Hijo y con el Hijo, y porque recibe del Padre su subsistencia. Y el Hijo, que en sí y consigo mismo revela al Espíritu que procede del Padre, brilla en solitario con luz increada, y no tiene nada en común con el Padre y con el Espíritu en cuanto a la identidad de sus propias peculiaridades, sino que se manifiesta únicamente en los caracteres propios de su hipóstasis. Por su parte, el Padre posee el carácter hipostático específico de ser el Padre y de ser independiente de toda causalidad...[13].

Ese mismo énfasis personalista se percibe en la insistencia con que los Padres Griegos afirman el carácter «monárquico» del Padre. En contraste con la concepción que prevaleció en el Occidente postagustiniano y en la Escolástica latina, la teología griega atribuye el *origen* de la «subsistencia» hipostática a la *hipóstasis* del Padre, y no a la «esencia» común. El Padre es la «causa» (*aitía*) y el «principio» (*archê*) de la naturaleza divina que existe en el Hijo y en

---

[10] Gregorio de Nacianzo, *Oratio* 31, 9; PG 36, 144A.
[11] Gregorio de Nacianzo, *Poem. Dogm.* 20, 3; PG 37, 414A.
[12] Gregorio de Nacianzo, *Oratio* 31, 41; PG 36, 149A.
[13] Basilio, *Ep.* 38, 4; PG 32, 329CD.

el Espíritu. Pero lo más llamativo es que los Padres Capadocios apelaban constantemente a esa concepción «monárquica» del Padre contra los que los acusaban de «triteísmo»: «Dios es uno», escribe Basilio, «porque el Padre es uno»[14]. Y esa misma idea se puede encontrar en Gregorio de Nacianzo: «Dios es la naturaleza común de los tres, pero el Padre es su vínculo de unión (*hénôsis*)»[15]. También el Pseudo-Dionisio habla del Padre como la «fuente de divinidad»[16]; y Juan de Damasco, en su *Exposición exacta de la fe ortodoxa*, afirma la dependencia esencial del Hijo y del Espíritu con respecto a la *Persona* del Padre:

> Todo lo que el Hijo recibe del Padre lo tiene también el Espíritu, incluido su propio ser. Y si el Padre no existe, tampoco existen el Hijo ni el Espíritu; y si el Padre no tiene alguna cosa, tampoco la tienen el Hijo o el Espíritu. Más aún, por causa del Padre, es decir, por el hecho de que el Padre existe, existen también el Hijo y el Espíritu; y por causa del Padre, el Hijo y el Espíritu tienen todo lo que tienen[17].

Al aceptar las decisiones de Nicea, los Padres Capadocios eliminaron el subordinacionismo ontológico defendido por Orígenes y por Arrio, pero mantuvieron, junto a su propia concepción de la vida hipostática, un subordinacionismo bíblico y ortodoxo que conservaba la identidad personal del Padre como origen último del ser y de la acción divinas: «Los tres [son] un solo Dios cuando se contemplan juntos; cada uno [es] Dios, porque [son] consustanciales; y los tres [son]

---

[14] Basilio, *Contra Sab.* 3; PG 31, 605A.
[15] *Oratio* 42, 15; PG 36, 476B
[16] Pseudo-Dionisio, *De div. Nom.* 2, 7; PG 3, 645B.
[17] *De fide orthodoxa* 1, 8; PG 94, 324B.

un solo Dios, por la monarquía [del Padre]»[18]. En el desarrollo de su célebre doctrina sobre la imagen de Dios en el hombre, Gregorio de Nisa define un aspecto de la existencia personal humana que es claramente *distinto* de la existencia personal de Dios: *toda* persona humana posee la capacidad de reproducirse, mientras que en Dios sólo existe «una y la misma Persona del Padre, de la que nace el Hijo y procede el Espíritu»[19]. Y eso es así porque la raza humana está en continuo proceso de fragmentación, y sólo podrá recuperar su unidad mediante una *adopción* por el Padre en Cristo, es decir, convirtiéndose los hombres en hijos de una sola hipóstasis que genera sin fragmentación o multiplicación. Como origen de unidad en la Trinidad, el Padre restaura la unidad de la creación adoptando a la humanidad en su Hijo, el Nuevo Adán, en el que la humanidad queda «recapitulada» por la acción del Espíritu.

Sin quedar reducida a especulación intelectual abstracta, la doctrina de la Trinidad es el centro de la experiencia religiosa bizantina: la Trinidad inmanente se revela como Trinidad «económica», es decir, como revelación salvífica de Dios en la historia. Y eso se ve con especial claridad en la liturgia, sobre todo en el canon eucarístico. La eucaristía, en cuanto oración solemne dirigida al Padre por la humanidad adoptada, en unión con el Hijo hecho carne y con la invocación del Espíritu, es el sacramento de la unidad divina que se derrama sobre el hombre. Y esa misma realidad trinitaria se expresa en innumerables himnos, dispersos por los diferentes ciclos de la liturgia bizantina. Véase, por ejemplo, este himno

---

[18] Gregorio de Nacianzo, *Oratio* 40, 41; PG 36, 417B.
[19] *Adversus Graecos*; PG 45, 180.

solemne de la fiesta de Pentecostés, atribuido al emperador poeta León VI (886-912) y que constituye una variante del famoso *Trisagion*:

> Acudid, pueblos, alabemos a la divinidad tres veces hipostática, al Hijo en el Padre, con el Espíritu Santo.
> Porque antes de que existiera el tiempo, el Padre engendró al Hijo, compartiendo con él su eternidad y su trono.
> Y el Espíritu Santo estaba en el Padre, glorificado con el Hijo.
> Un solo poder, una sola esencia, una sola divinidad, que todos alabamos y bendecimos diciendo:
> Dios Santo, que creaste todas las cosas por medio de tu Hijo, con la cooperación del Espíritu Santo;
> Santo Omnipotente, por el que conocemos al Padre, y por el que el Espíritu Santo habitó en el mundo;
> Santo Inmortal, Espíritu confortador, que procede del Padre y mora en el Hijo.
> Trinidad Santísima, ¡Gloria a ti![20].

En la doctrina trinitaria clásica de Occidente, «Padre, Hijo y Espíritu son sólo "relativamente" distintos»[21]. Ahora bien, sea cual sea el sentido en el que se interprete el concepto de «relación» implicado en esa doctrina, no cabe duda de que el pensamiento occidental reconoce la primacía ontológica de la *unidad* esencial sobre la *diversidad* personal en Dios; o sea, Dios es esencialmente uno, excepto en las *Personas* divinas, que se definen en términos de *relaciones*. Sin embargo, en el pensamiento bizantino —y usando una expresión de Máximo el Confesor: «Dios es idénticamente

---

[20] *Pentekostarion* (Atenas 1960) 218.
[21] K. Rahner, *op. cit.*, 64.

mónada y tríada»[22] — es probable que haya una tendencia, tanto en el culto como en las formulaciones teológicas, a dar una cierta preeminencia a la diversidad personal sobre la unidad esencial. De modo que la respuesta bizantina a la acusación de «triteísmo» fue una referencia a la idea de «consustancialidad» definida en Nicea.

Pero esa referencia no podría ser decisiva en sí misma, sencillamente porque el pensamiento de los Padres griegos, y en especial el de los Padres Capadocios, presuponía siempre, como punto de partida, una teología apofática; es decir, el ser de Dios y, por tanto, el significado último de las relaciones hipostáticas se interpretaban como totalmente inaccesibles a cualquier comprensión, definición o argumento. La idea misma de que Dios es Unidad y Trinidad era una *revelación* que ilustraba esa imposibilidad de comprenderlo, pues ninguna realidad accesible a la mente puede ser, al mismo tiempo, «una» y «tres». Como dice Vladimir Lossky: «El Incomprensible se revela en el hecho mismo de ser incomprensible, porque esa imposibilidad de comprensión radica en que Dios no es sólo una naturaleza, sino también tres personas»[23].

Por consiguiente, el conocimiento de Dios sólo es posible en cuanto él revela su propio ser, en cuanto la Trinidad inmanente se manifiesta en la «economía» de salvación y en cuanto lo trascendente *actúa* en el ámbito de lo inmanente. En la unidad fundamental de esos «actos» o «energías» de Dios es donde los Padres Griegos, y en particular Basilio y Gregorio de Nisa, descubren el signo decisivo y existencial de la unidad de la esencia de Dios. El famoso

---

[22] *Capita theol. et oecon.* II, 1; PG 90, 1125A.
[23] *Op. cit.* 64.

argumento de Basilio a favor de la divinidad del Espíritu Santo consiste en que el Espíritu posee la misma «energía» que el Padre y que el Hijo. De modo semejante, Gregorio de Nisa prueba la unidad esencial de Padre, Hijo y Espíritu Santo por la unidad de su acción operativa [24]. El argumento cuadra perfectamente en el contexto de la polémica de los Padres Capadocios contra Eunomio, que afirmaba la posibilidad de conocer la esencia de Dios; los Padres, por su parte, afirman que no es posible un conocimiento de Dios, si no es por medio de sus «energías». Por tanto, la Trinidad «económica», revelada en la acción de Dios en el mundo, es la única base posible para afirmar que Dios es, paradójica e incomprensiblemente, una Trinidad trascendente y, a la vez, inmanente. G. L. Prestige presenta con toda claridad la doctrina de Gregorio de Nisa sobre las «energías» de Dios:

> Entre los hombres (…), y a pesar de la solidaridad de toda la raza, cada individuo actúa de manera autónoma, de modo que se los puede considerar como multitud. Pero no es así (…) en Dios. El Padre nunca actúa independientemente del Hijo, ni el Hijo actúa de esa manera con respecto al Espíritu. La acción divina empieza siempre en el Padre, procede a través del Hijo y se completa en el Espíritu Santo; no hay actuación individual de ninguna Persona, sino que la energía pasa invariablemente por las tres, aunque el resultado efectivo no es tres acciones, sino una sola [25].

---

[24] Véase G. L. Prestige, *op. cit.* 257-260.
[25] *Op. cit.* 260.

De hecho, el principio aristotélico según el cual cada «naturaleza» (*physis*) posee una «energía» (*enérgeia*), es decir, una manifestación existencialmente perceptible, ofrece el contexto terminológico para la concepción patrística de «energía». (Se puede observar que esos términos se emplean también en cristología, donde, por ejemplo, Máximo el Confesor sostiene que las dos naturalezas de Cristo presuponen dos «energías» o voluntades). No obstante, es significativo que la dualidad aristotélica: «naturaleza-energía» no se considerara suficiente en sí misma para aplicarse a Dios, porque en la naturaleza divina, el factor *operante* decisivo es hipostático; de ahí que la «energía» divina sea no sólo única, sino también tri-hipostática, pues la «energía» refleja la vida común de las tres Personas. Los aspectos personales de la subsistencia divina no desaparecen en una sola «energía», sino que es la vida trinitaria de Dios lo que se comunica y en lo que se participa; de modo que, a través de su «energía», las hipóstasis divinas aparecen en su «co-inherencia» (*perichôrêsis*) [26] : «Yo estoy en el Padre y el Padre está en mí» (Jn 14,11). Las personas humanas, aunque también poseen unidad de naturaleza y de substancia, actúan por separado y muchas veces en abierta confrontación mutua; en cambio, en Dios, la *perichôrêsis* expresa el amor perfecto y, por tanto, la perfecta unidad de «energía» de las tres hipóstasis, pero sin mezcla ni coalescencia o fusión. Su «energía», por el hecho de ser siempre trinitaria, siempre es expresión y comunicación de amor: «Como mi Padre me amó, así os he amado yo; permaneced en mi amor» (Jn 15,9).

---

[26] El término se utilizó por primera vez en cristología (véase Prestige, *God in Patristic Thought*, 291-299); se empezó a aplicar a las relaciones hipostáticas por el Pseudo-Cirilo y por Juan de Damasco.

Es probable que el único pasaje de Palamás que parece inspirado por la imagen «psicológica» de la Trinidad según Agustín deba entenderse en el contexto de esa doctrina sobre la *perichôrêsis*[27]. Así escribe Palamás: «Este Espíritu de la Palabra que viene de lo alto es semejante al misterioso amor del Padre hacia la Palabra misteriosamente engendrada; es el amor que la Palabra, el Hijo querido, tiene a su Padre que lo ha engendrado. Y el Hijo actúa de ese modo, porque viene del Padre conjuntamente con ese amor, y ese amor reposa naturalmente sobre él»[28]. Dado que el enfoque de la reflexión de Palamás sobre la Trinidad es diferente del de Agustín, es el resultado de la interpretación personalista lo que se puede atribuir a la imagen «psicológica» que se emplea aquí para explicar el misterio trinitario: el amor une a las tres hipóstasis divinas y, por medio de su «energía» o «acción» común, se derrama sobre los que son dignos de recibirlo.

2. Hipóstasis, esencia y energía

La distinción —una distinción *real*— entre la «esencia» y la «energía» divina se hace inevitable en el contexto de la doctrina sobre la «deificación», que implica una «participación» del hombre creado en la vida increada de Dios, cuya esencia permanece trascendente y, por tanto, excluye cualquier participación. Todos estos aspectos de la doctrina sobre Dios se abordarán simultáneamente en las controversias entre Gregorio Palamás y sus adversarios en el siglo XIV. Y su conclu-

---

[27] La obra de San Agustín *De Trinitate* fue traducida al griego en el siglo XIII por Máximo Planudes y es posible que fuera conocida por Gregorio Palamás.
[28] *Cap. phys.* 36; PG 151, 1144D-1145A.

sión es que «a Dios pertenecen tres elementos: esencia, energía y la tríada de hipóstasis divinas»[29].

Esa triple distinción es ineludible cuando se rechaza la opción agustiniana de «trinitarianismo» y se acepta la postura de los Padres Capadocios. Porque, si las Personas son únicamente relaciones internas a la esencia, la revelación de Dios, si es que se produce, es una revelación o de su «esencia» o de algún símbolo creado «análogo»; y entonces, las «energías» son: o la «esencia» de Dios, o signos creados, de modo que *en Dios* no hay distinción real. Pero si, por el contrario, las Personas son distintas de la esencia, que es común a ellas, aunque trascendente e inaccesible al ser humano, y si en Cristo el hombre se encuentra con Dios «cara a cara», de modo que existe una «participación» real en la existencia divina, esa existencia participada no puede ser más que un don divino completamente gratuito, que garantiza el carácter inaccesible de la esencia y de la trascendencia de Dios. Esa «entrega personal» de Dios es la «energía» divina; de modo que un Dios vivo y personal es realmente un Dios *activo*, un Dios *operante*.

Ya se ha visto que, en la tradición bizantina, el concepto de «energía» es un tema central para comprender la creación y la cristología. El pensamiento bizantino, al rechazar una reducción del ser de Dios al concepto filosófico de simple «esencia», afirma la realidad plena y distinta de la vida hipostática de la Trinidad *ad intra*, igual que su «multiplicidad» como creador *ad extra*. Pero esas dos «multiplicidades» no son coincidentes. La terminología que expresaba el concepto de «energía», en su relación con las tres hipóstasis, se formalizó en la síntesis palamita elaborada en el siglo XIV:

---

[29] *Cap. phys.* 75; PG 151, 1173B.

Las denominaciones propias de las hipóstasis divinas son comunes a las energías, mientras que las denominaciones comunes a las hipóstasis son específicas de cada una de las energías divinas. Por tanto, *vida* es una denominación común del Padre, del Hijo y del Espíritu; pero *presciencia, simplicidad, inmutabilidad*, o cualquier otra energía, no se denominan *vida*. Cada una de las realidades que hemos enumerado pertenece simultáneamente al Padre, al Hijo y al Espíritu, pero sólo pertenecen a una energía, y no a todas; de hecho, cada realidad no tiene más que un solo significado. Inversamente, *Padre* es la denominación propia de una sola hipóstasis, aunque se manifiesta en todas las energías ... Y lo mismo se puede decir de las denominaciones *Hijo* y *Espíritu* ... De ese modo, puesto que Dios en su integridad se ha encarnado completamente, ha unido de manera indisoluble a mi totalidad ... la naturaleza divina y todo su poder y energía en una de las hipóstasis divinas. Y así también, a través de cada una de sus energías, se puede participar en la totalidad de Dios ... Padre, Hijo y Espíritu Santo ...[30].

La triple distinción —esencia, hipóstasis, energía— no implica una división del ser de Dios, sino que refleja la vida misteriosa de «El que es» como ser trascendente, tri-personal, y presente en su creación.

Las formulaciones palamitas del siglo XIV fueron precedidas por ciertos desarrollos teológicos que se ocuparon de esa misma triple distinción. En los años 1156 y 1157, dos concilios locales que tuvieron lugar en Constantinopla debatieron el problema sobre si el sacrificio de Cristo, tan-

---

[30] *Contra Akíndinos* V, 27 (ed. Kontogiannes y Phanourgakes, 373-374).

to en su dimensión histórica como en su celebración eucarística, se ofreció sólo al Padre o a toda la Trinidad. El teólogo bizantino Sotérico fue condenado porque defendía que los actos de «oblación» y de «aceptación» constituían, respectivamente, las *características hipostáticas* del Hijo y del Padre, una opinión que los concilios consideraron como una confusión entre Trinidad «inmanente» y Trinidad «económica», o entre características hipostáticas y «energías». De hecho, las liturgias bizantinas de Basilio y de Juan Crisóstomo incluyen en el momento del ofertorio una oración dirigida a Cristo: «Porque eres tú el que ofrece y el que es ofrecido, el que recibe y el que es recibido». El misterio de la vida hipostática, tal como se reveló en la encarnación y en el acto de redención, se expresa también en un *troparion* (repetición a cargo del celebrante, durante el ofertorio eucarístico) de la fiesta de Pascua: «¡Oh Cristo indescriptible! Tú colmaste todos los espacios: con tu cuerpo en el sepulcro, con tu alma en el Hades como Dios, con el ladrón en el Paraíso; más aún, te sentaste en el trono de Dios, con el Padre y el Espíritu».

Por consiguiente, aun cuando sólo el Padre es el destinatario de la plegaria eucarística, la acción de «recibir» el sacrificio es un acto trinitario, como lo son todas las acciones divinas *ad extra*[31]. Sin embargo, el misterio de la encarnación consiste en el hecho de que la hipóstasis divina del Logos asumió *también* la función de ofrecimiento, llevando consigo a la humanidad hasta el trono del Padre. El sacrificio eucarístico es, precisamente, esa oblación, realizada en el cuerpo de Cristo, en la que la naturaleza humana se ve penetrada de energía divina, al ser asumida por la hipóstasis del Logos.

---

[31] Sobre los concilios de 1156 y 1157, véase J. Meyendorff, *Christ*, 152-154.

La existencia hipostática —es decir, personal— implica una «apertura» que hace posible que el Logos encarnado «ofrezca» y «reciba», como hombre y como Dios, y que siga siendo, con el Padre y con el Espíritu, el «actor» de las «energías» que caracterizan la naturaleza divina.

3. EL DIOS VIVO

«Cuando Dios habló a Moisés, no dijo: "Yo soy la esencia", sino "Yo soy el que soy" (Éx 3,14). Por tanto, no es "El que es" el que viene de la esencia, sino que es la esencia la que viene de "El que es", porque "El que es" encierra en sí mismo todo ser»[32]. Cuando Gregorio Palamás, en el pasaje citado, se refiere explícitamente a la doctrina bíblica del Dios vivo, o cuando se niega a identificar el ser de Dios con la noción filosófica de esencia —«la esencia es necesariamente ser, pero ser no es necesariamente esencia»[33]— , expresa el contenido de su disputa con Barlaán y Akíndinos, pero también mantiene la *theología* de los Padres Capadocios.

Ya hemos observado antes que el conflicto que surgió en el seno de la sociedad bizantina y que enfrentó a los monjes con los «humanistas» implicaba una concepción del destino del hombre basado en la Biblia y opuesto al que se fundaba en el espiritualismo platónico. Un problema semejante se presentó en lo propiamente «teológico», es decir, en la doctrina sobre Dios. El tema se complicó por el hecho de que la Escolástica latina proporcionó a los bizantinos anti-palamitas

---

[32] Gregorio Palamás, *Tríadas* III, 2, 12, ed. por J. Meyendorff en *Spicilegium Sacrum Lovaniense* 31 (Louvain 1959). Palamás parafrasea a Gregorio de Nacianzo, *Oratio* 45, 3; PG 36, 625C.
[33] *Contra Akíndinos* III, 10 (ed. Kontogiannes y Phanourgakes, 184).

una interpretación del ser de Dios auténticamente «griega», que llevó a éstos a convertirse en *Latinóphrones*. Porque el alcance *real* de la controversia sobre el *Filioque* consistió en el hecho de que las dos partes sostenían un enfoque diferente de la realidad de Dios. Oriente se negaba a identificar el ser de Dios con el concepto de «simple esencia», mientras que Occidente admitía esa identificación sobre la base de presupuestos filosóficos griegos. El problema no se podía resolver aduciendo «textos probatorios» de la Sagrada Escritura y de los Santos Padres, aunque obviamente se podía obtener un consenso a nivel canónico (interpolación unilateral del credo común por los latinos) y en la terminología (los orientales podían admitir a nivel de «economía» que el Espíritu procede «de ambos», Padre e Hijo). Como dice Vladimir Lossky, la controversia estaba realmente interesada en el hecho de que

> el dogma del *Filioque* introducía el Dios de los filósofos y de los sabios, en lugar del Dios vivo (...) La incognoscible esencia del Padre, del Hijo y del Espíritu recibe calificaciones positivas y se convierte en tema de la Teología natural, que se ocupa de «Dios en general», y que bien podría ser el Dios de Descartes, el Dios de Leibniz, o quizá, hasta cierto punto, incluso el Dios de Voltaire y de los deístas descristianizados del siglo XVIII [34].

Habrá quien piense que esta conclusión es exagerada. Pero reconforta saber que precisamente los modernos teólo-

---

[34] «The Procession of the Holy Spirit in the Orthodox Triadology»: «Eastern Churches Quarterly», entrega suplementaria *Concerning the Holy Spirit* (1948) 46. Véase también el debate sobre el *Filioque* entre teólogos ortodoxos (Obispo Cassian, Meyendorff, Verhovskoy y otros) y romano-católicos (Camelot, Bouyer, Henry, Dubarle, Dondaine y otros) publicado en «Russie et Chrétienté» (1950) números 3-4.

gos occidentales, que están más interesados en elaborar una teología cristiana tan kerigmática y estimulante como lo fue en otra época, sugieren un retorno a la concepción de Dios anterior a Agustín, «en la que las tres hipóstasis se contemplan, ante todo, en sus funciones personales e irreductibles»[35]. «Sin nuestra experiencia de la acción del Padre, del Hijo y del Espíritu en la historia de salvación, terminaríamos por no ser capaces de concebir su subsistencia diferenciada como un solo Dios»[36].

4. BIBLIOGRAFÍA

«Concerning the Holy Spirit»: «Eastern Church Quarterly» 7 (1948); también publicado aparte. (Simposio sobre el tema del *Filioque* por teólogos ortodoxos y romano-católicos).

Meyendorff, J., *The Holy Trinity in Palamite Theology*, en *Trinitarian Theology East and West* (Holy Cross Press, Brookline, Massachusetts 1977) 25-43.

Popov, I. V., *Lichnost' i uchenie blazhennago Avgustina* (Personalidad y doctrina de San Agustín) I, (Sergiev Posad 1917). (Muy importante análisis crítico de S. Agustín por un especialista en el pensamiento patrístico oriental; el segundo volumen no se ha publicado. Obra importante para entender el enfoque oriental del modelo de pensamiento agustiniano).

Prestige, G. L., *God in Patristic Thought* (SPCK, London 1952). (La mejor introducción en inglés).

Radovich, A. *To mystêrion tês Hagías Triados kato ton hagíon Gregorion Palaman* (El misterio de la Santísima Trinidad según San Gregorio Palamás) (Thessaloniki 1973).

---

[35] Véase J. Meyendorff, *Christ*, 166.
[36] K. Rahner, *op. cit.*, 111.

Régnon, Th. de, *Etudes de théologie positive sur la Sainte Trinité*. Troisième série, II (Théories grecques des processions divines) (Paris 1893). (Obra fundamental sobre la diferencia entre los modelos griego y agustiniano del pensamiento trinitario).

Staniloae, Dumitru, *Theology and the Church* (St. Vladimir's Seminary Press, Crestwood, New York 1980). (Varios estudios importantes sobre la Trinidad por un teólogo rumano contemporáneo).

XV

TEOLOGÍA SACRAMENTAL:
EL CICLO DE LA VIDA

En su obra *La vida en Cristo* —un comentario al bautismo, a la confirmación y a la eucaristía— Nicolás Cabasilas escribe: «En este mundo presente, los santos son capaces no sólo de estar preparados para la vida [eterna en Cristo], sino también para vivir y actuar incluso ahora según [los principios] de esa vida»[1]. El Reino de Dios, una anticipación del cumplimiento escatológico, ya es accesible en el Cuerpo de Cristo. Para los bizantinos, la posibilidad de «ser en Cristo», de «participar» en la vida divina —el estado «natural» de la humanidad— se manifiesta esencialmente en los sacramentos o *misterios* de la Iglesia. Esos sacramentos se interpretan no tanto como actos aislados, a través de los cuales se concede a los individuos una gracia «particular» por los ministros legítimos que actúan con recta intención, cuanto como aspectos de un único misterio de la Iglesia, en el que Dios comparte la vida divina con la humanidad, redimiendo al hombre del pecado y de la muerte y derramando sobre él la gloria de la inmortalidad.

1. El número de los sacramentos

La teología bizantina ignora la distinción occidental entre «sacramentos» y «sacramentales», y nunca se comprometió

---

[1] Cabasilas, *De vita in Christo* I, 3; PG 150, 496D.

formalmente con una estricta limitación del número de los sacramentos. En el período patrístico no había un término técnico para referirse a los «sacramentos» como categoría específica de la acción eclesial; se utilizaba primariamente el término *mystêrion*, en sentido genérico de «misterio de salvación»[2] y sólo de manera subsidiaria, para referirse a las *acciones* particulares que conferían la salvación. El término se empleaba en este segundo sentido, en concurrencia con otros como «ritos», o «santificaciones»[3]. En el siglo IX, Teodoro Estudita presentó un catálogo de seis sacramentos: «iluminación» (bautismo), «sínaxis» (σύναξις, eucaristía), unción sagrada (confirmación), ordenación, tonsura monástica, y servicio de difuntos[4]. La doctrina de los «siete sacramentos» aparece por primera vez, de modo específico, en la Profesión de Fe exigida al emperador Miguel Paleólogo por el papa Clemente IV en 1267[5]. Naturalmente, el texto de esa Profesión había sido preparado por teólogos latinos.

El origen obviamente occidental de ese estricto número de sacramentos no fue obstáculo para que fuera ampliamente aceptado entre los cristianos orientales a partir del siglo XIII, incluso entre los más acérrimos opositores a la unión con Roma. Al parecer, esa aceptación fue resultado no tanto de la influencia de la teología latina, cuanto de la fascinación típicamente medieval y bizantina por los números simbólicos; el número siete, en particular, evocaba una asociación con los siete dones del Espíritu según Is 11,2-4. Pero entre los autores bizantinos que aceptaban los siete sacramentos se

---

[2] Véase, por ejemplo, Juan Crisóstomo, *Hom. 7,1 in I Cor.*; PG 61,55.
[3] Juan Crisóstomo, *Catechèses baptismales* (ed. A. Wenger, SC 50, Paris 1957, II, 17) 143.
[4] *Ep.* II, 165; PG 99, 1524B.
[5] G. M. Jugie, *Theologia dogmatica Christianorum orientalium* III (Paris 1930) 16.

pueden encontrar diferentes listas en abierta competencia. El monje Job (siglo XIII), autor de una disertación sobre los sacramentos, incluye en la lista la tonsura monástica, igual que Teodoro Estudita, pero combina en un solo sacramento la penitencia y la unción de enfermos[6]. Simeón de Tesalónica (siglo XV) también admite el carácter sacramental de la tonsura monástica, pero la clasifica en unión con la penitencia[7] y considera la unción como sacramento aparte. Por su parte, Joasaf, metropolita de Éfeso y contemporáneo de Simeón, declara: «Creo que los sacramentos de la Iglesia no son siete, sino más», y da una lista de diez, en los que se incluyen la consagración de una iglesia, el servicio de difuntos y la tonsura monástica[8].

Es evidente que la Iglesia bizantina jamás se comprometió formalmente con una lista concreta. Numerosos autores aceptan la serie habitual de siete sacramentos —bautismo, confirmación, eucaristía, orden sagrado, matrimonio, penitencia y unción de enfermos—, mientras que otros ofrecen una lista más abultada, e incluso algunos subrayan la importancia especial y exclusiva del bautismo y de la eucaristía, elementos básicos de la iniciación cristiana en una «vida nueva». Por ejemplo, Gregorio Palamás proclama que «en estos dos [sacramentos] radica la totalidad de nuestra salvación, pues la entera economía del Dios-hombre se recapitula en ellos»[9]. Y Nicolás Cabasilas escribe su famosa obra *La vida en Cristo* como comentario al bautismo, confirmación y eucaristía.

---

[6] Citado por G. M, Jugie, *ibíd.*, 17-18.
[7] *De sacramentis*, 52; PG 155, 197A.
[8] *Responsa canonica* (ed. A. I. Almazov; Odessa 1903) 38.
[9] *Hom.* 60 (ed. S. Oikonomos; Athenae 1860) 250.

2. Bautismo y confirmación

En la Iglesia oriental, el bautismo y la confirmación (esta última se administra mediante la unción con el «sagrado crisma» bendecido por el obispo) se suelen celebrar de manera conjunta. Inmediatamente después de recibir el bautismo y la confirmación, el niño es admitido a la comunión eucarística. Por tanto, en la práctica, no hay ninguna diferencia entre la admisión de un niño o de un adulto como nuevo miembro de la Iglesia; en ambos casos, un ser humano que pertenecía al «viejo Adán» por nacimiento natural es introducido en una «vida nueva» por su participación en el bautismo, en la confirmación y en la sagrada comunión. La iniciación cristiana es un acto único e indivisible; como escribe Simeón de Tesalónica: «Si uno no recibe la unción, no está perfectamente bautizado»[10].

Como ya se ha expuesto, la doctrina patrística de la salvación no se basa en la idea de una culpabilidad heredada de Adán, de la que el hombre es liberado por Cristo, sino en una comprensión más existencial de la humanidad «caída» y «redimida». Por nacimiento natural, el hombre hereda del «viejo Adán» una forma defectuosa de vida, por la que es presa de la mortalidad, ineludiblemente pecador y sin libertad con respecto al «príncipe de este mundo». La alternativa a esa situación de «caída» es una «vida en Cristo», que es la «natural» y auténtica vida humana, el don de Dios que se comunica en el misterio de la Iglesia. Como afirma Nicolás Cabasilas: «El bautismo no es otra cosa que un renacimiento según Cristo, por el que recibimos nuestro verdadero ser y nuestra más auténtica naturaleza»[11].

---

[10] *De sacramentis*, 43; PG 155, 188A.
[11] *De vita in Christo* II, 3; PG 150, 524A.

Tanto en el rito del bautismo como en los comentarios teológicos de época bizantina, el énfasis reside en el significado *positivo* del bautismo como «nuevo nacimiento». Continúa Cabasilas: «El día salvífico del bautismo se convierte para los cristianos en el día de su santo, de su cumpleaños, porque en ese día es cuando se formaron y adquirieron su verdadera figura, es el día en el que nuestra vida informe e indefinida recibe su forma y su definición» [12]. Del mismo modo, según Cabasilas, todas las designaciones escriturísticas y tradicionales del bautismo se orientan hacia ese significado *positivo*. «Realidades como "nacimiento" y "nuevo nacimiento", "restauración", "sello", y otras como "bautismo", "vestidura" y "unción", "don", "iluminación" y "lavado", todas significan una sola cosa: el rito marca el comienzo de una nueva existencia para los que están en Dios y viven según sus designios» [13].

Considerar el bautismo como «nuevo nacimiento» implica también que esa realidad es un don de Dios absolutamente gratuito, y que en ningún sentido depende de la elección, del consentimiento, o incluso de la percepción humana consciente: «Como ocurre en el nacimiento físico, el hombre no contribuye en absoluto a todas las bendiciones que derivan del bautismo» [14]. Por eso, en Oriente no hubo jamás una duda o una controversia sobre la legitimidad del bautismo de niños. Esa legitimidad se basaba no en la idea de un «pecado» que haría, incluso a un niño, culpable a los ojos de Dios y necesitado del bautismo como justificación, sino en el hecho de que, en todos los estadios de la vida, incluida la infancia, el hombre necesita «nacer de nuevo», es decir,

---

[12] *Ibíd.* 4, 525A.
[13] *Ibíd.* 524C.
[14] *Ibíd.* 5, 525D.

empezar una vida nueva y eterna en Cristo. Ni siquiera el «adulto plenamente consciente» es capaz de comprender en toda su amplitud la meta escatológica de esa nueva vida.

> Igual que no se puede comprender la fuerza de una mirada o la tonalidad de un color si no hay luz, e igual que los que duermen no pueden conocer las preocupaciones de los que están despiertos mientras ellos duermen, tampoco se puede comprender en esta vida a los nuevos miembros y sus capacidades dirigidas exclusivamente a la vida futura (...) Pero nosotros somos miembros de Cristo, y eso es fruto del bautismo. El señorío y la belleza de los miembros radica en la cabeza, porque los miembros no podrán desplegar su prestancia si no están unidos a la cabeza. Pues bien, en esta vida presente, la Cabeza de esos miembros está escondida, pero se manifestará con toda claridad cuando los miembros brillen unidos a su Cabeza[15].

Por el hecho de ser miembro del Cuerpo de Cristo por el bautismo, el hombre se convierte en un ser «teocéntrico», es decir, recupera su destino original, que es escatológico y misterioso, porque participa en el misterio mismo de Dios. El bautismo, en cuanto don gratuito de Dios que se concede tanto al adulto como al niño, es el comienzo de una vida nueva. Como escribe Teodoreto de Ciro:

> Si el único significado del bautismo fuera el perdón de los pecados, ¿por qué habríamos de bautizar a los recién nacidos, que aún no tienen experiencia del pecado? Pero el significado del bautismo no se limita a eso, sino

---

[15] *Ibíd.* 22, 548BC.

que, más bien, es promesa de mayores y más perfectos dones. El bautismo encierra la promesa de los gozos futuros, es el modelo de la futura resurrección, es comunión con la pasión del Maestro, participación en su resurrección, manto de salvación, túnica de regocijo, vestidura de luz o, más bien, luz en sí mismo [16].

Como «comienzo» y promesa de una vida nueva, el bautismo supone autodeterminación y crecimiento. No suprime la libertad humana, sino que la restituye a su forma original y «natural». En el bautismo de niños, esa restauración es, naturalmente, sólo potencial, pero el sacramento implica siempre una *llamada* a la libertad. En la tradición bizantina, la fórmula del bautismo no se pronuncia, como en Occidente, en nombre del ministro del sacramento («Yo te bautizo»), sino que constituye una declaración solemne en nombre del bautizado: «El siervo de Dios, *N.*, es bautizado en el nombre del Padre y del Hijo y del Espíritu Santo». Simeón de Tesalónica lo comenta así: «Eso significa la libertad del bautizado» [17]. Y después del bautismo, el camino hacia Dios es una «sinergia» entre el poder de Dios y el libre esfuerzo del hombre. Al mismo tiempo, el bautismo es una liberación de los lazos de Satanás —el tirano y el usurpador— simbolizada en los exorcismos que preceden al sacramento propiamente dicho [18].

La tradición bizantina ha mantenido la antigua práctica cristiana del bautismo mediante una triple inmersión. En realidad, la inmersión se consideró a veces como esencial para la validez del sacramento, tanto que algunos polemistas extre-

---

[16] *Haeret. fabul. Compendium* 5, 18; PG 83, 512.
[17] *De sacramentis*, 64; PG 155, 228D-229B. Véase también Manuel de Corinto, *Apología* 7; PG 140, 480.
[18] Nicolás Cabasilas, *loc. cit.*, 6, 528B.

madamente anti-latinos pusieron en duda la validez del bautismo occidental, porque se realizaba por aspersión. En realidad, la inmersión es el signo más conforme al significado del bautismo: «El agua destruye una vida, pero manifiesta la otra; ahoga al hombre viejo, pero hace surgir al nuevo», como escribe Nicolás Cabasilas [19]. Y para significar el «ahogamiento» no hay expresión más gráfica que la inmersión.

Al hombre liberado de la esclavitud a Satanás por medio del bautismo, el Espíritu le concede la facultad de «ser activo en energías espirituales», según otra expresión de Nicolás Cabasilas [20]. Ya hemos visto que la teología patrística bizantina reconoció una conexión entre los dones del Espíritu y la libertad humana; la redención de la humanidad implica que no sólo la «naturaleza» humana, sino también *cada hombre* encuentre personal y libremente su puesto en la nueva creación, «recapitulada» en Cristo. El don del Espíritu en la confirmación es el signo sacramental más importante en esta dimensión específica de la salvación que, según la costumbre litúrgica, es inseparable del bautismo. De ese modo, «vida en Cristo» y «vida en el Espíritu» no son dos formas distintas de espiritualidad; son aspectos complementarios del mismo camino, que lleva a la «deificación» escatológica.

La confirmación, que normalmente va unida al bautismo como rito unitario de iniciación cristiana, se celebraba por separado sólo en casos de reconciliación con la Iglesia de ciertas categorías de herejes y cismáticos, enumerados en el canon 95 del Concilio *in Trullo*. En ese caso, su significado consiste en dar validez mediante «el sello del don del Espíritu Santo» (la fórmula que pronunciaba el sacerdote durante

---

[19] *Ibíd.* 9, 532B.
[20] *Ibíd.* III, 1; 569A.

la unción) a un bautismo cristiano administrado en circunstancias irregulares, es decir, al margen de los límites canónicos de la Iglesia.

3. PENITENCIA

La penitencia sacramental, es decir, la reconciliación con la Iglesia por los pecados cometidos después del bautismo, experimentó un desarrollo paralelo en Oriente y en Occidente. Aunque en sus orígenes era un acto público que se exigía a los pecadores oficialmente excomulgados o que habían realizado actos merecedores de excomunión, poco a poco, especialmente a partir del siglo IV, la penitencia fue tomando la forma de confesión privada, a la que seguía una plegaria de absolución pronunciada por el sacerdote. Más tarde se identificó casi por completo con la práctica de la dirección espiritual privada, especialmente extendida entre las comunidades monásticas.

El desarrollo de la práctica y de la teología penitencial en el mundo bizantino fue distinto del que experimentó su homólogo en Occidente, por el hecho de que Bizancio nunca sufrió la influencia de interpretaciones legalistas de la salvación, como la doctrina anselmiana de la «satisfacción», y nunca tuvo que afrontar una crisis comparable a la Reforma y Contrarreforma occidental, con el énfasis de esta última en la autoridad de los clérigos.

La literatura patrística bizantina sobre el arrepentimiento (contrición) es, casi en su totalidad, de carácter ascético y moralístico. Entre los autores de tratados ascéticos sobre el tema son muy pocos los que mencionan la absolución sacramental como requisito indispensable. Pero ese silencio no quiere decir que no existiera la contrición sacramental. Salvo en casos de excomunión expresa, que debían ir seguidos de una reconciliación igualmente explícita, el arrepentimiento sólo se aconsejaba, aunque no se exigía. Por ejemplo, Juan Crisóstomo, en sus innumerables llamadas al arrepentimiento, menciona frecuentemente la «confesión», es decir, la apertura de la propia conciencia a un testigo cualificado o a «la Iglesia», pero parece que con eso no se refiere a la confesión sacramental propiamente dicha. En sus nueve sermones que tratan específicamente del «arrepentimiento», sólo una vez hace referencia a la Iglesia: «¿Has cometido un pecado? Entra en la Iglesia y arrepiéntete de tu pecado (...) ¿Eres ya de edad avanzada y todavía cometes pecado? Entra [en la Iglesia] y arrepiéntete; porque ahí está el médico, no el juez; ahí no se investiga la conducta, sino que se recibe el perdón de los pecados»[21].

Es probable que esté en lo cierto un historiador francés, que escribe: «Los bizantinos rara vez se confesaban, por lo menos los seglares, porque en los monasterios (...) la confesión se solía practicar con regularidad. Pero ¿se trataba de una verdadera confesión sacramental o, más bien, de una dirección de conciencia que los simples laicos recibían de sus padres espirituales? Ambas prácticas estaban en vigor; y en los monasterios casi no se distinguía una de otra»[22].

La literatura ascética y canónica menciona frecuentemente los requisitos penitenciales: períodos de separación de la comunidad, postraciones, obras de caridad como compensación de los pecados cometidos y confesados; pero fuera del caso de un pecado «mortal» —asesinato, apostasía, adulterio— que iba seguido de excomunión explícita, no hay ningún dato de que la absolución del sacerdote fuera necesaria

---

[21] *De pœnitentia* III, 1; PG 49, 292.
[22] J. Pargoire, *L'Église byzantine de 527 à 847* (Paris 1932) 347.

para ratificar el acto de arrepentimiento. Por el contrario, hay muchas fuentes que hablan de absoluciones impartidas por monjes no ordenados[23], una práctica que, a día de hoy, todavía está vigente en algunos monasterios orientales.

Las diversas formas de absolución que se pueden encontrar en los *eucologios* y en los libros penitenciales tienen forma de *oración*[24]. Como escribe A. Almazov, «en Oriente siempre se pensó que la absolución se expresa con una plegaria; y aunque se utilice la fórmula declaratoria, se supone que la remisión de los pecados se atribuye al propio Dios»[25]. Las fórmulas declaratorias, por ejemplo, «Yo, indigno sacerdote, (...) te perdono y te absuelvo...», que se deslizaron en algunos *eucologios* tanto griegos como eslavos, son de origen latino de época posterior a la Escolástica y se adoptaron dentro del marco de una latinización general del rito bizantino.

Los propios teólogos bizantinos dudaban del puesto exacto que ocupaba la penitencia entre los *mystêria* de la Iglesia y muchas veces la mencionan en conjunción con la tonsura monástica o con la unción de enfermos. Sin embargo, en el siglo XV, la confesión privada ante un sacerdote, seguida de una plegaria de absolución, era una práctica generalmente aceptada entre los laicos, mientras que la confesión ante un monje no ordenado seguía existiendo como alternativa en los monasterios. Esa falta de claridad tanto en la teología como en la práctica tiene una implicación positiva: la confesión y la penitencia se interpretaban principalmente

---

[23] *Ibíd.*, 348.
[24] Los manuscritos más antiguos de que disponemos son del siglo X. La mejor colección, con mucho, de ritos penitenciales en versión griega y eslava se encuentran en A. Almazov, *Tainaia Ispoved' v pravoslavnoi vostochnoi tserkvi* III (Odessa 1894).
[25] *Op. cit.*, I, 149-150.

como una forma de curación espiritual. De hecho, en la antropología cristiana de Oriente, el pecado es ante todo una enfermedad, una «pasión». Sin negar el privilegio petrino de las llaves transmitido a los obispos, o la potestad apostólica de perdonar pecados, de la que la Iglesia es depositaria, los teólogos bizantinos nunca sucumbieron a la tentación de reducir el pecado a la categoría de delito legal, que debería ser objeto de una sentencia con la correspondiente condena o absolución; pero estaban convencidos de que el pecador es, ante todo, prisionero de Satanás y, como tal, enfermo de muerte. Por eso, la confesión y la penitencia, al menos en una interpretación ideal, mantenía el carácter de liberación más bien que de juicio. De ahí la gran variedad de formas y prácticas, y la posibilidad de reducirlas a categorías teológicas estáticas.

4. Matrimonio

La tradición teológica, litúrgica y canónica de Bizancio subraya unánimemente la absoluta unicidad del matrimonio cristiano y funda esa concepción en la doctrina de la carta de Pablo a los Efesios (Ef 5). En cuanto sacramento o *mystêrion*, el matrimonio refleja la unión entre Cristo y la Iglesia, entre Yahvé e Israel; y como tal, sólo puede ser *uno*, un vínculo eterno que no se destruye ni siquiera con la muerte. Por su carácter sacramental, el matrimonio trasciende y transfigura la unión en la carne y la asociación contractual con respecto a la ley; es decir, el amor humano se proyecta hacia la eternidad del Reino de Dios.

Sólo esta concepción básica del matrimonio cristiano explica el hecho de que, hasta el siglo X, no se celebraran en una iglesia segundos matrimonios tanto de viudos como de divorciados. En referencia a la costumbre de «coronar» a los novios —un rasgo típico del rito bizantino— un canon atribuido a Nicéforo el Confesor (806-815) especifica: «A los que contraen un segundo matrimonio no se los corona ni se los admite a recibir los misterios más puros por un período de dos años; y a los que contraen un tercer matrimonio se los excomulga por un período de cinco años»[26]. Este pasaje, que no hace más que repetir las prescripciones precedentes de los cánones de Basilio[27], presupone que el segundo y el tercer matrimonio de viudos o divorciados sólo se puede contraer como contrato civil y a efectos civiles. Por otra parte, como la bendición matrimonial se solía impartir durante la celebración eucarística, en la que los novios recibían la comunión, el requisito de excomunión temporal excluía la participación o la bendición eclesiástica en los casos de repetición de matrimonio.

La unicidad absoluta como *norma* del matrimonio cristiano se afirma también en el hecho de que la legislación canónica bizantina lo exige estrictamente a los clérigos; el que se haya casado dos veces, o esté casado con una viuda o una divorciada, no puede ser ordenado diácono o sacerdote[28]. Sin embargo, a los laicos, después de un período de penitencia y abstención de los sacramentos, se los admite de nuevo a la plena comunión con la Iglesia, aun después de un segundo o incluso de un tercer matrimonio; y eso significa que siguen siendo objeto de comprensión y de tolerancia, cuando no puedan aceptar quedarse solteros o deseen tener una segun-

---

[26] Canon 2, en *Syntagma Canonum* IV (ed. G. Rhalles y M. Potles; Athenae 1854) 457. Sobre la disciplina matrimonial en la Iglesia bizantina, véase especialmente J. Zhishman, *Das Eherecht der orientalischen Kirche* (Wien 1864); K. Ritzer, *Le mariage dans les églises Chrétiennes du Ier au XIe siècle* (Paris 1970) 163-213; y J. Meyendorff, *Marriage: An Orthodox Perspective* (New York 1971).

[27] En particular, los cánones 4 y 50, en Rhalles-Potles, *op. cit.* 102, 203.

[28] Quinisexto Concilio, canon 3; *ibíd.* II, 312-314.

da oportunidad de contraer un auténtico matrimonio cristiano. Obviamente, la tradición bizantina enfoca el problema de un nuevo matrimonio, después de una viudedad o un divorcio, en términos de disciplina penitencial. En cuanto sacramento, el matrimonio confiere una gracia de Dios; pero para ser eficaz, esa gracia requiere la cooperación («sinergia») humana. Eso vale para todos los sacramentos, pero en especial para el bautismo, cuyos frutos se pueden perder por el pecado o recuperar por el arrepentimiento. En el caso del matrimonio, que presupone una comprensión personal y un equilibrio psicológico, la tradición bizantina acepta no sólo la posibilidad de un error inicial, sino también el hecho de que, en caso de muerte o incluso de simple ausencia de compañero, la soltería puede ser un mal mucho mayor que un nuevo matrimonio para el que no pueda «aguantar» el estado de soltero.

La legislación civil bizantina siempre ha contemplado la posibilidad del divorcio como parte integrante de sus atribuciones. En el marco de la «sintonía» entre Iglesia y Estado, nunca se puso en tela de juicio esa posibilidad, un hecho que no se puede explicar convenientemente por mero recurso al cesaropapismo. En la Iglesia bizantina jamás faltaron santos que estuvieran dispuestos a fustigar el despotismo de los emperadores, la injusticia social y otras actitudes contrarias al Evangelio. Juan Crisóstomo (398-404), Teodoro Estudita († 820) o el patriarca Polieucto (956-970) se atrevieron a hacer frente al poder del Estado sin temor alguno; pero ninguno de ellos protestó contra la legislación sobre el divorcio. Es obvio que lo consideraban como un factor inevitable de la vida humana en un mundo caído en el que se puede aceptar la gracia o rechazarla, en el que el pecado es inevitable pero el arrepentimiento siempre accesible, en el que la función de la Iglesia consiste en no comprometer las normas del Evangelio, sino mostrar compasión y misericordia con la debilidad humana.

Esa actitud de la Iglesia bizantina se mantuvo mientras la función principal de la Iglesia —hacer presente el Reino de Dios— y la del Estado —conseguir que la humanidad caída escogiera el mal menor y mantener el orden por medios legales— permanecieron claramente distintas. En el tema del matrimonio, esa distinción esencial desapareció —al menos en la práctica— cuando el emperador León VI († 912) publicó su *Novella* 89, imponiendo oficialmente a la Iglesia la obligación legal de dar validez a todos los matrimonios [29]. El matrimonio civil desapareció como posibilidad legal para los ciudadanos libres; y lógicamente, Alejo I Comneno se apresuró a imponer el matrimonio religioso como obligatorio también para los esclavos. Debido a esas intervenciones imperiales, la Iglesia ganó teóricamente un control explícito sobre la disciplina matrimonial de todos los ciudadanos. Pero, de hecho, empezó a ser directamente responsable de todos los compromisos ineludibles que hasta ese momento se habían solucionado por la posibilidad del matrimonio civil y del divorcio, y perdió la oportunidad de aplicar su primitiva disciplina penitencial. Si la Iglesia concedía ahora autoridad legal al matrimonio, también le incumbiría resolver las dificultades legales que derivaban de esa nueva responsabilidad. De hecho, empezó a «conceder divorcios» (que antes era competencia exclusiva de los tribunales civiles) y a permitir que se celebraran en la iglesia «segundas [o terceras] nupcias», porque sin ese tipo de «nuevo matrimonio» las segundas o terceras uniones no eran legalmente válidas. Lo que sí logró la Iglesia fue que el Concilio del año 920 declarara totalmente ilegal un cuarto matrimonio, aunque tuvo que claudicar en otros muchos aspectos.

---

[29] *Les nouvelles de Léon VI, le Sage* (ed. A. Dain; Paris 1944) 294-297.

No obstante, se mantuvo —al menos como principio— una distinción esencial entre el primer matrimonio y los siguientes; de hecho, para estos últimos se introdujo una ceremonia específica, desligada de la eucaristía y de carácter penitencial. Se suponía, por tanto, que el segundo y tercer matrimonio se salían de la norma y, en cuanto tales, eran deficientes desde el punto de vista sacramental. La diferencia más llamativa entre la teología bizantina del matrimonio y su homóloga latina durante la Edad Media consistía en que los bizantinos subrayaban la *unicidad* del matrimonio cristiano y la *eternidad* del vínculo matrimonial. Jamás consideraron el matrimonio religioso como un contrato legal, que se disolvía automáticamente por la muerte de uno de los cónyuges. El nuevo matrimonio de los viudos, lo mismo que el de los divorciados, no pasaba de ser meramente tolerado. Pero esa «tolerancia» no significaba aprobación. De hecho, implicaba arrepentimiento, de modo que sólo se permitía volver a casarse a hombres y mujeres cuyo primer matrimonio se pudiera considerar como no existente en la práctica. Los diferentes códigos imperiales especifican esos casos.

Mientras tanto, el Occidente latino se mostraba intolerante con respecto al divorcio, desde una perspectiva legalista, aunque permitía un número ilimitado de nuevas nupcias en caso de viudedad. Guiado en su práctica por la noción legal de contrato, que era indisoluble mientras las dos partes estuvieran en vida, Occidente parecía ignorar ciertos principios fundamentales: en primer lugar, la idea de que el matrimonio, en cuanto sacramento, tiene que estar proyectado, como vínculo eterno, hacia el Reino de Dios; en segundo

---

[30] Rhalles-Potles, *op. cit*, V, 4-10.

lugar, que el matrimonio, como todos los sacramentos, exige una decisión libre e implica la posibilidad de rechazo y de error humano; y por último, que aun después de ese posible rechazo pecaminoso o error humano, el arrepentimiento permite siempre un nuevo comienzo. Ésa era la base teológica de la tolerancia con respecto al divorcio, tanto en la primitiva comunidad cristiana como en la Iglesia bizantina.

5. Curación de enfermos y muerte

Frecuentemente asociado con la penitencia como un solo sacramento, la «sagrada unción» no sufrió un proceso evolutivo —salvo en ciertas áreas del Oriente cristiano, después del siglo XVI— que lo llevara a convertirse en «extrema unción», sacramento reservado para los moribundos. En Bizancio, el rito implicaba la concelebración de varios sacerdotes —siete, por lo general— según el texto de la carta de Santiago (Sant 5,14), que se consideraba como el fundamento bíblico del sacramento. El rito constaba de lecturas de la Biblia y de oraciones de curación cuyo texto excluyera completamente la posibilidad de una interpretación mágica de la ceremonia. La curación se pedía exclusivamente en un contexto de arrepentimiento y de salvación espiritual, y no como un fin en sí misma. Fuera cual fuera el desenlace de la enfermedad, la unción simbolizaba el perdón divino y la liberación del círculo vicioso —pecado, sufrimiento, muerte— en el que la humanidad pecadora está cautiva. En virtud de su compasión por el sufrimiento humano, la Iglesia, reunida para orar por uno de sus miembros que se encuentra en esa situación, pide para él por medio de sus presbíteros paz, perdón y libertad eterna. Ése es el auténtico significado de la «unción sagrada».

El servicio de difuntos, considerado también como «sacramento» por algunos autores bizantinos, no poseía un significado diferente al de la unción. Incluso en su muerte, el cristiano sigue siendo un miembro del Cuerpo vivo y resucitado de Cristo, al que ha sido incorporado por el bautismo y por la eucaristía. En el servicio de difuntos, la Iglesia se reúne para dar testimonio de esa realidad sólo visible a los ojos de la fe, pero ya experimentada por el cristiano, que posee el tremendo privilegio de vivir por anticipado en el Reino futuro.

6. BIBLIOGRAFÍA

Cabasilas, Nicholas, *The Life in Christ* (Trad. C. J. De Catanzaro; Introducción de B. Bobrinskoy) (St. Vladimir's Seminary Press, New York 1974). (Primera traducción inglesa de la famosa obra *De vita in Christo)*.

King, A. A., *The Rites of the Eastern Christendom* (Catholic Book Agency, Roma 1947).

Raes, A., *Introductio in liturgiam orientalem* (Roma 1947).

Schmemann, A., *Sacraments and Orthodoxy* (New York, Herder 1966).

XVI

LA EUCARISTÍA

Uno de los rasgos dominantes de la civilización bizantina, que dejó su sello en los aspectos sagrados y profanos de la vida y en particular en sus formas litúrgicas, fue su constitutivo conservadurismo. Si su intención declarada consistió en mantener el estado de cosas, y si las estructuras básicas de la liturgia eucarística no se han modificado desde los primeros siglos del cristianismo e, incluso a día de hoy, conservan las formas que adquirieron en el siglo IX, la *interpretación* de ciertas palabras y gestos sí se ha visto sujeta a cambios sustanciales. De esa manera, el conservadurismo ritual bizantino sirvió como instrumento para preservar la primitiva *lex orandi* cristiana, que con frecuencia se había interpretado en el contexto de un simbolismo platónico o de carácter moralizante, aunque también permitió, a su tiempo —especialmente con Nicolás Cabasilas y los teólogos hesicastas del siglo XIV— una reafirmación del primitivo realismo sacramental en la teología litúrgica.

1. SÍMBOLOS, IMÁGENES Y REALIDAD

El cristianismo primitivo y la tradición patrística entendieron la eucaristía como misterio de comunión auténtica y real con Cristo. Hablando de la eucaristía, Juan Crisóstomo insiste en que «Cristo está presente incluso ahora, e incluso ahora está operante»[1]; y Gregorio de Nisa, a pesar de las ten-

---

[1] *Hom. in II Tim.* 2, 4; PG 62, 212.

dencias platonizantes de su pensamiento, mantiene la misma opinión sobre la eucaristía como misterio de «participación» real en el cuerpo glorificado de Cristo, semilla de inmortalidad.

Por condescendencia de su gracia, él mismo se une a cada creyente a través de esa carne cuya existencia se materializa en el pan y en el vino, haciéndose uno con los cuerpos de los fieles para asegurar que el hombre, por esa unión con el Inmortal, puede participar también en la incorrupción. Y él concede esos dones en virtud de la bendición con la que opera una «transformación» [*metastoichéiôsis*] de la cualidad natural de esas realidades visibles en una realidad inmortal [2].

La participación en esas fuentes de inmortalidad y de unidad es tarea constante de todo cristiano. A este propósito escribe Basilio:

> Es loable y beneficioso comulgar todos los días y participar en la sagrada realidad del cuerpo y sangre de Cristo. Porque él mismo afirma con toda claridad: «El que come mi carne y bebe mi sangre tiene vida eterna» (Jn 6,55). Y, ¿quién duda que participar con frecuencia en la vida es lo mismo que tener una vida pujante y multiforme? Yo, por mi parte, comulgo cuatro veces por semana: el día del Señor, el miércoles, el viernes y el sábado; y además, otros días, si se hace conmemoración de algún santo [3].

Esa teología realista y existencial de la eucaristía quedó en entredicho, como ya se ha expuesto [4], en la Iglesia poscons-

---

[2] *Catechetical oratio*, 37 (ed. Strawley, 152).
[3] Carta 93 (ed. Deferrari II, 145).
[4] Véase capítulo 1. Para una excelente recensión histórica de las teologías y prácticas eucarísticas en la Iglesia bizantina (con bibliografía un año anticuada), véase

tantiniana por necesidades pastorales, porque la creciente afluencia de fieles a grandes iglesias influyó en una menor participación del laicado en las celebraciones litúrgicas.

Se podría objetar que las consideraciones pastorales que favorecieron esa evolución estaban justificadas, al menos en parte; el significado escatológico de la eucaristía implicaba apartarse del «mundo» y formar una comunidad «cerrada» de participantes comprometidos. Pero desde el momento en que, durante el imperio de Constantino y Justiniano, la Iglesia y el mundo difícilmente se podían distinguir como sociedades autónomas, había que proteger la eucaristía de la «masa» de gente que había dejado de ser «pueblo de Dios». Sin embargo, era más cuestionable la racionalización teológica de esa nueva situación, apoyada por algunos comentaristas de la liturgia que empezaron a explicar la eucaristía como un sistema de *símbolos* que había que «contemplar»; de esa manera, la participación sacramental fue gradualmente sustituida por una *visión* puramente intelectual. Huelga decir que esa nueva actitud coincidía plenamente con la interpretación de la religión por Orígenes y Evagrio como elevación de la *mente* hacia Dios, que se simbolizaba en la acción litúrgica.

Pero lo que ejerció mayor influencia en esa interpretación simbólica de la eucaristía fue la obra escrita del Pseudo-Dionisio. Al reducir la *sínaxis* eucarística a una interpelación de carácter moral, el Areopagita invitaba a sus lectores a una contemplación «más elevada»:

> Dejemos para los imperfectos esos signos que, como ya he dicho, están magníficamente pintados en los pórticos de los

---

H. J. Schulz, *Die byzantinische Liturgie. Vom Werden ihrer Symbolgestalt* (Freiburg 1964).

santuarios; eso bastará para satisfacer su contemplación. Pero por lo que a nosotros respecta, cuando consideremos la sagrada sínaxis, pasemos de los efectos a las causas y, gracias a la iluminación que nos dará Jesús, seremos capaces de contemplar armoniosamente las realidades inteligibles en las que se refleja claramente la bienaventurada calidad de los modelos[5].

Eso quiere decir que la eucaristía es sólo el «efecto» visible de un «modelo» invisible; y cuando el celebrante «ofrece a Jesucristo ante nuestros ojos, nos muestra de manera tangible y como en una imagen nuestra vida inteligible»[6]. Es decir, para Dionisio, «el efecto más elevado del rito eucarístico y de la propia comunión sacramental consiste en simbolizar la unión de nuestras mentes con Dios y con Cristo…» Dionisio nunca presenta formalmente la comunión eucarística como una participación en el cuerpo y sangre de Cristo[7].

El simbolismo de Dionisio sólo afectó superficialmente a los propios ritos eucarísticos, pero alcanzó gran popularidad entre los comentaristas de la liturgia. Por ejemplo, el insigne Máximo el Confesor, cuya utilización del concepto de «símbolo» es probablemente más realista que la del propio Dionisio, aplica sistemáticamente los términos «símbolo» e «imagen» a la liturgia eucarística en general, y en particular a las especies de pan y vino[8].

En el siglo VIII, ese simbolismo provocó un serio debate teológico sobre la eucaristía, el único que se conoció en

---

[5] *Eccl. Hier.* III, 3, 1-2; PG 3, 428AC.
[6] *Ibíd.* III, 13; 444C. Véase nuestro comentario a esos textos en *Christ*, 79-80.
[7] R. Roques, *L'univers dionysien. Structure hiérarchique du monde selon le pseudo-Denys* (Paris 1954) 267, 269.
[8] Véase, en particular, *Quaestiones et dubia* 41; PG 90, 820A. Sobre la teología litúrgica de Máximo, véase R. Bornert, «Les commentaires byzantins de la divine liturgie au VIIe du XVe siècle»: «Archives de l'Orient chrétien» 9 (Paris 1966) 82-124.

Bizancio. El concilio iconoclasta del año 754, al condenar el uso de las imágenes sagradas, proclamó que la única «imagen» admisible de Cristo es la que él mismo estableció, el cuerpo y la sangre de la eucaristía [9]. Esta opinión tan clara y tan radical, basada en una tradición multisecular, fue un verdadero reto para el partido ortodoxo. Así se puso de manifiesto una vez más la ambigüedad del Areopagita y se hizo necesaria una clarificación del simbolismo.

Por su parte, los defensores de las imágenes, especialmente Teodoro Estudita y el patriarca Nicéforo, rechazaron decididamente esa interpretación. Para Teodoro, la eucaristía no es «tipo», sino auténtica «verdad»; es el «misterio que recapitula toda la dispensación [divina]» [10]. Y según Nicéforo, la eucaristía es la «carne de Dios», «una y la misma cosa» con el cuerpo y la sangre de Cristo [11], que vino a salvar la realidad de la carne humana haciéndose él mismo «carne» y permaneciendo así aun después de su glorificación. De modo que en la eucaristía, «¿cuál es la materia del sacramento, si la carne no es real, de modo que pueda ser perfeccionada por el Espíritu?» [12].

Como resultado de la controversia iconoclasta, el «realismo eucarístico» bizantino, partiendo de la terminología de Dionisio, se reorientó en una línea cristológica y soteriológica: en la eucaristía, el hombre participa en la humanidad glorificada de Cristo, que no es la «esencia de Dios» [13], sino una humanidad consustancial con el hombre y que está a su disposición como comida y bebida. En su tratado *Contra Eusebio*

---

[9] Mansi, XIII, 261D-264C.
[10] *Antirrh.* I; PG 99, 340AC.
[11] *Antirrh.* II; PG 100, 336B-337A.
[12] *Contra Eusebium* (ed. J. B. Pitra, *Spicilegium Solesmense* I [Paris 1852] 440-442).
[13] Nicéforo, *ibíd.* 446.

y Epifanio, el patriarca Nicéforo pone especial énfasis en una condena de la teoría origenista de que, en la eucaristía, el hombre contempla o participa en la «esencia» de Dios [14]. Para él, igual que para los posteriores teólogos bizantinos, la eucaristía es Cristo transfigurado, vivo pero humano, cuerpo hipostatizado en el Logos y penetrado de «energías» divinas. Es interesante notar que, en los teólogos bizantinos, nunca aparece la categoría de «esencia» (*ousía*) en contexto eucarístico. Ellos piensan que un término como «transustanciación» (μετουσίωσις, *metousíôsis*) es poco apropiado para designar el misterio eucarístico, y por lo general utilizan la idea de *metabolê* (μεταβολή = «cambio»), que aparece en el canon de Juan Crisóstomo, u otros términos dinámicos como «trans-elementación» (μεταστοιχείωσις, *metastoichéiôsis*) o «reordenación» (μεταρρύθμισις, *metarrhýthmisis*). Transustanciación (*metousíôsis*) sólo aparece en escritos de los *Latinóphrones* del siglo XIII, y eso como simple traducción del término latino. El primer autor ortodoxo que empleó esa terminología fue Genadio Escolarios [15], pero también en su caso se trata, obviamente, de una influencia latina. La eucaristía no es ni un símbolo que se pueda «contemplar» desde el exterior, ni una «esencia» distinta de la humanidad, sino Jesús mismo, el Señor resucitado que «se da a conocer en la fracción del pan» (Lc 24,35). Los teólogos bizantinos rara vez llevaron su especulación más allá de esta afirmación realista y soteriológica de la presencia eucarística como presencia de la humanidad glorificada de Cristo.

Por otra parte, el rechazo de la concepción de la eucaristía como «imagen» o «símbolo» es altamente significativo

---

[14] *Ibíd.* 468-469.
[15] *De sacramentali corpore Christi* (ed. L. Petit y M. Jugie; Paris 1928) 126,134.

para entender la «percepción» eucarística de los bizantinos; para ellos, la eucaristía fue siempre un misterio que había que recibir como comida y bebida y que no se podía «ver» con los ojos físicos. Las sagradas especies permanecían tapadas, excepto durante la oración consecratoria y durante la comunión; y en contraste con la religiosidad occidental de la Edad Media, nunca se «veneraban» fuera del contexto de la propia liturgia eucarística. La eucaristía no puede revelar nada a nivel de visión; es sólo el pan del cielo. Para la visión existen otros canales: los iconos, es decir, el programa revelatorio de las iconóstasis bizantinas, con las figuras de Cristo y de los santos, que se exponen precisamente para ser *vistos* y venerados. Como escribe Leonid Ouspensky, «Cristo no se muestra en los dones sagrados, sino que se entrega en ellos. Se muestra en los iconos. El lado visible de la realidad de la eucaristía es una imagen que nunca puede ser sustituida ni por la imaginación ni por una contemplación de la ofrenda sagrada»[16].

Como resultado de la controversia iconoclasta, la teología eucarística bizantina mantuvo y confirió nuevo énfasis al misterio oculto de esta acción litúrgica central de la Iglesia. Pero al mismo tiempo ratificó el hecho de que la eucaristía es esencialmente un *banquete* en el que sólo se puede participar comiendo y bebiendo, porque Dios ha asumido la plenitud de nuestra humanidad con todas sus funciones físicas y psíquicas, para conducirla a la resurrección.

Los teólogos bizantinos tuvieron oportunidad de subrayar esa misma idea en conexión con su polémica anti-latina contra el uso de pan sin levadura en la celebración de la eucaristía. La discusión sobre el pan ázimo, que empezó en el

---

[16] «The Problem of the Iconostasis»: «St. Vladimir's Seminary Quarterly» 8 (1964) 215.

siglo XI, se vio por lo general enredada en argumentos de naturaleza puramente simbólica. Por ejemplo, los griegos sostenían que el pan eucarístico tenía que ser con levadura para simbolizar la humanidad *animada* de Cristo, mientras que el uso latino de pan ázimo implicaba la herejía de Apolinar, o sea, la negación de que Jesús tenía alma humana. Pero la controversia reconocía también que los bizantinos concebían el pan eucarístico como necesariamente *consustancial* con la humanidad, mientras que la piedad latina insistía en su «supersustancialidad», es decir, en su carácter de pertenencia a otro mundo. El empleo de pan ordinario, idéntico al que se usa en las comidas diarias, era señal de una verdadera encarnación. Nicetas Estézatos se pregunta: «¿Qué puede ser el pan de cada día [que se menciona en el Padrenuestro], si no es consustancial con nosotros? Ese pan es el cuerpo de Cristo, que se hizo consustancial con nosotros a través de la carne de su humanidad»[17].

Los bizantinos no creían que, en el misterio eucarístico, la sustancia del pan se transformara en otra sustancia, o sea, en el cuerpo de Cristo, sino que concebían ese pan como «tipo» de la humanidad. Es nuestra humanidad la que se transforma en la humanidad transfigurada de Cristo[18]. Por esa razón, la teología eucarística desempeñó un papel relevante en los debates teológicos del siglo XIV, cuando el tema central fue una confrontación entre la concepción autónoma del hombre y la defensa de una «deificación», como pensa-

---

[17] *Dialexis et antidialogus* (ed. A. Michel, *Humbert und Kerullarios* II [Quellen und Forschungen, Paderborn 1930] 322-323).
[18] Este aspecto de la controversia sobre los panes ázimos se expone de manera brillante en J. H. Erickson, «Leavened and Unleavened: Some Theological Implications of the Schism of 1054»: «St. Vladimir's Theological Quarterly» 14 (1970) 155-176.

ban los hesicastas. El egregio Nicolás Cabasilas, aunque todavía ligado al viejo simbolismo de Dionisio, superó los peligros del nominalismo; para él, igual que para Gregorio Palamás, la eucaristía es el misterio que no sólo «representa» la vida de Cristo y la ofrece a nuestra «contemplación», sino que es el lugar y el momento en el que la humanidad deificada de Cristo se hace humanidad nuestra:

> [Lo que hizo Jesús] no fue simplemente vestirse un cuerpo, sino que también asumió un alma, una mente, una voluntad y todo lo que es humano, de modo que pudiera unirse a todo lo que es nuestro y penetrarse de ello, para unirnos con él, después de haber unido todo lo que es suyo con todo lo que es nuestro (…) Porque como no era posible que nosotros subiéramos y participáramos en lo que es suyo, él bajó hasta nosotros y participó en lo que es nuestro. Y así, precisamente, de tal manera se acomodó a las realidades que había asumido, que al devolvernos lo que había recibido de nosotros, se nos dio a sí mismo. Al participar en el cuerpo y en la sangre de su humanidad, recibimos en nuestras almas al propio Dios —el cuerpo y la sangre de Dios, el alma, la mente y la voluntad de Dios— no menos que su humanidad [19].

Por tanto, en la teología bizantina, la última palabra sobre la eucaristía es una comprensión antropológica y soteriológica del misterio. «En su reflexión eucarística, los bizantinos empiezan no con el pan *en cuanto* pan, sino con el pan *en cuanto* hombre» [20]. Se ofrece pan y vino única-

---

[19] *De vita in Christo* IV, 9; PG 150, 592D-593A.
[20] Erickson, *op. cit.*, 165.

mente porque el Logos asumió la condición humana, y las especies *se transforman* y quedan deificadas por la acción del Espíritu, porque la humanidad de Cristo se ha transformado en gloria por su cruz y su resurrección. Ésa es la interpretación de Cabasilas, como se acaba de citar, y el significado del canon de Juan Crisóstomo: «Envía tu santo Espíritu *sobre nosotros y sobre estos dones*, y convierte este pan en el precioso cuerpo de tu Cristo, y lo que hay en esta copa en la preciosa sangre de tu Cristo, de modo que los que participen en ellos reciban la purificación del alma, el perdón de los pecados, la comunión con tu santo Espíritu, la plenitud del Reino de los cielos...»

Para Cabasilas, la eucaristía, sacramento por excelencia de la nueva humanidad, es «el único de los misterios que perfecciona a los demás sacramentos (...) porque sin él no pueden llevar a cabo la iniciación [cristiana]»[21]. Los cristianos participan en él «continuamente», porque «es el sacramento perfecto para todo, y no hay nada que necesiten los que participan en él, que él no se lo conceda de modo eminente»[22]. La eucaristía es también «el matrimonio más glorioso, según el cual el novio divino desposa a la Iglesia como novia»[23]; es decir, la eucaristía es el sacramento que transforma realmente la comunidad humana en «Iglesia de Dios» y, por tanto, como se verá más adelante, es el criterio definitivo y la base más sólida de la estructura eclesial.

---

[21] *De vita in Christo* IV, 4, 585B. Véase también Gregorio Palamás, *Profesión de fe*; PG 151, 765; cf. A. Papadakis, «Gregory Palamas at the Council of Blachernae, 1351»: «Greek, Roman, and Byzantine Studies» 10 (1969) 340.
[22] *Ibíd.* 11; 596C.
[23] *Ibíd.* 10; 593.

2. EUCARISTÍA E IGLESIA

El significado eclesiológico de la eucaristía, aunque cuestionado por la visión helenística del mundo que tendía a interpretarlo como un sistema de «símbolos» abierto a una visión individual, se mantuvo siempre en la *lex orandi* bizantina y fue ratificado por los seguidores de la corriente más importante de la teología tradicional. En la controversia sobre el pan ázimo, los bizantinos abogaban por una comprensión de la eucaristía como misterio pascual, en el que nuestra humanidad caída se transforma en la humanidad glorificada de Cristo, el Nuevo Adán; esta humanidad glorificada alcanza su plena realización en el cuerpo de la Iglesia.

Los presupuestos antropológicos de la teología eucarística bizantina incluían necesariamente los conceptos de «sinergia» y de unidad de la raza humana.

En ese contexto de la doctrina patrística sobre la «sinergia» se puede entender realmente el significado de la insistencia de Bizancio en la epíclesis de la liturgia eucarística, otro de los temas debatidos en los siglos XIV y XV por los teólogos griegos y latinos. El texto de la epíclesis, tal como aparece en el canon de Juan Crisóstomo y en otras liturgias orientales, implica que el misterio se realiza por la oración de toda la Iglesia («Te rogamos ...»), lo cual no excluye necesariamente la idea de que el obispo o el sacerdote que pronuncia las palabras de la institución actúa *in persona Christi*, como afirma la teología latina, pero que priva a esta noción de su exclusividad, al interpretar el «poder» ministerial del sacerdote para realizar los sacramentos como una función cúltica del entero cuerpo de la Iglesia.

En ciertos pasajes bien conocidos de su *Comentario sobre la liturgia*, Cabasilas, en su defensa de la epíclesis, recuerda —y con razón— que todos los sacramentos se realizan por medio de la oración. En particular, aduce la consagración del crisma, las plegarias de ordenación, de absolución y de unción de los enfermos [24]. Por tanto, como escribe el propio Cabasilas, «el hecho de que los sacramentos se hacen efectivos por la oración —y como he dicho, todos los sacramentos, en particular la sagrada eucaristía— pertenece a la tradición de los Padres, que recibieron esa doctrina de los propios apóstoles y de sus sucesores»[25]. Sin embargo, esa forma «deprecatoria» de los ritos sacramentales no implica una doctrina sobre la validez *ex opere operantis*, es decir, con dependencia de la dignidad del celebrante. Por eso, continúa Cabasilas: «El que celebra a diario el sacrificio no es más que el ministro de la gracia. Él no aporta nada suyo y no debería atreverse a hacer o decir nada por su propio juicio y razón; el sacerdote es sólo un ministro y el ministerio se le confiere sólo por gracia; él no lo realiza por su propia cuenta»[26].

El misterio de la Iglesia, que se realiza plenamente en la eucaristía, supera el dilema entre oración y respuesta, entre naturaleza y gracia, entre lo divino como opuesto a lo humano, porque la Iglesia, en cuanto Cuerpo de Cristo, es precisamente una comunión entre Dios y el hombre, y no sólo donde Dios está presente y activo, sino donde la humanidad se hace plenamente «aceptable» a Dios y plenamente adecuada al designio divino original. Entonces la oración es un acto de comunión y no se puede poner en duda que sea escuchada por Dios. El conflicto, la «pregunta», la separación y la pecaminosidad aún están presentes en cada miembro individual de la Iglesia, pero sólo en cuanto que éste no se ha apropiado totalmente la presencia divina y rechaza configurarse a

---

[24] *Comentario sobre la liturgia divina*, 29 (ed. R. Bornert, J. Gouillard y P. Perichon, SC 4bis [Paris 1967] 185-187).
[25] *Ibíd.*, 190.
[26] *Ed. cit.*, 46, p. 262.

ella; no obstante, la presencia es «la Nueva Alianza en mi sangre» (Lc 22,20) y Dios no la anulará. Por consiguiente, todos los cristianos —incluido el obispo o el sacerdote— no son, individualmente, más que pecadores cuya oración no será necesariamente escuchada, pero que *cuando se reúnen en nombre de Cristo*, como «Iglesia de Dios», forman parte de la Nueva Alianza, con la que Dios se ha comprometido desde toda la eternidad por medio de su Hijo y del Espíritu.

Como comunión y «sinergia» divino-humana, la eucaristía es una plegaria dirigida «en Cristo» al Padre y realizada por la efusión del Espíritu Santo. Por tanto, la epíclesis es la plenitud de la acción eucarística, como Pentecostés es el cumplimiento de una «economía» divina de salvación, porque la salvación es siempre una acción trinitaria. Por otra parte, la noción misma de «sinergia» presupone la dimensión pneumatológica de la eucaristía; es el Espíritu el que hace presente a Cristo entre sus dos venidas: cuando la acción de Dios no se impone a la humanidad, sino que se ofrece a ser aceptada por la libertad humana, y cuando se le comunica al hombre haciéndolo verdaderamente libre.

Los teólogos bizantinos siempre entendieron la eucaristía como el centro de un misterio no sólo soteriológico, sino también —por así decir— «triadológico», y no simplemente como transformación del pan y el vino. Los seguidores del simbolismo de Dionisio interpretaban la eucaristía en el contexto helenístico de un cosmos jerárquico y la entendían como el centro de una acción salvífica mediante una «contemplación» de carácter místico que comprometía el destino definitivo de la humanidad y del mundo. En cambio, los que aceptaban una visión más bíblica del hombre y una comprensión más cristocéntrica de la historia interpretaban la eucaristía como la clave de la eclesiología; para ellos, la Iglesia era, ante todo, el lugar en el que Dios y el hombre se encontraban en la eucaristía, de modo que la eucaristía era el criterio supremo de la estructura eclesial y la fuente de inspiración para toda acción y responsabilidad cristiana en el mundo. En ambos casos, la eucaristía se interpretaba en una dimensión cosmológica y eclesiológica, que se afirma en la fórmula del ofertorio bizantino: «Te ofrecemos lo tuyo que viene de ti, en favor de todos y por todos».

Una idea que aparece continuamente en las interpretaciones «simbólicas» de la eucaristía en Bizancio es que el templo en el que se celebra la liturgia eucarística es imagen del «nuevo» cosmos transfigurado. Esa idea aparece ya en algunos primitivos escritores cristianos y reaparece en Máximo el Confesor [27] y más tarde en Simeón de Tesalónica [28]. No cabe duda de que esa idea inspiró también a los arquitectos de Santa Sofía en Constantinopla, modelo de todos los templos de Oriente, con el *círculo* como tema geométrico central. En la tradición neoplatónica, el círculo, símbolo de plenitud, es la imagen habitual de Dios; Dios se refleja en sus creaturas, una vez restablecidas en su designio original: «Dios circunscribe su expansión en un círculo y se presenta como modelo de los seres que él ha creado», escribe Máximo, y añade inmediatamente: «La santa Iglesia es imagen de Dios, porque realiza la unión de los fieles, como lo hace el propio Dios» [29]. Por consiguiente, la Iglesia, como comunidad y como edificio, es signo de la nueva edad, anticipación escatológica de la nueva creación, cosmos creado y restablecido en su primitiva totalidad. Está claro que un teólogo como Máximo emplea los modelos y categorías de su tiempo para describir la plenitud del mundo futuro. Su interpretación de la liturgia

---

[27] Véanse las referencias en R. Bornert, *op. cit.*, 93-94.
[28] *De sacro templo* 131, 139, 152; PG 155, 337D, 348C, 357A.
[29] *Mistagogia* 1; PG 91, 668B.

eucarística es «menos una iniciación al misterio de la liturgia, que una introducción al misterio con la liturgia como punto de partida»[30]. Pero la idea de que la eucaristía es una anticipación de la plenitud escatológica se afirma en el propio canon litúrgico bizantino, que recuerda la segunda venida de Cristo como acontecimiento que *ya se ha producido*: «Recordando este mandamiento salvífico y todo lo que ya ha sucedido para nuestra salvación: la cruz, el sepulcro, la resurrección al tercer día, la ascensión al cielo y la segunda venida gloriosa, te ofrecemos...».

Ese carácter escatológico del misterio eucarístico, claramente expresado en la liturgia, en el arte religioso que le sirve de marco y en los comentarios teológicos de cualquier escuela de pensamiento, explica por qué los bizantinos creyeron siempre que, en la eucaristía, la Iglesia es plenamente «la Iglesia» y que la eucaristía es criterio definitivo y sello de los demás sacramentos. Siguiendo al Pseudo-Dionisio, que habla de la eucaristía como el «sacramento de los sacramentos»[31] y el «punto focal» de cada sacramento específico[32], los teólogos bizantinos afirman la centralidad absoluta de la eucaristía en la vida de la Iglesia. Nicolás Cabasilas escribe: «Es el sacramento final, porque no se puede ir más allá ni añadirle nada nuevo»[33]. «La eucaristía es el único de los misterios que lleva a su perfección a los demás sacramentos ... porque éstos no pueden completar la iniciación cristiana sin la eucaristía»[34]. Por su parte, Simeón de Tesalónica aplica esa idea concretamente a cada uno de los sacramentos. Por

---

[30] R. Bornert, *op. cit.*, 92.
[31] *Eccl. Hier.* III, 1; PG 3, 424C.
[32] *Ibíd.*, col. 444D.
[33] *De vita in Christo* IV, 1; PG 150, 581B.
[34] *Ibíd.* IV, 4; PG 585B.

ejemplo, respecto al matrimonio, escribe que los novios «tienen que estar dispuestos a recibir la comunión, para que su coronación sea digna y su matrimonio sea válido»; y especifica que la comunión no se ofrece a aquéllos cuyo matrimonio es defectuoso según la disciplina de la Iglesia y, por tanto, no es pleno sacramento, sino simple «unión de buena voluntad»[35].

Por tanto, cualquier iglesia local en la que se celebra la «divina liturgia» de la eucaristía posee las «características» de la verdadera Iglesia de Dios: unidad, santidad, catolicidad y apostolicidad. Esas características no pueden pertenecer a ninguna asociación humana; son signos escatológicos que se ofrecen a una comunidad por medio del Espíritu de Dios. En tanto en cuanto una iglesia local está construida en torno a y sobre la eucaristía, no es simplemente una «parte» del universal pueblo de Dios, sino que es *la plenitud* del Reino, que se anticipa en la eucaristía; y el Reino jamás podrá ser «parcial» o «parcialmente» católico. La «parcialidad» pertenece sólo a la apropiación individual —es decir, de cada uno de los miembros, limitados por pertenecer al «viejo Adán»— de la plenitud que se les ha concedido; pero esa parcialidad no existe en el Cuerpo de Cristo, indivisible, divino y glorioso.

La disciplina litúrgica y el derecho canónico bizantino tratan de proteger ese carácter unificante y católico de la eucaristía. Por eso exigen que en cada altar no se celebre diariamente más que una sola eucaristía; y por lo mismo no se permite al sacerdote, y ni siquiera al obispo, que la celebren dos veces en el mismo día. A pesar de sus inconvenientes prácticos, esas reglas intentan preservar la eucaristía,

---

[35] *De sacro templo*, 282; PG 155, 512D-513A.

al menos nominalmente, como reunión «de todos juntos en un mismo lugar» (Hch 2,1); *todos* deberán reunirse junto a un mismo altar, en torno al mismo obispo y al mismo tiempo, porque no hay más que un solo Cristo, una sola Iglesia y una sola eucaristía. La idea de que la eucaristía es el sacramento que une a toda la Iglesia permaneció siempre vivo en Oriente e impidió la proliferación de misas por intención y misas rezadas. La liturgia eucarística bizantina fue siempre un acontecimiento festivo, una celebración que comprometía, al menos en principio, a toda la Iglesia.

Como manifestación de la unidad y totalidad de la Iglesia, la eucaristía sirvió también como última norma teológica de la estructura eclesial: la iglesia local en la que se celebra la eucaristía se consideró siempre no como «parte» de una organización universal, sino como *totalidad* del Cuerpo de Cristo manifestado sacramentalmente y que incluía a la entera «comunión de los santos», vivos o difuntos. Esa manifestación se contemplaba como la base necesaria para la expansión geográfica del cristianismo, aunque no idéntica a él. Desde el punto de vista teológico, el *sacramento* es signo y realidad de la anticipación escatológica del Reino de Dios, y el episcopado —centro necesario de esa realidad— se interpreta, ante todo, en su función sacramental, junto a otros aspectos del ministerio (como enseñanza o cuidado de los fieles) basados en esa función de «sumo sacerdote» en el seno de la comunidad local, más bien que en la idea de una cooptación en el colegio apostólico universal. El obispo era, ante todo, la imagen de Cristo en el misterio de la eucaristía. De hecho, la plegaria del rito de ordenación episcopal dice así: «Señor, Dios nuestro, que en tu providencia nos has dado maestros de nuestra misma naturaleza, para servir a tu altar y para que te ofrezcan el sacrificio y la oblación por todo tu pueblo; tú mismo, Señor nuestro, haz que este hombre, que ha sido proclamado administrador de la gracia episcopal, sea imitador tuyo, como Buen Pastor...»[36].

De ese modo, según el Pseudo-Dionisio, el «sumo sacerdote» (*archiereus*) está en posesión del «primero» y del «último» grado en el orden jerárquico y «realiza cualquier consagración jerárquica»[37]. También Simeón de Tesalónica define el episcopado en términos de sus funciones sacramentales. Para él, el obispo es el que administra todos los sacramentos: el bautismo, la confirmación, la eucaristía, la ordenación; y «por su medio se realizan todas las acciones eclesiásticas»[38]. La eucaristía es, sin duda, la manifestación *definitiva* de Dios en Cristo; por tanto, no puede haber ministerio más importante ni más decisivo que el de presidir la celebración eucarística. La centralidad de la eucaristía, la conciencia de que la plenitud del Cuerpo de Cristo reside en ella y que la función episcopal es la más importante de la Iglesia será la base principal de la oposición bizantina a cualquier interpretación teológica de primacías «supraepiscopales»; según los bizantinos, no puede haber ninguna autoridad «de derecho divino» por encima de la eucaristía y del obispo que preside la asamblea eucarística.

La práctica de la Iglesia bizantina no siempre fue coherente con la lógica interna de esa eclesiología eucarística. El desarrollo histórico de la función episcopal —que, por un lado, después del siglo IV, delegó permanentemente en los presbíteros la celebración de la eucaristía y, por otro, se convirtió *de facto* en una parte de estructuras administrativas más amplias (provincias, patriarcados, etc.)— le hizo perder algu-

---

[36] Jacobus Goar, *Euchologion sive Rituale Graecorum* (Venetia 1730; repr. Graz 1960) 251.
[37] *Hier. Eccl.* V, 5; PG 3, 505A; 6, 605C; etc.
[38] *De sacris ordinationibus* 157; PG 155, 364B.

nas de sus conexiones exclusivas y directas con el aspecto sacramental de la vida de la Iglesia. Sin embargo, se ratificaron las esenciales normas teológicas y eclesiológicas siempre que se pusieron directamente en tela de juicio y, de ese modo, siguieron formando parte esencial de lo que, para los bizantinos, constituía la sólida tradición de la Iglesia universal[39].

3. BIBLIOGRAFÍA

Bonaert, R., *Les commentaires byzantins de la divine liturgie du VIIe au XVe siècle*. Archives de l'Orient Chrétien 9 (Institut français d'études byzantines, Paris 1966). (Texto, traducción francesa y comentario. Importante para la evolución del simbolismo litúrgico).
Cabasilas, Nicholas, *A Commentary on the Divine Liturgy* (Tr. J. M. Hussey y P. A. McNulty con una introducción por R. M. French; St. Vladimir's Seminary Press, Crestwood, New York 1977). (Traducción del comentario más popular del Bizancio tardío sobre la liturgia eucarística).
Kiprian (Kern), Archimandrita, *Evkharistiia* (La eucaristía) (YMCA Press, Paris 1947). (Especialmente importante para el tema de la epíclesis).
Salaville, A., *An Introduction in the Study of Eastern Liturgies* (Sands, London 1938).
Taft, Robert, *The Great Entrance: A History of the Transfer of Gifts and Other Pre-Anaphoral Rites of the Liturgy of St. John Chrysostom*. Orientalia Christiana Analecta 200; Roma 1975). (Estudio exhaustivo de la tradición litúrgica bizantina, con amplísima bibliografía).

---

[39] *De vita in Christo* IV, 8; PG 150, 604B.

—, «The Liturgy of the Great Church: An Initial Synthesis of Structure and Interpretation on the Eve of Iconoclasm»: «Dumbarton Oaks Papers» 34-35 (1980-1981) 45-75. (Estudio crítico del comentario litúrgico por el patriarca Germanus I [† hacia 730]).

XVII

LA IGLESIA EN EL MUNDO

«Los cristianos eran cristianos sólo porque el cristianismo les proporcionaba la liberación de la muerte. El que quiera penetrar en la esencia del cristianismo oriental tendrá que estar presente la noche en la que se celebra la liturgia, una liturgia de la que todos los demás ritos no son más que reflexiones o meras figuras. Las tres palabras del *troparion* pascual —el himno de Pascua— que se repiten mil veces en tonalidades cada vez más y más triunfantes, hasta derivar en verdadero éxtasis o desbordante alegría mística —«Por su muerte ha puesto a la muerte bajo sus pies»— constituyen el mensaje solemne de la Iglesia bizantina: la alegría de Pascua, la abolición de viejos terrores que ponían cerco a la vida del hombre, eso es lo que ha triunfado y ha conquistado la lealtad de las masas; ése es el credo triunfal que se ha traducido a todas las lenguas de Oriente sin perder ni un ápice de su dinamismo; ésa es la fe que encuentra su expresión material en los iconos, de suerte que incluso cuando la originalidad del artista se queda corta, la deficiencia no logra velar el significado de ese Misterio tan maravilloso e incluso sublime»[1].

Estas palabras de un historiador profano reflejan adecuadamente lo que hemos tratado de sugerir sobre el cristianismo bizantino como *experiencia*. Cualquier cristiano bizantino —teólogo, monje o simple fiel— sabía que su fe

---

[1] Henri Gregoire, *Byzantium: An Introduction to East Roman Civilization* (ed. N. H. Baynes-H. St. L. B. Moss (London 1948) 134-145.

no consistía en una aceptación obediente de proposiciones intelectuales emanadas de la autoridad competente, sino en una *evidencia* a la que tenía acceso personalmente no sólo en la liturgia y en la vida sacramental de la Iglesia, sino también en la vida de oración y contemplación, como magnitudes inseparables. Como no era física, emocional o intelectual, esa experiencia se describía como *gnôsis*, como «sentido espiritual» o como «certeza» interior. Simeón el Nuevo Teólogo pensaba que afirmar que ese conocimiento era imposible para el cristiano corriente era la mayor «herejía».

Se piense, con Vladimir Lossky, que «en cierto sentido, toda teología es mística»[2], o se vea con mirada escéptica el «misticismo obligatorio» bizantino, es evidente que la definición del cristianismo como «experiencia» suscita el problema de su testimonio ante el mundo en términos de expresiones verbales o definiciones y en términos de acción, de conducta y de responsabilidad práctica. A los ojos del cristianismo occidental, la Iglesia oriental aparece con frecuencia como de otro mundo; y es cierto que, por tradición, Occidente ha estado mucho más interesado que Oriente en una organización de la sociedad humana, en una definición de la verdad cristiana en términos que se pudieran entender fácilmente y en ofrecer al hombre fórmulas concretas y normativas de comportamiento. Tratar de describir críticamente ese problema en la teología bizantina equivale a suscitar, tanto desde el punto de vista teológico como antropológico, uno de los problemas fundamentales de la vida cristiana: la relación entre la absoluta verdad divina y las relativas facultades de percepción y de acción que posee el hombre creado y caído.

---

[2] *Mystical Theology*, 7.

1. Iglesia y sociedad

El gran sueño de la civilización bizantina fue una sociedad cristiana universal, administrada por el emperador y guiada espiritualmente por la Iglesia. Es evidente que esa concepción combinaba el universalismo romano con el cristiano en un solo programa socio-político. Al mismo tiempo se basaba en presupuestos teológicos sobre el ser humano, que ya se han desarrollado anteriormente[3]: el hombre es, por naturaleza, un ser centrado en Dios en *todos* los aspectos de su vida y, a la vez, es responsable del destino de *toda* la creación. Mientras el cristianismo sufría persecución, ese concepto bíblico sólo podía ser un artículo de fe, que se realizaría al final de la historia, pero que ya se anticipaba en los sacramentos. Sin embargo, con la «conversión» de Constantino, se entendió de repente como una meta concreta y perfectamente alcanzable. El entusiasmo original con el que la Iglesia cristiana aceptó la protección del emperador no se vio corregido por ninguna reflexión sistemática sobre la naturaleza y la función del Estado, o de las sociedades civiles, en la existencia de una humanidad *caída*. Y ahí es, precisamente, donde radica la tragedia del sistema bizantino: en el hecho de haber asumido que el Estado, en cuanto tal, podía llegar a ser intrínsecamente cristiano.

La versión oficial del modelo de sociedad propugnado por Bizancio se expresa en el famoso texto de la *Novella* Sexta de Justiniano:

> Los dos mayores beneficios que Dios, en su infinito amor al hombre, ha derramado de lo alto son: el sacerdocio

---

[3] Véase capítulo 11.

y la dignidad imperial. El primero sirve a las realidades divinas, y el segundo dirige y administra los asuntos humanos; pero los dos proceden del mismo origen y embellecen la vida de la humanidad. Por eso, la mayor preocupación del emperador deberá ser el respeto a la dignidad del sacerdote, porque éste es el que ruega a Dios continuamente por la prosperidad [imperial]. De modo que, si el sacerdocio se mantiene irreprochable en todos los aspectos y tiene acceso a Dios, y si el emperador administra con sensatez y equidad el Estado que se ha confiado a sus desvelos, reinará una perfecta armonía y sobre la raza humana se derramará todo lo que sea beneficioso para su continuo progreso [4].

En el pensamiento de Justiniano, la «sintonía» entre «realidades divinas» y «asuntos humanos» se funda en la encarnación, que unió la naturaleza divina y la humana, de modo que la persona de Cristo es la única fuente de las dos jerarquías: la civil y la eclesiástica. El error capital de ese enfoque consistió en asumir que la humanidad ideal, manifestada en la persona de Cristo por la encarnación, podía manifestarse también de manera adecuada en el imperio romano. De hecho, el pensamiento teocrático de Bizancio se basaba en una especie de «escatología realizada», como si el Reino de Dios ya hubiera aparecido «con poder» y como si el imperio fuera la manifestación de ese poder en el mundo y en la historia. No cabe duda de que el pensamiento cristiano bizantino reconocía la realidad del mal tanto en la persona como en

---

[4] *Novella VI, Corpus juris civilis* III (ed. Rudolfus Schoell; Berlin 1928) 35-36. Una monografía básica sobre el tema es la de Francis Dvornik, *Early Christians and Byzantine Political Philosophy: Origins and Background* (Washington 1966), en dos volúmenes y con bibliografía exhaustiva. Véase también J. Meyendorff, «Justinian, the Empire, and the Church»: «Dumbarton Oaks Papers» 22 (1968) 45-60.

la sociedad; pero abrigaba la convicción —al menos en la filosofía oficial de la legislación del imperio— de que ese mal podía ser controlado adecuadamente por un sometimiento de la ecumene al poder del único emperador y a la autoridad espiritual del único sacerdocio, el ortodoxo.

El significado providencial de ese único imperio absoluto se magnificaba no sólo en las leyes imperiales, sino también en la himnografía eclesiástica. Por ejemplo, un himno de Navidad atribuido a Kassia, una monja del siglo IX, proclama una conexión directa entre el imperio universal de Roma y la «recapitulación» de la humanidad en Cristo. De ese modo, la *Pax Romana* se hacía coincidir con la *Pax Christiana*:

> Cuando Augusto reinaba como único soberano sobre la tierra,
>   desapareció la multitud de reinos humanos;
> y cuando tú te hiciste hombre en el seno de la Virgen pura,
> la multitud de dioses de la idolatría quedó destruida.
> Las ciudades de todo el mundo quedaron sometidas a un
>   solo cetro,
> y las naciones creyeron en una sola divinidad soberana;
> los pueblos se empadronaron por decreto del César,
> y nosotros, los fieles, nos empadronamos en nombre de la
>   divinidad,
> cuando tú, Dios y Señor nuestro, te hiciste hombre.
> ¡Grande es tu misericordia! ¡Gloria a ti![5].

En época tan tardía como el año 1397, cuando Bizancio estaba a punto de hundirse en el nadir de su decadencia política, los bizantinos aún entendían el imperio universal como un apoyo necesario del universalismo cristiano. Por ejemplo,

---

[5] Véase *The Festal Menaion* (trad. Mother Mary-K. Ware; London 1969) 254.

cuando el príncipe Basilio de Moscú preguntó al patriarca Antonio IV si los rusos estaban autorizados para omitir la conmemoración litúrgica del emperador mientras conservaban la mención del patriarca, Antonio respondió: «No es posible que los cristianos tengan la Iglesia y no tengan el Imperio, porque Iglesia e Imperio forman una sólida unidad y una comunidad bien compacta, cuyos elementos no se pueden disociar»[6].

La idea del imperio cristiano universal presuponía que el emperador tenía obligaciones como guardián de la fe y testigo de la misericordia de Dios con respecto al hombre. Según la *Epanagôgê* del siglo IX: «La misión del emperador consiste en hacer el bien y por eso recibe el título de "benefactor"; si falla en el cumplimiento de esa obligación, reniega de su dignidad imperial»[7]. Todo el sistema de gobierno era un intento de promover la totalidad de una vida en Cristo; no contemplaba una dicotomía entre espiritual y material, sacro y profano, individual y social, o doctrinal y ético, aunque reconocía una cierta polaridad entre «realidades divinas» —esencialmente, la comunión sacramental del hombre con Dios— y «asuntos humanos». Pero entre esos dos polos debía existir un «sintonía» en el marco de cada «sociedad» cristiana específica, en la que Iglesia y Estado cooperasen para preservar la fe y construir una sociedad basada en el amor y en el humanismo[8].

La concepción bizantina de la misión cristiana en el mundo refleja la tesis fundamental de Calcedonia sobre la plena

---

[6] *Acta Patriarchatus Constantinopolitani* (ed. F. Miklosich-I. Müller; Wien 1862) 188-192.

[7] *Jus graeco-romanum, Titulus 2* (ed. Zepos; Athenae 1931) II, 241.

[8] Sobre este último aspecto de la ideología bizantina, véase D. J. Constantelos, *Byzantine Philanthropy and Social Welfare* (New Brunswick 1968).

asunción de la naturaleza humana por el Hijo de Dios en la encarnación. Por tanto, supone que la fe cristiana conduce a la transfiguración y «deificación» de la *totalidad del hombre*; y, como ya se ha visto, esa «deificación», como experiencia viva, es accesible *incluso ahora*, y no solamente en el reino futuro. Tanto la eclesiología como la filosofía política bizantina asume que el bautismo confiere al hombre esa experiencia, que transforma no sólo el «alma», sino la totalidad del individuo y lo hace, ya en esta vida, ciudadano del Reino de Dios.

Se puede percibir realmente que la principal característica del cristianismo oriental en sus actitudes éticas y sociales consiste en considerar al hombre como ya redimido y glorificado en Cristo. En cambio, el cristianismo occidental ha entendido tradicionalmente el estado actual de la humanidad de manera más realista e incluso más pesimista: aunque redimido y «justificado» a los ojos de Dios por el sacrificio de la cruz, el hombre sigue siendo pecador. Por tanto, la función más importante de la Iglesia consiste en inculcar al hombre unos criterios de pensamiento y una disciplina de conducta que le permitan superar su condición pecadora y lo lleven a realizar el bien. En ese supuesto la Iglesia se entiende, ante todo, como una institución establecida *en el mundo*, que sirve al mundo y emplea con toda libertad los medios que le brinda el mundo y que son apropiados para tratar con una humanidad pecadora, especialmente los conceptos de ley, autoridad y poder administrativo. El contraste entre las estructuras elaboradas por el papado medieval y los conceptos escatológicos, experienciales y supramundanos que prevalecían en el pensamiento eclesiológico de Bizancio ayuda a comprender el destino histórico de Oriente y de Occidente. En Occidente, la Iglesia se desarrolló como institución de poder, mientras que en Oriente se concebía, ante todo, como organismo sacramental (o «místico»), encargado de las «realidades divinas» y dotado de un reducido número de estructuras institucionales. Esas estructuras —patriarcados, arzobispados, y demás cancillerías, excepto la jerarquía tripartita fundamental: obispo, sacerdote, diácono— las establecía el propio emperador y no se consideraban como de origen divino.

Esta especie de rendición del elemento «institucional» de la Iglesia a los dictados del emperador contribuyó a preservar la concepción sacramental y escatológica de la Iglesia, pero no estaba exenta de graves peligros. En el curso de su historia, la Iglesia oriental pasó por la experiencia de que el Estado no siempre fue digno de la confianza en él depositada, sino que muchas veces asumió un rostro claramente demoníaco.

Con todo, durante el período bizantino propiamente dicho, la «sintonía» ideada por Justiniano funcionó mejor de lo que se podría haber esperado. El carácter místico y supramundano del cristianismo bizantino fue en buena parte responsable de algunas de las principales características del propio Estado. Por ejemplo, el poder personal del emperador se entendió como clara expresión de un ministerio carismático: el soberano era elegido por Dios y no por los hombres. Así se explica el hecho de que en Bizancio no existiera un protocolo de sucesión imperial legalmente establecido. Tanto la estricta legitimidad como la elección democrática se interpretaban como limitaciones de la libertad de Dios para escoger a su elegido.

Es natural que esa comprensión carismática del Estado careciera de realismo y de eficacia política. Con mucha frecuencia se produjeron «usurpaciones providenciales» y la estabilidad política era una excepción. En términos políticos, el sistema imperial bizantino era una auténtica utopía. Concebido como una réplica de la Iglesia universal, el imperio no llegó nunca a adquirir carácter de universalidad; y entendido como reflexión sobre la naturaleza celeste del Reino de Dios, su historia está llena de sangrientas revoluciones, de guerras y —al igual que los demás Estados medievales— de injusticia social. Como siempre y en todas partes, los ideales cristianos resultaban de muy difícil aplicación en términos legales e institucionales; lo único que hicieron fue acrecentar la esperanza de ciertos héroes de la fe y dar impulso a los que se esforzaban por acercar al hombre al ideal de una «vida en Cristo» que ahora se había hecho accesible. Así lo reconocieron los bizantinos, al menos implícitamente, por su extraordinaria veneración de los santos, en los que veían una irradiación de la luz divina sobre un «mundo» teóricamente cristianizado, pero que en realidad había cambiado muy poco después de la implantación del cristianismo. La presencia en el seno de la sociedad bizantina de innumerables comunidades monásticas que —por lo menos, las más respetables— estaban en proceso de abandonar el mundo para expresar que el Reino de Dios *todavía no* era una realidad, fue otro signo de que entre Dios y el mundo no podía existir una «sintonía» real y permanente, sino sólo una polaridad dinámica, pero inestable.

Esa polaridad no era, de hecho, más que la oposición que se desarrollaba en el interior del hombre entre el «viejo» y el «nuevo» Adán. En categorías de ética social, esa polaridad excluía fórmulas diáfanas y absolutos legales, e impedía que la Iglesia se identificara plenamente con una institución definida en términos políticos o sociológicos. Pero, a veces, también se interpretaba como un dualismo platónico o maniqueo; y entonces significaba una renuncia absoluta a la responsabilidad social. En ocasiones, esa actitud provocó que el Estado asumiera la misión de la Iglesia, dejando solos a los monjes en su testimonio sobre el inevitable conflicto y la evidente polaridad entre el Reino de Dios y el reino del César.

2. LA MISIÓN DE LA IGLESIA

La concepción bizantina de Imperio e Iglesia como aliados en el liderazgo de una sola *oikoumenê* universal implicaba la cooperación de ambos en el campo de la misión. El título *isapóstolos* (= «igual a los apóstoles») se aplicó a Constantino el Grande precisamente por su contribución a que la *oikoumenê* se convirtiera a la fe de Cristo. A sus sucesores, los emperadores de Constantinopla, se los solía enterrar en la iglesia de los Santos Apóstoles. La responsabilidad misionera cobraba especial relieve en el ceremonial de la corte. Se esperaba que el emperador hiciera todo lo posible por propagar la fe cristiana, manteniendo una ética y una conducta en consonancia con los principios cristianos y colaborando a alcanzar esas metas por medio de su legislación y su apoyo a la actividad misionera de la Iglesia.

Al margen de la frontera imperial, la alianza entre Iglesia y Estado llevó con frecuencia a los no cristianos a identificar *de facto* los intereses políticos del imperio con los destinos del cristianismo ortodoxo. Eso hizo que, muchas veces, los gobernantes paganos de Persia y los califas del mundo árabe persiguieran a los cristianos no sólo por fanatismo religioso, sino también porque sospechaban que eran aliados del emperador. En realidad, en muchas ocasiones, esa sospecha estaba ampliamente justificada, sobre todo durante las continuas guerras entre el cristianismo y el Islam, que hicieron virtualmente imposible establecer cualquier contacto de orden espiritual, así como llegar a un mutuo entendimiento o a un diálogo fructífero. De ahí que, salvo en casos contados, el cristianismo bizantino fuera incapaz de hacer progresos misioneros entre los invasores islámicos que venían de Oriente [9].

---

[9] Véase J. Meyendorff, «Byzantine Views of Islam»: «Dumbarton Oaks Papers» 18 (1964) 115-132; véase también A. Khoury, *Les théologiens byzantins et l'Islam* (Louvain 1969).

Sin embargo, la actividad misionera cosechó notables éxitos entre los bárbaros procedentes del Norte —mongoles, eslavos y caucásicos— que invadieron los territorios de Bizancio y terminaron por establecerse en la frontera como vecinos del imperio. Precisamente esa actividad misionera fue lo que preservó el carácter universal de la Iglesia ortodoxa, después de que las comunidades no griegas del Medio Oriente cayeran en el monofisismo y, sobre todo, después del gran cisma con Occidente. En especial, a partir del siglo IX, el cristianismo bizantino experimentó una expansión espectacular que lo llevó a penetrar hasta el Mar Caspio e incluso hasta el Océano Ártico[10].

La misión bizantina entre los eslavos se asocia generalmente con lo que se ha dado en llamar «ideología de Cirilo y Metodio» y se caracteriza por la traducción de la Biblia y de la liturgia a las lenguas vernáculas de las naciones convertidas en el siglo IX por dos hermanos, Constantino-Cirilo y Metodio. Pero, en realidad, los eclesiásticos bizantinos no siempre fueron consecuentes con los principios adoptados por los primeros evangelizadores. Los datos históricos demuestran que también se puso en práctica una forzada helenización e integración cultural, especialmente cuando el imperio se hizo con el control político directo de los territorios eslavos. Con todo, jamás se puso en duda —al menos, en principio— el fundamental significado teológico de la misión cristiana, tal como lo había expresado Cirilo (o «Constantino el Filósofo», según la denominación popular):

---

[10] Sobre la historia de estas misiones y sus consecuencias culturales, véase Francis Dvornik, *Byzantine Missions Among the Slavs* (New Brunswick 1970) y D. Obolensky, *The Byzantine Commonwealth: Eastern Europe, 500-1453* (Londres 1971).

> Pueblo eslavo, porque has aprendido a escuchar,
> escucha la Palabra que procede de Dios,
> la Palabra que alimenta al alma humana,
> la Palabra que fortalece la mente y el corazón ...
> Por eso, Pablo nos ha enseñado:
> «Al presentar mi oración a Dios,
> preferiría pronunciar cinco palabras
> que todos mis hermanos pudieran entender,
> más que diez mil palabras
> que resultaran incomprensibles»[11].

Es evidente que el autor contempla la proclamación del Evangelio como esencial a la naturaleza misma de la fe cristiana, que es revelación de la Palabra eterna o Logos de Dios. Hay que escuchar y entender la Palabra; de ahí la necesidad de traducir la Escritura y la liturgia a la lengua vernácula. Este principio —expresado por el Prólogo en términos que no desaprobaría el propio Martín Lutero— sería el distintivo de la misión ortodoxa en una época en la que el cristianismo occidental había optado por una lengua unificada, aunque muerta —el latín—, como el único vehículo para proclamar la Palabra. Cirilo y Metodio, durante su misión en Moravia y su estancia en Venecia, tuvieron varias discusiones con misioneros franciscanos que profesaban la «herejía de las tres lenguas» por creer que el Evangelio sólo se podía proclamar en las tres lenguas que Poncio Pilato mandó grabar en la inscripción sobre la cruz de Jesús: hebreo, griego y latín. Por el contrario, Cirilo y Metodio defendían que, en Oriente, tanto eslavos como

---

[11] Traducido por Roman Jakobson, «St Constantine's Prologue to the Gospel»: «St. Vladimir's Seminary Quarterly» 7 (1963) 17-18.

armenios, persas, egipcios, georgianos y árabes deberían alabar a Dios en sus propias lenguas [12].

La norma explícita de traducir la Palabra implicaba una misión que acabaría por dar lugar a una rápida «indigenización» de la Iglesia y que habría de convertirse en parte integrante de las diversas culturas nacionales. Con el tiempo, el cristianismo ortodoxo quedó profundamente enraizado en la vida, de modo que ni la dominación extranjera ni las ideologías profanas lograron arrancarlo. Pero la «indigenización» implicaba también la existencia de iglesias «nacionales», sobre todo después del desmembramiento de lo que Obolensky ha denominado «Comunidad Bizantina de Naciones». El nacionalismo moderno ha secularizado aún más la autoconciencia nacional de los pueblos de Europa del Este, con el consiguiente perjuicio para su propio sentimiento de catolicidad cristiana.

Los métodos y principios de la misión bizantina tuvieron su continuación en la Rusia ortodoxa. Por ejemplo, Esteban de Perm (1340-1396) es conocido como el apóstol de los Zyrianos, una tribu del norte de Rusia, de origen finlandés. Después de aprender griego, Esteban tradujo la Biblia y la liturgia a la lengua de los Zyrianos y llegó a ser obispo de la región [13]. Hasta el siglo XX, su ejemplo fue el motor de la expansión misionera de la Iglesia ortodoxa rusa en Asia e incluso en el continente americano, a través de Alaska.

---

[12] *Vita Constantini* 16, 7-8. «Constantinus et Methodius Thessalonicenses. Fontes»: «Radovi Staroslovenskog Instituta» 4 (1960) 131.
[13] Sobre Esteban, véase especialmente George Fedotov, *The Russian Religious Mind* (Cambridge 1966) II, 230-245.

3. Escatología

La escatología no se puede considerar como capítulo aparte de la teología cristiana, porque cualifica el carácter global de la teología. Esto vale especialmente para el pensamiento cristiano bizantino, como se ha tratado de exponer en los capítulos precedentes. La escatología no sólo considera el destino del hombre —y de toda la creación— como *orientado hacia un fin*, sino que subraya esa orientación como la característica más importante de las doctrinas sacramentales, de la espiritualidad y de la actitud con respecto al «mundo». Es más, siguiendo la doctrina de Gregorio de Nisa y de Máximo el Confesor, la escatología considera el fin último como un estado *dinámico* del hombre y de la creación entera. La meta de la existencia creada no puede ser, como pensaba Orígenes, una contemplación estática de la «esencia» divina, sino una ascensión dinámica del amor, que no termina nunca porque el ser trascendente de Dios es inagotable y, por tanto, contiene realidades siempre nuevas que aún habrá que descubrir (*novissima*) por medio de la unión en el amor.

Pero la dimensión escatológica no es sólo una realidad futura, sino también una *experiencia presente*, accesible en Cristo por los dones del Espíritu. El canon de la liturgia eucarística de Juan Crisóstomo conmemora la segunda venida de Cristo en unión con los acontecimientos del pasado: la cruz, la sepultura, la resurrección y la ascensión. En la presencia eucarística del Señor se hace realidad su venida futura y queda trascendido el «tiempo». Igualmente, la entera tradición de la espiritualidad monástica oriental se basa en la premisa de que *ahora*, en esta vida, el cristiano puede experimentar la visión de Dios y vivir la realidad de la «deificación».

El énfasis en una escatología «ya realizada» explica por qué el cristianismo bizantino adolece de un sentido de responsabilidad directa por la historia en cuanto tal. O si reconoce esa responsabilidad, tiende a poner su confianza en instituciones que la misma historia puede producir, especialmente el imperio cristiano. El Estado cristiano y la Iglesia en cuanto tal asumen una responsabilidad sobre la sociedad en su conjunto bajo la guía y la inspiración del Evangelio. Pero el «movimiento» dinámico que caracteriza a la «nueva humanidad en Cristo», y del que la propia Iglesia es responsable, no es el movimiento de la historia, sino un progreso misterioso hacia la vida en Dios, que sólo conocen los santos. No cabe duda de que ese movimiento tiene lugar en el seno de la historia y, hasta cierto punto, puede influir en el proceso histórico, pero no pertenece intrínsecamente a la propia historia porque anticipa precisamente el fin de la historia. Desde luego, es el «movimiento» de la *naturaleza* y del hombre natural, pero la humanidad *natural*, es decir, la humanidad como fue concebida y creada por Dios en sus orígenes, presupone una comunión con Dios, una libertad con respecto al mundo, y un dominio sobre la creación y sobre la historia. Por tanto, deberá ser independiente de lo que el mundo considera como historia.

Mientras existe en la historia, la Iglesia espera la segunda venida de Cristo en plenitud de poder, como el triunfo visible de Dios en el mundo y la transfiguración definitiva de la creación. Entonces el hombre, como centro y señor de la creación, será restablecido en su condición originaria que ha sido víctima de la corrupción del pecado y de la muerte. Esa restauración implicará la «resurrección de la carne», porque el hombre no es sólo «alma», sino un todo psico-somático que estaría incompleto si no tuviera cuerpo. Finalmente, la segunda venida de Cristo será también un juicio, porque el criterio de la verdadera justicia —Cristo mismo— estará presente no sólo «en fe», exigiendo la respuesta libre del hombre, sino en plena manifestación de su persona y de su poder.

Estos tres significados esenciales de la *parousía* —transfiguración cósmica, resurrección de la carne y juicio— no son temas a los que los teólogos bizantinos dediquen una minuciosa especulación; sin embargo, constituyen el centro mismo de la experiencia litúrgica bizantina.

La fiesta de la Transfiguración (día 6 de agosto), una de las más esplendorosas del año litúrgico bizantino, celebra «en la luz del Tabor» la anticipación escatológica de la venida de Cristo: «Palabra de Dios, luz genuina que procede de la luz del Padre ingénito, hoy en el monte Tabor, en la manifestación de tu luz, hemos visto al Padre como luz y al Espíritu como luz, que con su luz guían la creación entera»[14]. Y en la noche de Pascua se proclama repetidas veces la dimensión escatológica de la resurrección: «¡Oh Cristo, solemne y sacratísima Pascua! ¡Oh Sabiduría, Palabra y poder de Dios! Concédenos participar en ti más perfectamente en tu Reino, ese día que no conoce oscuridad»[15]. La *parousía* como juicio aparece frecuentemente en la himnología bizantina, sobre todo en el ciclo de Cuaresma. Igualmente en ese ciclo, los himnógrafos subrayan con relativa frecuencia el amor activo al prójimo: «Después de haber aprendido los mandamientos del Señor, sigamos esta conducta: dar de comer al hambriento y de beber al sediento, vestir al desnudo, acoger al extranjero, visitar al enfermo y al cautivo, de modo que el que viene a juzgar a toda la tierra nos pueda decir: Venid, benditos de mi Padre, heredad el Reino que os está preparado»[16].

El único tema en el que los teólogos bizantinos se vieron forzados a entablar un debate más teórico y sistemático sobre

---

[14] *Exaposteilarion, The Festal Menaion*, 495.
[15] Canon de Pascua, oda 9, *Pentekostarion*. Este *troparion* se usa también en la liturgia eucarística como oración para después de la comunión.
[16] Domingo de carnaval, oficio de vísperas; *Lite, Triodon*.

escatología fue la controversia medieval sobre el purgatorio. La doctrina occidental sobre el hecho de que la justicia divina exige un retribución por los pecados cometidos y que, siempre que no se pueda ofrecer una «satisfacción» antes de la muerte, deberá hacerse justicia pasando por el intervalo del «fuego del purgatorio», se incluyó en la profesión de fe firmada por el emperador Miguel VIII Paleólogo y aceptada por el Concilio de Lyon (1274)[17]. La efímera unión alcanzada en el concilio no provocó en Bizancio un serio debate sobre el tema, pero la cuestión surgió de nuevo en Florencia y se debatió durante varias semanas. El decreto final de unión, que Marcos de Éfeso se negó a suscribir, incluía una extensa definición sobre el purgatorio[18].

El debate entre griegos y latinos, en el que Marcos fue el principal portavoz de los griegos, dejó patente una diferencia radical de perspectiva. Mientras los latinos daban por sentado su enfoque legalístico de la justicia divina que, según ellos, exige una retribución por cada acto pecaminoso, los griegos interpretaban el pecado no tanto en términos de acción cuanto como una enfermedad espiritual que la paciencia y el amor de Dios podían curar. Los latinos subrayaban también la idea de un juicio individual de Dios sobre cada alma, un juicio que las distribuía en tres categorías: los justos, los malvados, y los que podrían englobarse en una especie de categoría media y que tenían necesidad de «purificarse» por el fuego. En cambio, los griegos, sin negar un juicio particular después de la muerte, o incluso aceptando la existencia de esas tres categorías, sostenían que ni los justos ni los malvados alcanzarían su estado *definitivo* —bienaventuranza o

---

[17] *Enchiridion Symbolorum* (ed. H Denzinger) n° 464.
[18] *Ibíd.*, n° 693.

condena— antes del último día. Ambas partes coincidían en que la oración por los difuntos es loable y necesaria, pero Marcos de Éfeso insistía en que también los justos tienen necesidad de esa oración; y en particular, hacía referencia al canon eucarístico de la liturgia de Juan Crisóstomo, en el que el «sacrificio incruento» se ofrece también por los «patriarcas, profetas, apóstoles y cualquier espíritu justo que se ha perfeccionado en la fe», e incluso por la propia Virgen María. Obviamente, interpretaba la condición de los bienaventurados no como una justificación de carácter legalístico o estático, sino como un continuo e ilimitado ascenso en el que la entera comunión de los santos —Iglesia celeste e Iglesia terrestre— ya ha sido iniciada en Cristo [19]. En la comunión del Cuerpo de Cristo, todos los miembros de la Iglesia, vivos o difuntos, son interdependientes y están unidos por vínculos de amor y de recíproco interés; de modo que las oraciones de la Iglesia terrestre y la intercesión de los santos del cielo pueden ayudar efectivamente a los pecadores, o sea, a todos los hombres, para acercarse cada vez más a Dios. Sin embargo, esa comunión de los santos está todavía a la espera del cumplimiento definitivo en la *parousía* y en la resurrección general, cuando se alcance el límite decisivo, aunque misterioso, para el destino de cada individuo en particular.

Da la impresión que el debate sobre el purgatorio, que tuvo lugar en Florencia, fue improvisado sobre la marcha; ambas partes esgrimieron argumentos de Escritura y de tra-

---

[19] Para los dos tratados de Marcos sobre el purgatorio, véase L. Petit, *Documents relatifs au Concil de Florence. I: La question du Purgatoire à Ferrare*: Patrologia Orientalis 15 (1920) 39-60, 108-151. Una traducción rusa de esos textos se encuentra en Amvrosi, *Sviatoy Mark Efessky i Florentiiskaia Unia* (New York 1963) 58-73, 118-150. J. Gill, *The Council of Florence* (Cambridge 1959) 119-125 ofrece una breve síntesis de la controversia.

dición que no siempre parecieron convincentes. No obstante, es fácil percibir la diferencia en la actitud fundamental respecto a la salvación en Cristo. El legalismo, que aplica al destino humano individual la doctrina anselmiana de la «satisfacción», es la *ratio theologica* de la concepción latina del purgatorio. En cambio, para Marcos de Éfeso, la salvación es comunión y «deificación». En su camino hacia Dios, el cristiano no está solo, porque es miembro del Cuerpo de Cristo. Él puede alcanzar esa comunión incluso ahora, antes de su muerte, igual que después de ella; y en cualquier caso, necesita la oración de todo el Cuerpo, por lo menos hasta el final de los tiempos, cuando Cristo será «todo en todos». Naturalmente, esa concepción de la salvación a través de la comunión excluye cualquier interpretación legalista de los poderes pastorales y sacramentales de la Iglesia sobre los fieles, vivos o difuntos —en Oriente no existe una doctrina de las «indulgencias»—, o una descripción precisa del estado de las almas antes de la resurrección general.

Excepto el rechazo de las tesis latinas sobre el purgatorio, que iba implicado en la canonización de Marcos de Éfeso, y algunas afirmaciones doctrinales de posteriores teólogos ortodoxos, la Iglesia bizantina jamás se embarcó en la búsqueda de afirmaciones precisas sobre el «más allá». En la práctica, había una gran variedad de creencias populares, frecuentemente avaladas por la literatura hagiográfica, pero la propia Iglesia, y especialmente su liturgia, se limitó siempre a una escatología esencialmente cristocéntrica: «Moristeis, repito, y vuestra vida está escondida con Cristo en Dios; cuando se manifieste Cristo, que es vuestra vida, con él os manifestaréis también vosotros gloriosos» (Col 3,3-4). Hasta esa postrera «manifestación», el Cuerpo de Cristo, unido por el vínculo del Espíritu, incluye a vivos y muertos, como se simboliza en la liturgia por la patena en la que los fragmentos de pan, que recuerdan a los que ya reposan en Cristo y a los que todavía forman parte de la comunidad cristiana visible en la tierra, se unen en una sola comunión eucarística. Porque, de hecho, en virtud de la resurrección, la muerte ha perdido todo su poder sobre los que están «en Cristo» y no puede separarlos ni de Dios ni entre sí. Esa comunión en Cristo, indestructible por la muerte, posibilita y hace necesaria la continua intercesión de todos los miembros del Cuerpo. La oración *por* los difuntos, igual que la intercesión *de* los bienaventurados por los aún vivos, expresa una única e indivisible «comunión de los santos».

Pero el cumplimiento absoluto del destino de la humanidad consiste en un juicio, el juicio final. La condena del origenismo por el Quinto Concilio (553) implicaba el rechazo explícito de la doctrina de una *apokatástasis*, es decir, la idea de que toda la creación y toda la humanidad terminarán por ser «restablecidas» en su condición original de bienaventuranza. Obviamente, la razón fundamental por la que la *apokatástasis* se considera incompatible con la concepción cristiana del destino definitivo del hombre reside en que implica una reducción de la *libertad* humana. Si Máximo el Confesor está en lo cierto cuando define la libertad, o autodeterminación, como la auténtica señal de la imagen de Dios en el hombre [20], es lógico que esa libertad sea definitiva, de modo que no se puede forzar al hombre a la unión con Dios, ni siquiera en virtud de una necesidad filosófica como la absoluta «benevolencia» del creador. En su decisiva confrontación con el Logos, el último día, el hombre todavía tendrá la opción de rechazarlo y, de ese modo, condenarse al «infierno».

---

[20] «Como el hombre fue creado según la imagen de la bendita y supraesencial divinidad, y como, por otra parte, la naturaleza divina es libre, lógicamente el hombre es libre por naturaleza, al ser imagen de la divinidad» (*Disp. Cum Pyrrho*; PG 91, 304C).

La libertad del hombre no se destruye ni siquiera por la muerte física; por tanto, siempre existe la posibilidad de un continuo cambio y de una mutua intercesión. Pero precisamente esa libertad implica una tremenda responsabilidad y, en consecuencia, la prueba decisiva del juicio final, cuando el hombre —caso único en todo el sistema cósmico, que entonces experimentará su transfiguración absoluta— todavía goce del privilegio de enfrentarse a las consecuencias eternas de su «sí» o de su «no» a Dios.

4. BIBLIOGRAFÍA

Alès, A. d', «La question du purgatoire au concile de Florence en 1438»: «Gregorianum» 3 (1922) 9-50.

Jugie, M., «La question du purgatoire au concile de Ferrare-Florence»: «Echos d'Orient» 20 (1929) 322-332.

Meyendorff, John, *The Byzantine Legacy in the Orthodox Church* (St. Vladimir's Seminary Press, Crestwood, New York 1982).

Michel, A., *Die Kaisermacht in der Ostkirche (843-1204)* (Darmstadt, Gentner 1959). (Obra importante, pero debería leerse en conexión con Dvornik, *Political Philosophy*).

Sergii (Stragorodsky), *Pravoslavnoe uchenie o spasenii* (La doctrina ortodoxa de salvación) (Sergiev Posad 1894). (Competente estudio patrístico con numerosas referencias a teólogos bizantinos, escrito por un futuro patriarca de Moscú, en el que se critica el «legalismo» de Occidente).

Conclusión

ANTINOMIAS

El intento de presentar la teología bizantina usando simultáneamente el método histórico y un enfoque sistemático corre el riesgo de provocar insatisfacción tanto en los historiadores como en los teólogos sistemáticos. Sin embargo, para el autor de esta obra, ha valido la pena correr ese riesgo porque, en lo esencial, está de acuerdo con la reciente afirmación de Jaroslav Pelikan sobre la doctrina cristiana: «La tradición sin la historia homogeneiza los diferentes estadios del desarrollo en una verdad definida estadísticamente; la historia sin la tradición produce un historicismo que relativiza el desarrollo de la doctrina cristiana de tal modo que hace que la distinción entre desarrollo auténtico y aberración cancerosa parezca completamente arbitraria»[1].

En el caso de la teología bizantina, la afirmación metodológica de Pelikan es particularmente relevante por las características intrínsecas de la propia experiencia del cristianismo oriental. Dado su perenne interés por la verdad y su exclusión, por principio, de cualquier clase de relativismo, el pensamiento bizantino ha evitado, por una parte, el racionalismo conceptual y, por otra, el marcado autoritarismo, que siempre han sido elementos clave del «tradicionalismo» occidental. Aun siendo esencialmente conservadora, la teología bizantina reposa sobre criterios internos y de experiencia que, como la propia vida, implican cambio, pero también fidelidad al

---

[1] Jaroslav Pelikan, *The Christian Tradition: A History of the Development of Doctrine* I: *The Emergence of the Catholic Tradition (100 - 600)* (Chicago 1971) 9.

pasado. Ahora bien, ni el cambio ni el conservadurismo son un fin en sí mismos. Una tradición que se reduzca a preservar conceptos y fórmulas excluye el progreso de la vida y se hace insensible a la virtud cristiana de la esperanza. Tanto en sus himnos de Pascua como en cada liturgia eucarística, los bizantinos nunca dejaron de esperar una «comunión más perfecta» con Dios en el Reino futuro. Pero, para ellos, ese progreso sólo era posible si se lograban evitar las trampas de «lo nuevo», a no ser que estuviera en plena coherencia con el fundamento «apostólico» de la fe, recogido definitivamente en la Escritura y en el *kêrygma* original de los testigos oculares de la persona y actividad de Jesús.

La teología bizantina nunca fue sistemáticamente anticonceptual ni abiertamente antijerárquica. La conversión de intelectuales griegos al cristianismo significó, después de Orígenes, que para expresar y desarrollar las verdades cristianas había que utilizar ampliamente conceptos y argumentos tomados de la lógica. Pero, por otra parte, la concepción sacramental de la Iglesia implicaba una estructura jerárquica, una continuidad de la función docente y, por fin, una autoridad conciliar. Sin embargo, ni los conceptos ni la jerarquía se consideraban como *fuentes* de la experiencia cristiana propiamente dicha, sino sólo como medios para defenderla, para encauzarla según la norma original de la fe y para expresarla de modo que se le pudiera dar vida y significado en el proceso de cambio y de desarrollo de la historia.

Para preservar su identidad, el pensamiento teológico bizantino tuvo que experimentar varias crisis de especial relevancia: la continua tentación de adoptar la visión helenística del mundo tal como la presentaba el origenismo, el conflicto con el papado romano sobre la naturaleza de la autoridad en la Iglesia, la controversia doctrinal sobre las «energías» de Dios, como se produjo en el siglo XIV, y otras crisis de gran calado. Las controversias llevaron, inevitablemente, a actitudes y definiciones formales, determinadas —al menos, en parte— por la propia polémica. Y el resultado fue una cierta «congelación» de los conceptos y de las fórmulas. No obstante, incluso en sus definiciones más formales, los teólogos bizantinos lograron preservar un cierto sentido de la inadecuación entre las fórmulas y los contenidos de la fe. De ese modo, las verdades más obvias y positivas de la experiencia cristiana se expresaron en antinomias, es decir, en proposiciones que, según la lógica formal, son mutuamente excluyentes, sin llegar a ser irracionales.

De ahí que el interés bizantino por la doctrina sobre Dios, derivado de la polémica de los Padres Capadocios contra Eunomio y cristalizado en el palamismo del siglo XIV, afirmara en Dios una distinción real entre las Personas y la «esencia» común, igual que mantenía que el mismo Dios es trascendente (en la «esencia») e inmanente (en las «energías»). Y así también, afirmaba que Dios, aunque esencialmente inmutable, *se hace* creador del mundo en el tiempo a través de su «energía». Pero como la «energía» es una realidad increada, es decir, *es* Dios, la mutabilidad se percibe como un atributo real de lo divino. Las antinomias filosóficas que exigía esa visión teológica reflejan una concepción de Dios personalista y dinámica, una experiencia positiva del Dios de la Biblia, incapaz de expresarse en términos de filosofía griega.

También en el ámbito de la antropología se pueden encontrar conceptos antinómicos en el pensamiento cristiano bizantino. El hombre, aunque creatura y, por tanto, *exterior* a Dios, se define, en su propia *naturaleza*, como plenamente él mismo sólo cuando está en *comunión* con Dios. Esa comunión no es una pura contemplación estática de la «esencia» divina (como pensaba Orígenes), sino un eterno progreso hacia las inagotables riquezas de la vida de Dios. Ésa es, precisamente, la razón por la que la doctrina de la *théôsis* —es decir, el proceso por el que el hombre recupera, en Cristo, su relación original con Dios y crece hacia Dios «de gloria en gloria»— es el tema central de la teología bizantina y de la propia experiencia cristiana oriental. También aquí se pueden emplear sólo antinómicamente conceptos estáticos como «naturaleza humana» (lo que es propiamente humano) y «gracia divina» (lo que procede de Dios); la gracia se concibe como parte de la naturaleza misma.

De ahí también que, si se concibe el destino final del hombre —y por tanto, su «salvación»— en términos de *théôsis*, o «deificación», más bien que como «justificación», o sea, liberación del pecado y de la culpabilidad, la Iglesia deba entenderse en primer lugar como comunión entre los hijos libres de Dios, y sólo en segundo término como una institución dotada de autoridad para regir y juzgar. Por otra parte, no se puede definir la eclesiología bizantina sin recurrir —al menos, hasta cierto punto— a la antinomia, sobre todo al describir la relación entre «institución» y «acontecimiento», entre «levita» y «profeta», entre «jerarca» y «santo». En ausencia de un criterio legal o infalible sobre la autoridad, y con las repetidas afirmaciones de que la autoridad no es fuente de verdad, sino que depende de la fe de los llamados a ejercerla, fue inevitable que la comunidad monástica y algunas otras personalidades espirituales compitieran ocasionalmente con obispos y concilios como portavoces de la auténtica tradición y testigos de la verdad. De hecho, esa polaridad fue parte integrante de la vida de la Iglesia, que no conducía necesariamente a un conflicto, sino que sólo reflejaba el misterio de la libertad humana, considerada como un don del Espíritu Santo que se otorgaba a todo cristiano en el bautismo y lo convertía en miembro plenamente responsable del Cuerpo de Cristo. Con todo, aun en ese caso, la concepción sacramental de la eclesiología actuaba como una garantía contra el individualismo o la arbitrariedad. La responsabilidad sólo se podía entender en un contexto sacramental que, a su vez, resultaba imposible sin el ministerio perfectamente identificable de obispos y sacerdotes.

Éstas son las intuiciones básicas que determinaron la ética social e individual de los cristianos bizantinos. De hecho, es difícil encontrar en toda la literatura religiosa de Bizancio un tratamiento sistemático de la ética o conducta cristiana; más bien se encuentran innumerables ejemplos de exégesis moral de la Escritura y tratados ascéticos sobre oración y espiritualidad. Eso implica que la ética bizantina era eminentemente una «ética teológica». Por supuesto que se reconocía la afirmación fundamental de que *cada* hombre, cristiano o no, ha sido creado a imagen de Dios y, por tanto, está llamado a la comunión con Dios y a la «deificación», pero jamás se intentó crear una ética «profana», es decir, para el hombre «en general». Los bizantinos estaban dispuestos a encontrar semillas del Logos de Dios en algunos preceptos de los antiguos filósofos y, ocasionalmente, incluso entre los árabes musulmanes; pero eso siempre se interpretó como dinámicamente orientado hacia el único Logos, hecho realmente hombre, en el que todo debería tener su pleno cumplimiento.

La herencia religiosa del Bizancio cristiano se ha definido muchas veces en contraposición a Occidente; y de hecho, su concepción de las relaciones entre Dios y el hombre es totalmente distinta de la que prevaleció en el cristianismo latino posterior a San Agustín. La humanidad de nuestro tiempo —que busca un Dios que no sólo sea trascendente, sino también que pueda experimentarse en la propia existencia como inmanente en el ser humano, y que ha descubierto gradualmente al hombre como un ser esencialmente orientado a su propio desarrollo— debería ser más receptiva frente a las posturas fundamentales del pensamiento bizantino que, de ese modo, adquiriría una contemporaneidad extremadamente relevante.

ÍNDICE ANALÍTICO

Aftartodocetismo: 291, 293, 309
Agustín de Hipona: 14, 115, 171, 177, 198, 210, 266, 266ss, 270, 272s, 335, 345, 350s, 417
Akáthistos hymnos: 60
Akíndinos, Gregorio: 145, 349
Akoimetai: 40
Alaska: 403
Alegorismo: 43, 45
Alejandría, Escuela de: 16, 24, 43, 45, 64, 109, 188
Alejo I Comneno, emperador: 366
Alejo, patriarca: 224
Almazov: 363
Ambrosio de Milán: 115
Anastasio de Antioquía: 67
Anastasio I, emperador: 39, 58
Andrés de Creta: 234, 276
Ángeles: 52, 129, 150, 254s, 322s
Anselmo de Canterbury: 198
Antinomia: 20, 413-117
Antioquía, Escuela de: 16, 24, 45, 64, 91, 270, 280
Antonio II, patriarca: 164
Antonio IV, patriarca: 396
Antropología: 14s, 36, 46, 63, 68, 100, 128s, 131, 135, 143, 204, 240, 258, 262ss, 268, 279, 364, 415
Apofática (teología): 31, 33-35, 52, 54, 112, 247, 342
Apokatástasis: 304, 410
Apolinar, apolinarismo: 179, 180, 286s, 378
Aretas de Cesarea: 104
Armenios: 71, 76, 81, 178s, 180, 225, 402
Arsenio Autoreianos, patriarca: 164
Arsenitas: 164
Atanasio de Alejandría: 17, 22, 24, 43, 64-66, 108, 240, 242
Atanasio I, patriarca: 144, 162
Auxencio: 230
Ázimos: 179, 378

Balsamón, Teodoro: 160-

162, 221
Barlaán de Calabria: 193, 196, 197, 213, 231, 260, 349
Basilea, Concilio de: 206
Basílicas: 222
Basilio I, emperador: 156
Basilio, príncipe de Moscú: 396
Baumstark, A.: 222
Bautismo: 129, 130, 144, 166, 178, 203, 218, 220, 251, 272-274, 303-305, 316, 353-361, 366, 370, 388
Beck, H-G.: 61, 174, 214
Besarión de Nicea: 200, 209, 210, 212-214
Blastares, Matthew: 159
Bréhier, E.: 47
Brienio, José: 200s, 209

Cabasilas, Nicolás: 18, 181s, 194, 201-204, 223, 276, 304, 317, 325, 353, 355s, 360, 371, 378, 380-382, 385
Cabasilas, Nilo: 200, 201, 211
Calcedonia, Concilio de: 9, 16, 17, 18, 29, 39, 46, 51, 61s, 65-73, 78, 85, 90, 92, 96, 106, 112, 131, 137, 162, 180, 188s, 232, 281, 284, 285, 296, 396
Calecas, Manuel: 199
Calixto, patriarca: 162
Canon de la Escritura: 22-24
Cánones Apostólicos: 151
Cánones de concilios ecuménicos: 151s
Cánones de concilios locales: 152
Cánones de los Santos Padres: 152ss
Celibato sacerdotal: 114, 128
Cenobitismo: 125s
Cesaropapismo: 21, 98, 366
Crisoberges, Máximo: 200
Cidones, Demetrio: 195, 197-201
Cidones, Prócoro: 145, 200
Cipriano de Cartago: 184
Cirilo de Alejandría: 10, 64, 66, 77, 80, 153, 174, 202, 243, 271, 286, 288, 307, 313, 316
Cirilo de Jerusalén: 23s
Cirilo y Metodio: 401s
Clemente de Alejandría: 32, 111
Código de Justiniano: 156
Co-inherencia: 344
Comunicación de idiomas:
Confirmación: 29, 177, 203, 220, 324, 352, 354-356, 360, 388

Conocimiento de Dios: 32, 54, 94, 143, 145, 146, 260, 261, 342, 343
Constancia: 84, 94
Constantino de Corfú: 78, 165
Constantino I, emperador: 13, 40, 373, 400
Constantino V, emperador: 82, 84, 98, 99
Constantino VI, emperador: 94, 105, 108
Constantinopla, Concilio de (879-880): 152, 173, 190
Constantinopla, Segundo concilio de (553): 45, 51, 53, 68-70, 78, 121, 127, 152, 281, 289, 304, 410
Constantinopla, Tercer concilio de (680): 71, 152, 281, 307
Constanza, concilio de: 200, 206
Corazón: 129s, 132, 134, 144, 204, 211, 314
Cosme de Maiuma: 231
Crisoloras, Manuel: 200
Curación: 315, 364, 368ss

Daniélou: 258
Deificación (*theôsis*): 15, 16, 17, 34, 64, 68, 72, 73, 75, 85, 94, 126, 129, 134, 136, 146, 147, 165, 261, 275, 280, 296, 305-308, 320, 345, 360, 378, 397, 404, 409, 416s
Diadoco de Fótice: 131
Diodoro de Tarso: 45, 64
Dionisio el Exiguo: 151, 158
Dionisio, Pseudo, Areopagita: 33, 49, 54-59, 72, 86, 113, 142, 185, 203, 223s, 254, 339, 373, 374, 379, 383, 385, 388
Dióscoro de Alejandría: 66
Divorcio: 156, 168, 366-369
Draguet: 293

Ecloga: 156
Ecuménico, patriarca: 14, 109, 157, 160s, 218
Éfeso, Concilio de: 29, 45, 70, 131, 150, 275, 281, 286, 307
Efrén de Antioquía: 67
Efrén el Sirio: 59
Energías de Dios: 18, 55, 147, 165, 306, 342s, 346-349, 360, 414s
Epíclesis: 181s, 204, 210, 323, 381, 383
Epifanio de Chipre: 174
Episcopado: 21, 64, 142, 154s, 186, 326, 387s
Escatología: 394, 404-408

Escolarios, Jorge-Genadio: 201, 209, 211s, 277, 376
Esencia de Dios: 20, 30, 32, 136, 146, 211, 243, 247s, 342s, 375
Esteban de Éfeso: 158
Esteban de Perm: 403
Esteban, patriarca: 164
Estézatos, Nicetas: 179, 378
Eucaristía: 22s, 57s, 77, 86, 96, 129, 145, 178, 186, 203s, 219-221, 225, 303, 305, 324, 340, 353-355, 368, 370, 371-390
Eufemio, patriarca: 39
Eugenio IV, papa: 206, 210
Eulogio de Alejandría: 67, 112, 169
Eunomio, eunomianismo: 31, 146, 343, 414
Eusebio de Cesarea: 84
Eustracio de Nicea: 76s, 165
Eutimio de Sardes: 162
Eutimio, patriarca: 164
Eutiques, eutiquianismo: 65-67
Evagrio Póntico: 50-54, 68-70, 94, 127-140, 232, 263, 291, 373
Exégesis: 23, 42, 44, 46, 112, 184, 417
Experiencia de Dios: 25-30, 128-130, 137s, 389s

Filioque: 114-116, 172-178, 191, 198, 200, 208, 210, 213, 311, 335, 350
Filoteo Kókkinos, patriarca: 201, 225
Filoxeno de Mabbugh: 66
Florencia, Concilio de: 177, 181, 190, 208, 214s
Florovsky, G.: 13, 48, 60, 78, 100, 239, 246, 254, 309
Focio: 18, 93, 104s, 110-117, 122s, 138, 156, 158, 160, 164, 168, 173s, 178, 183, 190, 196, 268, 270

Genadio, patriarca: 67
Germano I, patriarca: 87
Germano III, patriarca: 164
Grégoras, Nicéforo: 145, 202
Gregorio de Chipre, patriarca: 176, 321
Gregorio de Nacianzo: 20, 49, 72, 139, 153, 234, 245, 297, 333, 337, 339
Gregorio de Nisa: 31s, 35, 48, 50, 54, 73s, 112, 136, 148, 153, 185, 252, 258, 261, 268, 300, 303, 314, 318, 334, 340, 342s, 371, 404
Gregorio de Sinaí: 144
Gregorio Palamás, palamismo: 10, 18, 26, 31, 34, 48,

112, 138, 140, 143-148, 176, 194, 197s, 200-206, 211, 231, 247, 259-266, 272-275, 279, 306s, 321, 345, 349, 352, 355, 378

Hagía Sophía (Santa Sofía): 57, 218
Harmenópulos, Constantino: 158
Harnack, A.: 15, 47
Helenismo: 13, 15, 43, 47-49, 53, 117s, 121, 125, 197, 199, 213
Heraclio, emperador: 71, 97

Herejía de las tres lenguas: 402
Hesychía: 134
Hieria, concilio de: 84, 85, 89
Himnografía: 60, 90, 183, 218, 222, 224, 226, 230s, 233, 276, 318, 322, 394
Hipostática, unión: 46, 63, 68, 74-79, 85, 92-95, 114, 174s, 177, 243, 264, 284-302, 306-308, 310-321, 338-342, 344, 446, 348
Hypóstasis, hipóstasis: 49, 64-66, 68, 73s, 77, 85, 91s, 115, 146, 176, 265, 267, 284-296, 298, 300s, 306, 308, 312, 316, 320, 334, 336-338

Ignacio, patriarca: 105, 138, 164, 168
Ignorancia de Jesús: 94, 292
Imagen de Dios en el hombre: 340, 410
Inmaculada Concepción: 270, 276s, 308
Ireneo de Lyon: 258, 264, 274
Islam: 70, 82, 97s, 102, 194s, 198, 330, 400

Jerónimo: 115
Joasaf de Éfeso: 355
Job, monje: 355
Juan Beccos, patriarca: 164, 174, 176
Juan Casiano: 128
Juan Clímaco: 128
Juan Cosmas, patriarca: 164
Juan Crisóstomo: 46, 58, 77, 108, 202, 220s, 272, 278, 302s, 348, 371, 376, 380s, 404, 408
Juan de Damasco: 19, 24s, 68, 75, 86s, 89, 94, 98, 100, 108, 154, 224, 231, 234, 243, 288, 290s, 294, 300, 319, 339
Juan Irénico: 78, 164
Juan el Ayunante: 153
Juan el Gramático: 67, 111
Juan II, Comneno, emperador: 159

Juan III Escolástico, patriarca: 151, 157
Juan Italos: 105, 120, 137, 165, 245
Juan Majencio: 67
Juan V, Paleólogo, emperador: 194
Juan VI, Cantacuzeno, emperador: 194, 201
Juan VIII, papa: 114, 115, 173
Jugie, M.: 10, 62, 174, 190, 410
Julián de Halicarnaso: 293
Justiniano I, emperador : 39-41, 46, 53, 57s, 65-69, 91, 94, 104, 108, 121, 154-157, 160, 218, 286, 289, 373, 392-394, 398
Justiniano II, emperador: 153
Justino, Mártir: 274

Kassia, monja: 395
koinônía: 322-324, 326
kontakion: 60, 230s
Kormchaya Kniga: 153, 158

Latinóphrones: 175, 199, 350, 376
Lebon, J.: 67, 79
León de Ohride: 179
León I, papa: 17, 65
León III, emperador: 82, 84, 87, 98, 109, 115
León V, emperador: 89, 94
León VI, emperador: 155s, 341, 367
Leoncio de Bizancio: 68, 70, 76
Leoncio de Jerusalén: 18, 67, 289
Libertad: 14, 28, 47-52, 74, 140, 204, 226, 244s, 252, 258-261, 264, 267, 275, 278, 298s, 303s, 307, 320s, 326s, 356-360, 369, 383, 397s, 405, 410s, 416
Libri Carolini: 89
Liturgia (como expresión teológica): 17s, 57ss, 217-234, 287s, 300
Logoi de creación: 246, 247, 250
Lossky, V.: 13, 15, 54, 62, 264, 278, 309, 319, 342, 350, 392
Lutero, Martin: 402
Lyon, concilio de: 407

Macario, Pseudo-: 127-133, 135, 139s, 142, 204, 261, 327
Macedonio II, patriarca: 39, 67
Manuel I Comneno, empera-

dor: 160
Marcos de Éfeso: 205, 209, 211, 407-409
María, Veneración de: 42, 64, 75, 83, 96, 100, 228s, 232, 274-278, 286, 307s, 316
Matrimonio: 94, 105, 108, 154, 156s, 168s, 176, 234, 271, 355, 364-369, 380, 386
Máximo el Confesor: 10, 17s, 31, 39, 49, 51, 54, 68, 71s, 77, 94, 108, 128, 135, 175, 244, 246, 252, 256, 262, 264s, 272, 284, 297, 299, 304, 344, 374, 384, 404, 410
Menaion: 228s
Mente (o "intelecto"): 20, 28, 31s, 34, 117, 127s, 132, 135, 144, 250, 260, 264, 267, 272, 337, 342, 373, 379, 402
Mesalianismo: 27, 130-132, 140, 329
Mesarites, Nicolás: 185s
Metabolê: 376
Metoquites, Teodoro: 197
Metodio, patriarca: 105, 168
Microcosmos: 251, 257, 265, 283
Miguel Cerulario, patriarca: 172, 178s
Miguel de Anquíalo, patriarca: 160
Miguel II, emperador: 89
Miguel III, emperador: 104
Miguel VIII Paleólogo, emperador: 175, 180, 407
Misiones: 14, 98, 173, 177, 218, 224, 400-403
Moeller, C.: 67, 80, 290
Monacato: 21s, 99, 105-107, 124, 130, 136, 144
Monofisismo, monofisitas: 16, 21, 39, 64-71, 76, 78, 80, 82, 84, 178, 180, 281, 290, 296, 401
Monoteletismo, Monoenergismo: 71-73, 134, 248, 284

Naturaleza: 47, 63-69, 266s, 284-290, 314, 344, 405, 415
Nemesio de Emesa: 49s
Neo-calcedonenses: 67, 71, 296
Nestorio, nestorianismo: 45, 63-71, 76s, 84, 91, 97, 174, 286-288
Nicea, primer concilio: 29s, 43, 64, 88, 167, 187, 333
Nicea, segundo concilio: 84, 88, 281
Nicéforo I, patriarca: 89-98, 104, 108, 153

Nicéforo II, patriarca: 164, 375s
Nicetas de Amasía: 162
Nicolás de Metone: 77
Nicolás I el Místico, patriarca: 155
Nicolás I, papa: 104, 113, 190
Nicolás III, patriarca: 153
Nilo de Calabria, monje: 165
Nomocánones: 151, 153, 158s, 160
Novellae: 108, 154-156, 366, 393

Obolensky, D.: 403
Oikonomía: 93-95, 108, 112, 165-168
Oktoechos: 90, 228
Oración: 59, 126-133, 143-146, 182, 221, 223, 227, 314, 340, 348, 362, 377, 381-383, 392, 409, 417
Oración mental y "oración de Jesús": 128, 134, 140, 144
Oración por los difuntos: 180, 408, 410
Orígenes, origenismo: 21, 32s, 42-56, 68-70, 72, 74, 82, 94, 111, 117, 127, 131, 135, 146, 182, 184, 240-248, 252, 262-264, 318, 334, 338, 372, 404, 410, 414s

Ouspensky, L.: 102, 377

Participación en Dios: 305
Pecado original: 53, 266-268, 276-278, 280, 300, 302, 308
Pedro, patriarca de Antioquía: 172
Pedro, Sucesión de: 184s, 189, 191
Pelikan, J.: 11, 62, 412
Penitencia: 354s, 360-369
Pentarquía: 110, 206
Pentekostarion: 228
Pleto, Jorge Gemistos: 209, 211-213
Polieucto, patriarca: 366
Porfirio, neoplatónico: 83
Prestige, G. L.: 343, 350
Prócheiron: 156
Proclo, neoplatónico: 46
Proclo, patriarca: 275
Proskynêsis: 89
Psellos, Miguel: 104, 116-120, 122, 196
Psicología de Cristo: 290
Purgatorio: 180s, 207s, 210, 407-409

Quinisexto concilio (*in Trullo*): 23, 42, 45, 86, 151-153, 360

Rahner, K.: 336, 341, 350
Recapitulación: 156, 165s, 297, 299, 304, 320, 395
Redención: 63, 87, 180s, 262, 296-300, 302, 304, 312, 314-316, 320, 348, 360
Régnon, Th. de: 334s, 352
Relaciones, Personas como: 341
Renacimiento: 193- 216
Resurrección: 141, 228s, 234, 253, 262, 272, 274-276, 300-304, 308, 318, 359, 376, 380, 385, 404-410
Revelación: 26-28, 33, 40, 44, 46, 82, 102, 116, 144, 182, 244, 260, 312, 340, 342, 346, 402
Richard, M.: 290
Ricoldo da Montecroce: 198
Roma, Primado de: 171, 185, 207s, 214
Romanos el Melódico: 59, 230

Sabelianismo: 115, 173
Sacramentos, número de: 107, 353-355, 388
Santiago, Liturgia de: 221
Sergio, patriarca: 71
Severo de Antioquía: 66, 80
Simbolismo: 203, 220, 223, 371, 374s, 379, 383, 389
Simeón de Tesalónica: 189, 219, 222, 355s, 359, 384s, 388
Simeón el Nuevo Teólogo: 18, 31, 119, 126, 132, 138, 139-144, 260, 326, 392
Sinergia: 259, 306, 359, 366, 381, 383
Sintonía (entre Iglesia e Imperio): 393-399
Sofronio de Jerusalén: 71, 276
Sotérico Panteugeno: 77, 165
Stíchera: 231
Strigol'niki: 329
Synódikon: 76, 79, 103, 120, 138, 162-165

Tarasio, patriarca: 93, 105, 108, 153, 168
Teodoreto de Ciro: 45s, 64s, 67s, 270, 273, 358s
Teodoro de Mopsuestia: 45, 64, 76, 271
Teodoro de Raithu: 67
Teodoro Estudita: 89, 90-96, 98, 100, 102, 106-110, 154, 168, 233, 294s, 354s, 366, 374
Teodosio de las Cuevas: 224

Teófanes Kerameo: 184
Teofilacto de Bulgaria: 178
Teófilo de Alejandría: 51, 153
Teófilo, emperador: 97, 104
Teolepto de Filadelfia: 144
Teopasianismo (fórmula teopasiana): 66s, 69, 79s, 281, 289, 302
Theología: 26, 57, 349
Theôsis (cf. "deificación")
Theotokos: 75, 232, 275, 278, 288, 307
Thunberg, L.: 255, 263s
Tomás de Aquino, tomismo: 89, 145, 191, 195-200, 211, 215, 278
Tradición: 15-26, 413s
Transustanciación: 376
Trascendencia de Dios: 52, 146, 346
Tres Capítulos: 45, 68, 77
Tresmontant, C.: 47s
Tríodon: 90, 233
Triteísmo: 73, 334, 339, 342
Troparion: 230-232, 348, 391
Trubetskoi, E.: 100
Trullo, concilio (cf. Quinisexto)
Týpikon: 22, 45

Unión hipostática: 46, 63, 74-76, 84, 92-95, 288, 290-296, 299, 308, 320

Vladimiro de Kiev: 218
Voluntad de Dios: 72, 167, 241s, 247, 274, 379
Voluntad gnómica: 75, 267

Wolfson, H. A.: 47

Zonaras, Juan: 159

ÍNDICE GENERAL

Prólogo a la segunda edición 9

INTRODUCCIÓN:
CARÁCTER Y FUENTES DE LA TEOLOGÍA EN BIZANCIO . 13
   1. Límites cronológicos 16
   2. Una tradición viva 18
   3. Escritura, exégesis, criterios 23
   4. Teología: positiva y negativa 31

PRIMERA PARTE: CORRIENTES HISTÓRICAS 37

I. TEOLOGÍA BIZANTINA DESPUÉS DE CALCEDONIA 39
   1. Tradiciones exegéticas 41
   2. Corrientes filosóficas 46
   3. El problema del origenismo 50
   4. Pseudo-Dionisio 54
   5. Liturgia 57
   6. Bibliografía 61

II. EL PROBLEMA CRISTOLÓGICO 63
   1. Los monofisitas 66
   2. Los estrictos duofisitas 66
   3. Los calcedonenses cirílicos 67
   4. Los origenistas 68
   5. Bibliografía 79

III. LA CRISIS ICONOCLASTA 81
   1. Origen del movimiento 81
      1.1. Un problema de cultura religiosa 81
      1.2. Confrontación con el Islam 82

    1.3. La herencia del espiritualismo helénico 82
    2. Teología iconoclasta 84
    3. Teología ortodoxa de las imágenes:
       Juan de Damasco y el séptimo concilio 86
    4. Teología ortodoxa de las imágenes:
       Teodoro Estudita y Nicéforo 90
    5. Incidencia histórica del problema 97
    6. Bibliografía 101

IV. Monjes y humanistas 103
    1. Teodoro Estudita 106
    2. Focio (hacia 820-891) 111
    3. Miguel Psellos (1018-1078) 117
    4. Los procesos de Juan Italos (1076-1077, 1082) . 120
    5. Bibliografía 122

V. Teología monástica 125
    1. Orígenes del pensamiento monástico:
       Evagrio y Macario 127
    2. Los grandes padres de la espiritualidad 131
    3. Oposición a la filosofía profana 137
    4. La fe cristiana como expreriencia:
       Simeón el Nuevo Teólogo 139
    5. Teología hesicasta: Gregorio Palamás 143
    6. Bibliografía 147

VI. Eclesiología: Fuentes canónicas 149
    1. Los concilios y los Santos Padres 151
       1.1. Cánones Apostólicos 151
       1.2. Cánones de los Concilios Ecuménicos 151
       1.3. Cánones de concilios locales 152
       1.4. Cánones de los Santos Padres 152
    2. Legislación imperial 154
    3. Codificaciones de la legislación eclesiástica 157

4. Comentarios y críticas influyentes 159
5. Decretos sinodales y patriarcales 163
6. *Oikonomía* 165
7. Bibliografía 169

VII. El cisma entre Oriente y Occidente 171
   1. La cuestión del *Filioque* 172
   2. Otras controversias 177
   3. Autoridad en la Iglesia 182
   4. Dos concepciones del primado 187
   5. Significado del cisma 189
   6. Bibliografía 190

VIII. Encuentro con Occidente 193
   1. El círculo de Cantacuzeno 194
   2. Humanistas y tomistas 196
   3. Teólogos palamitas: Nicolás Cabasilas 201
   4. Florencia 205
   5. Bibliografía 214

IX. *Lex Orandi* 217
   1. La iglesia de «Santa Sofía» en Constantinopla .. 218
   2. Los ciclos litúrgicos 226
   3. Himnología 230
   4. Bibliografía 235

SEGUNDA PARTE: TEMAS DOCTRINALES 237

Presentación 239

X. Creación 241
   1. Creador y creaturas 241
   2. El designio de Dios 244

3. Dinamismo de la Creación 248
4. Santificación de la naturaleza 251
5. Bibliografía 255

XI. El hombre 257
1. El hombre y Dios 257
2. El hombre y el mundo 261
3. Pecado original 266
4. La nueva Eva 274
5. Bibliografía 279

XII. Jesucristo 281
1. Dios y hombre 282
2. Redención y deificación 296
3. La *Theotokos* 307
4. Bibliografía 309

XIII. El Espíritu Santo 311
1. El Espíritu en la Creación 312
2. El Espíritu y la redención del hombre 316
3. El Espíritu y la Iglesia 322
4. El Espíritu y la libertad del hombre 326
5. Bibliografía 331

XIV. El Dios uno y trino 333
1. Unidad y Trinidad 336
2. Hipóstasis, esencia y energía 345
3. El Dios vivo 349
4. Bibliografía 351

XV. Teología sacramental: El ciclo de la vida 353
1. El número de los sacramentos 353
2. Bautismo y confirmación 356
3. Penitencia 361

    4. Matrimonio 364
    5. Curación de enfermos y muerte 369
    6. Bibliografía 370

XVI. La Eucaristía 371
    1. Símbolos, imágenes y realidad 371
    2. Eucaristía e iglesia 381
    3. Bibliografía 389

XVII. La Iglesia en el mundo 391
    1. Iglesia y sociedad 393
    2. La misión de la Iglesia 400
    3. Escatología 400
    4. Bibliografía 411

CONCLUSIÓN: Antinomias 413

Índice analítico 419

Índice general 429

EDICIONES CRISTIANDAD, S. A.
Serrano, 51 - 1.º izq.
28006 Madrid

Teléfono: 91 781 99 70
Fax: 91 781 99 77
www.edicionescristiandad.com
info@kgm.es